ŒUVRES COMPLÈTES

DE

LA FONTAINE

Paris, imprimé par GUIRAUDET et JOUAUST, 338, rue S.-Honoré,
avec les caractères elzeviriens de P. JANNET.

ŒUVRES

COMPLÈTES

DE

LA FONTAINE

Publiées d'après les textes originaux

ACCOMPAGNÉES DE NOTES ET SUIVIES D'UN LEXIQUE

par

CH. MARTY-LAVEAUX

———

TOME II

CONTES ET NOUVELLES
POËMES

A PARIS

Chez P. JANNET, Libraire

———

MDCCCLVII

AVERTISSEMENT PROVISOIRE.

(Ce feuillet devra être supprimé aussitôt que tout l'ouvrage aura paru.)

———

L e désir de mettre à profit, pour la préface, les observations recueillies dans le courant de notre travail, nous a fait ajourner la publication du tome I, mais il est indispensable d'indiquer dès à présent le plan que nous avons suivi.

En général, notre texte est, pour chaque ouvrage, la reproduction rigoureuse de celui de la dernière édition publiée sous les yeux de La Fontaine; lorsque, par un motif quelconque, il n'a pu en être ainsi, les notes l'indiquent.

Nous avons corrigé les fautes d'impression évidentes, mais les bizarreries orthographiques ont été soigneusement respectées. Dans le même conte, le même mot se trouve souvent sous deux ou trois formes; nous avons pris grand'peine pour les conserver toutes : choisir la plus moderne, c'étoit rajeunir notre auteur; adopter la plus ancienne, c'étoit donner à ses œuvres un aspect archaïque qu'elles ne doivent pas avoir.

Les notes sont destinées à faire connoître le texte suivi pour chaque pièce, et à indiquer les variantes et les rapprochements littéraires. On n'y doit rien chercher de plus. Il ne faut pas que le commentateur vienne à chaque instant coudoyer le poëte; ils ont trop à perdre, l'un et l'autre, à ce voisinage. Une table des noms propres contenant les renseignements historiques indispensables, un lexique consacré à l'explication des mots difficiles ou curieux, nous ont permis de ne point encombrer le bas des pages; nous pourrons ainsi nous étendre autant qu'il sera nécessaire, et nous éviterons les répétitions.

Faire une note chaque fois que nous nous écartions des éditions modernes, et de celles de M. Walckenaër en particulier, en suivant les textes originaux, eût été impossible. Nous espérons, du reste, que ces changements, ou plutôt ces restitutions, seront faciles à justifier, et qu'il suffira d'en citer quelques exemples.

Dans les éditions récentes de *la Coupe enchantée*, on lit :

> La dot fut simple; ample fut le douaire.

Nous avons mis avec les éditions originales (p. 179) :

> La dot fut ample; ample fut le doüaire.

et le sens de ce vers est parfaitement déterminé par celui qui suit immédiatement :

> La fille estoit unique, et le garçon aussi.

> Sur ce tapis bien étendu
> Vous seriez en peu d'heures femme,

dit Nicaise dans les textes modernes; les anciens portent : *en peu d'heure* (p. 215), ce qui est fort différent.

La Fontaine s'exprime ainsi au commencement du *Fleuve Scamandre* (p. 322).

> Me voilà prest à conter de plus belle;
> Amour le veut, et rit de mon serment.

M. Walckenaër met dans toutes ses éditions, à partir de 1826 :

> Amour le veut, et rit de mon tourment.

Qui reconnoîtroit dans ce vers plat et prosaïque :

> On n'exterminoit pas la fièvre, on la laissoit,

cet admirable vers que nous avons trouvé avec autant de plaisir que de surprise dans l'édition originale du *Poëme du Quinquina* (p. 418) :

> On n'exterminoit pas la fievre, on la lassoit.

La place nous manque pour continuer; nous aurons d'ailleurs d'autres occasions de revenir sur ce sujet; contentons-nous de faire remarquer, en terminant, que notre lexique s'enrichira ainsi de plusieurs observations neuves; pour ne parler que de ce qui est relatif au genre des noms, nous mentionnerons le mot *idile* employé au masculin dans l'Avertissement du *Poëme de saint Malc* (p. 393), et que les éditeurs de notre temps n'ont pas manqué de féminiser. Nous noterons aussi ce passage (p. 228) :

> Cela nous fait-il empirer
> D'une ongle ou d'un cheveu?...

Dans les textes modernes La Fontaine semble en contradiction avec lui-même, car on n'a point hésité à mettre ici *ongle* au masculin, après avoir laissé forcément dans les fables (VI, 15) :

> Elle sent son ongle maline.

CONTES

ET

NOUVELLES

ADVERTISSEMENT ([1]).

Les Nouvelles en Vers dont ce Livre fait part au public, et dont l'une est tirée de l'Arioste, l'autre de Bocace, quoy que d'un style bien different, sont toutefois d'une mesme main. L'Autheur a voulu éprouver lequel caractere est le plus propre pour rimer des Contes. Il a creu que les Vers irreguliers ayant un air qui tient beaucoup de la Prose, cette maniere pourroit sembler la plus naturelle, et par consequent la meilleure. D'autre part aussi le vieux langage, pour les choses de cette nature, a des graces que celuy de nostre siecle n'a pas. Les cent Nouvelles Nouvelles, les vieilles Traductions de Bocace et des Amadis, Rabelais, nos Anciens Poëtes, nous en fournissent des preuves infaillibles. L'Autheur a donc tenté ces deux voyes sans estre encore certain laquelle est la bonne. C'est au Lecteur à le determiner là-dessus;

1. En tête des Nouvelles en vers tirées de Bocace et de l'Arioste. Par M. de L. F. A Paris, chez Claude Barbin, 1665, in-12. Ce recueil contient seulement : Le cocu battu et content, Joconde, et La matrone d'Ephèse, imitation en prose de Pétrone, par Saint-Evremond. Quoique le titre porte la date de 1665, on lit après le privilège : Achevé d'imprimer le 10 Decembre 1664.

car il ne pretend pas en demeurer là, et il a desja jetté les yeux sur d'autres Nouvelles pour les rimer. Mais auparavant il faut qu'il soit asseuré du succés de celles-cy, et du goust de la pluspart des personnes qui les liront. En cela, comme en d'autres choses, Terence luy doit servir de modele. Ce Poëte n'escrivoit pas pour se satisfaire seulement, ou pour satisfaire un petit nombre de gens choisis ; il avoit pour but,

Populo ut placerent quas fecisset Fabulas (¹).

1. *Andria,* prologus, v. 3.

PREFACE (¹)

DE LA

PREMIERE PARTIE.

———

J'avois resolu de ne consentir à l'impression de ces Contes qu'aprés que j'y pourrois joindre ceux de Bocace qui sont le plus à mon goût; mais quelques personnes m'ont conseillé de donner dès-à-present ce qui me reste de ces bagatelles, afin de ne pas laisser refroidir la curiosité de les voir qui est encore en son premier feu. Je me suis rendu à cét avis sans beaucoup de peine, et j'ai crû pouvoir profiter de l'occasion. Non seulement cela m'est permis, mais ce seroit vanité à moy de mépriser un tel avantage. Il me suffit de ne pas vouloir qu'on impose en ma faveur à qui que ce soit, et de suivre un chemin contraire à celuy de certaines gens, qui ne s'acquierent des amis que pour s'acquerir des suffrages par leur moyen; Creatures de la Cabale, bien differens de cét

1. Publiée en 1665.

Espagnol qui se piquoit d'estre fils de ses propres
œuvres. Quoy que j'aye autant de besoin de ces
artifices que pas un autre, je ne sçaurois me resoudre à les employer : seulement je m'accommo-
deray, s'il m'est possible, au goust de mon siecle,
instruit que je suis par ma propre experience qu'il
n'y a rien de plus necessaire. En effet, on ne
peut pas dire que toutes saisons soient favorables
pour toutes sortes de Livres. Nous avons veu
les Rondeaux, les Metamorphoses, les Bouts-
rimez, regner tour à tour : Maintenant ces Galan-
teries sont hors de mode, et personne ne s'en
soucie : tant il est certain que ce qui plaist en un
temps peut ne pas plaire en un autre. Il n'appartient qu'aux Ouvrages vrayment solides et d'une
souveraine beauté, d'estre bien receus de tous
les Esprits, et dans tous les Siecles, sans avoir
d'autre passe-port que le seul merite dont ils sont
pleins. Comme les miens sont fort éloignez d'un si
haut degré de perfection, la prudence veut que je
les garde en mon Cabinet, à moins que de bien prendre mon temps pour les en tirer. C'est ce que j'ay
fait, ou que j'ay creu faire dans cette seconde Edition, où je n'ay ajousté de nouveaux Contes que parce qu'il m'a semblé qu'on estoit en train d'y prendre plaisir. Il y en a que j'ay estendus, et d'autres
que j'ay accourcis, seulement pour diversifier et
me rendre moins ennuyeux. On en trouvera mesme
quelques-uns que j'ay pretendu mettre en Epigrammes. Tout cela n'a fait qu'un petit Recueil
aussi peu considerable par sa grosseur que par la
qualité des Ouvrages qui le composent. Pour le
grossir, j'ay tiré de mes papiers je ne sçais quelle
Imitation des Arrests d'amours, avec un Fragment

où l'on me raconte le tour que Vulcan fit à Mars
et à Venus, et celuy que Mars et Venus luy
avoient fait ([1]). Il est vray que ces deux pieces n'ont
ny le sujet ny le caractere du tout semblables au
reste du Livre ; mais, à mon sens, elles n'en
sont pas entierement éloignées. Quoy que c'en
soit, elles passeront : Je ne sçais mesme si la va-
rieté n'estoit point plus à rechercher en cette rencontre qu'un assortiment si exact. Mais je m'a-
muse à des choses ausquelles on ne prendra peut-
estre pas garde, tandis que j'ay lieu d'apprehen-
der des objections bien plus importantes. On
m'en peut faire deux principales : l'une que ce
Livre est licentieux ; l'autre qu'il n'épargne pas
assez le beau sexe. Quant à la premiere, je dis
hardiment que la nature du Conte le vouloit
ainsi ; estant une loy indispensable selon Horace,
ou plustôt selon la raison et le sens commun, de
se conformer aux choses dont on écrit. Or qu'il
ne m'ait esté permis d'écrire de celles-cy, comme
tant d'autres l'ont fait, et avec succez, je ne croy
pas qu'on le mette en doute : et l'on ne me sçauroit condamner que l'on ne condamne aussi l'A-
rioste devant moy, et les Anciens devant l'Ario-
te. On me dira que j'eusse mieux fait de supprimer quelques circonstances, ou tout au moins de
les déguiser. Il n'y avoit rien de plus facile ;
mais cela auroit affoibly le Conte, et luy auroit
osté de sa grace. Tant de circonspection n'est
necessaire que dans les Ouvrages qui promettent

---

1. On trouvera cette *Imitation des arrests d'amours* dans
les *Poësies diverses;* quant au fragment dont il s'agit ici, il
appartient au *Songe de Vaux*.

beaucoup de retenuë dés l'abord, ou par leur
sujet, ou par la maniere dont on les traite. Je
confesse qu'il faut garder en cela des bornes, et
que les plus étroites sont les meilleures : Aussi
faut-il m'avoüer que trop de scrupule gasteroit
tout. Qui voudroit reduire Bocace à la même
pudeur que Virgile, ne feroit asseurément rien qui
vaille, et pecheroit contre les Loix de la bien-
seance en prenant à tâche de les observer. Car,
afin que l'on ne s'y trompe pas, en matiere de
Vers et de Prose, l'extrême pudeur et la bien-
seance sont deux choses bien differentes. Ciceron
fait consister la derniere à dire ce qu'il est à propos qu'on die, eu égard au lieu, au temps, et aux
personnes qu'on entretient. Ce principe une fois
posé, ce n'est pas une faute de jugement que d'entretenir les gens d'aujourd'huy de Contes un peu
libres. Je ne peche pas non plus en cela contre
la Morale. S'il y a quelque chose dans nos écrits
qui puisse faire impression sur les ames, ce n'est
nullement la gayeté de ces Contes ; elle passe
legerement : je craindrois plustost une douce me-
lancholie, où les Romans les plus chastes et les
plus modestes sont très-capables de nous plonger, et qui est une grande preparation pour l'a-
mour. Quant à la seconde objection, par laquelle
on me reproche que ce Livre fait tort aux femmes, on auroit raison si je parlois serieusement ;
mais qui ne voit que cecy est jeu, et par consequent ne peut porter coup? Il ne faut pas avoir
peur que les mariages en soient à l'avenir moins
frequens, et les maris plus fort sur leurs gardes.
On me peut encore objecter que ces Contes ne
sont pas fondez, ou qu'ils ont partout un fonde-

ment aisé à détruire ; enfin , qu'il y a des absur-
ditez , et pas la moindre teinture de vray-semblance. Je réponds en peu de mots que j'ay mes
garants : et puis ce n'est ny le vray, ny le vray-
semblable qui font la beauté et la grace de ces
choses-cy; c'est seulement la maniere de les
conter. Voila les principaux points sur quoy j'ay
creu estre obligé de me deffendre. J'abandonne le
reste aux Censeurs ; aussi bien seroit-ce une entreprise infinie , que de pretendre répondre à tout.
Jamais la Critique ne demeure court , ny ne manque de sujets de s'exercer : Quand ceux que je
puis prevoir luy seroient ostez , elle en auroit
bien-tost trouvé d'autres.

PREMIERE PARTIE

I. — JOCONDE.

Nouvelle tirée de l'Arioste (1).

Jadis regnoit en Lombardie
    Un Prince aussi beau que le jour,
    Et tel, que des beautez qui regnoient à
        sa Cour
    La moitié luy portoit envie,
L'autre moitié brûloit pour luy d'amour.
Un jour en se mirant : Je fais, dit-il, gageure
    Qu'il n'est mortel dans la nature,
    Qui me soit égal en appas ;
Et gage, si l'on veut, la meilleure Province
      De mes Estats 2 ;

1. *Orlando furioso*, canto XXVIII. — L'édition originale, qui fait partie du recueil décrit ci-dessus dans la note de la page 1, porte le titre suivant : *Joconde ou l'infidelité des femmes. Nouvelle, par M. de L. F.*

2. Edition originale :

    Un jour qu'il se miroit dans le cristal d'une onde,
    Je gage, ce dit-il, qu'il n'est point d'homme au monde
    Qui me puisse égaler en matiere d'appas.
    J'y mettray, si l'on veut, la meilleure Province
        De mes Estats.

Et s'il s'en rencontre un, je promets, foy de Prince,
De le traiter si bien, qu'il ne s'en plaindra pas.
A ce propos s'avance un certain Gentil-homme
    D'auprés de Rome.
 Sire, dit-il, si vostre Majesté
  Est curieuse de beauté,
  Qu'elle fasse venir mon frere ;
  Aux plus charmans il n'en doit guere :
Je m'y connois un peu, soit dit sans vanité.
Toutefois, en cela pouvant m'estre flaté,
Que je n'en sois pas crû, mais les cœurs de vos Dames :
  Du soin de guerir leurs flâmes
Il vous soulagera, si vous le trouvez bon :
Car de pourvoir vous seul au tourment de chacune,
Outre que tant d'amour vous seroit importune,
Vous n'auriez jamais fait ; il vous faut un second.
  Là-dessus Astolphe répond
(C'est ainsi qu'on nommoit ce Roy de Lombardie) :
Vostre discours me donne une terrible envie
De connoistre ce frere : amenez-le-nous donc.
Voyons si nos beautez en seront amoureuses,
 Si ses appas le mettront en credit :
  Nous en croirons les connoisseuses,
  Comme tres-bien vous avez dit.
Le Gentil-homme part, et va querir Joconde,
  C'est le nom que ce frere avoit (1).
   A la campagne il vivoit,
   Loin du commerce et du monde ;
Marié depuis peu : content, je n'en sçais rien.
  Sa femme avoit de la jeunesse,
 De la beauté, de la delicatesse ;
Il ne tenoit qu'à luy qu'il ne s'en trouvast bien.
 Son frere arrive, et luy fait l'ambassade ;
   Enfin il le persuade.
Joconde d'une part regardoit l'amitié

1. Edition originale :
  C'est le nom que le frere avoit.

D'un Roy puissant, et d'ailleurs fort aymable;
Et d'autre part aussi sa charmante moitié
    Triomphoit d'estre inconsolable,
    Et de luy faire des adieux (1)
    A tirer les larmes des yeux.
    Quoy ! tu me quites, disoit-elle,
    As-tu bien l'ame assez cruelle,
Pour preferer à ma constante amour
        Les faveurs de la Cour ?
Tu sçais qu'à peine elles durent un jour ;
Qu'on les conserve avec inquietude,
    Pour les perdre avec desespoir.
    Si tu te lasses de me voir,
    Songe au moins qu'en ta solitude
    Le repos regne jour et nuit :
    Que les ruisseaux n'y font du bruit
Qu'afin de t'inviter à fermer la paupiere.
Croy moy, ne quitte point les hostes de tes bois,
Ces fertiles valons, ces ombrages si cois,
Enfin moy, qui devrois me nommer la premiere :
Mais ce n'est plus le temps, tu ris de mon amour :
Va, cruel, va monstrer ta beauté singuliere,
Je mourray, je l'espere, avant la fin du jour.
L'Histoire ne dit point, ny de quelle maniere
Joconde pût partir, ny ce qu'il répondit,
    Ny ce qu'il fit, ny ce qu'il dit ;
Je m'en tais donc aussi de crainte de pis faire.
Disons que la douleur l'empescha de parler ;
C'est un fort bon moyen de se tirer d'affaire.
Sa femme, le voyant tout prest de s'en aller,
L'accable de baisers, et pour comble luy donne
    Un brasselet de façon fort mignonne,
    En luy disant : Ne le pers pas,
    Et qu'il soit toûjours à ton bras,
Pour te ressouvenir de mon amour extrême ;

1. Edition originale :
    Et se distilloit en adieux.

Il est de mes cheveux, je l'ay tissu moy-même ;
 Et voila de plus mon portrait
 Que j'attache à ce brasselet.
Vous autres bonnes gens eussiez crû que la Dame
 Une heure aprés eust rendu l'âme ;
Moy qui sçais ce que c'est que l'esprit d'une femme,
 Je m'en serois à bon droit defié.
Joconde partit donc ; mais ayant oublié
 Le brasselet et la peinture,
 Par je ne sçay quelle avanture,
 Le matin mesme il s'en souvient.
 Au grand galop sur ses pas il revient,
Ne sçachant quelle excuse il feroit à sa femme :
Sans rencontrer personne, et sans estre entendu,
Il monte dans sa chambre, et voit prés de la Dame
Un lourdaut de Valet sur son sein étendu.
 Tous deux dormoient : dans cet abord Joconde (¹)
Voulut les envoyer dormir en l'autre monde :
 Mais cependant il n'en fit rien,
 Et mon avis est qu'il fit bien.
 Le moins de bruit que l'on peut faire
  En telle affaire,
 Est le plus seur de la moitié.
 Soit par prudence, ou par pitié,
 Le Romain ne tua personne.
D'éveiller ces Amans, il ne le faloit pas ;
 Car son honneur l'obligeoit, en ce cas,
  De leur donner le trespas.
 Vy, meschante, dit-il tout bas ;
 A ton remords je t'abandonne.
Joconde là dessus se remet en chemin,
Resvant à son mal-heur tout le long du voyage.
Bien souvent il s'écrie au fort de son chagrin :
 Encor si c'estoit un blondin !
Je me consolerois d'un si sensible outrage ;

1. Edition originale :
 Tous deux dormoient : de prim' abord Joconde.

Mais un gros lourdaut de Valet !
C'est à quoy j'ay plus de regret ;
Plus j'y pense, et plus j'en enrage (¹).
Ou l'amour est aveugle, ou bien il n'est pas sage
D'avoir assemblé ces Amans.
Ce sont, helas ! ses divertissemens !
Et possible est-ce par gageure
Qu'il a causé cette avanture.
Le souvenir fâcheux d'un si perfide tour
Alteroit fort la beauté de Joconde ;
Ce n'estoit plus ce miracle d'amour
Qui devoit charmer tout le monde.
Les Dames le voyant arrriver à la Cour,
Dirent d'abord : Est-ce là ce Narcisse
Qui pretendoit tous nos cœurs enchaîner ?
Quoy ! le pauvre homme a la jaunisse !
Ce n'est pas pour nous la donner.
A quel propos nous amener
Un Galant qui vient de jeusner
La quarantaine ?
On se fust bien passé de prendre tant de peine.
Astolphe estoit ravy : le frere estoit confus,
Et ne sçavoit que penser là dessus,
Car Joconde cachoit avec un soin extrême
La cause de son ennuy :
On remarquoit pourtant en luy,
Malgré ses yeux cavez et son visage blême,
De fort beaux traits, mais qui ne plaisoient point,
Faute d'eclat et d'embonpoint.
Amour en eut pitié ; d'ailleurs cette tristesse
Faisoit perdre à ce Dieu trop d'encens et de vœux ;
L'un des plus grands suppost de l'Empire amoureux
Consumoit en regrets la fleur de sa jeunesse.
Le Romain se vid donc à la fin soulagé
Par le mesme pouvoir qui l'avoit affligé.

1. Edition originale et 1re édition de la 1re partie.
Plus j'y pense et plus j'enrage.

Car un jour estant seul en une galerie,
   Lieu solitaire et tenu fort secret,
   Il entendit en certain cabinet,
Dont la cloison n'estoit que de menuiserie,
     Le propre discours que voicy :
     Mon cher Curtade, mon soucy,
  J'ay beau t'aymer, tu n'es pour moy que glace :
    Je ne vois pourtant, Dieu mercy,
     Pas une beauté qui m'efface :
  Cent Conquérans voudroient avoir ta place,
    Et tu sembles la mépriser,
   Aymant beaucoup mieux t'amuser
   A joüer avec quelque Page
       Au Lansquenet,
Que me venir trouver seule en ce cabinet.
Dorimene tantost t'en a fait le message ;
   Tu t'es mis contre elle à jurer,
   A la maudire, à murmurer,
Et n'as quitté le jeu que ta main estant faite,
Sans te mettre en soucy de ce que je souhaite.
Qui fut bien étonné ? ce fut nostre Romain.
   Je donnerois jusqu'à demain
  Pour deviner qui tenoit ce langage,
    Et quel estoit le personnage
    Qui gardoit tant son quant à moy.
  Ce bel Adon estoit le nain du Roy,
    Et son Amante estoit la Reine.
    Le Romain, sans beaucoup de peine,
    Les vid, en approchant les yeux
Des fentes que le bois laissoit en divers lieux.
Ces Amans se fioient au soin de Dorimene ;
Seule elle avoit toûjours la clef de ce lieu-là,
Mais la laissant tomber, Joconde la trouva,
    Puis s'en servit, puis en tira
    Consolation non petite ;
    Car voicy comme il raisonna,
Je ne suis pas le seul, et puis que mesme on quitte
Un Prince si charmant pour un nain contrefait,

Il ne faut pas que je m'irrite
D'estre quitté pour un Valet.
Ce penser le console : il reprend tous ses charmes ;
Il devient plus beau que jamais :
Telle pour luy verse des larmes,
Qui se moquoit de ses attraits.
C'est à qui l'aymera : la plus prude s'en pique ;
Astolphe y perd mainte pratique.
Cela n'en fut que mieux ; il en avoit assez.
Retournons aux Amans que nous avons laissez.
Aprés avoir tout vû, le Romain se retire,
Bien empesché de ce secret :
Il ne faut à la Cour ny trop voir, ny trop dire ;
Et peu se sont vantez du don qu'on leur a fait
Pour une semblable nouvelle :
Mais quoy, Joconde aymoit avecque trop de zele
Un Prince liberal qui le favorisoit,
Pour ne pas l'avertir du tort qu'on luy faisoit.
Or comme avec les Rois il faut plus de mystere
Qu'avecque d'autres gens sans doute il n'en faudroit,
Et que de but en blanc leur parler d'une affaire
Dont le discours leur doit déplaire,
Ce seroit estre mal adroit ;
Pour adoucir la chose, il falut que Joconde,
Depuis l'origine du Monde,
Fît un denombrement des Rois et des Cesars
Qui, sujets comme nous à ces communs hazards,
Malgré les soins dont leur grandeur se pique,
Avoient vû leurs femmes tomber
En telle ou semblable pratique,
Et l'avoient vû sans succomber
A la douleur, sans se mettre en colere,
Et sans en faire pire chere.
Moy qui vous parle, Sire, ajoûta le Romain,
Le jour que pour vous voir je me mis en chemin,
Je fus forcé par mon destin
De reconnoistre Cocuage
Pour un des Dieux du mariage,

.Et, comme tel, de luy sacrifier.
Là dessus il conta, sans en rien oublier,
  Toute sa déconvenuë,
  Puis vint à celle du Roy.
Je vous tiens, dit Astolphe, homme digne de foy;
 Mais la chose, pour estre creuë,
  Merite bien d'estre veuë.
  Menez-moy donc sur les lieux.
 Cela fut fait, et de ses propres yeux
  Astolphe vid des merveilles,
Comme il en entendit de ses propres oreilles.
L'énormité du fait le rendit si confus,
Que d'abord tous ses sens demeurerent perclus :
Il fut comme accablé de ce cruel outrage :
Mais bien-tost il le prit en homme de courage,
 En galant homme, et pour le faire court,
  En veritable homme de Cour.
Nos femmes, ce dit-il, nous en ont donné d'une,
  Nous voicy lâchement trahis :
 Vengeons-nous-en, et courons le païs,
  Cherchons par tout nostre fortune.
  Pour reüssir dans ce dessein,
Nous changerons nos noms, je laisseray mon train,
  Je me diray votre cousin
Et vous ne me rendrez aucune deference :
Nous en ferons l'amour avec plus d'asseurance,
  Plus de plaisir, plus de commodité,
Que si j'étois suivy selon ma qualité.
Joconde approuva fort le dessein du voyage.
  Il nous faut dans nostre équipage,
Continua le Prince, avoir un livre blanc,
  Pour mettre les noms de celles
  Qui ne seront pas rebelles,
  Chacune selon son rang.
 Je consens de perdre la vie,
Si, devant que sortir des confins d'Italie,
  Tout nostre livre ne s'emplit,
Et si la plus severe à nos vœux ne se range :

Nous sommes beaux; nous avons de l'esprit;
Avec cela bonnes lettres de change;
   Il faudroit estre bien estrange
   Pour resister à tant d'appas,
   Et ne pas tomber dans les lacqs
De gens qui semeront l'argent et la fleurette,
   Et dont la personne est bien faite.
Leur bagage estant prest, et le livre sur tout,
   Nos galans se mettent en voye.
   Je ne viendrois jamais à bout
De nombrer les faveurs que l'amour leur envoye:
   Nouveaux objets, nouvelle proye:
Heureuses les beautez qui s'offrent à leurs yeux!
Et plus heureuse encor celle qui peut leur plaire!
   Il n'est, en la pluspart des lieux,
   Femme d'Eschevin, ny de Maire,
   De Podestat, de Gouverneur,
   Qui ne tienne à fort grand honneur
   D'avoir en leur registre place.
   Les cœurs que l'on croyoit de glace
   Se fondent tous à leur abord.
   J'entends déja maint esprit fort
   M'objecter que la vray-semblance
   N'est pas en cecy tout à fait.
   Car, dira-t-on, quelque parfait
Que puisse estre un Galand dedans cette science,
Encor faut-il du temps pour mettre un cœur à bien.
     S'il en faut, je n'en sçais rien;
Ce n'est pas mon mestier de cajoller personne:
   Je le rends comme on me le donne;
   Et l'Arioste ne ment pas.
   Si l'on vouloit à chaque pas
   Arrester un conteur d'Histoire,
Il n'auroit jamais fait; suffit qu'en pareil cas
Je promets à ces gens quelque jour de les croire.
Quand nos avanturiers eurent goûté de tout,
(De tout un peu, c'est comme il faut l'entendre)
Nous mettrons, dit Astolphe, autant de cœurs à bout

Que nous voudrons en entreprendre;
　Mais je tiens qu'il vaut mieux attendre.
　Arrestons-nous pour un temps quelque part;
　Et cela plûtost que plus tard;
　Car en amour, comme à la table,
　Si l'on en croit la faculté,
Diversité de mets peut nuire à la santé.
　Le trop d'affaires nous accable;
　Ayons quelque objet en commun;
　Pour tous les deux c'est assez d'un.
J'y consens, dit Joconde, et je sçais une Dame
Prés de qui nous aurons toute commodité.
Elle a beaucoup d'esprit, elle est belle, elle est femme
　D'un des premiers de la Cité.
Rien moins, reprit le Roy, laissons la qualité:
　Sous les cottillons des grisettes
　Peut loger autant de beauté
　Que sous les jupes des Coquettes.
D'ailleurs, il n'y faut point faire tant de façon;
　Estre en continuel soupçon,
Dépendre d'une humeur fiere, brusque, ou volage,
　Chez les Dames de haut parage
Ces choses sont à craindre, et bien d'autres encor.
　Une grisette est un tresor;
　Car sans se donner de la peine,
　Et sans qu'aux bals on la promeine,
　On en vient aisément à bout;
On luy dit ce qu'on veut, bien souvent rien du tout.
Le point est d'en trouver une qui soit fidelle.
　Choisissons-la toute nouvelle,
Qui ne connoisse encor ny le mal ny le bien.
Prenons, dit le Romain, la fille de notre hôte;
　Je la tiens pucelle sans faute,
　Et si pucelle, qu'il n'est rien
　De plus puceau que cette belle;
　Sa poupée en sçait autant qu'elle.
J'y songeois, dit le Roy; parlons-luy dés ce soir.
　Il ne s'agit que de sçavoir

Qui de nous doit donner à cette Jouvencelle,
　　Si son cœur se rend à nos vœux,
La premiere leçon du plaisir amoureux.
Je sçais que cet honneur est pure fantaisie ;
Toutefois, estant Roy, l'on me le doit ceder ;
Du reste, il est aisé de s'en accommoder.
Si c'estoit, dit Joconde, une ceremonie,
　　Vous auriez droit de pretendre le pas,
　　Mais il s'agit d'un autre cas.
　　Tirons au sort, c'est la justice ;
　　Deux pailles en feront l'office.
De la chappe à l'Evesque, helas ! ils se battoient,
　　Les bonnes gens qu'ils estoient.
　Quoy qu'il en soit, Joconde eut l'avantage
　　Du pretendu pucelage.
La belle estant venuë en leur chambre le soir
　　Pour quelque petite affaire,
Nos deux Avanturiers prés d'eux la firent seoir,
Loüerent sa beauté, tâcherent de luy plaire,
　　Firent briller une bague à ses yeux.
　　A cet objet si precieux
　　Son cœur fit peu de resistance :
Le marché se conclud, et dés la mesme nuit,
Toute l'hostellerie estant dans le silence,
　　Elle les vient trouver sans bruit.
　Au milieu d'eux ils luy font prendre place,
　　Tant qu'enfin la chose se passe
Au grand plaisir des trois, et sur tout du Romain,
　　Qui crut avoir rompu la glace.
　　Je luy pardonne, et c'est en vain
　　Que de ce point on s'embarrasse.
　　Car il n'est si sotte, aprés tout,
　　Qui ne puisse venir à bout
De tromper à ce jeu le plus sage du monde :
　　Salomon, qui grand Clerc estoit,
　　Le reconnoist en quelque endroit,
Dont il ne souvint pas au bon-homme Joconde.
　　Il se tint content pour le coup,

Crut qu'Astolphe y perdoit beaucoup ;
Tout alla bien, et maistre Pucelage
    Joüa des mieux son personnage.
Un jeune gars pourtant en avoit essayé.
Le temps, à cela prés, fut fort bien employé,
Et si bien que la fille en demeura contente.
    Le lendemain elle le fut encor,
    Et mesme encor la nuit suivante.
    Le jeune gars s'étonna fort
Du refroidissement qu'il remarquoit en elle :
Il se douta du fait, la gueta, la surprit,
    Et luy fit fort grosse querelle.
Afin de l'appaiser la belle luy promit,
Foy de fille de bien, que sans aucune faute,
Leurs Hostes délogez, elle luy donneroit
Autant de rendez-vous qu'il en demanderoit.
Je n'ay soucy, dit-il, ny d'hôtesse ny d'hôte :
Je veux cette nuit même, ou bien je diray tout.
    Comment en viendrons nous à bout ?
    (Dit la fille fort affligée)
De les aller trouver je me suis engagée :
    Si j'y manque, adieu l'anneau
    Que j'ay gagné bien et beau.
    Faisons que l'anneau vous demeure,
    Reprit le garçon tout à l'heure.
Dites-moy seulement, dorment-ils fort tous deux ?
    Ouy, reprit-elle ; mais entr'eux
Il faut que toute nuit je demeure couchée :
Et tandis que je suis avec l'un empeschée,
L'autre attend sans mot dire, et s'endort bien souvent,
    Tant que le siege soit vacant ;
    C'est-là leur mot. Le gars dit à l'instant :
Je vous iray trouver pendant leur premier somme.
    Elle reprit : Ah ! gardez-vous-en bien ;
    Vous seriez un mauvais homme.
    Non, non, dit-il, ne craignez rien,
    Et laissez ouverte la porte.
    La porte ouverte elle laissa :

Le galant vint, et s'approcha
Des pieds du lit ; puis fit en sorte
Qu'entre les draps il se glissa :
Et Dieu sçait comme il se plaça,
Et comme enfin tout se passa :
Et de cecy, ny de cela,
Ne se douta le moins du monde
Ny le Roy Lombard, ny Joconde.
Chacun d'eux pourtant s'éveilla,
Bien estonné de telle aubade.
Le Roy Lombard dit à part soy :
Qu'a donc mangé mon camarade ?
Il en prend trop ; et sur ma foy,
C'est bien fait s'il devient malade.
Autant en dit de sa part le Romain.
Et le garçon, ayant repris haleine,
S'en donna pour le jour, et pour le lendemain,
Enfin pour toute la semaine.
Puis, les voyant tous deux rendormis à la fin,
Il s'en alla de grand matin,
Toûjours par le mesme chemin,
Et fut suivy de la Donzelle,
Qui craignoit fatigue nouvelle.
Eux éveillez, le Roy dit au Romain :
Frere, dormez jusqu'à demain ;
Vous en devez avoir envie,
Et n'avez à present besoin que de repos.
Comment ? dit le Romain : mais vous-même, à propos (¹),
Vous avez fait tantost une terrible vie.
Moy ? dit le Roy, j'ay toûjours attendu :
Et puis, voyant que c'estoit temps perdu,
Que sans pitié ny conscience
Vous vouliez jusqu'au bout tourmenter ce tendron,

---

1. Edition originale :

Et n'avez de present besoin que de repos.
Voire, dit le Romain, mais vous-mesme, à propos...

Sans en avoir d'autre raison (1)
    Que d'éprouver ma patience ;
Je me suis, malgré moy, jusqu'au jour rendormy.
    Que s'il vous eust pleu, nostre amy,
    J'aurois couru volontiers quelque poste.
    C'eust esté tout, n'ayant pas la riposte
        Ainsi que vous : qu'y feroit-on ?
    Pour Dieu, reprit son compagnon,
Cessez de vous railler, et changeons de matiere.
Je suis votre vassal, vous l'avez bien fait voir.
C'est assez que tantost il vous ait pleu d'avoir
        La fillette toute entiere :
        Disposez-en ainsi qu'il vous plaira ;
Nous verrons si ce feu toûjours vous durera.
Il pourra, dit le Roy, durer toute ma vie,
Si j'ay beaucoup de nuits telles que celle-cy.
Sire, dit le Romain, trêve de raillerie,
Donnez-moy mon congé, puis qu'il vous plaist ainsi.
Astolphe se piqua de cette répartie ;
Et leurs propos s'alloient de plus en plus aigrir,
        Si le Roy n'eust fait venir
        Tout incontinent la belle.
        Ils luy dirent : Jugez-nous,
        En luy contant leur querelle.
    Elle rougit, et se mit à genoux ;
        Leur confessa tout le mystere.
        Loin de luy faire pire chere,
Ils en rirent tous deux : l'anneau luy fut donné,
        Et maint bel écu couronné,
Dont peu de temps aprés on la vid mariée,
        Et pour pucelle employée.
    Ce fut par-là que nos avanturiers
        Mirent fin à leurs avantures,
        Se voyant chargez de lauriers
Qui les rendront fameux chez les races futures :

1. Edition originale :
    N'en ayant point d'autre raison...

Lauriers d'autant plus beaux qu'il ne leur en cousta
  Qu'un peu d'adresse, et quelques feintes larmes;
Et que loin des dangers et du bruit des allarmes,
    L'un et l'autre les remporta.
Tout fiers d'avoir conquis les cœurs de tant de belles,
   Et leur livre estant plus que plein(¹),
    Le Roy Lombard dit au Romain :
Retournons au logis par le plus court chemin :
    Si nos femmes sont infidelles,
  Consolons-nous, bien d'autres le sont qu'elles.
La constellation changera quelque jour :
  Un temps viendra, que le flambeau d'amour
Ne bruslera les cœurs que de pudiques flâmes :
A present on diroit que quelque astre malin
Prend plaisir aux bons tours des maris et des femmes.
    D'ailleurs tout l'Univers est plein
De maudits enchanteurs, qui des corps et des ames
Font tout ce qu'il leur plaist : sçavons nous si ces gens,
   (Comme ils sont traistres et meschans,
Et toûjours ennemis, soit de l'un, soit de l'autre)
N'ont point ensorcelé mon espouse et la vostre ?
    Et si, par quelque estrange cas,
Nous n'avons point creu voir chose qui n'estoit pas ?
Ainsi que bons bourgeois achevons nostre vie,
Chacun prés de sa femme, et demeurons-en là.
Peut-estre que l'absence, ou bien la jalousie,
Nous ont rendu leurs cœurs, que l'Hymen nous osta.
Astolphe rencontra dans cette prophetie.
Nos deux avanturiers, au logis retournez,
Furent tres-bien receus, pourtant un peu grondez,
    Mais seulement par bien-seance.
L'un et l'autre se vid de baisers regalé :
On se recompensa des pertes de l'absence.
    Il fut dansé, sauté, balé,
    Et du nain nullement parlé,

1. Edition originale :
    Et leur livre estant presque plein.

Ny du valet, comme je pense.
Chaque époux, s'attachant auprés de sa moitié,
Vescut en grand soulas, en paix, en amitié,
  Le plus heureux, le plus content du monde.
La Reine à son devoir ne manqua d'un seul point :
  Autant en fit la femme de Joconde :
  Autant en font d'autres qu'on ne sçait point.

II. — RICHARD MINUTOLO.

Nouvelle tirée de Bocace (1).

C'est de tout temps qu'à Naples on a veu
Regner l'amour et la galanterie :
De beaux objets cet estat est pourveu
Mieux que pas un qui soit en Italie.
Femmes y sont, qui font venir l'envie
D'estre amoureux quand on ne voudroit pas.
Une surtout, ayant beaucoup d'appas
Eut pour amant un jeune Gentil-homme
Qu'on appeloit Richard Minutolo :
Il n'estoit lors de Paris jusqu'à Rome
Galant qui sçeût si bien le numero.
Forcé luy fut ; d'autant que cette belle
(Dont sous le nom de Madame Catelle
Il est parlé dans le Decameron)
Fut un long-temps si dure et si rebelle,
Que Minutol n'en sceut tirer raison.
Que fait-il donc ? Comme il void que son zele
Ne produit rien, il feint d'estre guery ;
Il ne va plus chez Madame Catelle ;
Il se declare amant d'une autre belle ;
Il fait semblant d'en estre favory.

1. *Decameron*, giornata III, novella VI.

Catelle en rit ; pas grain de jalousie.
Sa concurrente estoit sa bonne amie :
Si bien qu'un jour qu'ils estoient en devis,
Minutolo pour lors de la partie,
Comme en passant mit dessus le tapis
Certains propos de certaines coquettes,
Certain mary, certaines amourettes,
Qu'il controuva sans personne nommer;
Et fit si bien que Madame Catelle
De son époux commence à s'allarmer,
Entre en soupçon, prend le morceau pour elle.
Tant en fut dit, que la pauvre femelle,
Ne pouvant plus durer en tel tourment,
Voulut sçavoir de son défunt amant,
Qu'elle tira dedans une ruelle,
De quelles gens il entendoit parler :
Qui, quoy, comment, et ce qu'il vouloit dire.
Vous avez eu, luy dit-il, trop d'empire
Sur mon esprit pour vous dissimuler.
Vostre mary void Madame Simone :
Vous connoissez la galande que c'est :
Je ne le dis pour offenser personne ;
Mais il y va tant de votre interest
Que je n'ay pû me taire davantage.
Si je vivois dessous vostre servage,
Comme autresfois, je me garderois bien
De vous tenir un semblable langage,
Qui de ma part ne seroit bon à rien.
De ses amans toûjours on se méfie.
Vous penseriez que par supercherie
Je vous dirois du mal de vostre époux ;
Mais, grace à Dieu, je ne veux rien de vous.
Ce qui me meut n'est du tout que bon zele.
Depuis un jour j'ay certaine nouvelle
Que votre époux, chez Janot le Baigneur,
Doit se trouver avecque sa Donzelle.
Comme Janot n'est pas fort grand Seigneur,
Pour cent ducats vous luy ferez tout dire ;

Pour cent ducats il fera tout aussi.
Vous pouvez donc tellement vous conduire,
Qu'au rendez-vous trouvant vostre mary,
Il sera pris sans s'en pouvoir dédire.
Voicy comment. La Dame a stipulé
Qu'en une chambre, où tout sera fermé,
L'on les mettra ; soit craignant qu'on n'ait veuë
Sur le Baigneur ; soit que, sentant son cas,
Simone encor n'ait toute honte bûe.
Prenez sa place, et ne marchandez pas(1) :
Gagnez Janot ; donnez-luy cent ducats ;
Il vous mettra dedans la chambre noire ;
Non pour jeusner, comme vous pouvez croire :
Trop bien ferez tout ce qu'il vous plaira.
Ne parlez point, vous gâteriez l'histoire,
Et vous verrez comme tout en ira.
L'expèdient plût tres-fort à Catelle.
De grand dépit Richard elle interrompt.
Je vous entends, c'est assez, luy dit-elle,
Laissez-moy faire ; et le drosle et sa belle
Verront beau jeu si la corde ne rompt.
Pensent-ils donc que je sois quelque buze ?
Lors pour sortir elle prend une excuse,
Et tout d'un pas s'en va trouver Janot,
A qui Richard avoit donné le mot.
L'argent fait tout : si l'on en prend en France
Pour obliger en de semblables cas,
On peut juger avec grande apparence
Qu'en Italie on n'en refuse pas.
Pour tout carquois, d'une large escarcelle
En ce pays le Dieu d'amour se sert.
Janot en prend de Richard, de Catelle ;
Il en eust pris du grand diable d'enfer.
Pour abreger, la chose s'execute
Comme Richard s'estoit imaginé.

1. Edition de 1665 :

   Prenez sa place, et n'y marchandez pas.

Sa maistresse eut d'abord quelque dispute
Avec Janot, qui fit le reservé;
Mais en voyant bel argent bien compté,
Il promet plus que l'on ne luy demande.
Le temps venu d'aller au rendez-vous,
Minutolo s'y rend seul de sa bande,
Entre en la chambre, et n'y trouve aucuns trous
Par où le jour puisse nuire à sa flâme.
Gueres n'attend : il tardoit à la Dame
D'y rencontrer son perfide d'époux,
Bien préparée à luy chanter sa game.
Pas n'y manqua, l'on peut s'en asseurer.
Dans le lieu dit Janot la fit entrer.
Là ne trouva ce qu'elle alloit chercher :
Point de mary, point de Dâme Simone,
Mais au lieu d'eux Minutol en personne
Qui sans parler se mit à l'embrasser.
Quant au surplus je le laisse à penser :
Chacun s'en doute assez sans qu'on le die.
De grand plaisir nostre amant s'extasie.
Que si le jeu plut beaucoup à Richard,
Catelle aussi, toute rancune à part,
Le laissa faire, et ne voulut mot dire.
Il en profite, et se garde de rire;
Mais toutefois ce n'est pas sans effort.
De figurer le plaisir qu'a le sire,
Il me faudroit un esprit bien plus fort.
Premierement il joüit de sa belle;
En second lieu il trompe une cruelle,
Et croit gagner les pardons en cela.
Mais à la fin Catelle s'emporta.
C'est trop souffrir, Traître! ce luy dit-elle;
Je ne suis pas celle que tu pretents.
Laisse-moy là; sinon à belles dents
Je te déchire, et te saute à la veuë.
C'est donc cela que tu te tiens en muë,
Fais le malade, et te plains tous les jours;
Te reservant sans doute à tes amours.

Parle, méchant, dis-moy, suis-je pourveuë
De moins d'appas, ay-je moins d'agrément,
Moins de beauté, que ta Dame Simone?
Le rare oiseau! Ô la belle friponne!
T'aymois-je moins? Je te hais à present;
Et pleust à Dieu que je t'eusse veu pendre.
Pendant cela Richard pour l'appaiser
La caressoit, tâchoit de la baiser;
Mais il ne pût; elle s'en sceut défendre.
Laisse-moy là! se mit-elle à crier;
Comme un enfant penses-tu me traiter?
N'approche point, je ne suis plus ta femme:
Rends-moy mon bien, va-t'en trouver ta Dame:
Va déloyal, va-t'en, je te le dis.
Je suis bien sotte et bien de mon païs
De te garder la foy de mariage:
A quoy tient-il que, pour te rendre sage,
Tout sur le champ je n'envoye querir
Minutolo, qui m'a si fort cherie?
Je le devrois afin de te punir;
Et, sur ma foy, j'en ay presque l'envie.
A ce propos le galand éclata.
Tu ris, dit-elle, ô Dieux! quelle insolence!
Rougira-t-il? Voyons sa contenance.
Lors de ses bras la Belle s'échappa,
D'une fenestre à tastons approcha,
L'ouvrit de force; et fut bien estonnée
Quand elle vit Minutol, son amant:
Elle tomba plus d'à demi-pâmée.
Ah! qui t'eust creu, dit-elle, si méchant?
Que dira-t-on? me voila diffamée.
Qui le sçaura? dit Richard à l'instant,
Janot est seur, j'en répons sur ma vie.
Excusez donc si je vous ay trahie;
Ne me sçachez mauvais gré d'un tel tour:
Adresse, force, et ruse, et tromperie,
Tout est permis en matiere d'amour.
J'estois reduit avant ce stratagême

A vous servir, sans plus, pour vos beaux yeux :
Ay-je failli de me payer moy-mesme ?
L'eussiez-vous fait ? non sans doute ; et les Dieux
En ce rencontre ont tout fait pour le mieux :
Je suis content ; vous n'estes point coupable ;
Est-ce dequoy paroistre inconsolable ?
Pourquoi gemir ? J'en connois, Dieu-mercy,
Qui voudroient bien qu'on les trompast ainsi.
Tout ce discours n'appaisa point Catelle ;
Elle se mit à pleurer tendrement.
En cet estat elle parut si belle,
Que Minutol, de nouveau s'enflâmant,
Luy prit la main. Laisse-moy, luy dit-elle :
Contente-toy ; veux-tu donc que j'appelle
Tous les voisins, tous les gens de Janot ?
Ne faites point, dit-il, cette folie ;
Vostre plus court est de ne dire mot.
Pour de l'argent, et non par tromperie,
(Comme le monde est à present bâty)
L'on vous croiroit venuë en ce lieu-cy.
Que si d'ailleurs cette supercherie
Alloit jamais jusqu'à vostre mary,
Quel déplaisir ! songez-y, je vous prie ;
En des combats n'engagez point sa vie ;
Je suis du moins aussi mauvais que luy.
A ces raisons enfin Catelle cede.
La chose estant, poursuit-il, sans remede,
Le mieux sera que vous vous consoliez.
N'y pensez plus. Si pourtant vous vouliez......
Mais bannissons bien loin toute esperance ;
Jamais mon zele et ma perseverance
N'ont eu de vous que mauvais traitement.
Si vous vouliez, vous feriez aisément
Que le plaisir de cette jouïssance
Ne seroit pas, comme il est, imparfait :
Que reste-t-il ? le plus fort en est fait.
Tant bien sceut dire, et prescher, que la Dame,
Sechant ses yeux, rasserenant son ame,

Plus doux que miel à la fin l'écouta.
D'une faveur en une autre il passa,
Eut un souris, puis aprés autre chose,
Puis un baiser, puis autre chose encor;
Tant que la belle, aprés un peu d'effort,
Vient à son point, et le drosle en dispose(1).
Heureux cent fois plus qu'il n'avoit esté!
Car quand l'amour d'un et d'autre costé
Veut s'entremettre, et prend part à l'affaire
Tout va bien mieux, comme m'ont asseuré
Ceux que l'on tient sçavans en ce mystere.
Ainsi Richard joüit de ses amours,
Vescut content, et fit force bons tours,
Dont celuy-cy peut passer à la monstre.
Pas ne voudrois en faire un plus rusé.
Que pleust à Dieu qu'en certaine rencontre
D'un pareil cas je me fusse avisé!

III. — LE COCU, BATTU ET CONTENT.

Nouvelle tirée de Bocace(2).

N'a pas long-temps de Rome revenoit
Certain Cadet, qui n'y profita guere,
Et volontiers en chemin sejournoit,
Quand par hazard le Galand rencontroit
Bon vin, bon giste, et belle chambriere.
Avint qu'un jour, en un Bourg arresté,
Il vid passer une Dame jolie,
Leste, pimpante, et d'un Page suivie,
Et la voyant il en fut enchanté.

1. Manuscrits de Conrart:
   Tant qu'à son point, aprés un peu d'effort,
   La belle vient, et le drosle en dispose.
2. *Decameron*, giornata VII, novella VII.

La convoita, comme bien sçavoit faire.
Prou de pardons il avoit rapportés;
De vertu peu; chose assez ordinaire.
La Dame estoit de gracieux maintien,
De doux regard, jeune, fringante et belle,
Somme qu'enfin il ne luy manquoit rien,
Fors que d'avoir un Amy digne d'elle.
Tant se la mit le drosle en la cervelle,
Que dans sa peau peu ny point ne duroit :
Et s'informant comment on l'appelloit :
C'est, luy dit-on, la Dame du Village;
Messire Bon l'a prise en mariage,
Quoyqu'il n'ait plus que quatre cheveux gris :
Mais, comme il est des premiers du païs,
Son bien supplée au défaut de son âge.
Nostre Cadet tout ce détail apprit,
Dont il conceut esperance certaine.
Voicy comment le Pelerin s'y prit.
Il renvoya dans la Ville prochaine
Tous ses Valets; puis s'en fut au chasteau;
Dit qu'il estoit un jeune Jouvenceau
Qui cherchoit maistre, et qui sçavoit tout faire.
Messire Bon, fort content de l'affaire,
Pour Fauconnier le loüa bien et beau
(Non toutesfois sans l'avis de sa femme).
Le Fauconnier plût tres-fort à la Dame;
Et n'estant homme en tel pourchas nouveau,
Guere ne mit à declarer sa flâme.
Ce fut beaucoup; car le Vieillard estoit
Fou de sa femme, et fort peu la quittoit,
Sinon les jours qu'il alloit à la chasse.
Son Fauconnier, qui pour lors le suivoit(1),
Eust demeuré volontiers en sa place.
La jeune dame en estoit bien d'accord;
Ils n'attendoient que le temps de mieux faire.

1. Edition originale :
     Le Fauconnier...

Quand je diray qu'il leur en tardoît fort,
Nul n'osera soustenir le contraire.
Amour enfin, qui prit à cœur l'affaire,
Leur inspira la ruse que voicy.
La Dame dit un soir à son mary :
Qui croyez-vous le plus remply de zele
De tous vos gens? Ce propos entendu,
Messire Bon luy dit : J'ay toûjours creu
Le Fauconnier garçon sage et fidelle;
Et c'est à luy que plus je me fierois.
Vous auriez tort, repartit cette Belle;
C'est un méchant : il me tint l'autre fois
Propos d'amour, dont je fus si surprise,
Que je pensay tomber tout de mon haut;
Car qui croiroit une telle entreprise?
Dedans l'esprit il me vint aussi-tost
De l'étrangler, de luy manger la veuë :
Il tint à peu; je n'en fus retenuë
Que pour n'oser un tel cas publier :
Mesme, à dessein qu'il ne le pust nier,
Je fis semblant d'y vouloir condescendre;
Et cette nuit, sous un certain poirier,
Dans le jardin je luy dis de m'attendre.
Mon mary, dis-je, est toûjours avec moy,
Plus par amour que doutant de ma foy;
Je ne me puis dépestrer de cet homme,
Sinon la nuit pendant son premier somme :
D'auprés de luy taschant de me lever,
Dans le jardin je vous iray trouver.
Voila l'estat où j'ay laissé l'affaire.
Messire Bon se mit fort en colere.
Sa femme dit : Mon mary, mon Epoux,
Jusqu'à tantost cachez vostre courroux;
Dans le jardin attrapez-le vous-mesme;
Vous le pourrez trouver fort aisément,
Le poirier est à main gauche en entrant.
Mais il vous faut user de stratagème :
Prenez ma juppe, et contre-faites-vous;

Vous entendrez son insolence extrême :
Lors d'un baston donnez-luy tant de coups,
Que le Galant demeure sur la place.
Je suis d'avis que le friponneau fasse
Tel compliment à des femmes d'honneur.
L'Espoux retint cette leçon par cœur.
Onc il ne fut une plus forte dupe
Que ce vieillard, bon-homme au demeurant.
Le temps venu d'attraper le Galant,
Messire Bon se couvrit d'une juppe,
S'encorneta, courut incontinent (1)
Dans le jardin, où ne trouva personne :
Garde n'avoit; car tandis qu'il frissonne,
Claque des dents, et meurt quasi de froid,
Le Pelerin, qui le tout observoit,
Va voir la Dame; avec elle se donne
Tout le bon temps qu'on a, comme je croy,
Lors qu'amour seul estant de la partie,
Entre deux draps on tient femme jolie;
Femme jolie, et qui n'est point à soy.
Quand le Galant, un assez bon espace,
Avec la Dame eust esté dans ce lieu,
Force luy fut d'abandonner la place :
Ce ne fut pas sans le vin de l'adieu.
Dans le jardin il court en diligence.
Messire Bon, remply d'impatience,
A tous momens sa paresse maudit.
Le Pelerin, d'aussi loin qu'il le vid,
Feignit de croire appercevoir la Dame,
Et luy cria : Quoy donc, méchante femme !
A ton mary tu brassois un tel tour !
Est-ce le fruit de son parfait amour !
Dieu soit témoin que pour toy j'en ay honte :
Et de venir ne tenois quasi conte,

1. Edition originale et 1re édition de la 1re partie, publiée
en 1665 :

S'encorneta, s'en fut incontinent.

La Fontaine. — II.

3

Ne te croyant le cœur si perverti
Que de vouloir tromper un tel mary.
Or bien, je vois qu'il te faut un amy;
Trouvé ne l'as en moy, je t'en asseure.
Si j'ay tiré ce rendez-vous de toy,
C'est seulement pour éprouver ta foy;
Et ne t'attends de m'induire à luxure :
Grand pecheur suis; mais j'ay là, Dieu mercy,
De ton honneur encor quelque soucy.
A Monseigneur ferois-je un tel outrage?
Pour toy, tu viens avec un front de Page :
Mais, foy de Dieu, ce bras te chastiera;
Et Monseigneur puis aprés le sçaura.
Pendant ces mots l'Epoux pleuroit de joye,
Et, tout ravy disoit entre ses dents :
Loüé soit Dieu, dont la bonté m'envoye
Femme et valet si chastes, si prudens.
Ce ne fut tout; car à grands coups de gaule
Le Pelerin vous luy froisse une épaule;
De horions laidement l'accoustra;
Jusqu'au logis ainsi le convoya.
Messire Bon eust voulu que le zele
De son valet n'eust esté jusques-là;
Mais, le voyant si sage et si fidelle,
Le bon-hommeau des coups se consola.
Dedans le lit sa femme il retrouva;
Luy conta tout, en luy disant : Mamie,
Quand nous pourrions vivre cent ans encor,
Ny vous ny moy n'aurions de nostre vie
Un tel valet; c'est sans doute un tresor.
Dans nostre Bourg je veux qu'il prenne femme :
A l'avenir traitez-le ainsi que moy.
Pas n'y faudray, luy repartit la Dame;
Et de cecy je vous donne ma foy.

IV. — LE MARY CONFESSEUR.

Conte tiré des Cent Nouvelles Nouvelles.

Messire Artus, sous le grand Roy François,
Alla servir aux guerres d'Italie (1); [ploits,
Tant qu'il se vid, aprés maints beaux ex-
Fait Chevalier en grand'ceremonie.
Son general luy chaussa l'éperon;
Dont il croyoit que le plus haut Baron
Ne luy deust plus contester le passage.
Si s'en revient tout fier en son Village,
Où ne surprit sa femme en Oraison.
Seule il l'avoit laissée à la maison;
Il la retrouve en bonne compagnie,
Dansant, sautant, menant joyeuse vie,
Et des Muguets avec elle à foison.
Messire Artus ne prit goust à l'affaire,
Et, ruminant sur ce qu'il devoit faire:
Depuis que j'ay mon Village quitté,
Si j'estois crû, dit-il, en dignité
De cocüage et de chevalerie?
C'est moitié trop: sçachons la verité.
Pour ce s'avise, un jour de Confrairie,
De se vestir en Prestre, et Confesser.
Sa femme vient à ses pieds se placer.
De prime abord sont par la bonne Dame
Expediez tous les pechez menus;
Puis à leur tour les gros estant venus,
Force luy fut qu'elle changeast de game.

1. Manuscrits de Conrart:

S'en fut.....

Pere, dit-elle, en mon lit sont receus
Un Gentil-homme, un Chevalier, un Prêtre.
Si le Mary ne se fust fait connoistre,
Elle en alloit enfiler beaucoup plus;
Courte n'estoit, pour seur, la Kyrielle.
Son Mary donc l'interrompt là-dessus,
Dont bien luy prit. Ah, dit-il, infidelle!
Un Prestre mesme! A qui crois-tu parler?
A mon mary, dit la fausse femelle,
Qui d'un tel pas se sceut bien démesler.
Je vous ay veu dans ce lieu vous couler,
Ce qui m'a fait douter du badinage.
C'est un grand cas qu'estant homme si sage
Vous n'ayez sceu l'énigme débroüiller.
On vous a fait, dites-vous, Chevalier :
Auparavant vous estiez Gentil-homme;
Vous estes Prestre avecque ces habits.
Benist soit Dieu, dit alors le bon-homme :
Je suis un sot de l'avoir si mal pris.

V. — CONTE D'UNE CHOSE ARRIVÉE
A CHASTEAU-THIERRY(1).

Un Savetier, que nous nommerons Blaise,
Prit belle femme, et fut très-avisé.
Les bonnes gens, qui n'estoient à leur aise,
S'en vont prier un marchand peu rusé
Qu'il leur prêtast, dessous bonne promesse,
My-muid de grain; ce que le Marchand fait.
Le terme écheu, ce creancier les presse,

1. Dans les éditions antérieures à 1669, au lieu de *Chasteau-Thierry*, on lit seulement l'initiale *C*. En 1685, Henri Desbordes, libraire d'Amsterdam, remplaça ce titre par le suivant :

Dieu sçait pourquoy : le galant, en effet,
Crut que parlà baiseroit la commere.
Vous avez trop dequoy me satisfaire,
(Ce luy dit–il) et sans débourser rien :
Accordez–moy ce que vous sçavez bien.
Je songeray, répond–elle, à la chose :
Puis vient trouver Blaise tout aussi–tost,
L'avertissant de ce qu'on luy propose.
Blaise luy dit : Par bieu ! femme, il nous faut,
Sans coup ferir, rattraper nostre somme.
Tout de ce pas allez dire à cet homme
Qu'il peut venir, et que je n'y suis point.
Je veux icy me cacher tout à point.
Avant le coup demandez la cedule.
De la donner je ne crois qu'il recule.
Puis tousserez afin de m'avertir ;
Mais haut et clair, et plûtost deux fois qu'une.
Lors de mon coin vous me verrez sortir
Incontinent, de crainte de fortune.
Ainsi fut dit, ainsi s'executa ;
Dont le mary puis aprés se vanta ;
Si que chacun glosoit sur ce mystere.
Mieux eust valu tousser aprés l'affaire
(Dit à la Belle un des plus gros Bourgeois) ;
Vous eussiez eu vostre conte tous trois.
N'y manquez plus, sauf aprés de se taire.
Mais qu'en est–il ? or çà, Belle, entre nous.
Elle répond : Ah monsieur ! croyez–vous
Que nous ayons tant d'esprit que vos Dames ?
(Notez qu'illec, avec deux autres femmes,
Du gros Bourgeois l'épouse estoit aussi.)
Je pense bien, continua la Belle,
Qu'en pareil cas Madame en use ainsi ;
Mais quoy, chacun n'est pas si sage qu'elle.

Le Savetier, qui fut adopté depuis par tous les autres éditeurs. — La Fontaine a traité ce même sujet dans un ballet
intitulé Les Rieurs du Beau-Richard.

VI.—CONTE TIRÉ D'ATHÉNÉE (1).

Du temps des Grecs deux sœurs disoient avoir
Aussi beau cul que fille de leur sorte ;
La question ne fut que de sçavoir
Quelle des deux dessus l'autre l'emporte.
Pour en juger un expert estant pris,
A la moins jeune il accorde le prix,
Puis, l'espousant, luy fait don de son ame ;
A son exemple un sien frere est épris
De la cadette, et la prend pour sa femme.
Tant fut entr'eux à la fin procedé,
Que par les sœurs un temple fut fondé
Dessous le nom de Vénus belle-fesse.
Je ne sçais pas à quelle intention,
Mais c'eust esté le temple de la Grece
Pour qui j'eusse eu plus de dévotion.

VII.—CONTE TIRÉ D'ATHÉNÉE (2)

Axiocus avec Alcibiades,
Jeunes, bien-faits, galants, et vigoureux,
Par bon accord, comme grands camarades,
En mesme nid furent pondre tous deux.

1. Ce conte, imprimé d'abord fort incorrectement parmi
les épigrammes de J. B. Rousseau, où il est intitulé *Les belles fesses*, fut admis en 1817 dans l'édition compacte des *Œuvres complètes de J. La Fontaine* avec le titre de *La Vénus Cal-
lipyge*, qu'il a conservé depuis. Nous le donnons ici d'après
les manuscrits de Conrart.

2. Edition de 1685 : *Les deux Amis.*

Qu'arrive-t-il ? l'un de ces amoureux
Tant bien exploite autour de la Donzelle,
Qu'il en nâquit une fille si belle,
Qu'ils s'en vantoient tous deux également.
Le temps venu que cet objet charmant
Pût pratiquer les leçons de sa mere,
Chacun des deux en voulut estre amant;
Plus n'en voulut l'un ny l'autre estre pere.
Frere, dit l'un, ah! vous ne sçauriez faire
Que cet enfant ne soit vous tout craché.
Parbieu, dit l'autre, il est à vous, compere :
Je prends sur moy le hazard du peché.

VIII. — AUTRE CONTE TIRÉ D'ATHÉNÉE(1).

A son souper un glouton
Commande que l'on appreste
Pour luy seul un Esturgeon.
Sans en laisser que la teste,
Il soupe ; il creve, on y court :
On luy donne maints clisteres.
On luy dit, pour faire court,
Qu'il mette ordre à ses affaires.
Mes amis, dit le goulu,
M'y voila tout resolu ;
Et puis qu'il faut que je meure,
Sans faire tant de façon,
Qu'on m'apporte tout à l'heure
Le reste de mon poisson.

1. Le mot *autre* s'explique par la suppression qui avoit été faite de l'avant-dernier conte. Dans l'édition de 1685 le titre est : *Le Glouton.*

IX. — CONTE DE **** (1).

Sœur Jeanne, ayant fait un poupon,
Jeûnoit, vivoit en sainte fille,
Toûjours estoit en oraison,
Et toûjours ses Sœurs à la grille.
Un jour donc l'Abbesse leur dit :
Vivez comme Sœur Jeanne vit ;
Fuyez le monde et sa sequelle.
Toutes reprirent à l'instant :
Nous serons aussi sages qu'elle,
Quand nous en aurons fait autant.

X. — CONTE DU JUGE DE MESLE.

Deux Avocats qui ne s'accordoient point
Rendoient perplex un Juge de Province :
Si ne pût onc découvrir le vray point,
Tant luy sembloist que fust obscur et mince.
Deux pailles prend d'inégale grandeur :
Du doigt les serre ; il avoit bonne pince.
La longue échet sans faute au deffendeur,

1. M. Valckenaer fait remarquer que cette pièce a paru
pour la première fois sous le titre d'*Historiette* dans un recueil intitulé : *Les Plaisirs de la poësie galante, gaillarde et
amoureuse*. Dans cette édition le nom du principal personnage est *sœur Claude*. C'est à partir de l'édition hollandaise
de 1685 qu'on voit paraître le titre de *Sœur Jeanne*, adopté
depuis par tous les éditeurs.

Dont renvoyé s'en va gay comme un Prince.
La Cour s'en plaint, et le Juge repart :
Ne me blâmez, Messieurs, pour cet égard.
De nouveauté dans mon fait il n'est maille ;
Maint d'entre-vous souvent juge au hazard,
Sans que pour ce tire à la courte-paille.

XI. — CONTE D'UN PAYSAN

QUI AVOIT OFFENSÉ SON SEIGNEUR [1].

Un Païsan son Seigneur offensa :
L'Histoire dit que c'estoit bagatelle ;
Et toutesfois ce Seigneur le tança
Fort rudement ; ce n'est chose nouvelle.
Coquin, dit-il, tu merites la hard :
Fay ton calcul d'y venir tost ou tard ;
C'est une fin à tes pareils commune.
Mais je suis bon ; et de trois peines l'uné
Tu peux choisir : ou de manger trente aulx,
J'entends sans boire, et sans prendre repos ;
Ou de souffrir trente bons coups de gaulés,
Bien appliquez sur tes larges épaules ;
Ou de payer sur le champ cent écus.
Le Païsan consultant là-dessus :
Trente aulx sans boire ! ah, dit-il en soy-même,
Je n'appris onc à les manger ainsi.
De recevoir les trente coups aussi,
Je ne le puis sans un peril extrême.
Les cent écus, c'est le pire de tous.

---

1. Dans les manuscrits de Conrart cette pièce a pour tître :
Conte d'un Gentilhomme espagnol et d'un Païsan son vassal.
Molière s'est rappelé ce conte en écrivant le 1er intermède du
Malade imaginaire.

Incertain donc il se mit à genoux,
Et s'écria : Pour Dieu, miséricorde !
Son Seigneur dit : Qu'on apporte une corde ;
Quoy ! le Galant m'ose répondre encor ?
Le Païsan, de peur qu'on ne le pende,
Fait choix de l'ail ; et le Seigneur commande
Que l'on en cueüille, et surtout du plus fort.
Un aprés un luy-mesme il fait le conte :
Puis, quand il void que son calcul se monte
A la trentaine, il les met dans un plat ;
Et, cela fait, le malheureux pied-plat
Prend le plus gros, en pitié le regarde,
Mange, et rechigne ainsi que fait un chat
Dont les morceaux sont frotez de moûtarde.
Il n'oseroit de la langue y toucher.
Son Seigneur rit, et surtout il prend garde
Que le Galant n'avale sans mascher.
Le premier passe ; aussi fait le deuxiéme ;
Au tiers il dit : Que le diable y ait part !
Bref il en fut à grand'peine au douziéme,
Que s'écriant : Haro ! la gorge m'ard !
Tost, tost, dit-il, que l'on m'apporte à boire !
Son Seigneur dit : Ah ! ah ! sire Gregoire !
Vous avez soif ! je vois qu'en vos repas
Vous humectez volontiers le lampas.
Or beuvez donc, et beuvez à vostre aise ;
Bon prou vous fasse : hola, du vin, hola !
Mais mon amy, qu'il ne vous en déplaise,
Il vous fauldra choisir aprés cela,
Des cent écus, ou de la bastonnade,
Pour suppléer au défaut de l'aillade.
Qu'il plaise donc, dit l'autre, à vos bontez
Que les aulx soient sur les coups precontez :
Car, pour l'argent, par trop grosse est la somme :
Où la trouver, moy qui suis un pauvre homme ?
Hé bien, souffrez les trente horions,
Dit le Seigneur ; mais laissons les oignons.
Pour prendre cœur, le Vassal en sa panse

Loge un long trait, se munit le dedans;
Puis souffre un coup avec grande constance.
Au deux, il dit : Donnez-moy patience,
Mon doux Jesus, en tous ces accidens.
Le tiers est rude, il en grince les dents,
Se courbe tout, et saute de sa place.
Au quart il fait une horrible grimace ;
Au cinq un cri : mais il n'est pas au bout;
Et c'est grand cas s'il peut digerer tout.
On ne vit onc si cruelle avanture.
Deux forts paillards ont chacun un baston,
Qu'ils font tomber par poids et par mesure,
En observant la cadence et le ton.
Le mal-heureux n'a rien qu'une chanson :
Grace, dit-il. Mais las ! point de nouvelle ;
Car le Seigneur fait frapper de plus belle,
Juge des coups, et tient sa gravité,
Disant toûjours qu'il a trop de bonté.
Le pauvre diable enfin craint pour sa vie.
Aprés vingt coups d'un ton piteux il crie :
Pour Dieu cessez : helas ! je n'en puis plus.
Son Seigneur dit : Payez donc cent écus,
Net et contant : je sçais qu'à la desserre
Vous estes dur; j'en suis fasché pour vous.
Si tout n'est prest, vostre compere Pierre
Vous en peut bien assister, entre nous.
Mais pour si peu vous ne vous feriez tondre.
Le mal-heureux, n'osant presque répondre,
Court au magot, et dit : c'est tout mon fait.
On examine, on prend un trébuchet.
L'eau cependant luy coule de la face :
Il n'a point fait encor telle grimace.
Mais que luy sert ? il convient tout payer.
C'est grand'pitié quand on fasche son maître !
Ce Païsan eut beau s'humilier;
Et pour un fait, assez leger peut-estre
Il se sentit enflâmer le gosier,

Vuider la bourse, émoucher les épaules,
Sans qu'il luy fust dessus les cent écus,
Ny pour les aulx, ny pour les coups de gaules,
Fait seulement grace d'un carolus.

PREFACE

DE LA

DEUXIESME PARTIE[1]

oicy les derniers Ouvrages de cette
nature qui partiront des mains de l'Auteur, et par consequent la derniere
occasion de justifier ses hardiesses, et
les licences qu'il s'est données. Nous ne parlons
point des mauvaises rimes, des Vers qui enjam-
bent, des deux voyelles sans elision, ny en general de ces sortes de negligences qu'il ne se
pardonneroit pas luy-mesme en un autre genre de
Poësie, mais qui sont inseparables, pour ainsi
dire, de celuy-cy. Le trop grand soin de les
éviter jetteroit un faiseur de Contes en de longs
détours, en des recits aussi froids que beaux, en
des contraintes fort inutiles, et luy feroit negli-
ger le plaisir du cœur pour travailler à la satisfaction de l'oreille. Il faut laisser les narrations
estudiées pour les grands sujets, et ne pas faire

1. Publiée en 1666.

un Poëme Epique des avantures de Renaud
d'Ast. Quand celuy qui a rimé ces Nouvelles y
auroit apporté tout le soin et l'exactitude qu'on
luy demande, outre que ce soin s'y remarque-
roit d'autant plus qu'il y est moins necessaire,
et que cela contrevient aux preceptes de Quin-
tilien, encore l'Autheur n'auroit-il pas satisfait
au principal point, qui est d'attacher le Lecteur,
de le réjoüir, d'attirer malgré luy son attention,
de luy plaire enfin : car, comme l'on sçait, le
secret de plaire ne consiste pas toûjours en l'a-
justement, ny mesme en la regularité : il faut du
piquant et de l'agreable, si l'on veut toucher.
Combien voyons-nous de ces beautez regulieres
qui ne touchent point, et dont personne n'est
amoureux ? Nous ne voulons pas oster aux modernes la louange qu'ils ont meritée. Le beau
tour de Vers, le beau langage, la justesse, les
bonnes rimes, sont des perfections en un Poëte ;
cependant, que l'on considere quelques-unes de
nos Epigrammes où tout cela se rencontre ; peut-
estre y trouvera-t-on beaucoup moins de sel,
j'oserois dire encore bien moins de graces, qu'en
celles de Marot et de Saint Gelais, quoy que les
ouvrages de ces derniers soient presque tout
pleins de ces mesmes fautes qu'on nous impute.
On dira que ce n'estoient pas des fautes en leur
siecle, et que c'en sont de très-grandes au nostre.
A cela nous répondons par un mesme raisonnement, et disons, comme nous avons déja dit,
que c'en seroient en effet dans un autre genre de
Poësie, mais que ce n'en sont point dans celuy-
cy. Feu Monsieur de Voiture en est le garend.
ne faut que lire ceux de ses ouvrages où il fait

revivre le caractere de Marot. Car nostre Autheur
ne pretend pas que la gloire luy en soit deuë, ny
qu'il ait merité non plus de grands applaudisse-
mens du public pour avoir rimé quelques Contes.
Il s'est veritablement engagé dans une carriere
toute nouvelle, et l'a fournie le mieux qu'il a pû ;
prenant tantost un chemin, tantost l'autre, et
marchant toujours plus asseurément quand il a
suivy la maniere de nos vieux Poëtes, QUORUM
IN HAC RE IMITARI NEGLEGENTIAM EXOPTAT,
POTIUS QUAM ISTORUM DILIGENTIAM (¹). Mais, en
disant que nous voulions passer ce point-là,
nous nous sommes insensiblement engagez à
l'examiner ; et possible n'a-ce pas esté inutile-
ment ; car il n'y a rien qui ressemble mieux à
des fautes que ces licences. Venons à la liberté
que l'Auteur se donne de tailler dans le bien d'autruy ainsi que dans le sien propre, sans qu'il en
excepte les nouvelles mesme les plus connuës,
ne s'en trouvant point d'inviolable pour luy. Il
retranche, il amplifie, il change les incidens et
les circonstances, quelquefois le principal évenement et la suite ; enfin ce n'est plus la mesme
chose, c'est proprement une Nouvelle Nouvelle,
et celuy qui l'a inventée auroit bien de la peine à
reconnoistre son propre ouvrage. NON SIC DECET
CONTAMINARI FABULAS (²), diront les Critiques.

---

1. La Fontaine modifie ici, sans doute par pure politesse,
ce passage de Térence :

Quorum æmulari exoptat neglegentiam
Potius quam istorum obscuram diligentiam.
                          (*Andria*, prologus v. 20.)

2.   ..... Atque in eo disputant
Contaminari non decere fabulas.
                          (*Ibid.* v. 15.)

Et comment ne le diroient-ils pas? Ils ont bien
fait le mesme reproche à Terence ; mais Terence s'est mocqué d'eux, et a pretendu avoir
droit d'en user ainsi. Il a meslé du sien parmy les sujets qu'il a tirez de Menandre, comme
Sophocle et Euripide ont meslé du leur parmy
ceux qu'ils ont tirez des Escrivains qui les
precedoient, n'épargnant Histoire ny Fable où
il s'agissoit de la bien-seance et des regles du
Dramatique. Ce privilege cessera-t-il à l'égard
des Contes faits à plaisir, et faudra-t-il avoir do-
resnavant plus de respect, et plus de Religion,
s'il est permis d'ainsi dire, pour le mensonge,
que les Anciens n'en ont eu pour la verité? Jamais ce qu'on appelle un bon Conte ne passe
d'une main à l'autre sans recevoir quelque nouvel embellissement. D'où vient donc, nous
pourra-t-on dire, qu'en beaucoup d'endroits l'Auteur retranche au lieu d'encherir? Nous en de-
meurons d'accord, et il le fait pour éviter la longueur et l'obscurité, deux defauts intolerables
dans ces matieres, le dernier sur tout : car si la
clarté est recommandable en tous les Ouvrages
de l'esprit, on peut dire qu'elle est necessaire
dans les recits, où une chose, la pluspart du
temps, est la suite et la dépendance d'une autre, où le moindre fonde quelquefois le plus important; en sorte que si le fil vient une fois à se
rompre, il est impossible au Lecteur de le renouer.
D'ailleurs, comme les narrations en Vers sont
très-malaisées, il se faut charger de circonstances le moins qu'on peut : par ce moyen vous
vous soulagez vous-mesme, et vous soulagez
aussi le Lecteur, à qui l'on ne sçauroit manquer

d'apprester des plaisirs sans peine. Que si l'Auteur a changé quelques incidens et mesme quelque catastrophe, ce qui preparoit cette catastrophe et la necessité de la rendre heureuse l'y ont contraint. Il a cru que dans ces sortes de Contes chacun devoit estre content à la fin : cela plaist toûjours au Lecteur; à moins qu'on ne luy ait rendu les personnes trop odieuses : mais il n'en faut point venir là si l'on peut, ny faire rire et pleurer dans une mesme Nouvelle. Cette bigarrure déplaist à Horace sur toutes choses : il ne veut pas que nos compositions ressemblent aux crotesques, et que nous fassions un ouvrage moitié femme moitié poisson. Ce sont les raisons generales que l'Autheur a euës. On en pourroit encore alleguer de particulieres, et deffendre chaque endroit; mais il faut laisser quelque chose à faire à l'habileté et à l'indulgence des Lecteurs. Ils se contenteront donc de ces raisons-cy. Nous les aurions mises un peu plus en jour et fait valoir davantage, si l'estenduë des Prefaces l'avoit permis.

DEUXIESME PARTIE

I. — LE FAISEUR D'OREILLES
ET LE RACCOMMODEUR DE MOULES.

Conte tiré des Cent Nouvelles Nouvelles (1)
et d'un Conte de Bocace (2).

Sire Guillaume, allant en marchandise,
Laissa sa femme enceinte de six mois;
Simple, jeunette, et d'assez bonne guise,
Nommée Alix, du païs Champenois.
Compere André l'alloit voir quelquefois:
A quel dessein, besoin n'est de le dire,
Et Dieu le sçait: c'estoit un maistre sire;
Il ne tendoit guere en vain ses filets;
Ce n'estoit pas autrement sa coustume.
Sage eût esté l'oiseau qui de ses rets
Se fust sauvé sans laisser quelque plume.
Alix estoit fort neuve sur ce point.

1. Nouvelle III.
2. *Decameron*, giornata VIII, novella VIII.

Le trop d'esprit ne l'incommodoit point :
De ce défaut on n'accusoit la Belle;
Elle ignoroit les malices d'Amour.
La pauvre Dame alloit tout devant elle,
Et n'y sçavoit ny finesse ny tour.
Son mary donc se trouvant en emplete,
Elle au logis, en sa chambre seulette,
André survient, qui sans long compliment
La considere, et luy dit froidement :
Je m'ébahis comme au bout du Royaume
S'en est allé le Compere Guillaume,
Sans achever l'enfant que vous portez :
Car je vois bien qu'il luy manque une oreille :
Vostre couleur me le démontre assez,
En ayant veu mainte épreuve pareille.
Bonté de Dieu ! reprit-elle aussi-tost,
Que dites-vous ? quoy d'un enfant monaût
J'accoucherois ? N'y sçavez-vous remede
Si dea, fit-il, je vous puis donner aide
En ce besoin, et vous jureray bien
Qu'autre que vous ne m'en feroit tant faire ;
Le mal d'autruy ne me tourmente en rien,
Fors excepté ce qui touche au Compere ;
Quant à ce point je m'y ferois mourir.
Or essayons, sans plus en discourir,
Si je suis maistre à forger des oreilles.
Souvenez-vous de les rendre pareilles,
Reprit la femme. Allez, n'ayez soucy,
Repliqua-t-il ; je prens sur moy cecy.
Puis le Galant montre ce qu'il sçait faire.
Tant ne fut nice (encor que nice fût)
Madame Alix, que le jeu ne luy plust.
Philosopher ne faut pour cette affaire.
André vaquoit de grande affection
A son travail ; faisant ore un tendon,
Ore un reply, puis quelque cartilage ;
Et n'y plaignant l'étofe et la façon.
Demain, dit-il, nous polirons l'ouvrage ;

Puis le mettrons en sa perfection,
Tant et si bien qu'en ayez bonne issuë.
Je vous en suis, dit-elle, bien tenuë :
Bon fait avoir icy bas un amy.
Le lendemain, pareille heure venuë,
Compere André ne fut pas endormy.
Il s'en alla chez la pauvre innocente.
Je viens, dit-il, toute affaire cessante,
Pour achever l'oreille que sçavez.
Et moy, dit-elle, allois par un message
Vous avertir de haster cet ouvrage :
Montons en haut. Dés qu'il furent montez,
On poursuivit la chose encommencée.
Tant fut ouvré, qu'Alix dans la pensée
Sur cette affaire un scrupule se mit,
Et l'innocente au bon apostre dit :
Si cet enfant avoit plusieurs oreilles,
Ce ne seroit à vous bien besogné.
Rien, rien, dit-il ; à cela j'ay soigné :
Jamais ne faux en rencontres pareilles.
Sur le métier l'oreille estoit encor
Quand le mary revient de son voyage,
Caresse Alix, qui du premier abord :
Vous aviez fait, dit-elle, un bel ouvrage !
Nous en tenions sans le Compere André,
Et nostre enfant d'une oreille eust manqué.
Souffrir n'ay pû chose tant indecente.
Sire André donc, toute affaire cessante,
En a faite une : il ne faut oublier
De l'aller voir, et l'en remercier :
De tels amis on a toûjours affaire.
Sire Guillaume, au discours qu'elle fit,
Ne comprenant comme il se pouvoit faire
Que son Epouse eust eu si peu d'esprit,
Par plusieurs fois luy fit faire un recit
De tous le cas ; puis, outré de colere,
Il prit une arme à costé de son lit,
Voulut tuer la pauvre Champenoise,

Qui pretendoit ne l'avoir merité.
Son innocence et sa naïveté
En quelque sorte appaiserent la noise.
Helas Monsieur, dit la Belle en pleurant,
En quoy vous puis-je avoir fait du dommage?
Je n'ai donné vos draps ny vostre argent,
Le compte y est; et quant au demeurant
André me dit, quand il parfit l'enfant,
Qu'en trouveriez plus que pour vôtre usage
Vous pouvez voir; si je mens tuez-moy;
Je m'en rapporte à vostre bonne foy.
L'Epoux, sortant quelque peu de colere,
Luy répondit: Or bien, n'en parlons plus;
On vous l'a dit, vous avez crû bien faire,
J'en suis d'accord; contester là dessus
Ne produiroit que discours superflus.
Je n'ay qu'un mot : Faites demain en sorte
Qu'en ce logis j'attrape le Galant:
Ne parlez point de nostre different,
Soyez secrette, ou bien vous estes morte.
Il vous le faut avoir adroitement;
Me feindre absent en un second voyage,
Et luy mander, par lettre ou par message,
Que vous avez à luy dire deux mots.
André viendra; puis de quelques propos
L'amuserez, sans toucher à l'oreille,
Car elle est faite, il n'y manque plus rien.
Nostre innocente executa trés-bien
L'ordre donné; ce ne fut pas merveille;
La crainte donne aux bestes de l'esprit.
André venu, l'Epoux guere ne tarde,
Monte, et fait bruit. Le compagnon regarde
Où se sauver: nul endroit il ne vit,
Qu'une ruelle, en laquelle il se mit.
Le mary frappe; Alix ouvre la porte,
Et de la main fait signe incontinent,
Qu'en la ruelle est caché le Galant.
Sire Guillaume estoit armé de sorte

Que quatre Andrez n'auroient pû l'étonner.
Il sort pourtant, et va querir main forte,
Ne le voulant sans doute assassiner,
Mais quelque oreille au pauvre homme couper,
Peut-estre pis, ce qu'on coupe en Turquie,
Pays cruel et plein de barbarie.
C'est ce qu'il dit à sa femme tout bas ;
Puis l'emmena, sans qu'elle osast rien dire ;
Ferma trés-bien la porte sur le sire.
André se crût sorti d'un mauvais pas,
Et que l'Epoux ne sçavoit nulle chose.
Sire Guillaume, en rêvant à son cas
Change d'avis, en soy-mesme propose
De se vanger avecque moins de bruit,
Moins de scandale, et beaucoup plus de fruit.
Alix, dit-il, allez querir la femme
De sire André ; contez-luy vostre cas
De bout en bout ; courez, n'y manquez pa
Pour l'amener(1), vous direz à la Dame,
Que son mary court un peril trés-grand,
Que je vous ay parlé d'un chastiment
Qui la regarde, et qu'aux faiseurs d'oreilles
On fait souffrir en rencontres pareilles :
Chose terrible, et dont le seul penser
Vous fait dresser les cheveux à la teste ;
Que son Epoux est tout prest d'y passer ;
Qu'on n'attend qu'elle afin d'estre à la feste
Que toutesfois, comme elle n'en peut mais
Elle pourra faire changer la peine :
Amenez-la, courez ; je vous promets
D'oublier tout moyennant qu'elle vienne.
Madame Alix, bien joyeuse s'en fut
Chez sire André, dont la femme accourut
En diligence, et quasi hors d'haleine ;

1. ıre édition :
   Pour l'emmener..

Puis monta seule, et, ne voyant André,
Crût qu'il estoit quelque part enfermé.
Comme la Dame estoit en ces alarmes,
Sire Guillaume, ayant quitté ses armes,
La fait asseoir, et puis commence ainsi :
L'ingratitude est mere de tout vice :
André m'a fait un notable service ;
Parquoy, devant que vous sortiez d'icy,
Je luy rendray si je puis la pareille.
En mon absence il a fait une oreille
Au fruit d'Alix : je veux d'un si bon tour
Me revancher, et je pense une chose.
Tous vos enfans ont le nez un peu court :
Le moule en est asseurément la cause.
Or je les sçais des mieux raccommoder.
Mon avis donc est que sans retarder,
Nous pourvoyions de ce pas à l'affaire.
Disant ces mots, il vous prend la Commere,
Et prés d'André la jetta sur le lit,
Moitié raisin, moitié figue en joüit.
La Dame prit le tout en patience ;
Bénit le Ciel de ce que la vengeance
Tomboit sur elle, et non sur sire André ;
Tant elle avoit pour luy de charité.
Sire Guillaume estoit de son costé
Si fort émeu, tellement irrité,
Qu'à la pauvrette il ne fit nulle grace
Du Talion, rendant à son Epoux
Féves pour pois, et pain blanc pour foüace.
Qu'on dit bien vray que se venger est doux !
Tres-sage fut d'en user de la sorte :
Puis qu'il vouloit son honneur reparer,
Il ne pouvoit mieux que par cette porte
D'un tel affront, à mon sens, se tirer.
André vit tout, et n'osa murmurer ;
Jugea des coups, mais ce fut sans rien dire,
Et loüa Dieu que le mal n'estoit pire.

Pour une oreille il auroit composé.
Sortir à moins c'estoit pour luy merveilles.
Je dis à moins; car mieux vaut, tout prisé,
Cornes gagner que perdre ses oreilles.

II. — LES FRERES DE CATALOGNE (1).

Nouvelle tirée des Cent Nouvelles Nouvelles (2).

Je veux vous conter la besogne
Des bons Freres de Catalogne:
Besogne où ces Freres en Dieu (3)
Témoignerent en certain lieu
Une charité si fervente,
Que mainte femme en fut contente,
Et crût y gagner Paradis.
Telles gens, par leurs bons avis,
Mettent à bien les jeunes ames,

1. Ce conte, imprimé d'abord en 1668, d'après une copie manuscrite, dans l'édition hollandaise de Jean Verhoeven, où il est intitulé : *Les Cordeliers de Catalogne*, fut ensuite publié par l'auteur lui-même en 1669. Pour ne pas manquer à la règle que nous nous sommes imposée, nous avons suivi le texte donné par La Fontaine; mais, comme il contient des adoucissements que l'auteur n'a dû y introduire que pour rendre possible l'obtention du privilége, certaines variantes de la première édition ont ici une importance tout-à-fait exceptionnelle, et se trouvent reproduites dans la plupart des éditions suivantes.

2. Nouvelle XXXII. *Les Dames dismées.*

3. Editions de 1668 et de 1685 :

> Des Cordeliers de Catalogne :
> Besogne où ces Peres en Dieu...

Tirent à soy filles et femmes (1),
Se sçavent emparer du cœur,
Et dans la vigne du Seigneur
Travaillent ainsi qu'on peut croire,
Et qu'on verra par cette Histoire.
　　Au temps que le sexe vivoit
Dans l'ignorance (2), et ne sçavoit
Gloser encor sur l'Evangile
(Temps à cotter fort difficile),
Un essaim de Freres dismeurs (3),
Pleins d'appetit et beaux disneurs,
S'alla jetter dans une Ville
En jeunes Beautez trés-fertile.
Pour des Galants, peu s'en trouvoit;
De vieux maris, il en pleuvoit.
A l'abord une Confrerie
Par les bons Peres fut bastie.
Femme n'estoit qui n'y courust,
Qui ne s'en mist, et qui ne crust
Par ce moyen estre sauvée :
Puis quand leur foy fut éprouvée,
On vint au veritable point (4).
Frere André ne marchanda point,
Et leur fit ce beau petit presche :
Si quelque chose vous empesche
D'aller tout droit en Paradis,
C'est d'espargner pour vos maris

1. Edition de 1668 :

　　　Tirant à soy filles et femmes.

2. Edition de 1668 :

　　　Dans l'innocence.....

3. Editions de 1668 et de 1685 :

　　Un essaim de Freres Mineurs.

4. Edition de 1668 :

　　　La crainte donc d'estre damnée
　　　Fit qu'elles vinrent de bien loin.

Un bien dont ils n'ont plus que faire,
Quand ils ont pris leur necessaire,
Sans que jamais il vous ait plû
Nous faire part du superflu.
Vous me direz que nostre usage
Repugne aux dons du Mariage ;
Nous l'avoüons, et Dieu mercy,
Nous n'aurions que voir en cecy,
Sans le soin de vos consciences.
La plus griéve des offences
C'est d'estre ingrate; Dieu l'a dit.
Pour cela Satan fut maudit (1).
Prenez-y garde; et de vos restes
Rendez grace aux bontez celestes,
Nous laissant dismer sur un bien
Qui ne vous couste presque rien.
C'est un droit, ô troupe fidelle,
Qui vous témoigne nostre zele;
Droit authentique et bien signé,
Que les Papes nous ont donné;
Droit enfin, et non pas aumosne :
Toute femme doit en personne
S'en acquiter trois fois le mois,
Vers les freres Catalanois (2).
Cela fondé sur l'Escriture :
Car il n'est bien dans la Nature,
(Je le repete, écoutez-moy)
Qui ne subisse cette Loy
De reconnoissance et d'hommage :
Or, les œuvres de mariage,
Estant un bien, comme sçavez,
Ou sçavoir chacune devez,
Il est clair que disme en est deuë.

1. Dans l'édition de 1668, ces deux derniers vers sont in-
tervertis.
2. Editions de 1668 et de 1685 :
    Vers les enfans de Saint François.

Cette disme sera receuë
Selon nostre petit pouvoir :
Quelque peine qu'il faille avoir,
Nous la prendrons en patience :
N'en faites point de conscience ;
Nous sommes gens qui n'avons pas
Toutes nos aises icy bas.
Au reste, il est bon qu'on vous dise
Qu'entre la chair et la chemise
Il faut cacher le bien qu'on fait :
Tout cecy doit estre secret
Pour vos maris et pour tout autre.
Voicy trois mots d'un bon-apostre.
Qui font à nostre intention (1) :
Foy, charité, discretion.
　　Frere André, par cette eloquence,
Satisfit fort son audience,
Et passa pour un Salomon ;
Peu dormirent à son Sermon.
Chaque femme, ce dit l'histoire,
Garda trés-bien dans sa memoire,
Et mieux encor dedans son cœur,
Le discours du Predicateur.
Ce n'est pas tout, il s'execute :
Chacune accourt : grande dispute
A qui la premiere payra.
Mainte Bourgeoise murmura
Qu'au lendemain on l'eût remise.
La Gent qui n'aime pas la Bize (2),

1. Edition de 1668 :

　　Voicy un beau mot de l'Apostre
　　Qui fait à nostre intention.

Edition de 1685 :

　　Voicy trois beaux mots de l'Apostre.

2. Editions de 1668 et de 1685 :

　　Et nostre Mere Sainte Eglise.

Ne sçachant comme r'envoyer
Cet escadron prest à payer,
Fut contrainte enfin de leur dire :
De par Dieu souffrez qu'on respire,
C'en est assez pour le present;
On ne peut faire qu'en faisant.
Reglez vostre temps sur le nostre;
Aujourd'huy l'une, et demain l'autre :
Tout avec ordre; et croyez-nous,
On en va mieux quand on va doux.
   Le sexe suit cette sentence.
Jamais de bruit pour la quittance,
Trop bien quelque collation,
Et le tout par devotion.
  Puis de trinquer à la Commere.
Je laisse à penser quelle chere
Faisoit alors Frere Frapart.
Tel d'entr'eux avoit pour sa part
Dix jeunes femmes bien payantes,
Frisques, gaillardes, atrayantes :
Tel aux douze et quinze passoit.
Frere Roc, à vingt se chaussoit.
Tant et si bien que les Donselles (1),
Pour se montrer plus ponctuelles,
Payoient deux fois assez souvent :
Dont il avint que le Couvent,
Las enfin d'un tel Ordinaire,
Aprés avoir à cette affaire
Vaqué cinq ou six mois entiers,
Eust fait credit bien volontiers :
Mais les Donselles scrupuleuses,
De s'aquitter estoient soigneuses,
Croyant faillir en retenant
Un bien à l'Ordre appartenant.
Point de dismes accumulées.

1. Édition de 1668 :
    Tant et si bien que ces Donzelles.

Il s'en trouva de si zelées,
Que par avance elles payoient.
Les beaux Peres n'expedioient
Que les fringuantes et les Belles,
Enjoignant aux sempiternelles
De porter en bas leur tribut;
Car dans ces dismes de rebut
Les Lais trouvoient encor à frire.
Bref, à peine il se pourroit dire
Avec combien de charité
Le tout estoit executé.
   Il avint qu'une de la bande,
Qui vouloit porter son offrande,
Un beau soir, en chemin faisant,
Et son mary la conduisant,
Luy dit : Mon Dieu, j'ay quelque affaire
Là dedans avec certain Frere,
Ce sera fait dans un moment.
L'Epoux répondit brusquement (1) :
Quoy ? quelle affaire ? estes-vous folle ?
Il est my-nuit, sur ma parole :
Demain vous direz vos pechés :
Tous les bons Peres sont couchés.
Cela n'importe, dit la femme :
Et, par Dieu (2), si ! dit-il, Madame,
Je tiens qu'il importe beaucoup;
Vous ne bougerez pour ce coup.
Qu'avez-vous fait ? et quelle offence
Presse ainsi vostre conscience ?
Demain matin j'en suis d'accord.
Ah ! Monsieur, vous me faites tort,
Reprit-elle; ce qui me presse,

1. Édition de 1668 :

     L'Epoux repartit brusquement.

2. Édition de 1668 :

     Et, parbleu, si.....

Ce n'est pas d'aller à confesse,
C'est de payer; car, si j'attens,
Je ne le pourray de long-temps;
Le Frere aura d'autres affaires.
Quoy payer? La disme aux bons Peres.
Quelle disme? Sçavez-vous pas?
Moy je le sçay! C'est un grand cas,
Que toûjours femme aux Moines donne.
Mais cette disme, ou cette aumosne,
La sçauray-je point à la fin?
Voyez, dit-elle, qu'il est fin!
N'entendez-vous pas ce langage?
C'est des œuvres de mariage.
Quelles œuvres, reprit l'Epoux?
Et-là! Monsieur, c'est ce que nous...
Mais j'aurois payé depuis l'heure.
Vous estes cause qu'en demeure
Je me trouve presentement;
Et cela je ne sçay comment;
Car toujours je suis coûtumiere
De payer toute la premiere.
  L'Epoux, remply d'estonnement,
Eut cent pensers en un moment.
Il ne sçût que dire et que croire.
Enfin, pour apprendre l'histoire,
Il se tut, il se contraignit;
Du secret, sans plus, se plaignit (¹),
Par tant d'endroits tourna sa femme,
Qu'il apprit que mainte autre Dame
Payoit la mesme pension :
Ce luy fut consolation.
Sçachez, dit la pauvre innocente,
Que pas une n'en est exempte :
Votre Sœur paye à Frere Aubry;
La Baillie au Pere Fabry;

1. Ces quatre derniers vers sont supprimés dans l'édition
de 1685.

Son Altesse à Frere Guillaume,
Un des beaux Moines du Royaume :
Moy, qui paye à Frere Girard,
Je voulois luy porter ma part.
Que de maux la langue nous cause !
Quand ce mary sceut toute chose (1),
Il resolut premierement
D'en avertir secretement
Monseigneur, puis les gens de Ville ;
Mais comme il estoit difficile
De croire un tel cas dés l'abord ;
Il voulut avoir le rapport
Du drosle à qui payoit sa femme.
Le lendemain devant la Dame
Il fait venir Frere Girard,
Luy porte à la gorge un poignard (2) ;
Luy fait conter tout le mystere :
Puis ayant enfermé ce Frere
A double clef, bien garoté,
Et la Dame d'autre côté,
Il va partout conter sa chance.
Au logis du Prince il commence ;
Puis il descend chez l'Eschevin ;
Puis il fait sonner le tocsin.
    Toute la Ville en est troublée.
On court en foule à l'assemblée ;
Et le sujet de la rumeur
N'est point sceu du peuple dismeur (3).
    Chacun opine à la vengeance.
L'un dit qu'il faut en diligence

1. Édition de 1668 :

        Quand le Mary sceut toute chose.

2. Édition de 1668 :

        Il porte à sa gorge un poignard.

3. Ces quatre derniers vers sont supprimés dans l'édition
de 1685.

Aller massacrer ces cagots;
L'autre dit qu'il faut de fagots
Les entourer dans leur repaire,
Et brûler gens et Monastere.
Tel veut qu'ils soient à l'eau jettez
Dedans leurs frocs empaquetez;
Afin que cette pepiniere (1),
Flottant ainsi sur la riviere,
S'en aille apprendre à l'Univers
Comment on traite les pervers (2).
Tel invente un autre supplice,
Et chacun selon son caprice;
Bref, tous conclurent à la mort:
L'avis du feu fut le plus fort.
On court au Couvent tout à l'heure:
Mais par respect de la demeure,
L'Arrest ailleurs s'executa;
Un Bourgeois sa grange presta.
La penaille, ensemble enfermée,
Fut en peu d'heures consumée,
Les maris sautans à l'entour,
Et dansans au son du tambour.
Rien n'échappa de leur colere,
Ny Moinillon, ny beat Pere.
Robbes, manteaux, et cocluchons (3),
Tout fut brûlé comme cochons.
Tous perirent dedans les flammes.
Je ne sçay ce qu'on fit des femmes.
Pour le pauvre Frere Girard,
Il avoit eu son fait à part.

1. Edition de 1668 :
    Afin que la Gent cordeliere.

2. Ces quatre derniers vers sont supprimés dans l'édition
de 1685.

3. Editions de 1668 et de 1685 :
    Robes, Manteaux et Capuchons.

III. — LE BERCEAU.

Nouvelle tirée de Bocace (1).

Non loin de Rome un Hostelier estoit,
Sur le chemin qui conduit à Florence :
Homme sans bruit, et qui ne se piquoit
De recevoir gens de grosse dépense :
Mesme chez luy rarement on gistoit.
Sa femme estoit encor de bonne affaire,
Et ne passoit de beaucoup les trente ans.
Quant au surplus, ils avoient deux enfans :
Garçon d'un an, fille en âge d'en faire.
Comme il arrive, en allant et venant,
Pinucio, jeune homme de famille,
Jetta si bien les yeux sur cette fille,
Tant la trouva gracieuse et gentille,
D'esprit si doux, et d'air tant attrayant,
Qu'il s'en piqua : trés bien le luy sceut dire ;
Muet n'estoit, elle sourde non plus :
Dont il avint qu'il sauta par dessus
Ces longs soûpirs et tout ce vain martyre.
Se sentir pris, parler, estre écouté,
Ce fut tout un ; car la difficulté
Ne gisoit pas à plaire à cette Belle :
Pinuce estoit Gentil-homme bien fait ;
Et jusques-là la fille n'avoit fait
Grand cas des gens de mesme étoffe qu'elle.
Non qu'elle creust pouvoir changer d'estat ;
Mais elle avoit, nonobstant son jeune âge,
Le cœur trop haut, le goust trop delicat,

1. *Decameròn*, giornata IX, novella VI.

Pour s'en tenir aux amours de village.
Colette donc (ainsi l'on l'appelloit)
En mariage à l'envy demandée,
Rejettoit l'un, de l'autre ne vouloit,
Et n'avoit rien que Pinuce en l'idée.
Longs pourparlers avecque son Amant
N'estoient permis; tout leur faisoit obstacle,
Les rendez-vous et le soulagement
Ne se pouvoient à moins que d'un miracle.
Cela ne fit qu'irriter leurs esprits.
Ne gesnez point, je vous en donne avis,
Tant vos enfans, ô vous peres et meres;
Tant vos moitiez, vous Epoux et maris;
C'est où l'amour fait le mieux ses affaires.
Pinucio, certain soir qu'il faisoit
Un temps fort brun, s'en vient en compagnie
D'un sien amy, dans cette Hostellerie,
Demander giste. On luy dit qu'il venoit
Un peu trop tard. Monsieur, ajousta l'Hoste,
Vous sçavez bien comme on est à l'étroit
Dans ce logis; tout est plein jusqu'au toit:
Mieux vous vaudroit passer outre, sans faute :
Ce giste n'est pour gens de vostre estat.
N'avez-vous point encor quelque grabat,
Reprit l'Amant, quelque coin de reserve?
L'Hoste repart : Il ne nous reste plus.
Que nostre chambre, où deux lits sont tendus;
Et de ces lits il n'en est qu'un qui serve
Aux survenans; l'autre nous l'occupons.
Si vous voulez coucher de compagnie,
Vous et Monsieur, nous vous hebergerons.
Pinuce dit : Volontiers. Je vous prie
Que l'on nous serve à manger au plûtost.
Leur repas fait, on les conduit en haut.
Pinucio, sur l'avis de Colette,
Marque de l'œil comme la chambre est faite.
Chacun couché, pour la Belle on mettoit
Un lit de camp : celuy de l'Hoste estoit

Contre le mur, atenant de la porte;
Et l'on avoit placé de mesme sorte,
Tout vis-à-vis, celuy du survenant :
Entre les deux un berceau pour l'enfant,
Et toutefois plus prés du lit de l'Hoste.
Cela fit faire une plaisante faute
A cet amy qu'avoit nostre Galant.
Sur le minuit, que l'Hoste apparemment
Devoit dormir, l'Hostesse en faire autant,
Pinucio, qui n'attendoit que l'heure,
Et qui contoit les momens de la nuit,
Son temps venu, ne fait longue demeure;
Au lit de camp s'en va droit et sans bruit.
Pas ne trouva la pucelle endormie;
J'en jurerois. Colette apprit un jeu
Qui, comme on sçait, lasse plus qu'il n'ennuye.
Tréve se fit; mais elle dura peu :
Larcins d'amour ne veulent longue pose.
Tout à merveille alloit au lit de camp,
Quand cet amy qu'avoit nostre Galant,
Pressé d'aller mettre ordre à quelque chose
Qu'honnestement exprimer je ne puis,
Voulut sortir, et ne put ouvrir l'huis
Sans enlever le berceau de sa place,
L'enfant avec, qu'il mit prés de leur lit;
Le détourner auroit fait trop de bruit.
Luy revenu, prés de l'enfant il passe,
Sans qu'il daignast le remettre en son lieu;
Puis se recouche, et quand il plut à Dieu
Se rendormit. Aprés un peu d'espace,
Dans le logis je ne sçais quoy tomba.
Le bruit fut grand; l'Hostesse s'éveilla,
Puis alla voir ce que ce pouvoit estre.
A son retour le berceau la trompa.
Ne le trouvant joignant le lit du maistre,
Saint Jean, dit-elle en soy-mesme aussi-tost,
J'ay pensé faire une estrange béveuë :
Prés de ces gens je me suis, peu s'en faut,

Remise au lit en chemise ainsi nuë :
C'estoit pour faire un bon charivary.
Dieu soit loüé que ce berceau me monstre
Que c'est icy qu'est couché mon mary.
Disant ces mots, auprés de cet amy
Elle se met. Fol ne fut n'étourdy,
Le compagnon, dedans un tel rencontre :
La mit en œuvre, et sans témoigner rien
Il fit l'Epoux ; mais il le fit trop bien.
Trop bien ! je faux ; et c'est tout le contraire :
Il le fit mal ; car qui le veut bien faire
Doit en besogne aller plus doucement.
Aussi l'Hostesse eut quelque estonnement.
Qu'a mon mary, dit-elle, et quelle joye
Le fait agir en homme de vingt ans ?
Prenons cecy, puis que Dieu nous l'envoye ;
Nous n'aurons pas toûjours tel passe-temps.
Elle n'eut dit ces mots entre ses dents,
Que le Galant recommence la feste.
La Dame estoit de bonne emplette encor :
J'en ay, je crois, dit un mot dans l'abord :
Chemin faisant, c'estoit fortune honneste.
Pendant cela, Colette apprehendant
D'estre surprise avecque son Amant,
Le renvoya, le jour venant à poindre.
Pinucio voulant aller rejoindre
Son compagnon, tomba tout de nouveau
Dans cette erreur que causoit le berceau ;
Et pour son lit il prit le lit de l'Hoste.
Il n'y fut pas qu'en abbaissant sa voix
(Gens trop heureux font toûjours quelque faute),
Amy, dit-il, pour beaucoup je voudrois
Te pouvoir dire à quel point va ma joye.
Je te plains fort que le Ciel ne t'envoye
Tout maintenant mesme bon-heur qu'à moy.
Ma foy Colette est un morceau de Roy.
Si tu sçavois ce que vaut cette fille !
J'en ay bien veu, mais de telle, entre nous,

Il n'en est point. C'est bien le cuir plus doux,
Le corps mieux fait, la taille plus gentille;
Et des tetons! je ne te dis pas tout.
Quoy qu'il en soit, avant que d'estre au bout,
Gaillardement six postes se sont faites;
Six de bon compte, et ce ne sont sornettes.
D'un tel propos l'Hoste tout étourdy,
D'un ton confus gronda quelques parolles.
L'Hostesse dit tout bas à cet amy,
Qu'elle prenoit toûjours pour son mary :
Ne reçois plus chez toy ces testes folles;
N'entends-tu point comme ils sont en debat?
En son seant l'Hoste sur son grabat
S'estant levé, commence à faire éclat.
Comment, dit-il, d'un ton plein de colere,
Vous veniez donc icy pour cette affaire?
Vous l'entendez! et je vous sçais bon gré
De vous moquer encor comme vous faites.
Pretendez-vous, beau Monsieur que vous estes,
En demeurer quitte à si bon marché?
Quoy! ne tient-il qu'à honnir des familles?
Pour vos ébats nous nourrirons nos filles!
J'en suis d'avis. Sortez de ma maison :
Je jure Dieu que j'en auray raison.
Et toy, coquine, il faut que je te tuë.
A ce discours proferé brusquement,
Pinucio, plus froid qu'une statuë,
Resta sans poulx, sans voix, sans mouvement.
Chacun se teut l'espace d'un moment.
Colette entra dans des peurs nompareilles.
L'Hostesse, ayant reconnu son erreur,
Tint quelque-temps le Loup par les oreilles.
Le seul amy se souvint par bon-heur
De ce berceau principe de la chose.
Adressant donc à Pinuce sa voix :
T'en tiendras-tu, dit-il, une autre fois?
T'ay-je averty que le vin seroit cause
De ton mal-heur? Tu sçais que quand tu bois,

Toute la nuit tu cours, tu te demeines,
Et vas contant mille chimeres vaines
Que tu te mets dans l'esprit en dormant.
Reviens au lit. Pinuce, au mesme instant,
Fait le dormeur, poursuit le stratagême,
Que le mary prit pour argent contant.
Il ne fut pas jusqu'à l'Hostesse mesme
Qui n'y voulust aussi contribuer.
Prés de sa fille elle alla se placer;
Et dans ce poste elle se sentit forte.
Par quel moyen, comment, de quelle sorte,
S'écria-t-elle, auroit-il pû coucher
Avec Colette, et la dés-honorer?
Je n'ay bougé toute nuit d'auprés d'elle:
Elle n'a fait ny pis ny mieux que moy.
Pinucio nous l'alloit donner belle!
L'Hoste reprit: C'est assez; je vous croy.
On se leva: ce ne fut pas sans rire;
Car chacun d'eux en avoit sa raison.
Tout fut secret, et quiconque eut du bon,
Par devers soy le garda sans rien dire.

IV.—LE MULETIER.

Nouvelle tirée de Bocace (1).

Un roy Lombard (les Rois de ce pays
Viennent souvent s'offrir à ma memoire)
Ce dernier-cy, dont parle en ses écrits
Maistre Bocace, auteur de cette Histoire,
Portoit le nom d'Agiluf en son temps.
Il épousa Teudelingue la Belle,

1. *Decameron*, giornata III, novella II.

Veuve du Roy dernier mort sans enfans,
Lequel laissa l'Estat sous la tutelle
De celuy-cy, Prince sage et prudent.
Nulle beauté n'estoit alors égale
A Teudelingue, et la couche Royale
De part et d'autre estoit asseurément
Aussi complette, autant bien assortie
Qu'elle fut onc, quand Messer Cupidon
En badinant fit choir de son brandon
Chez Agiluf, droit dessus l'écurie,
Sans prendre garde, et sans se soucier
En quel endroit; dont avecque furie
Le feu se prit au cœur d'un Muletier.
Ce Muletier estoit homme de mine,
Et démentoit en tout son origine,
Bien fait et beau, mesme ayant du bon sens.
Bien le monstra; car, s'estant de la Reine
Amouraché, quand il eut quelque temps
Fait ses efforts, et mis toute sa peine
Pour se guerir, sans pouvoir rien gagner,
Le Compagnon fit un tour d'homme habile.
Maistre ne sçais meilleur pour enseigner
Que Cupidon; l'ame la moins subtile
Sous sa ferule apprend plus en un jour,
Qu'un Maistre és Arts en dix ans aux écoles.
Aux plus grossiers par un chemin bien court
Il sçait montrer les tours et les paroles.
Le present Conte en est un bon témoin.
Nostre Amoureux ne songeoit, prés ny loin,
Dedans l'abord à joüir de sa Mie.
Se declarer de bouche ou par écrit
N'estoit pas seur. Si se mit dans l'esprit,
Mourust ou non, d'en passer son envie,
Puis qu'aussi-bien plus vivre ne pouvoit;
Et, mort pour mort, toûjours mieux luy valoit,
Auparavant que sortir de la vie,
Eprouver tout, et tenter le hazard.
L'usage estoit chez le peuple Lombard

Que quand le Roy, qui faisoit lit à part
(Comme tous font), vouloit avec sa femme
Aller coucher, seul il se presentoit,
Presque en chemise, et sur son dos n'avoit
Qu'une simarre; à la porte il frappoit
Tout doucement; aussi-tost une Dame
Ouvroit sans bruit; et le Roy luy mettoit
Entre les mains la clarté qu'il portoit;
Clarté n'ayant grand' lueur ny grand' flâme.
D'abord la Dame éteignoit en sortant
Cette clarté; c'estoit le plus souvent
Une lanterne, ou de simples bougies.
Chaque Royaume a ses ceremonies.
Le Muletier remarqua celle-cy,
Ne manqua pas de s'ajuster ainsi;
Se presenta comme c'estoit l'usage,
S'estant caché quelque peu le visage.
La Dame ouvrit dormant plus d'à demi.
Nul cas n'estoit à craindre en l'avanture,
Fors que le Roy ne vinst pareillement.
Mais ce jour-là, s'estant heureusement
Mis à chasser, force estoit que nature
Pendant la nuit cherchast quelque repos.
Le Muletier, frais, gaillard, et dispos,
Et parfumé, se coucha sans rien dire.
Un autre point, outre ce qu'avons dit,
C'est qu'Agiluf, s'il avoit en l'esprit
Quelque chagrin, soit touchant son Empire,
Ou sa famille, ou pour quelque autre cas,
Ne sonnoit mot en prenant ses ébats.
A tout cela Teudelingue estoit faite.
Nostre amoureux fournit plus d'une traite:
Un Muletier à ce jeu vaut trois Rois,
Dont Teudelingue entra par plusieurs fois
En pensement, et creut que la colere
Rendoit le Prince, outre son ordinaire,
Plein de transport, et qu'il n'y songeoit pas.
En ses presens le Ciel est toûjours juste;

Il ne départ à gens de tous estats
Mesmes talens. Un Empereur auguste
A les vertus propres pour commander :
Un Avocat sçait les points decider (1) :
Au jeu d'Amour le Muletier fait rage.
Chacun son fait ; nul n'a tout en partage.
Noſtre Galant, s'estant diligenté,
Se retira sans bruit et sans clarté
Devant l'Aurore. Il en sortoit à peine,
Lors qu'Agiluf alla trouver la Reine ;
Voulut s'ébatre, et l'étonna bien fort.
Certes, Monsieur, je sçais bien, luy dit-elle,
Que vous avez pour moy beaucoup de zele ;
Mais de ce lieu vous ne faites encor
Que de sortir : mesme outre l'ordinaire
En avés pris, et beaucoup plus qu'assés.
Pour Dieu Monsieur, je vous prie, avisez
Que ne soit trop ; vostre santé m'est chere.
Le Roy fut sage, et se douta du tour ;
Ne sonna mot, descendit dans la court,
Puis de la court entra dans l'écurie,
Jugeant en luy que le cas provenoit
D'un Muletier, comme l'on luy parloit.
Toute la troupe estoit lors endormie,
Fors le Galant qui trembloit pour sa vie.
Le Roy n'avoit lanterne ny bougie.
En tâtonnant il s'approcha de tous ;
Crût que l'auteur de cette tromperie
Se connoistroit au batement du poulx.
Point ne faillit dedans sa conjecture ;
Et le second qu'il tasta d'avanture
Etoit son homme, à qui d'émotion,
Soit pour la peur, ou soit pour l'action,
Le cœur batoit et le poulx tout ensemble.
Ne sçachant pas où devoit aboutir

1. 1re édition :
    Un magistrat sçait les points decider.

Tout ce mystere, il feignoit de dormir.
Mais quel sommeil! Le Roy, pendant qu'il tremble,
En certain coin va prendre des ciseaux
Dont on coupoit le crain à ses chevaux.
Faisons, dit-il, au Galant une marque,
Pour le pouvoir demain connoistre mieux.
Incontinent de la main du Monarque
Il se sent tondre. Un toupet de cheveux
Luy fut coupé, droit vers le front du sire;
Et cela fait, le Prince se retire.
Il oublia de serrer le toupet,
Dont le galant s'avisa d'un secret
Qui d'Agiluf gasta le stratagême.
Le Muletier alla, sur l'heure mesme,
En pareil lieu tondre ses compagnons.
Le jour venu, le Roy vit ces garçons
Sans poil au front. Lors le Prince en son ame:
Qu'est-cecy donc! qui croiroit que ma femme
Auroit esté si vaillante au déduit?
Quoy! Teudelingüe a-t-elle cette nuit
Fourny d'ébat à plus de quinze ou seize?
Autant en vit vers le front de tondus.
Or bien, dit-il, qui l'a fait si se taise:
Au demeurant, qu'il n'y retourne plus.

V. — L'ORAISON DE S. JULIEN.

Nouvelle tirée de Bocace (1).

Beaucoup de gens ont une ferme foy
Pour les brevets, Oraisons et paroles:
Je me ris d'eux; et je tiens, quant à moy,
Que tous tels sorts sont receptes frivoles;
Frivoles sont, c'est sans difficulté.

1. *Decameron*, giornata II, novella II. Il ne faut pas ou-

Bien est-il vray qu'auprés d'une beauté
Paroles ont des vertus nompareilles ;
Paroles font en Amour des merveilles :
Tout cœur se laisse à ce charme amollir.
De tels brevets je veux bien me servir ;
Des autres, non. Voicy pourtant un Conte
Où l'Oraison de Monsieur S. Julien
A Renaud d'Ast produisit un grand bien (1).
S'il ne l'eust dite, il eust trouvé méconte
A son argent, et mal passé la nuit.
Il s'en alloit devers Chasteau-Guillaume :
Quand trois Quidams (bonnes gens, et sans bruit,
Ce luy sembloit, tels qu'en tout un Royaume
Il n'auroit cru trois aussi gens de bien)
Quand n'ayant, dis-je, aucun soupçon de rien,
Ces trois Quidams, tout pleins de courtoisie
Aprés l'abord, et l'ayant salüé
Fort humblement : Si nostre compagnie,
Luy dirent-ils, vous pouvoit estre à gré,
Et qu'il vous plust achever cette traite
Avecque nous, ce nous seroit honneur.
En voyageant, plus la troupe est complete,
Mieux elle vaut ; c'est toûjours le meilleur.
Tant de Brigands infectent la Province,
Que l'on ne sçait à quoy songe le Prince
De le souffrir ; mais quoy ! les mal-vivans
Seront toûjours. Renaud dit à ces gens,
Que volontiers. Une lieuë estant faite,
Eux discourant, pour tromper le chemin,
De chose et d'autre, ils tomberent enfin
Sur ce qu'on dit de la vertu secrete

blier que cette nouvelle est imitée de Bocace, car on pourroit chercher en France ce *Château-Guillaume*, sur lequel La
Fontaine ne nous donne aucun détail. Nous voyons dans le
conteur italien qu'il s'agit de *Castel Guiglielmo*, au sortir de
Ferrare, sur le chemin de Vérone.

1. On lit dans la 1re édition *Regnauld* au lieu de *Renaud*.

De certains mots, caracteres, brevets,
Dont les aucuns ont de trés-bons effets;
Comme de faire aux insectes la guerre,
Charmer les loups, conjurer le tonnerre :
Ainsi du reste; où sans pact ny demy
(Dequoy l'on soit pour le moins averty)
L'on se guerit, l'on guerit sa monture,
Soit du farcin, soit de la mémarchure;
L'on fait souvent ce qu'un bon Medecin
Ne sçauroit faire avec tout son latin.
Ces survenans de mainte experience
Se vantoient tous, et Renaud en silence
Les écoutoit. Mais vous, ce luy dit-on,
Sçavez-vous point aussi quelque Oraison ?
De tels secrets, dit-il, je ne me pique,
Comme homme simple et qui vis à l'antique.
Bien vous diray qu'en allant par chemin
J'ay certains mots que je dis au matin
Dessous le nom d'Oraison ou d'Antienne
De S. Julien, afin qu'il ne m'avienne
De mal gister : et j'ay mesme éprouvé,
Qu'en y manquant cela m'est arrivé.
J'y manque peu : c'est un mal que j'évite
Par-dessus tous, et que je crains autant.
Et ce matin, Monsieur, l'avez-vous dite?
Luy repartit l'un des trois en riant.
Oüy, dit Renaud. Or bien, repliqua l'autre,
Gageons un peu quel sera le meilleur,
Pour ce jourd'huy, de mon giste ou du vostre.
Il faisoit lors un froid plein de rigueur.
La nuit de plus estoit fort approchante,
Et la couchée encore assez distante.
Renaud reprit : Peut-estre ainsi que moy
Vous servez-vous de ces mots en voyage.
Point, luy dit l'autre, et vous jure ma Foy
Qu'invoquer Saints n'est pas trop mon usage;
Mais si je perds, je le pratiqueray.
En ce cas là volontiers gageray,

Reprit Renaud, et j'y mettrois ma vie :
Pourveu qu'alliez en quelque Hostellerie ;
Car je n'ay là nulle maison d'ami.
Nous mettrons donc cette clause au pari,
Poursuivit-il, si l'avez agreable :
C'est la raison. L'autre luy répondit
J'en suis d'accord ; et gage vostre habit,
Vostre cheval, la bourse au prealable,
Seur de gagner, comme vous allez voir.
Renaud dés-lors pût bien s'appercevoir
Que son cheval avoit changé d'étable.
Mais quel remede ? En costoyant un bois,
Le Parieur ayant changé de voix :
Ça, descendez, dit-il, mon Gentil-homme ;
Vostre Oraison vous fera bon besoin ;
Chasteau-Guillaume est encore un peu loin.
Falut descendre. Ils luy prirent, en somme,
Chapeau, casaque, habit, bourse, et cheval ;
Bottes aussi. Vous n'aurez tant de mal
D'aller à pied, luy dirent les perfides.
Puis de chemin (sans qu'ils prissent de guides)
Changeant tous trois, ils furent aussitost
Perdus de veuë ; et le pauvre Renaud,
En caleçons, en chausses, en chemise,
Moüillé, fangeux, ayant au nez la bise,
Va tout dolent, et craint avec raison
Qu'il n'ait, ce coup, mal-gré son Oraison,
Trés-mauvais giste ; horsmis qu'en sa valise
Il esperoit : car il est à noter
Qu'un sien Valet, contraint de s'arrester
Pour faire mettre un fer à sa monture,
Devoit le joindre. Or il ne le fit pas,
Et ce fut là le pis de l'avanture :
Le Drôle, ayant veu de loin tout le cas
(Comme Valets souvent ne valent gueres)
Prend à costé, pourvoit à ses affaires,
Laisse son Maistre, à travers champs s'enfüit,
Donne des deux, gagne devant la nuit

Chasteau-Guillaume, et dans l'Hostellérie.
La plus fameuse, enfin la mieux fournie,
Attend Renaud prés d'un foyer ardent,
Et fait tirer du meilleur cependant.
Son Maistre estoit jusqu'au cou dans les boües;
Pour en sortir avoit fort à tirer.
Il acheva de se desesperer
Lors que la neige, en luy donnant aux joües,
Vint à flocons, et le vent qui foüetoit.
Au prix du mal que le pauvre homme avoit,
Gens que l'on pend sont sur des lits de roses.
Le sort se plaist à dispenser les choses
De la façon : c'est tout mal ou tout bien.
Dans ses faveurs il n'a point de mesures :
Dans son courroux de mesme il n'obmet rien
Pour nous mater : témoin les avantures
Q'eut cette nuit Renaud, qui n'arriva
Qu'une heure aprés qu'on eut fermé la porte.
Du pied du mur enfin il s'approcha;
Dire comment, je n'en sçais pas la sorte.
Son bon destin, par un trés-grand hasard,
Luy fit trouver une petite avance
Qu'avoit un toit; et ce toit faisoit part
D'une maison voisine du rempart.
Renaud, ravy de ce peu d'allegeance,
Se met dessous. Un bon-heur, comme on dit,
Ne vient point seul : quatre ou cinq brins de paille
Se rencontrant, Renaud les estendit.
Dieu soit loüé, dit-il, voila mon lit.
Pendant cela le mauvais temps l'assaille
De toutes parts : il n'en peut presque plus.
Transi de froid, immobile et perclus,
Au desespoir bien-tost il s'abandonne,
Claque des dents, se plaint, tremble, et frissonne
Si hautement que quelqu'un l'entendit.
Ce quelqu'un-là, c'estoit une Servante,
Et sa Maistresse une Veuve galante,
Qui demeuroit au logis que j'ay dit;

Pleine d'appas, jeune, et de bonne grace,
Certain Marquis, Gouverneur de la place,
L'entretenoit; et de peur d'estre veu,
Troublé, distrait, enfin interrompu
Dans son commerce au logis de la Dame,
Il se rendoit souvent chez cette femme
Par une porte aboutissante aux champs;
Alloit, venoit, sans que ceux de la ville
En sceussent rien, non pas mesme ses gens.
Je m'en estonne, et tout plaisir tranquille
N'est d'ordinaire un plaisir de Marquis:
Plus il est sceu, plus il leur semble exquis.
Or il avint que la mesme soirée
Où nostre Job, sur la paille estendu,
Tenoit déja sa fin toute asseurée,
Monsieur estoit de Madame attendu;
Le soupé prest, la chambre bien parée;
Bons restaurans, champignons et ragousts,
Bains et parfums, matelats blancs et mous,
Vins du coucher, toute l'Artillerie
De Cupidon, non pas le langoureux,
Mais celuy-là qui n'a fait en sa vie
Que de bons tours, le Patron des heureux,
Des jouïssans. Estant donc la Donzelle
Preste à bien faire, avint que le Marquis
Ne pût venir: elle en receut l'avis
Par un sien Page, et de cela la Belle
Se consola: tel estoit leur marché.
Renaud y gagne: il ne fut écouté
Plus d'un moment, que pleine de bonté,
Cette servante et confite en tendresse,
Par avanture, autant que sa Maistresse
Dit à la Veuve: Un pauvre souffreteux
Se plaint là bas, le froid est rigoureux,
Il peut mourir: Vous plaist-il pas, Madame,
Qu'en quelque coin l'on le mette à couvert?
Oüy, je le veux, répondit cette femme.
Ce galetas qui de rien ne nous sert

Luy viendra bien ; dessus quelque couchete
Vous luy mettrez un peu de paille nette,
Et là-dedans il faudra l'enfermer ;
De nos reliefs vous le ferez souper
Auparavant, puis l'envoyrez coucher.
Sans cet Arrest, c'estoit fait de la vie
Du bon Renaud. On ouvre, il remercie ;
Dit qu'on l'avoit retiré du tombeau,
Conte son cas, reprend force et courage :
Il estoit grand, bien-fait, beau personnage,
Ne sembloit mesme homme en amour nouveau,
Quoy qu'il fust jeune. Au reste il avoit honte
De sa misere et de sa nudité :
L'Amour est nu, mais il n'est pas croté.
Renaud dedans, la Chambriere monte,
Et va conter le tout de point en point.
La Dame dit : Regardez si j'ay point
Quelque habit d'homme encor dans mon armoire ;
Car feu Monsieur en doit avoir laissé.
Vous en avez, j'en ay bonne memoire,
Dit la Servante. Elle eut bien-tost trouvé
Le vray balot. Pour plus d'honnesteté,
La Dame ayant appris la qualité
De Renaud d'Ast (car il s'estoit nommé)
Dit qu'on le mit au bain chauffé pour elle.
Cela fut fait ; il ne se fit prier.
On le parfume avant que l'habiller.
Il monte en haut, et fait à la Donzelle
Son compliment, comme homme bien appris.
On sert enfin le soupé du Marquis.
Renaud mangea tout ainsi qu'un autre homme ;
Mesme un peu mieux, la Cronique le dit :
On peut à moins gagner de l'appetit.
Quant à la Veuve, elle ne fit, en somme,
Que regarder, témoignant son desir ;
Soit que déja l'attente du plaisir
L'eust disposée, ou soit par sympathie,
Ou que la mine, ou bien le procedé

De Renaud d'Ast eussent son cœur touché.
De tous costez se trouvant assaillie,
Elle se rend aux semonces d'Amour.
Quand je feray, disoit-elle, ce tour,
Qui l'ira dire? Il n'y va rien du nostre.
Si le Marquis est quelque peu trompé,
Il le merite, et doit l'avoir gagné,
Ou gagnera; car c'est un bon Apostre.
Homme pour homme, et peché pour peché,
Autant me vaut celuy-cy que cet autre.
Renaud n'estoit si neuf qu'il ne vist bien
Que l'Oraison de Monsieur S. Julien
Feroit effet, et qu'il auroit bon giste.
Luy hors de table, on dessert au plus viste.
Les voila seuls, et pour le faire court,
En beau début. La Dame s'estoit mise
En un habit à donner de l'Amour.
La negligence, à mon gré si requise,
Pour cette fois fut sa Dame d'Atour.
Point de clinquant : jupe simple et modeste,
Ajustement moins superbe que leste;
Un mouchoir noir de deux grands doigts trop court,
Sous ce mouchoir ne sçais quoy fait au tour :
Par là Renaud s'imagina le reste.
Mot n'en diray; mais je n'obmettray point
Qu'elle estoit jeune, agreable, et touchante,
Blanche sur tout, et de taille avenante,
Trop ny trop peu de chair et d'embonpoint.
A cet objet qui n'eust eu l'ame émeuë!
Qui n'eust aymé! qui n'eust eu des desirs!
Un Philosophe, un marbre, une statuë
Auroient senty comme nous ces plaisirs.
Elle commence à parler la premiere,
Et fait si bien que Renaud s'enhardit.
Il ne sçavoit comme entrer en matiere;
Mais pour l'ayder la Marchande luy dit :
Vous rappellez en moy la souvenance
D'un qui s'est veu mon unique soucy :

Plus je vous vois, plus je crois voir aussi
L'air et le port, les yeux, la remembrance
De mon Epoux ; que Dieu luy fasse paix :
Voyla sa bouche, et voylà tous ses traits.
Renaud reprit : Ce m'est beaucoup de gloire ;
Mais vous, Madame, à qui ressemblez-vous ?
A nul objet ; et je n'ay point memoire
D'en avoir veu qui m'ait semblé si doux.
Nulle beauté n'approche de la vostre.
Or me voicy d'un mal cheu dans un autre :
Je transissois, je brûle maintenant.
Lequel vaut mieux ! La Belle l'arrestant,
S'humilia pour estre contredite :
C'est une adresse à mon sens non petite.
Renaud poursuit : loüant par le menu
Tout ce qu'il voit, tout ce qu'il n'a point veu,
Et qu'il verroit volontiers, si la Belle
Plus que de droit ne se monstroit cruelle.
Pour vous loüer comme vous meritez,
Ajousta-t-il, et marquer les beautez
Dont j'ay la veuë avec le cœur frappée
(Car prés de vous l'un et l'autre s'ensuit)
Il faut un siecle, et je n'ay qu'une nuit,
Qui pourroit estre encor mieux occupée.
Elle sousrit ; il n'en falut pas plus.
Renaud laissa les discours superflus :
Le temps est cher en Amour comme en guerre.
Homme mortel ne s'est veu sur la terre
De plus heureux ; car nul point n'y manquoit.
On resista tout autant qu'il faloit
Ny plus ny moins, ainsi que chaque Belle
Sçait pratiquer, pucelle ou non pucelle ;
Au demeurant, je n'ay pas entrepris
De raconter tout ce qu'il obtint d'elle :
Menu détail, baisers donnez et pris ,
La petite oye ; enfin ce qu'on appelle
En bon François les preludes d'Amour ;
Car l'un et l'autre y sçavoit plus d'un tour.

Au souvenir de l'estat miserable
Où s'estoit veu le pauvre voyageur,
On luy faisoit toûjours quelque faveur :
Voila, disoit la Veuve charitable,
Pour le chemin, voicy pour les brigans,
Puis pour la peur, puis pour le mauvais temps ;
Tant que le tout piece à piece s'efface.
Qui ne voudroit se raquiter ainsi ?
Conclusion, que Renaud sur la place
Obtint le don d'amoureuse mercy.
Les doux propos recommencent ensuite,
Puis les baisers, et puis la noix confite.
On se coucha. La Dame, ne voulant
Qu'il s'allast mettre au lit de sa servante,
Le mit au sien. Ce fut fait prudemment,
En femme sage, en personne galante.
Je n'ay pas sceu ce qu'estant dans le lit
Ils avoient fait ; mais, comme avec l'habit
On met à part certain reste de honte (¹),
Apparemment le meilleur de ce Conte
Entre deux draps pour Renaud se passa.
Là plus à plein il se recompensa
Du mal souffert, de la perte arrivée ;
Dequoy s'estant la Veuve bien trouvée ;
Il fut prié de la venir revoir ;
Mais en secret ; car il faloit pourvoir
Au Gouverneur. La Belle non contente
De ces faveurs, estala son argent.
Renaud n'en prit qu'une somme bastante
Pour regagner son logis promptement.
Il s'en va droit à cette Hostellerie
Où son Valet estoit encore au lit.
Renaud le rosse, et puis change d'habit,
Ayant trouvé sa valize garnie.

1. Dans Hérodote (I, 8) : « Oubliez-vous qu'une femme
dépose sa pudeur avec ses vêtements ? « (Note de M. Boissonade.)

Pour le combler, son bon destin voulut
Qu'on attrapast les Quidams ce jour mesme,
Incontinent chez le Juge il courut.
Il faut user de diligence extrême
En pareil cas ; car le Greffe tient bon,
Quand une fois il est saisi des choses :
C'est proprement la caverne au Lion (1);
Rien n'en revient : là les mains ne sont closes
Pour recevoir, mais pour rendre trop bien :
Fin celuy-là qui n'y laisse du sien.
Le procez fait, une belle potence
A trois costés fut mise en plein marché :
L'un des Quidams harangua l'assistance
Au nom de tous, et le Trio branché
Mourut contrit et fort bien confessé.
Aprés cela, doutez de la puissance
Des Oraisons, dira quelqu'un de ceux (2)
Dont j'ay parlé ; trois gens par devers eux
Ont un roussin, et nombre de pistoles :
Qui n'auroit cru ces gens-là fort chanceux ?
Aussi font-ils florés et caprioles
(Mauvais presage) et, tout gais et joyeux,
Sont sur le point de partir leur chevance,
Lors qu'on les vient prier d'une autre danse.
En contr'eschange, un pauvre mal-heureux
S'en va perir selon toute apparence,
Quand sous la main luy tombe une beauté
Dont un Prelat se seroit contenté ;

1. Voyez la fable XIV du livre VI.
2. Nous nous en tenons scrupuleusement, comme nous
l'avons déjà dit, au texte publié par l'auteur lui-même. A
partir de l'édition de 1685, ce vers est ainsi modifié :

> Des Oraisons, ces gens gais et joyeux...

Et les cinq qui suivent ici sont supprimés. Est-ce La Fontaine
qui a fait ce changement ? Il est permis d'en douter ; la nar-
ration est ainsi plus vive, mais que signifie « on les vient
prier d'une *autre* danse » si l'on retranche les « caprioles »
des voleurs ?

Il recouvra son argent, son bagage ;
Et son cheval, et tout son équipage ;
Et, grace à Dieu et Monsieur S. Julien,
Eut une nuit qui ne luy cousta rien (1).

VI. — LA SERVANTE JUSTIFIÉE.

Nouvelle tirée des Contes de la Reine de Navarre (2).

Bocace n'est le seul qui me fournit ;
Je vas par.fois en une autre boutique.
Il est bien vray que ce divin esprit
Plus que pas un me donne de pratique ;
Mais, comme il faut manger de plus d'un pain (3),
Je puise encore en un vieux magazin :
Vieux, des plus vieux, où Nouvelles Nouvelles
Sont jusqu'à cent, bien déduites et belles
Pour la pluspart, et de très-bonne main.
Pour cette fois, la Reine de Navarre
D'un « c'estoit moy » naïf autant que rare,
Entretiendra dans ces Vers le Lecteur.
Voicy le fait, quiconque en soit l'Auteur :
J'y mets du mien selon les occurrences ;
C'est ma coutume, et, sans telles licences
Je quitterois la charge de conteur.
Un homme donc avoit belle servante ;
Il la rendit au jeu d'Amour sçavante.
Elle estoit fille à bien armer un lit,

---

1. Édition de 1668 :
   Eut un soupé qui ne luy cousta rien.
2. *Heptameron*, journée V, nouvelle V.
3. Éditions de 1666 et de 1668 :
   Mais, comme il faut gouster de plus d'un pain.

Pleine de suc, et donnant appetit ;
Ce qu'on appelle en François bonne robbe.
Par un beau jour cet homme se dérobe
D'avec sa femme, et d'un trés-grand matin
S'en va trouver sa Servante au jardin.
Elle faisoit un bouquet pour Madame :
C'estoit sa feste. Voyant donc de la femme (¹)
Le bouquet fait, il commence à loüer
L'assortîment ; tâche à s'insinüer :
S'insinüer, en fait de Chambriere,
C'est proprement couler sa main au sein,
Ce qui fut fait. La Servante soudain
Se défendit : mais de quelle maniere ?
Sans rien gaster : c'estoit une façon
Sur le marché ; bien sçavoit sa leçon.
La Belle prend les fleurs qu'elle avoit mises
En un monceau, les jette au Compagnon.
Il la baisa pour en avoir raison :
Tant et si bien qu'ils en vinrent aux prises.
En cet étrif la Servante tomba.
Luy d'en tirer aussi-tost avantage.
Le mal-heur fut que tout ce beau ménage
Fut découvert d'un logis prés de là.
Nos gens n'avoient pris garde à cette affaire.
Une voisine apperceut le mystere ;
L'Epoux la vit, je ne sçais pas comment.
Nous voilà pris, dit-il à sa Servante,
Nostre voisine est languarde et méchante ;
Mais ne soyez en crainte aucunement.
Il va trouver sa femme en ce moment,
Puis fait si bien que s'estant éveillée
Elle se leve, et, sur l'heure habillée,
Il continuë à joüer son rollet,

---

1. Édition de 1668 :
    C'estoit sa feste. Voyant donc de sa femme.
Ce vers a été ainsi corrigé dans les éditions modernes :
    C'estoit sa feste. Or voyant de la femme.

Tant qu' à dessein d'aller faire un bouquet,
La pauvre Epouse au jardin est menée.
Là fut par luy procedé de nouveau ;
Mesme debat, mesme jeu se commence.
Fleurs de voler : tetons d'entrer en danse !
Elle y prit goust ; le jeu luy sembla beau :
Somme, que l'herbe en fut encor froissée.
La pauvre Dame alla l'apresdînée
Voir sa voisine, à qui ce secret là
Chargeoit le cœur : elle se soulagea
Tout dés l'abord. Je ne puis, ma commere,
Dit cette femme avec un front severe,
Laisser passer sans vous en avertir
Ce que j'ay veu. Voulez-vous vous servir
Encor long-temps d'une fille perduë ?
A coups de pied, si j'estois que de vous,
Je l'envoyrois ainsi qu'elle est venuë.
Comment ! elle est aussi brave que nous !
Or bien ; je sçais celuy de qui procede
Cette piafe : apportez-y remede
Tout au plustost, car je vous avertis
Que ce matin estant à la fenestre,
(Ne sçais pourquoy) j'ay veu de mon logis
Dans son jardin vostre mary paroistre,
Puis la Galande ; et tous deux se sont mis
A se jetter quelques fleurs à la teste.
Sur ce propos l'autre l'arresta coy.
Je vous entends, dit-elle, c'estoit moy.

La Voisine.

Voire ! écoutez le reste de la feste :
Vous ne sçavez où je veux en venir.
Les bonnes gens se sont pris à cueillir
Certaines fleurs que baisers on appelle.

La Femme.

C'est encor moy que vous preniez pour elle.

La Voisine.

Du jeu des fleurs à celuy des tetons

Ils sont passez : aprés quelques façons,
A pleines mains l'on les a laissez prendre.

La Femme.

Et pourquoy non ? c'estoit moy : vostre Epoux
N'a-t-il donc pas les mesmes droits sur vous ?

La Voisine.

Cette personne enfin sur l'herbe tendre
Est trebuchée, et, comme je le croy,
Sans se blesser ; vous riez ?

La Femme.

C'estoit moy.

La Voisine.

Un cotillon a paré la verdure.

La Femme.

C'estoit le mien.

La Voisine.

Sans vous mettre en courroux :
Qui le portoit, de la fille ou de vous ?
C'est là le point ; car Monsieur vostre Epoux
Jusques au bout a poussé l'avanture.

La Femme.

Qui ? c'estoit moy : vostre teste est bien dure.

La Voisine.

Ah ; c'est assez. Je ne m'informe plus ;
J'ay pourtant l'œil assez bon, ce me semble :
J'aurois juré que je les avois veus
En ce lieu-là se divertir ensemble.
Mais excusez, et ne la chassez pas.

La Femme.

Pourquoi chasser ? j'en suis trés-bien servie.

La Voisine.

Tant pis pour vous : c'est justement le cas.

Vous en tenez, ma commere m'amie.

Baise ta Servante en un coin,
Si tu ne veux baiser ta femme en un jardin (1).

VII.—LA GAGEURE DES TROIS COMMERES,

Où sont deux Nouvelles tirées de Bocace (2).

Aprés bon vin, trois Commeres un jour
S'entretenoient de leurs tours et proües-
Toutes avoient un amy par amour, [ses.
Et deux estoient au logis les Maistresses.
L'une disoit : J'ay le Roy des maris ;
Il n'en est point de meilleur dans Paris.
Sans son congé je vas par tout m'ébatre :
Avec ce tronc j'en ferois un plus fin.
Il ne faut pas se lever trop matin
Pour luy prouver que trois et deux font quatre.
Par mon serment, dit une autre aussi-tost,
Si je l'avois j'en ferois une estreine ;
Car quant à moy, du plaisir ne me chaut,
A moins qu'il soit meslé d'un peu de peine.
Vostre Epoux va tout ainsi qu'on le meine ;
Le mien n'est tel, j'en rends graces à Dieu.
Bien sçauroit prendre et le temps et le lieu,
Qui tromperoit à son ayse un tel homme.
Pour tout cela ne croyez que je chomme,
Le passetemps en est d'autant plus doux ;
Plus grand en est l'amour des deux parties.
Je ne voudrois contre aucune de vous,

---

1. Ce singulier conseil ne se trouve que dans l'édition de 1669.

2. *Decameron*, giornata VII, novel. VIII e IX.

Qui vous vantez d'estre si bien loties,
Avoir troqué de Galant ny d'Epoux.
Sur ce debat la troisiéme Commere
Les mit d'accord; car elle fut d'avis
Qu'Amour se plaist avec les bons maris,
Et veut aussi quelque peine legere.
Ce point vuidé, le propos s'échauffant,
Et d'en conter toutes trois triomphant,
Celle-cy dit : Pourquoy tant de paroles?
Voulez-vous voir qui l'emporte de nous?
Laissons à part les disputes frivoles :
Sur nouveaux faits attrapons nos Epoux;
Le moins bon tour payera quelque amande.
Nous le voulons, c'est ce que l'on demande,
Dirent les deux. Il faut faire serment,
Que toutes trois, sans nul déguisement,
Rapporterons, l'affaire estant passée,
Le cas au vray; puis pour le jugement
On en croira la Commere Macée.
Ainsi fut dit, ainsi l'on l'accorda.
Voici comment chacune y proceda :
Celle des trois qui plus estoit contrainte
Aimoit alors un beau jeune garçon,
Frais, delicat, et sans poil au menton,
Ce qui leur fit mettre en jeu cette feinte :
Les pauvres gens n'avoient de leurs Amours
Encor joüy, sinon par échapées;
Toûjours faloit forger de nouveaux tours,
Toûjours chercher des maisons empruntées.
Pour plus à l'aise ensemble se joüer,
Le bonne Dame habille en chambriere
Le jouvenceau, qui vient pour se loüer,
D'un air modeste, et baissant la paupiere.
Du coin de l'œil l'Epoux le regardoit,
Et dans son cœur déja se proposoit
De rehausser le linge de la fille.
Bien luy sembloit, en la considerant,
N'en avoir veu jamais de si gentille.

On la retient ; avec peine pourtant :
Belle servante, et mary vert Galant,
C'estoit matiere à feindre du scrupule.
Les premiers jours le mary dissimule,
Détourne l'œil, et ne fait pas semblant
De regarder sa Servante nouvelle ;
Mais tost aprés il tourna tant la Belle,
Tant luy donna, tant encor luy promit,
Qu'elle feignit à la fin de se rendre ;
Et de jeu fait, à dessein de le prendre,
Un certain soir la Galande luy dit :
Madame est mal, et seule elle veut estre
Pour cette nuit. Incontinent le Maistre
Et la Servante ayant fait leur marché,
S'en vont au lit, et le Drosle couché,
Elle en cornette et dégrafant sa jupe,
Madame vient : qui fut bien empêché,
Ce fut l'Epoux, cette fois pris pour dupe.
Oh, oh, luy dit la Commere en riant,
Vostre ordinaire est donc trop peu friand
A vostre goust ; et par saint Jean, beau Sire,
Un peu plûtost vous me le deviez dire :
J'aurois chez moy toûjours eu des tendrons.
De celuy-cy pour certaines raisons (1)
Vous faut passer ; cherchez autre avanture.
Et vous, la Belle au dessein si gaillard,
Mercy de moy, Chambriere d'un liard,
Je vous rendray plus noire qu'une meure.
Il vous faut donc du mesme pain qu'à moy !
J'en suis d'avis ; non pourtant qu'il m'en chaille,
Ny qu'on ne puisse en trouver qui le vaille :
Graces à Dieu, je crois avoir dequoy
Donner encore à quelqu'un dans la veuë ;
Je ne suis pas à jetter dans la ruë.
Laissons ce poinct ; je sçais un bon moyen :

1. Édition de 1685 :
    De celle-ci pour certaines raisons.

Vous n'aurez plus d'autre lit que le mien.
Voyez un peu ; diroit-on qu'elle y touche?
Viste, marchons, que du lit où je couche
Sans marchander on prenne le chemin :
Vous chercherez vos besognes demain.
Si ce n'estoit le scandale et la honte,
Je vous mettrois dehors en cet estat.
Mais je suis bonne, et ne veux point d'éclat :
Puis je rendray de vous un trés-bon compte
A l'avenir, et vous jure ma foy
Que nuit et jour vous serez prés de moy.
Qu'ay-je besoin de me mettre en alarmes,
Puis que je puis empêcher tous vos tours?
La Chambriere écoutant ce discours
Fait la honteuse, et jette une ou deux larmes;
Prend son pacquet, et sort sans consulter;
Ne se le fait par deux fois repeter;
S'en va joüer un autre personnage;
Fait au logis deux mestiers tour à tour;
Galant de nuit, Chambriere de jour,
En deux façons elle a soin du mesnage.
Le pauvre Epoux se trouve tout heureux
Qu'à si bon compte il en ait esté quite.
Luy couché seul, nostre couple Amoureux
D'un temps si doux à son aise profite.
Rien ne s'en perd, et dés moindres momens
Bons ménagers furent nos deux Amans,
Sçachant trés-bien que l'on n'y revient gueres.
Voilà le tour de l'une des Commeres.
    L'autre, de qui le mari croyoit tout,
Avecque luy sous un poirier assise,
De son dessein vint aysément à bout.
En peu de mots j'en vas conter la guise.
Leur grand Valet prés d'eux estoit debout,
Garçon bien-fait, beau parleur, et de mise,
Et qui faisoit les Servantes troter.
La Dame dit : Je voudrois bien gouster
De ce fruit là ; Guillot, monte, et secoüe

Nostre poirier. Guillot monte à l'instant.
Grimpé qu'il est, le Drosle fait semblant
Qu'il luy paroist que le mary se joüe
Avec la femme ; aussi-tost le Valet,
Frotant ses yeux comme estonné du fait :
Vrayment, Monsieur, commence-t-il à dire,
Si vous vouliez Madame caresser,
Un peu plus loin vous pouviez aller rire,
Et moy present du moins vous en passer.
Cecy me cause une surprise extrême.
Devant les gens prendre ainsi vos ébats !
Si d'un Valet vous ne faites nul cas,
Vous vous devez du respect à vous-mesme.
Quel taon vous point ? attendez à tantost :
Ces privautez en seront plus friandes ;
Tout aussi bien, pour le temps qu'il vous faut,
Les nuits d'esté sont encore assez grandes.
Pourquoy ce lieu ? vous avez pour cela
Tant de bons lits, tant de chambres si belles !
La Dame dit : Que conte celuy-là ?
Je crois qu'il resve : où prend-il ces nouvelles ?
Qu'entend ce fol avecque ses ébats ?
Descends, descends, mon ami, tu verras.
Guillot descend. Hé bien ! luy dit son maistre,
Nous joüons-nous ?

Guillot.

Non pas pour le present.

Le Mary.

Pour le present ?

Guillot.

Oüy, Monsieur, je veux estre
Ecorché vif, si tout incontinent
Vous ne baisiez Madame sur l'herbette.

La Femme.

Mieux te vaudroit laisser cette sornette ;
Je te le dis ; car elle sent les coups.

Le Mary.

Non, non, M'amie, il faut qu'avec les fous
Tout de ce pas par mon ordre on le mette.

Guillot.

Est-ce estre fou que de voir ce qu'on voit?

La Femme.

Et qu'as-tu veu?

Guillot.

J'ay veu, je le repete,
Vous et Monsieur qui dans ce même endroit
Joüiez tous deux au doux jeu d'Amourette,
Si ce poirier n'est peut-estre charmé.

La Femme.

Voire, charmé! tu nous fais un beau Conte!

Le Mary.

Je le veux voir; vrayment faut que j'y monte :
Vous en sçaurez bien-tost la verité.
Le Maistre à peine est sur l'arbre monté,
Que le Valet embrasse la Maistresse.
L'Epoux, qui voit comme l'on se caresse
Crie, et descend en grand'haste aussi-tost.
Il se rompit le col, ou peu s'en faut,
Pour empêcher la suite de l'affaire :
Et toutesfois il ne pût si bien faire
Que son honneur ne receust quelque eschec.
Comment, dit-il, quoy! mesme à mon aspect!
Devant mon nez! à mes yeux! Sainte Dame,
Que vous faut-il? qu'avez-vous? dit la femme.

Le Mary.

Oses-tu bien le demander encor?

La Femme.

Et pourquoy non?

Le Mary.

Pourquoy? N'ay-je pas tort

De t'accuser de cette effronterie ?

La Femme.

Ah ! c'en est trop, parlez mieux, je vous prie.

Le Mary.

Quoy ! ce coquin ne te caressoit pas ?

La Femme.

Moy ? vous resvez.

Le Mary.

        D'où viendroit donc ce cas ?
Ay-je perdu la raison ou la veuë ?

La Femme.

Me croyez-vous de sens si dépourveuë,
Que devant vous je commisse un tel tour ?
Ne trouverois-je assez d'heures au jour
Pour m'égayer, si j'en avois envie ?

Le Mary.

Je ne sçay plus ce qu'il faut que j'y die.
Nostre poirier m'abuse asseurément.
Voyons encor. Dans le mesme moment
L'Epoux remonte, et Guillot recommence.
Pour cette fois le mary void la danse
Sans se fascher, et descend doucement.
Ne cherchez plus, leur dit-il, d'autres causes ;
C'est ce poirier, il est ensorcelé.
Puis qu'il fait voir de si vilaines choses,
Reprit la femme, il faut qu'il soit brûlé.
Cours au logis ; dy qu'on le vienne abattre.
Je ne veux plus que cet arbre maudit
Trompe les gens. Le Valet obeït.
Sur le pauvre arbre ils se mettent à quatre,
Se demandant l'un l'autre sourdement,
Quel si grand crime a ce poirier pû faire ?
La Dame dit : Abattez seulement ;
Quant au surplus, ce n'est pas vostre affaire.
Par ce moyen la seconde Commere

Vint au-dessus de ce qu'elle entreprit.
Passons au tour que la troisiéme fit.
   Les rendez-vous chez quelque bonne amie
Ne luy manquoient non plus que l'eau du puits.
Là tous les jours estoient nouveaux déduits.
Nostre Donzelle y tenoit sa partie.
Un sien Amant estant lors de quartier,
Ne croyant pas qu'un plaisir fust entier
S'il n'estoit libre, à la Dame propose
De se trouver seuls ensemble une nuit.
Deux, luy dit-elle, et pour si peu de chose
Vous ne serez nullement éconduit.
Jà de par moy ne manquera l'affaire.
De mon mary je sçauray me défaire
Pendant ce temps. Aussi-tost fait que dit.
Bon besoin eut d'estre femme d'esprit ;
Car pour Epoux elle avoit pris un homme
Qui ne faisoit en voyages grands frais ;
Il n'alloit pas querir pardons à Rome,
Quand il pouvoit en rencontrer plus prés,
Tout au rebours de la bonne Donzelle,
Qui, pour monstrer sa ferveur et son zele,
Toûjours alloit au plus loin s'en pourvoir.
Pelerinage avoit fait son devoir
Plus d'une fois ; mais c'estoit le vieux style :
Il luy faloit, pour se faire valoir,
Chose qui fust plus rare et moins facile.
Elle s'attache à l'orteil dés ce soir
Un brin de fil, qui rendoit à la porte
De la maison, et puis se va coucher
Droit au costé d'Henriet Berlinguier.
(On appelloit son mary de la sorte.)
Elle fit tant qu'Henriet se tournant
Sentit le fil. Aussi-tost il soupçonne
Quelque dessein, et, sans faire semblant
D'estre éveillé, sur ce fait il raisonne,
Se leve enfin, et sort tout doucement,
De bonne foy son Epouse dormant,

Ce luy sembloit ; suit le fil dans la ruë ;
Conclud de là que l'on le trahissoit ;
Que quelque Amant que la Donzelle avoit,
Avec ce fil par le pied la tiroit,
L'avertissant ainsi de sa venuë :
Que la Galande aussi-tost descendoit,
Tandis que luy pauvre mary dormoit.
Car autrement pourquoy ce badinage ?
Il faloit bien que Messer cocuage
Le visitast ; honneur dont à son sens
Il se seroit passé le mieux du monde.
Dans ce penser il s'arme jusqu'aux dents ;
Hors la maison fait le guet et la ronde,
Pour attraper quiconque tirera
Le brin de fil. Or le Lecteur sçaura
Que ce logis avoit sur le derriere
Dequoy pouvoir introduire l'amy :
Il le fut donc par une Chambriere.
Tout domestique en trompant un mary
Pense gagner indulgence pleniere.
Tandis qu'ainsi Berlinguier fait le guet,
La bonne Dame et le jeune Muguet
En sont aux mains, et Dieu sçait la maniere.
En grand soulas cette nuit se passa.
Dans leurs plaisirs rien ne les traversa.
Tout fut des mieux graces à la Servante,
Qui fit si bien devoir de surveillante,
Que le Galant tout à temps délogea.
L'Epoux revint quand le jour approcha ;
Reprit sa place, et dit que la migraine
L'avoit contraint d'aller coucher en haut.
Deux jours aprés la Commere ne faut
De mettre un fil ; Berlinguier aussi-tost,
L'ayant senty, rentre en la mesme peine,
Court à son poste, et nostre Amant au sien.
Renfort de joye : on s'en trouva si bien,
Qu'encor un coup on pratiqua la ruse ;
Et Berlinguier, prenant la mesme excuse,

Sortit encore, et fit place à l'Amant.
Autre renfort de tout contentement.
On s'en tint là. Leur ardeur refroidie,
Il en falut venir au dénoüement;
Trois Actes eut sans plus la Comedie.
Sur le minuit l'Amant s'estant sauvé,
Le brin de fil aussi-tost fut tiré
Par un des siens sur qui l'Epoux se ruë,
Et le contraint en occupant la ruë
D'entrer chez luy, le tenant au collet,
Et ne sçachant que ce fust un Valet.
Bien à propos luy fut donné le change.
Dans le logis est un vacarme estrange.
La femme accourt au bruit que fait l'Epoux.
Le Compagnon se jette à leurs genoux;
Dit qu'il venoit trouver la Chambriere;
Qu'avec ce fil il la tiroit à soy
Pour faire ouvrir; et que depuis n'aguere
Tous deux s'estoient entredonné la foy.
C'est donc cela, poursuivit la Commere
En s'adressant à la fille, en colere,
Que l'autre jour je vous vis à l'orteil
Un brin de fil: je m'en mis un pareil,
Pour attraper avec ce stratagême
Vostre Galant. Or bien, c'est vostre Epoux:
A la bonne heure: il faut cette nuit-mesme
Sortir d'icy. Berlinguier fut plus doux;
Dit qu'il faloit au lendemain attendre.
On les dota l'un et l'autre amplement,
L'Epoux, la fille; et le Valet, l'Amant:
Puis au Moûtier le couple s'alla rendre;
Se connoissant tous deux de plus d'un jour.
Ce fut la fin qu'eut le troisiéme tour.
  Lequel vaut mieux? Pour moy, je m'en rapporte.
Macée ayant pouvoir de décider,
Ne sceut à qui la victoire accorder,
Tant cette affaire à resoudre estoit forte.
Toutes avoient eu raison de gager.

Le procez pend, et pendra de la sorte
Encor long-temps, comme l'on peut juger.

VIII.—LE CALENDRIER DES VIEILLARDS.

Nouvelle tirée de Bocace (1).

Plus d'une fois je me suis étonné,
Que ce qui fait la paix du mariage
En est le poinct le moins consideré
Lors que l'on met une fille en ménage.
Les pere et mere ont pour objet le bien ;
Tout le surplus, ils le comptent pour rien :
Jeunes tendrons à Vieillards apparient ;
Et cependant je voy qu'ils se soucient
D'avoir chevaux à leur char attelez
De mesme taille, et mesmes chiens couplez ;
Ainsi des bœufs, qui de force pareille
Sont toûjours pris ; car ce seroit merveille
Si sans cela la charruë alloit bien.
Comment pourroit celle du mariage
Ne mal aller, estant un attelage
Qui bien souvent ne se rapporte en rien ?
J'en vas conter un exemple notable.
On sçait qui fut Richard de Quinzica,
Qui mainte Feste à sa femme allegua,
Mainte vigile, et maint jour feriable,
Et du devoir crût s'échaper par là.
Trés-lourdement il erroit en cela.
Cestuy Richard estoit Juge dans Pise,
Homme sçavant en l'étude des loix,
Riche d'ailleurs, mais dont la barbe grise

1. *Decameron*, giornata II, novella X.

Monstroit assez qu'il devoit faire choix
De quelque femme à peu prés de même âge ;
Ce qu'il ne fit, prenant en mariage
La mieux seante, et la plus jeune d'ans
De la Cité, fille bien alliée,
Belle sur tout ; c'estoit Bartholomée
De Galandi, qui parmy ses parens
Pouvoit compter les plus gros de la ville.
En ce ne fit Richard tour d'homme habile :
Et l'on disoit communément de luy
Que ses enfans ne manqueroient de peres.
Tel fait mestier de conseiller autruy,
Qui ne voit goute en ses propres affaires.
Quinzica donc n'ayant dequoy servir
Un tel oiseau qu'estoit Bartholomée,
Pour s'excuser, et pour la contenir,
Ne rencontroit point de jour en l'année,
Selon son compte et son Calendrier,
Où l'on se pust sans scrupule appliquer
Au fait d'Hymen ; chose aux vieillards commode,
Mais dont le sexe abhorre la methode.
Quand je dis point, je veux dire trés-peu :
Encor ce peu luy donnoit de la peine.
Toute en ferie il mettoit la semaine,
Et bien souvent faisoit venir en jeu
Saint qui ne fut jamais dans la legende.
Le Vendredy, disoit-il, nous demande
D'autres pensers, ainsi que chacun sçait :
Pareillement il faut que l'on retranche
Le Samedy, non sans juste sujet,
D'autant que c'est la veille du Dimanche.
Pour ce dernier, c'est un jour de repos.
Quant au Lundy, je ne trouve à propos
De commencer par ce poinct la semaine ;
Ce n'est le fait d'une ame bien Chrestienne.
Les autres jours autrement s'excusoit :
Et quand venoit aux festes solemnelles,
C'estoit alors que Richard triomphoit,

Et qu'il donnoit les leçons les plus belles.
Long-temps devant toûjours il s'abstenoit,
Long-temps aprés il en usoit de même ;
Aux Quatre-temps autant il en faisoit,
Sans oublier l'Avent ny le Carême.
Cette saison pour le Vieillard estoit
Un temps de Dieu ; jamais ne s'en lassoit.
De Patrons mesme il avoit une liste.
Point de quartier pour un Evangeliste,
Pour un Apostre, ou bien pour un Docteur :
Vierge n'estoit, Martyr et Confesseur
Qu'il ne chommast ; tous les sçavoit par cœur.
Que s'il estoit au bout de son scrupule,
Il alleguoit les jours malencontreux,
Puis les broüillars, et puis la canicule,
De s'excuser n'estant jamais honteux.
La chose ainsi presque toûjours égale,
Quatre fois l'an, de grace speciale,
Nostre Docteur regaloit sa moitié,
Petitement ; enfin c'estoit pitié.
A cela prés, il traitoit bien sa femme.
Les affiquets, les habits à changer,
Joyaux, bijoux, ne manquoient à la Dame ;
Mais tout cela n'est que pour amuser
Un peu de temps des esprits de poupée :
Droit au solide alloit Bartholomée.
Son seul plaisir dans la belle saison,
C'estoit d'aller à certaine maison
Que son mary possedoit sur la coste :
Ils y couchoient tous les huit jours sans faute.
Là quelquefois sur la mer ils montoient,
Et le plaisir de la pesche goustoient,
Sans s'éloigner que bien peu de la rade.
Arrive donc qu'un jour de promenade,
Bartholomée et Messer le Docteur
Prennent chacun une barque à Pescheur,
Sortent sur mer ; ils avoient fait gageure,
A qui des deux auroit plus de bon-heur,

Et trouveroit la meilleure avanture
Dedans sa pesche, et n'avoient avec eux,
Dans chaque barque, en tout qu'un homme ou deux.
Certain Corsaire apperceut la chaloupe
De notre Epouse, et vint avec sa troupe
Fondre dessus, l'emmena bien et beau;
Laissa Richard: soit que prés du rivage
Il n'osast pas hazarder davantage;
Soit qu'il craignist qu'ayant dans son vaisseau
Nostre Vieillard, il ne pût de sa proye
Si bien joüir; car il aimoit la joye
Plus que l'argent, et toûjours avoit fait
Avec honneur son mestier de Corsaire;
Au jeu d'Amour estoit homme d'effet,
Ainsi que sont gens de pareille affaire.
Gens de mer sont toûjours prests à bien faire,
Ce qu'on appelle autrement bons garçons:
On n'en voit point qui les festes allegue.
Or tel estoit celuy dont nous parlons,
Ayant pour nom Pagamin de Monegue.
La Belle fit son devoir de pleurer
Un demy jour, tant qu'il se put étendre:
Et Pagamin de la reconforter,
Et nostre Epouse à la fin de se rendre.
Il la gagna; bien sçavoit son mestier.
Amour s'en mit, Amour ce bon apôtre,
Dix mille fois plus Corsaire que l'autre,
Vivant de rapt, faisant peu de quartier.
La Belle avoit sa rançon toute preste:
Trés-bien luy prit d'avoir dequoy payer;
Car là n'estoit ny vigile ny Feste.
Elle oublia ce beau Calendrier
Rouge par tout (¹), et sans nul jour ouvrable:
De la ceinture on le luy fit tomber;
Plus n'en fut fait mention qu'à la table.

1. Les jours de fête sont imprimés en encre rouge dans les anciens calendriers.

Nostre Legiste eust mis son doigt au feu
Que son Epouse estoit toûjours fidele,
Entiere et chaste, et que, moyennant Dieu,
Pour de l'argent on luy rendroit la Belle.
De Pagamin il prit un sauf-conduit,
L'alla trouver, luy mit la carte blanche.
Pagamin dit : Si je n'ay pas bon bruit,
C'est à grand tort ; je veux vous rendre franche,
Et sans rançon, vostre chere moitié.
Ne plaise à Dieu que si belle amitié
Soit par mon fait de desastre ainsi pleine.
Celle pour qui vous prenez tant de peine
Vous reviendra selon vostre desir.
Je ne veux point vous vendre ce plaisir.
Faites-moy voir seulement qu'elle est vôtre ;
Car si j'allois vous en rendre quelque autre,
Comme il m'en tombe assez entre les mains,
Ce me seroit une espece de blâme.
Ces jours passez je pris certaine Dame
Dont les cheveux sont quelque peu chastains,
Grande de taille, en bon poinct, jeune et fraische.
Si cette Belle, aprés vous avoir veu,
Dit estre à vous, c'est autant de conclu :
Reprenez-la : rien ne vous en empêche.
Richard reprit : Vous parlez sagement,
Et me traitez trop genereusement ;
De son mestier il faut que chacun vive.
Mettez un prix à la pauvre captive,
Je le payray contant, sans hesiter.
Le compliment n'est icy necessaire :
Voilà ma bourse, il ne faut que compter.
Ne me traitez que comme on pourroit faire
En pareil cas l'homme le moins connu.
Seroit-il dit que vous m'eussiez vaincu
D'honnesteté ? Non sera sur mon ame.
Vous le verrez. Car, quant à cette Dame,
Ne doutez point qu'elle ne soit à moy.
Je ne veux pas que vous m'ajoûtiez foy,

Mais aux baisers que de la pauvre femme
Je recevray, ne craignant qu'un seul poinct,
C'est qu'à me voir de joye elle ne meure.
On fait venir l'Epouse tout à l'heure,
Qui froidement et ne s'émouvant point,
Devant ses yeux voit son mary paroistre,
Sans témoigner seulement le connoistre,
Non plus qu'un homme arrivé du Perou.
Voyez, dit-il, la pauvrette est honteuse
Devant les gens ; et sa joye amoureuse
N'ose éclater : soyez seur qu'à mon cou,
Si j'estois seul, elle seroit sautée.
Pagamin dit : Qu'il ne tienne à cela ;
Dedans sa chambre allez, conduisez-la.
Ce qui fut fait, et la chambre fermée,
Richard commence : Et là, Bartholomée,
Comme tu fais ! je suis ton Quinzica,
Toûjours le mesme à l'endroit de sa femme.
Regarde-moy. Trouves-tu, ma chere ame,
En mon visage un si grand changement !
C'est la douleur de ton enlevement
Qui me rend tel, et toy seule en es cause.
T'ay-je jamais refusé nulle chose,
Soit pour ton jeu, soit pour tes vestemens ?
En estoit-il quelqu'une de plus brave ?
De ton vouloir ne me rendois-je esclave ?
Tu le seras estant avec ces gens.
Et ton honneur, que crois-tu qu'il devienne ?
Ce qu'il pourra, répondit brusquement
Bartholomée. Est-il temps maintenant
D'en avoir soin ? s'en est-on mis en peine
Quand malgré moy l'on m'a jointe avec vous ?
Vous vieux penard, moy fille jeune et drüe,
Qui méritois d'estre un peu mieux pourveüe,
Et de gouster ce qu'Hymen a de doux.
Pour cet effet j'estois assez aimable,
Et me trouvois aussi digne, entre nous,
De ces plaisirs, que j'en estois capable.

Or est le cas allé d'autre façon.
J'ay pris mary qui pour toute chanson
N'a jamais eu que ses jours de ferie ;
Mais Pagamin, si-tost qu'il m'eut ravie,
Me sceut donner bien une autre leçon.
J'ay plus appris des choses de la vie
Depuis deux jours, qu'en quatre ans avec vous.
Laissez-moy donc, Monsieur mon cher Epoux.
Sur mon retour n'insistez davantage.
Calendriers ne sont point en usage
Chez Pagamin : je vous en avertis.
Vous et les miens avez merité pis.
Vous, pour avoir mal mesuré vos forces
En m'épousant ; eux, pour s'estre mépris
En preferant les legeres amorces
De quelque bien à cet autre point-là.
Mais Pagamin pour tous y pourvoira.
Il ne sçait Loy, ny Digeste, ny Code ;
Et cependant trés-bonne est sa methode.
De ce matin luy-mesme il vous dira
Du quart en sus comme la chose en va.
Un tel aveu vous surprend et vous touche :
Mais faire icy de la petite bouche
Ne sert de rien ; l'on n'en croira pas moins,
Et puis qu'enfin nous voicy sans témoins,
Adieu vous dis, vous, et vos jours de Feste.
Je suis de chair, les habits rien n'y font :
Vous sçavez bien, Monsieur, qu'entre la teste
Et le talon d'autres affaires sont.
A tant se teut. Richard tombé des nuës,
Fut tout heureux de pouvoir s'en aller.
Bartholomée ayant ses hontes beuës,
Ne se fit pas tenir pour demeurer.
Le pauvre Epoux en eut tant de tristesse,
Outre les maux qui suivent la vieillesse,
Qu'il en mourut à quelques jours de là ;
Et Pagamin prit à femme sa Veuve.
Ce fut bien fait : nul des deux ne tomba

Dans l'accident du pauvre Quinzica,
S'estant choisis l'un et l'autre à l'épreuve.
Belle leçon pour gens à cheveux gris;
Sinon qu'ils soient d'humeur accommodante:
Car, en ce cas, Messieurs les favoris
Font leur ouvrage, et la Dame est contente.

IX.—A FEMME AVARE GALANT ESCROC.

Nouvelle tirée de Bocace (1).

Qu'un homme soit plumé par des Coquetes,
Ce n'est pour faire au miracle crier.
Gratis est mort; plus d'Amour sans payer:
En beaux Louys se content les fleuretes.
Ce que je dis des Coquetes s'entend.
Pour nostre honneur, si me faut-il pourtant
Monstrer qu'on peut, nonobstant leur adresse,
En attraper au moins une entre cent,
Et luy joüer quelque tour de soûplesse.
Je choisiray pour exemple Gulphar.
Le Drosle fit un trait de franc Soudar;
Car aux faveurs d'une Belle il eut part
Sans débourser, escroquant la Chrestienne.
Notez cecy, et qu'il vous en souvienne,
Galants d'épée; encor bien que ce tour
Pour vous styler soit fort peu necessaire;
Je trouverois maintenant à la Cour
Plus d'un Gulphar si j'en avois affaire.
Celuy-cy donc chez sire Gasparin
Tant frequenta, qu'il devint à la fin
De son Epouse amoureux sans mesure.

1. *Decameron*, giornata VIII, novella I.

Elle estoit jeune, et belle creature,
Plaisoit beaucoup, fors un poinct qui gastoit
Toute l'affaire, et qui seul rebutoit
Les plus ardens; c'est qu'elle estoit avare.
Ce n'est pas chose en ce siecle fort rare.
Je l'ay jà dit, rien n'y font les soûpirs.
Celuy-là parle une langue Barbare
Qui l'or en main n'explique ses desirs.
Le jeu, la jupe et l'Amour des plaisirs
Sont les ressorts que Cupidon employe :
De leur boutique il sort chez les François
Plus de Cocus que du cheval de Troye
Il ne sortit de Heros autresfois.
Pour revenir à l'humeur de la Belle,
Le compagnon ne pût rien tirer d'elle
Qu'il ne parlast. Chacun sçait ce que c'est
Que de parler : le Lecteur s'il luy plaist,
Me permettra de dire ainsi la chose.
Gulphar donc parle, et si bien qu'il propose
Deux cens écus. La Belle l'écouta;
Et Gasparin à Gulphar les presta,
(Ce fut le bon,) puis aux champs s'en alla,
Ne soupçonnant aucunement sa femme.
Gulphar les donne en presence de gens.
Voilà, dit-il, deux cens écus contans,
Qu'à vostre Epoux vous donnerez, Madame.
La Belle crut qu'il avoit dit cela
Par politique, et pour joüer son rôle.
Le lendemain elle le regala
Tout de son mieux, en femme de parole.
Le Drosle en prit, ce jour et les suivans,
Pour son argent, et mesme avec usure :
A bon payeur on fait bonne mesure.
Quand Gasparin fut de retour des champs,
Gulphar luy dit, son Epouse presente;
J'ay vostre argent à Madame rendu,
N'en ayant eu pour une affaire urgente
Aucun besoin, comme je l'avois crû :

Déchargez-en vostre livre, de grace.
A ce propos, aussi froide que glace,
Nostre Galande avoüa le receu.
Qu'eust-elle fait? on eust prouvé la chose.
Son regret fut d'avoir enflé la doze
De ses faveurs; c'est ce qui la fâchoit:
Voyez un peu la perte que c'estoit!
En la quittant, Gulphar alla tout droit
Conter ce cas, le corner par la Ville,
Le publier, le prescher sur les toits.
De l'en blâmer, il seroit inutile :
Ainsi vit-on chez nous autres François.

X. — ON NE S'AVISE JAMAIS DE TOUT.

Conte tiré des cent Nouvelles Nouvelles (1).

Certain jaloux, ne dormant que d'un œil,
Interdisoit tout commerce à sa femme.
Dans le dessein de prévenir la Dame,
Il avoit fait un fort ample recueil
De tous les tours que le sexe sçait faire.
Pauvre ignorant! comme si cette affaire
N'estoit une hydre, à parler franchement!
Il captivoit sa femme cependant;
De ses cheveux vouloit sçavoir le nombre;
La faisoit suivre, à toute heure, en tous lieux,
Par une vieille au corps tout remply d'yeux,
Qui la quittoit aussi peu que son ombre.
Ce fou tenoit son recueil fort entier :
Il le portoit en guise de Psautier,
Croyant par là cocuage hors de game (2).

1. Nouvelle XXXVII.
2. Edition de 1685 :
    Croyant par là les galans hors de game.

Uu jour de feste, arrive que la Dame,
En revenant de l'Eglise, passa
Prés d'un logis d'où quelqu'un luy jetta,
Fort à propos plein un pannier d'ordure.
On s'excusa. La pauvre creature,
Toute vilaine, entra dans le logis.
Il luy falut dépoüiller ses habits.
Elle envoya querir une autre jupe,
Dés en entrant, par cette doüagna,
Qui hors d'haleine à Monsieur raconta
Tout l'accident. Foin ! dit-il, celuy-là
N'est dans mon Livre, et je suis pris pour dupe :
Que le recueil au diable soit donné.
Il disoit bien ; car on n'avoit jetté
Cette immondice, et la Dame gasté,
Qu'afin qu'elle eust quelque valable excuse
Pour éloigner son dragon quelque-temps.
Un sien Galant, amy de là dedans,
Tout aussi-tost profita de la ruse.
Nous avons beau sur ce sexe avoir l'œil :
Ce n'est coup seur encontre tous esclandres.
Maris jaloux, brûlez vostre Recueil,
Sur ma parole, et faites-en des cendres.

XI.—LE VILLAGEOIS QUI CHERCHE SON VEAU.

Conte tiré des cent Nouvelles Nouvelles (1).

n Villageois ayant perdu son Veau,
L'alla chercher dans la forest prochaine.
Il se plaça sur l'arbre le plus beau,   [plaine.
Pour mieux entendre, et pour voir dans la

1. Nouvelle XII.

Vient une Dame avec un jouvenceau.
Le lieu leur plaist, l'eau leur vient à la bouche,
Et le Galant, qui sur l'herbe la couche,
Crie, en voyant je ne sçay quels appas :
O Dieux, que vois-je, et que ne vois-je pas !
Sans dire quoy, car c'estoient lettres closes.
Lors le Manant, les arrestant tout coy :
Homme de bien, qui voyez tant de choses,
Voyez-vous point mon Veau ? dites-le moy.

XII. — L'ANNEAU D'HANS CARVEL.

Conte tiré de R. (1).

Hans Carvel prit sur ses vieux ans
Femme jeune en toute maniere ;
Il prit aussi soucis cuisans,
Car l'un sans l'autre ne va guere,
Babeau (c'est la jeune Femelle,
Fille du Bailly Concordat)
Fut du bon poil, ardente, et belle,
Et propre à l'amoureux combat.
Carvel, craignant de sa nature
Le cocuage et les railleurs,
Alleguoit à la creature
Et la legende et l'Ecriture,
Et tous les Livres les meilleurs ;
Blâmoit les visites secretes ;
Frondoit l'attirail des Coquetes,
Et contre un monde de recettes,
Et de moyens de plaire aux yeux,
Invectivoit tout de son mieux.

1. Rabelais, *Pantagruel*, liv. III, ch. 28.

A tous ces discours la Galande
Ne s'arrestoit aucunement,
Et de Sermons n'estoit friande
A moins qu'ils fussent d'un Amant.
Cela faisoit que le bon sire
Ne sçavoit tantost plus qu'y dire;
Eust voulu souvent estre mort.
Il eut pourtant dans son martyre
Quelques momens de reconfort :
L'histoire en est trés-veritable.
Une nuit qu'ayant tenu table,
Et bû force bon vin nouveau,
Carvel ronfloit prés de Babeau,
Il luy fut avis que le diable
Luy mettoit au doigt un anneau,
Qu'il luy disoit : Je sçais la peine
Qui te tourmente et qui te gesne,
Carvel, j'ay pitié de ton cas;
Tien cette bague et ne la lâches,
Car tandis qu'au doigt tu l'auras,
Ce que tu crains point ne seras,
Point ne seras sans que le sçaches.
Trop ne puis vous remercier,
Dit Carvel, la faveur est grande.
Monsieur Satan, Dieu vous le rende,
Grandmercy Monsieur l'Aumônier.
Là dessus achevant son somme,
Et les yeux encore aggravez,
Il se trouva que le bon homme
Avoit le doigt où vous sçavez.

XIII. — LE GASCON PUNY.

Nouvelle.

Un Gascon, pour s'estre vanté
De posseder certaine Belle,
Fut puny de sa vanité
D'une façon assez nouvelle.
Il se vantoit à faux, et ne possedoit rien.
Mais quoy ! tout médisant est Prophete en ce monde :
On croit le mal d'abord ; mais à l'égard du bien,
    Il faut qu'un public en réponde (1).
La Dame cependant du Gascon se moquoit :
Même au logis pour luy rarement elle estoit,
    Et bien souvent qu'il la traitoit
    D'incomparable et de divine,
    La Belle aussi-tost s'enfuyoit,
    S'allant sauver chez sa voisine.
Elle avoit nom Philis, son voisin Eurilas,
La voisine Cloris, le Gascon Dorilas,
Un sien amy Damon : c'est tout, si j'ay memoire.
Ce Damon, de Cloris, à ce que dit l'histoire,
Estoit Amant aymé, Galant, comme on voudra,
Quelque chose de plus encor que tout cela.
Pour Philis, son humeur libre, gaye et sincere
    Monstroit qu'elle estoit sans affaire,
    Sans secret et sans passion.
On ignoroit le prix de sa possession :
Seulement à l'user chacun la croyoit bonne.
Elle approchoit vingt ans ; et venoit d'enterrer
Un mary (de ceux-là que l'on perd sans pleurer,
Vieux barbon qui laissoit d'écus plein une tonne).
    En mille endroits de sa personne

---

1. Edition de 1685 :
    Il faut que la veuë en réponde.

La Fontaine. — II.   8

La Belle avoit dequoy mettre un Gascon aux Cieux,
    Des attraits par-dessus les yeux,
    Je ne sçay quel air de pucelle,
    Mais le cœur tant soit peu rebelle;
Rebelle toutesfois de la bonne façon.
    Voilà Philis. Quant au Gascon,
    Il estoit Gascon, c'est tout dire.
    Je laisse à penser si le sire
Importuna la Veuve, et s'il fit des sermens.
    Ceux des Gascons et des Normans
    Passent peu pour mots d'Evangile.
    C'estoit pourtant chose facile
De croire Dorilas de Philis amoureux;
Mais il vouloit aussi que l'on le crust heureux.
Philis, dissimulant, dit un jour à cet homme:
    Je veux un service de vous:
    Ce n'est pas d'aller jusqu'à Rome;
C'est que vous nous aydiez à tromper un jaloux.
La chose est sans peril, et mesme fort aisée.
    Nous voulons que cette nuit-cy
    Vous couchiez avec le mary
    De Cloris, qui m'en a priée.
    Avec Damon s'estant broüillée,
Il leur faut une nuit entiere, et par delà,
Pour démêler entre-eux tout ce differend-là.
    Nostre but est qu'Eurilas pense,
Vous sentant prés de luy, que ce soit sa moitié.
Il ne luy touche point, vit dedans l'abstinence,
Et soit par jalousie, ou bien par impuissance,
A retranché d'Hymen certains droits d'amitié;
    Ronfle toûjours, fait la nuit d'une traite:
C'est assez qu'en son lit il trouve une cornette.
Nous vous ajusterons: enfin, ne craignez rien;
    Je vous recompenseray bien.
Pour se rendre Philis un peu plus favorable,
Le Gascon eust couché, dit-il, avec le diable.
La nuit vient, on le coëfe, on le met au grand lit,
On esteint les flambeaux, Eurilas prend sa place;

Du Gascon la peur se saisit;
Il devient aussi froid que glace,
N'oseroit tousser ny cracher,
Beaucoup moins encor s'approcher;
Se fait petit, se serre, au bord se va nicher,
Et ne tient que moitié de la rive occupée :
Je crois qu'on l'auroit mis dans un fourreau d'épée.
Son coucheur cette nuit se retourna cent fois,
Et jusques sur le nez luy porta certains doigts
    Que la peur luy fit trouver rudes.
    Le pis de ses inquietudes,
C'est qu'il craignoit qu'enfin un caprice amoureux
Ne prist à ce mary : tels cas sont dangereux,
Lors que l'un des conjoints se sent privé du somme.
Toûjours nouveaux sujets alarmoient le pauvre homme :
L'on étendoit un pied, l'on approchoit un bras ;
Il crût mesme sentir la barbe d'Eurilas.
Mais voicy quelque chose à mon sens de terrible.
Une sonnette estoit prés du chevet du lit :
Eurilas de sonner, et faire un bruit horrible.
    Le Gascon se pâme à ce bruit,
    Cette fois-là se croit détruit,
    Fait un vœu, renonce à sa Dame,
    Et songe au salut de son ame.
Personne ne venant, Eurilas s'endormit.
    Avant qu'il fust jour on ouvrit;
Philis l'avoit promis; quand voicy de plus belle
    Un flambeau, comble de tous maux.
    Le Gascon, aprés ces travaux,
    Se fust bien levé sans chandelle.
Sa perte étoit alors un poinct tout asseuré.
On approche du lit. Le pauvre homme éclairé
    Prie Eurilas qu'il luy pardonne.
    Je le veux, dit une personne
    D'un ton de voix remply d'appas.
    C'estoit Philis, qui d'Eurilas
Avoit tenu la place, et qui sans trop attendre
    Tout en chemise s'alla rendre

Dans les bras de Cloris qu'accompagnoit Damon.
C'estoit, dis-je, Philis, qui conta du Gascon
    La peine et la frayeur extrême,
Et qui pour l'obliger à se tuer soy-mesme,
    En luy monstrant ce qu'il avoit perdu,
    Laissoit son sein à demy nu.

XIV. — LA FIANCÉE DU ROY DE GARBE.

Nouvelle.

I n'est rien qu'on ne conte en diverses façons :
On abuse du vray comme on fait de la feinte :
Je le souffre aux recits qui passent pour chan-
    sons ;
Chacun y met du sien sans scrupule et sans crainte.
Mais aux évenemens de qui la verité
    Importe à la posterité,
    Tels abus meritent censure.
Le fait d'Alaciel est d'une autre nature.
Je me suis écarté de mon original.
On en pourra gloser ; on pourra me mécroire :
    Tout cela n'est pas un grand mal :
    Alaciel et sa mémoire
Ne sçauroient guere perdre à tout ce changement.
J'ay suivy mon Auteur en deux poincts seulement,
    Poincts qui font veritablement
    Le plus important de l'histoire :
L'un est que par huit mains Alaciel passa
    Avant que d'entrer dans la bonne :
L'autre que son Fiancé ne s'en embarrassa,
    Ayant peut-estre en sa personne
    Dequoy negliger ce poinct là.
    Quoy qu'il en soit, la Belle en ses traverses,
    Accidens, fortunes diverses,

Eut beaucoup à souffrir, beaucoup à travailler ;
    Changea huit fois de Chevalier.
  Il ne faut pas pour cela qu'on l'accuse :
Ce n'estoit, aprés tout, que bonne intention,
    Gratitude, ou compassion,
    Crainte de pis, honneste excuse.
Elle n'en plut pas moins aux yeux de son Fiancé.
Veuve de huit Galants, il la prit pour pucelle,
    Et dans son erreur par la Belle
    Apparemment il fut laissé.
Qu'on y puisse estre pris (1), la chose est toute claire,
  Mais aprés huit, c'est une estrange affaire :
    Je me rapporte de cela
    A quiconque a passé par là.

    Zaïr, Soudan d'Alexandrie,
    Ayma sa fille Alaciel
    Un peu plus que sa propre vie :
Aussi ce qu'on se peut figurer sous le Ciel
  De bon, de beau, de charmant et d'aymable,
  D'accommodant, j'y mets encor ce poinct,
    La rendoit d'autant estimable ;
    En cela je n'augmente point.

Au bruit qui couroit d'elle en toutes ces Provinces,
Mamolin, Roy de Garbe, en devint amoureux.
Il la fit demander, et fut assez heureux
  .Pour l'emporter sur d'autres Princes.
La Belle aymoit déja, mais on n'en sçavoit rien :
Filles de Sang royal ne se declarent guere ;
.Tout se passe en leur cœur ; cela les fasche bien,
Car elles sont de chair ainsi que les Bergeres.
Hispal, jeune Seigneur de la Cour du Soudan,
Bien fait, plein de merite, honneur de l'Alcoran,
Plaisoit fort à la Dame, et d'un commun martyre

1. Les éditions originales portent toutes, mais à tort :
    Qu'on n'y puisse estre pris...

Tous deux brûloient sans oser se le dire ;
Ou s'ils se le disoient, ce n'estoit que des yeux.
Comme ils en estoient là, l'on accorda la Belle.
Il falut se resoudre à partir de ces lieux.
Zaïr fit embarquer son Amant avec elle.
S'en fier à quelque-autre eust peut-estre esté mieux (1).

Aprés huit jours de traite, un vaisseau de Corsaires,
     Ayant pris le dessus du vent,
   Les attaqua ; le combat fut sanglant ;
Chacun des deux partis y fit mal ses affaires.
   Les assaillans, faits aux combats de mer,
Estoient les plus experts en l'art de massacrer ;
Joignoient l'adresse au nombre : Hispal par sa vaillance
     Tenoit les choses en balance.
Vingt Corsaires pourtant monterent sur son bord.
     Grifonio le Gigantesque
     Conduisoit l'horreur et la mort
     Avecque cette Soldatesque.
Hispal en un moment se vit environné :
Maint Corsaire sentit son bras determiné :
De ses yeux il sortoit des éclairs et des flâmes.
Cependant qu'il estoit au combat acharné,
Grifonio courut à la chambre des femmes.
Il sçavoit que l'Infante estoit dans ce vaisseau,
Et l'ayant destinée à ses plaisirs infames,
     Il l'emportoit comme un moineau ;
Mais la charge pour luy n'estant pas suffisante,
   Il prit aussi la cassette aux bijoux,
   Aux diamans, aux témoignages doux
     Que reçoit et garde une Amante :
     Car quelqu'un m'a dit, entre nous,
Qu'Hispal en ce voyage avoit fait à l'Infante
Un aveu dont d'abord elle parut contente,
Faute d'avoir le temps de s'en mettre en courroux.

----

1. Editions de 1666 et de 1668 :
   Un autre Conducteur eust peut-estre esté mieux.

Le mal-heureux Corsaire, emportant cette proye,
   N'en eut pas long-temps de la joye.
  Un des vaisseaux, quoyqu'il fust accroché,
    S'estant quelque peu détaché,
Comme Grifonio passoit d'un bord à l'autre,
Un pied sur son Navire, un sur celuy d'Hispal,
Le Heros d'un revers coupe en deux l'animal :
Part du tronc tombe en l'eau, disant sa patenostre,
Et reniant Mahom, Jupin, et Tarvagant (1),
Avec maint autre Dieu non moins extravagant :
Part demeure sur pieds, en la mesme posture.
    On auroit ry de l'avanture
Si la Belle avec luy n'eust tombé dedans l'eau.
Hispal se jette aprés : l'un et l'autre vaisseau,
Mal-mené du combat, et privé de Pilote,
   Au gré d'Eole et de Neptune flote.

La mort fit lascher prise au Geant pourfendu.
L'Infante, par sa robbe en tombant soûtenuë,
    Fut bien-tost d'Hispal secouruë.
Nâger vers les vaisseaux eust esté temps perdu ;
    Ils estoient presque à demy mile :
    Ce qu'il jugea de plus facile,
    Fut de gagner certains rochers,
Qui d'ordinaire estoient la pèrte des Nochers,
Et furent le salut d'Hispal et de l'Infante.
Aucuns ont asseuré comme chose constante,
Que mesme du peril la cassette échapa ;
    Qu'à des cordons estant penduë,
    La Belle aprés soy la tira ;
    Autrement elle estoit perduë.

Nostre Nâgeur avoit l'Infante sur son dos.
Le premier roc gagné, non pas sans quelque peine,
La crainte de la faim suivit celle des flots ;

1. Edition de 1668 :
    En reniant Mahom, Jupin et Tarvagant.

Nul vaisseau ne parut sur la liquide plaine.
   Le jour s'acheve; il se passe une nuit;
Point de vaisseau prés d'eux par le hazard conduit;
    Point dequoy manger sur ces roches :
    Voilà nostre couple reduit
A sentir de la faim les premieres approches;
Tous deux privez d'espoir, d'autant plus malheureux,
    Qu'aymez aussi bien qu'Amoureux,
Ils perdoient doublement en leur mesaventure.
Aprés s'estre long-temps regardez sans parler :
Hispal, dit la Princesse, il se faut consoler;
Les pleurs ne peuvent rien prés de la Parque dure.
Nous n'en mourrons pas moins; mais il dépend de nous
    D'adoucir l'aigreur de ses coups;
C'est tout ce qui nous reste en ce mal-heur extrême.
Se consoler! dit-il, le peut-on quand on aime?
Ah! si... mais non, Madame, il n'est pas à propos
   Que vous aymiez; vous seriez trop à plaindre.
Je brave à mon égard et la faim et les flots;
Mais jettant l'œil sur vous, je trouve tout à craindre.
La Princesse à ces mots ne se pût plus contraindre.
   Pleurs de couler, soûpirs d'estre poussez,
    Regards d'estre au Ciel adressez,
  Et puis sanglots, et puis soûpirs encore :
En ce mesme langage Hispal luy repartit :
   Tant qu'enfin un baiser suivit;
S'il fut pris ou donné, c'est ce que l'on ignore.

    Aprés force vœux impuissans,
  Le Heros dit : Puisqu'en cette avanture
   Mourir nous est chose si seure,
Qu'importe que nos corps des oyseaux ravissans
Ou des monstres marins deviennent la pâture?
    Sepulture pour sepulture,
   La mer est égale à mon sens.
Qu'attendons-nous icy qu'une fin languissante?
    Seroit il point plus à propos
    De nous abandonner aux flots?

J'ay de la force encor, la coste est peu distante,
  Le vent y pousse; essayons d'approcher;
    Passons de rocher en rocher :
  J'en vois beaucoup où je puis prendre haleine.
  Alaciel s'y resolut sans peine.
Les revoila sur l'onde ainsi qu'auparavant,
    La cassette en lesse suivant,
    Et le nâgeur, poussé du vent,
    De roc en roc portant la Belle :
    Façon de naviger nouvelle.
Avec l'ayde du Ciel et de ces reposoirs,
Et du Dieu qui preside aux liquides manoirs,
Hispal n'en pouvant plus, de faim, de lassitude,
    De travail et d'inquietude
    (Non pour luy, mais pour ses amours),
    Aprés avoir jeûné deux jours,
    Prit terre à la dixiéme traite,
    Luy, la Princesse, et la cassette.

Pourquoy, me dira-t-on, nous ramener toûjours
  Cette cassette? est-ce une circonstance
    Qui soit de si grande importance?
Oüy, selon mon avis; on va voir si j'ay tort.
    Je ne prens point icy l'essor,
    Ny n'affecte de railleries.
    Si j'avois mis nos gens à bord
    Sans argent et sans pierreries,
    Seroient-ils pas demeurez court?
    On ne vit ny d'air ny d'amour.
    Les Amans ont beau dire et faire,
Il en faut revenir toûjours au necessaire.
La cassette y pourveut avec maint diamant.
Hispal vendit les uns, mit les autres en gages;
Fit achat d'un Chasteau le long de ces rivages;
Ce Chasteau, dit l'histoire, avoit un parc fort grand,
  Ce parc un bois, ce bois de beaux ombrages,
    Sous ces ombrages nos Amans
    Passoient d'agreables momens ·

Voyez combien voila de choses enchaînées,
    Et par la cassette amenées.

Or au fond de ce bois un certain antre estoit,
    Sourd et muet, et d'amoureuse affaire,
    Sombre sur tout; la nature sembloit
    L'avoir mis là non pour autre mystere.
    Nos deux Amans se promenant un jour,
    Il arriva que ce fripon d'Amour
    Guida leurs pas vers ce lieu solitaire.
Chemin faisant Hispal expliquoit ses desirs,
Moitié par ses discours, moitié par ses soûpirs,
        Plein d'une ardeur impatiente;
La Princesse écoutoit incertaine et tremblante.

Nous voicy, disoit-il, en un bord étranger,
        Ignorez du reste des hommes;
    Profitons-en; nous n'avons à songer
Qu'aux douceurs de l'Amour, en l'estat où nous sommes.
        Qui vous retient? on ne sçait seulement
        Si nous vivons; peut-estre en ce moment
Tout le monde nous croit au corps d'une Baleine.
        Ou favorisez vostre Amant,
        Ou qu'à vostre Epoux il vous meine.
Mais pourquoy vous mener? vous pouvez rendre heu-
Celuy dont vous avez éprouvé la constance.   [reux
        Qu'attendez-vous pour soulager ses feux?
        N'est-il point assez amoureux?
Et n'avez-vous point fait assez de resistance?

        Hispal haranguoit de façon
        Qu'il auroit échauffé des marbres,
Tandis qu'Alaciel à l'ayde d'un poinçon,
    Faisoit semblant d'écrire sur les arbres.
        Mais l'amour la faisoit resver
        A d'autres choses qu'à graver
        Des caracteres sur l'écorce.
Son Amant et le lieu l'asseuroient du secret:

C'estoit une puissante amorce.
Elle resistoit à regret :
Le Printemps par mal-heur estoit lors en sa force.
Jeunes cœurs sont bien empêchez
A tenir leurs desirs cachez,
Estant pris par tant de manieres.
Combien en voyons-nous se laisser pas à pas
Ravir jusqu'aux faveurs dernieres,
Qui dans l'abord ne croyoient pas
Pouvoir accorder les premieres ?
Amour, sans qu'on y pense, amene ces instans :
Mainte fille a perdu ses gans,
Et femme au partir s'est trouvée,
Qui ne sçait la plus part du temps
Comme la chose est arrivée.

Prés de l'antre venus, nostre Amant proposa
D'entrer dedans ; la Belle s'excusa,
Mais malgré soy déja presque vaincuë.
Les services d'Hispal en ce mesme moment
Luy reviennent devant la veuë.
Ses jours sauvez des flots, son honneur d'un geant :
Que luy demandoit son Amant ?
Un bien dont elle estoit à sa valeur tenuë.
Il vaut mieux, disoit-il, vous en faire un amy,
Que d'attendre qu'un homme à la mine hagarde
Vous le vienne enlever ; Madame, songez-y ;
L'on ne sçait pour qui l'on le garde.
L'Infante à ces raisons se rendant à demi,
Une pluye acheva l'affaire :
Il falut se mettre à l'abri :
Je laisse à penser où. Le reste du mystere
Au fond de l'antre est demeuré.
Que l'on la blasme ou non, je sçais plus d'une Belle
A qui ce fait est arrivé,
Sans en avoir moitié d'autant d'excuses qu'elle.
L'antre ne les vit seul de ces douceurs joüir :

Rien ne couste en amour que la premiere peine.
Si les arbres parloient, il feroit bel oüir
   Ceux de ce bois; car la forest n'est pleine
    Que des monumens amoureux
Qu'Hispal nous a laissez, glorieux de sa proye,
On y verroit écrit : *Icy pasma de joye*
    Des mortels le plus heureux :
Là mourut un Amant sur le sein de sa Dame,
  En cet endroit, mille baisers de fláme
  Furent donnez, et mille autres rendus.
Le parc diroit beaucoup, le chasteau beaucoup plus,
   Si Chasteaux avoient une langue.
La chose en vint au poinct que, las de tant d'amour,
Nos Amans à la fin regretterent la Cour.
La Belle s'en ouvrit, et voicy sa harangue :

Vous m'estes cher, Hispal; j'aurois du déplaisir
Si vous ne pensiez pas que toûjours je vous ayme.
Mais qu'est-ce qu'un amour sans crainte et sans desir ?
   Je vous le demande à vous-mesme.
   Ce sont des feux bien-tost passez,
Que ceux qui ne sont point dans leur cours traversez :
   Il y faut un peu de contrainte.
Je crains fort qu'à la fin ce sejour si charmant
Ne nous soit un desert, et puis un monument;
   Hispal, ostez-moy cette crainte.
   Allez vous en voir promptement,
Ce qu'on croira de moy dedans Alexandrie
  Quand on sçaura que nous sommes en vie.
   Déguisez bien nostre sejour :
Dites que vous venez preparer mon retour,
Et faire qu'on m'envoye une escorte si seure,
   Qu'il n'arrive plus d'avanture.
   Croyez-moy, vous n'y perdrez rien :
   Trouvez seulement le moyen,
   De me suivre en ma destinée
   Ou de fillage, ou d'Hymenée,

Et tenez pour chose asseurée
Que si je ne vous fais du bien,
Je seray de prés éclairée.

Que ce fust ou non son dessein,
Pour se servir d'Hispal, il faloit tout promettre.
Dés qu'il trouve à propos de se mettre en chemin,
L'Infante pour Zaïr le charge d'une lettre.
Il s'embarque, il fait voile, il vogue, il a bon vent ;
Il arrive à la Cour, où chacun luy demande
        S'il est mort, s'il est vivant,
        Tant la surprise fut grande ;
En quels lieux est l'Infante, enfin ce qu'elle fait.
        Dés qu'il eut à tout satisfait,
    On fit partir une escorte puissante.
Hispal fut retenu ; non qu'on eust en effet
        Le moindre soupçon de l'Infante.
Le chef de cette escorte estoit jeune et bien fait.
Abordé prés du parc, avant tout il partage
        Sa troupe en deux, laisse l'une au rivage,
        Va droit avec l'autre au chasteau.
La beauté de l'Infante estoit beaucoup accreuë :
Il en devint épris à la premiere veuë,
Mais tellement épris, qu'attendant qu'il fist beau,
Pour ne point perdre temps, il luy dit sa pensée.
        Elle s'en tint fort offensée,
        Et l'avertit de son devoir.
Témoigner en tel cas un peu de desespoir
    Est quelquesfois une bonne recepte.
C'est ce que fait notre homme ; il forme le dessein
        De se laisser mourir de faim ;
Car de se poignarder, la chose est trop tost faite :
        On n'a pas le temps d'en venir
                Au repentir.
D'abord Alaciel rioit de sa sottise.
Un jour se passe entier, luy sans cesse jeusnant,
        Elle toûjours le détournant
        D'une si terrible entreprise.

Le second jour commence à la toucher.
  Elle resve à cette avanture.
Laisser mourir un homme, et pouvoir l'empêcher
  C'est avoir l'ame un peu trop dure.
  Par pitié donc elle condescendit
   Aux volontez du Capitaine ;
   Et cet office luy rendit
Gayment, de bonne grace, et sans monstrer de peine ;
Autrement le remede eust esté sans effet.
Tandis que le Galant se trouve satisfait,
   Et remet les autres affaires ;
  Disant tantost que les vents sont contraires ;
  Tantost qu'il faut radouber ses galeres
   Pour estre en estat de partir ;
   Tantost qu'on vient de l'avertir
   Qu'il est attendu des Corsaires ;
Un Corsaire en effet arrive, et surprenant
   Ses gens demeurez à la rade,
Les tuë, et va donner au Chasteau l'escalade :
Du fier Grifonio c'estoit le Lieutenant.

   Il prend le Chasteau d'emblée.
   Voilà la feste troublée.
   Le jeusneur maudit son sort.
   Le Corsaire apprend d'abord
   L'avanture de la Belle,
   Et la tirant à l'écart,
   Il en veut avoir sa part.
   Elle fit fort la rebelle.
   Il ne s'en étonna pas,
   N'estant novice en tels cas.
   Le mieux que vous puissiez faire,
   Luy dit tout franc ce Corsaire,
   C'est de m'avoir pour ami ;
   Je suis Corsaire et demy.
Vous avez fait jeusner un pauvre miserable
  Qui se mouroit pour vous d'amour ;
  Vous jeusnerez à vostre tour,

Ou vous me serez favorable.
La justice le veut : nous autres gens de mer
Sçavons rendre à chacun selon ce qu'il merite ;
          Attendez-vous de n'avoir à manger
Que quand de ce costé vous aurez esté quitte.
Ne marchandez point tant, Madame, et croyez-moy.
Qu'eust fait Alaciel? Force n'a point de loy.
S'accommoder à tout est chose necessaire.
Ce qu'on ne voudroit pas souvent il le faut faire,
Quand il plaist au destin que l'on en vienne là.
Augmenter sa souffrance est une erreur extrême.
Si par pitié d'autruy la Belle se força,
Que ne point essayer par pitié de soy-même?
Elle se force donc, et prend en gré le tout :
Il n'est affliction dont on ne vienne à bout.
          Si le corsaire eust esté sage,
Il eût mené l'Infante en un autre rivage.
          Sage en amour? Hélas! il n'en est point.
Tandis que celuy-cy croit avoir tout à poinct,
          Vent pour partir, lieu propre pour attendre,
Fortune, qui ne dort que lors que nous veillons,
          Et veille quand nous sommeillons,
          Luy trame en secret cet esclandre.

Le Seigneur d'un chasteau voisin de celuy-cy,
          Homme fort amy de la joye,
          Sans nulle attache, et sans soucy
Que de chercher toûjours quelque nouvelle proye,
          Ayant eu le vent des beautez,
          Perfections, commoditez,
          Qu'en sa voisine on disoit estre,
Ne songeoit nuit et jour qu'à s'en rendre le maistre.
Il avoit des amis, de l'argent, du credit,
          Pouvoit assembler deux mille hommes ;
Il les assemble donc un beau jour, et leur dit :
          Souffrirons-nous, braves gens que nous sommes,
Qu'un pirate à nos yeux se gorge de butin ?
Qu'il traite comme esclave une beauté divine ?

Allons tirer nostre voisine
D'entre les grifes du mastin.
Que ce soir chacun soit en armes ;
Mais doucement et sans donner d'alarmes :
Sous les auspices de la nuit,
Nous pourrons nous rendre sans bruit
Au pied de ce chasteau, dés la petite pointe
                Du jour ;
La surprise à l'ombre estant jointe
Nous rendra sans hazard maistres de ce sejour.
Pour ma part du butin je ne veux que la Dame ;
Non pas pour en user ainsi que ce voleur ;
        Je me sens un desir en l'ame
De luy restituer ses biens et son honneur.
Tout le reste est à vous, hommes, chevaux, bagage,
Vivres, munitions, enfin tout l'équipage
    Dont ces Brigands ont emply la maison.
        Je vous demande encore un don ;
C'est qu'on pende aux creneaux haut et court le Corsaire.

        Cette harangue militaire
        Leur sceut tant d'ardeur inspirer,
Qu'il en falut une autre afin de moderer
        Le trop grand desir de bien faire.
    Chacun repaist le soir étant venu :
    L'on mange peu ; l'on boit en recompense :
        Quelques tonneaux sont mis sur cu.
        Pour avoir fait cette dépense,
        Il s'est gagné plusieurs combats,
        Tant en Allemagne qu'en France.
        Ce Seigneur donc n'y manqua pas,
        Et ce fut un trait de prudence.
Mainte échelle est portée, et point d'autre embarras.
    Point de tambours, force bons coutelas.
    On part sans bruit, on arrive en silence.
        L'Orient venoit de s'ouvrir.
C'est un temps où le somme est dans sa violence,
Et qui par sa fraischeur nous contraint de dormir.

Presque tout le peuple Corsaire,
Du sommeil à la mort n'ayant qu'un pas à faire
    Fut assommé sans le sentir.

  Le Chef pendu, l'on ameine l'Infante.
    Son peu d'amour pour le voleur,
    Sa surprise et son épouvante,
Et les civilitez de son Liberateur,
Ne luy permirent pas de répandre des larmes.
Sa priere sauva la vie à quelques gens.
Elle plaignit les morts, consola les mourans,
Puis quitta sans regret ces lieux remplis d'alarmes.
    On dit mesme qu'en peu de temps
      Elle perdit la memoire
      De ses deux derniers Galants;
      Je n'ay pas peine à le croire.

Son voisin la receut en un appartement
  Tout brillant d'or et meublé richement.
On peut s'imaginer l'ordre qu'il y fit mettre.
    Nouvel Hoste et nouvel Amant,
    Ce n'estoit pas pour rien obmettre.
Grande chere sur tout, et des vins fort exquis.
    Les Dieux ne sont pas mieux servis.
    Alaciel qui de sa vie,
    Selon sa Loy, n'avoit bû vin,
    Gousta ce soir par compagnie
    De ce breuvage si divin.
Elle ignoroit l'effet d'une liqueur si douce,
    Insensiblement fit carrousse :
Et comme amour jadis luy troubla la raison,
    Ce fut lors un autre poison.
    Tous deux sont à craindre des Dames.
    Alaciel mise au lit par ses femmes,
Ce bon Seigneur s'en fut la trouver tout d'un pas.
Quoy trouver? dira-t-on, d'immobiles appas?
Si j'en trouvois autant je sçaurois bien qu'en faire
    Disoit l'autre jour un certain :

La Fontaine. — II.   9

Qu'il me vienne une mesme affaire,
On verra si j'auray recours à mon voisin.
Bacchus donc, et Morphée, et l'Hoste de la Belle,
 Cette nuit disposerent d'elle.
Les charmes des premiers dissipez à la fin,
 La Princesse, au sortir du somme,
 Se trouva dans les bras d'un homme.
 La frayeur luy glaça la voix :
Elle ne pût crier, et de crainte saisie,
Permit tout à son Hoste, et pour une autre fois
 Luy laissa lier la partie.
Une nuit, luy dit-il, est de mesme que cent ;
Ce n'est que la premiere à quoy l'on trouve à dire.
Alaciel le crût. L'Hoste enfin se lassant,
 Pour d'autres conquestes soûpire.

Il part un soir, prie un de ses amis
De faire cette nuit les honneurs du logis,
 Prendre sa place, aller trouver la Belle,
Pendant l'obscurité se coucher auprés d'elle,
 Ne point parler ; qu'il estoit fort aisé ;
Et qu'en s'acquitant bien de l'employ proposé,
L'Infante asseur ment agréroit son service.
L'autre bien volontiers luy rendit cet office :
Le moyen qu'un ami puisse estre refusé ?
A ce nouveau venu la voilà donc en proye.
Il ne pût sans parler contenir cette joye.
La Belle se plaignit d'estre ainsi leur joüet :
 Comment l'entend Monsieur mon Hoste ?
Dit-elle, et de quel droit me donner comme il fait ?
 L'autre confessa qu'en effet
 Ils avoient tort ; mais que toute la faute
 Estoit au maistre du logis.
 Pour vous venger de son mépris,
Poursuivit-il, comblez-moy de caresses.
 Encherissez sur les tendresses
Que vous eûstes pour luy tant qu'il fut vostre Amant :
Aimez-moy par dépit et par ressentiment,

Si vous ne pouvez autrement.
Son conseil fut suivy, l'on poussa les affaires,
    L'on se vengea, l'on n'obmit rien.
    Que si l'amy s'en trouva bien,
    L'Hoste ne s'en tourmenta gueres.

    Et de cinq, si j'ay bien compté.
Le sixiéme incident des travaux de l'Infante
    Par quelques-uns est rapporté
    D'une maniere differente.
    Force gens concluront de là
Que d'un Galant au moins je fais grace à la Belle.
    C'est médisance que cela :
    Je ne voudrois mentir pour elle.
    Son Epoux n'eut asseurément
    Que huit Précurseurs seulement.
    Poursuivons donc nostre nouvelle.
    L'Hoste revint quand l'ami fut content.
    Alaciel, luy pardonnant,
    Fit entr'eux les choses égales :
La clemence sied bien aux personnes Royales.

Ainsi de main en main Alaciel passoit,
    Et souvent se divertissoit
    Aux menus ouvrages des filles
    Qui la servoient, toutes assez gentilles.
Elle en aymoit fort une à qui l'on en contoit;
Et le conteur estoit un certain Gentil-homme
    De ce logis, bien fait et galant homme,
    Mais violent dans ses desirs,
    Et grand ménager de soûpirs (1),
Jusques à commencer prés de la plus severe,
    Par où l'on finit d'ordinaire.
Un jour au bout du parc le Galant rencontra
        Cette fillette ;
Et dans un pavillon fit tant qu'il l'attira

1. Edition de 1668 :
    Et grand ménageur de soûpirs.

Toute seulette.
L'Infante estoit fort prés de là :
Mais il ne la vit point, et crût en asseurance
Pouvoir user de violence.
Sa médisante humeur, grand obstacle aux faveurs,
Peste d'amour et des douceurs
Dont il tire sa subsistance,
Avoit de ce Galant souvent greslé l'espoir.
La crainte luy nuisoit autant que le devoir.
Cette fille l'auroit, selon toute apparence,
Favorisé,
Si la Belle eust osé.
Se voyant craint de cette sorte,
Il fit tant qu'en ce pavillon
Elle entra par occasion ;
Puis le Galant ferme la porte :
Mais en vain, car l'Infante avoit dequoy l'ouvrir.
La fille voit sa faute, et tâche de sortir.
Il la retient : elle crie, elle appelle :
L'Infante vient, et vient comme il faloit (1),
Quand sur ses fins la Demoiselle estoit.
Le Galant, indigné de la manquer si belle,
Perd tout respect et jure par les Dieux
Qu'avant que sortir de ces lieux
L'une ou l'autre payra sa peine
Quand il devroit leur attacher les mains.
Si loin de tous secours humains,
Dit-il, la resistance est vaine.
Tirez au sort sans marchander ;
Je ne sçaurois vous accorder
Que cette grace ;
Il faut que l'une ou l'autre passe
Pour aujourd'huy.
Qu'a fait Madame ? dit la Belle ;
Pâtira-t-elle pour autruy ?
Oüy, si le sort tombe sur elle,

1. Edition de 1668 :
   L'Infante vint et vint comme il falloit.

Dit le Galant, prenez-vous-en à luy.
  Non non, reprit alors l'Infante,
Il ne sera pas dit que l'on ait, moy presente,
  Violenté cette innocente.
Je me resous plustost à toute extremité.
  Ce combat plein de charité
  Fut par le sort à la fin terminé.
  L'Infante en eut toute la gloire :
Il luy donna sa voix, à ce que dit l'Histoire.
  L'autre sortit, et l'on jura
  De ne rien dire de cela.
  Mais le Galant se seroit laissé pendre
Plûtost que de cacher un secret si plaisant ;
Et pour le divulguer il ne voulut attendre
Que le temps qu'il faloit pour trouver seulement
  Quelqu'un qui le voulust entendre.

  Ce changement de favoris
  Devint à l'Infante une peine ;
  Elle eut regret d'estre l'Helene
  D'un si grand nombre de Paris.
  Aussi l'Amour se joüoit d'elle.
  Un jour, entre-autres, que la Belle
  Dans un bois dormoit à l'écart,
  Il s'y rencontra par hazard
Un Chevalier errant, grand chercheur d'avantures,
De ces sortes de gens que sur des palefrois
  Les Belles suivoient autresfois
  Et passoient pour chastes et pures.
Celuy-cy, qui donnoit à ses desirs l'essor,
Comme faisoient jadis Rogel (1) et Galaor,
  N'eust veu la Princesse endormie,
Que de prendre un baiser il forma le dessein :
Tout prest à faire choix de la bouche ou du sein,
Il estoit sur le poinct d'en passer son envie,
  Quand tout d'un coup il se souvint

---

1. Ainsi dans les éditions originales; *Roger* dans les éditions modernes.

Des loix de la chevalerie.
A ce penser il se retint,
Priant toutesfois en son ame
Toutes les puissances d'amour
Qu'il pust courir en ce sejour
Quelque avanture avec la Dame.
L'Infante s'éveilla surprise au dernier poinct.
 Non non, dit-il, ne craignez point;
 Je ne suis geant ny sauvage,
Mais Chevalier errant, qui rends graces aux Dieux
 D'avoir trouvé dans ce bocage
Ce qu'à peine on pourroit rencontrer dans les Cieux.
Après ce compliment, sans plus longue demeure
Il luy dit en deux mots l'ardeur qui l'embrasoit,
 C'estoit un homme qui faisoit
 Beaucoup de chemin en peu d'heure.
Le refrein fut d'offrir sa personne et son bras,
 Et tout ce qu'en semblables cas
 On a de coustume de dire
 A celles pour qui l'on soûpire.
Son offre fut receuë, et la Belle luy fit
 Un long Roman de son Histoire,
 Supprimant, comme l'on peut croire,
 Les six Galants. L'avanturier en prit
 Ce qu'il crût à propos d'en prendre;
Et comme Alaciel de son sort se plaignit,
 Cet inconnu s'engagea de la rendre
Chez Zaïr ou dans Garbe, avant qu'il fust un mois.
 Dans Garbe? non, reprit-elle, et pour cause:
 Si les Dieux avoient mis la chose
 Jusques à present à mon choix,
J'aurois voulu revoir Zaïr et ma patrie.
 Pourvu qu'Amour me preste vie,
Vous les verrez, dit-il. C'est seulement à vous
 D'apporter remede à vos coups,
 Et consentir que mon amour s'appaise:
 Si j'en mourois (à vos bontez ne plaise)
Vous demeureriez seule, et, pour vous parler franc,
 Je tiens ce service assez grand,

Pour me flater d'une esperance
    De recompense.
Elle en tomba d'accord, promit quelques douceurs,
    Convint d'un nombre de faveurs
    Qu'afin que la chose fust seure
    Cette Princesse luy payroit,
    Non tout d'un coup, mais à mesure
    Que le voyage se feroit;
    Tant chaque jour, sans nulle faute.
    Le marché s'estant ainsi fait,
    La Princesse en croupe se met,
    Sans prendre congé de son Hoste.
    L'inconnu, qui pour quelque-temps
    S'estoit défait de tous ses gens,
Les rencontra bien-tost. Il avoit dans sa troupe
Un sien neveu fort jeune, avec son Gouverneur.
Nôtre Heroine prend, en descendant de croupe,
    Un palefroy. Cependant le Seigneur
    Marche toûjours à costé d'elle,
    Tantost luy conte une nouvelle,
    Et tantost luy parle d'Amour;
    Pour rendre le chemin plus court.

Avec beaucoup de foy le traité s'execute :
    Pas la moindre ombre de dispute :
Point de faute au calcul, non plus qu'entre Marchands.
De faveur en faveur (ainsi contoient ces gens)
Jusqu'aux bords de la mer enfin ils arriverent,
    Et s'embarquerent.
    Cet element ne leur fut pas moins doux
Que l'autre avoit esté; certain calme, au contraire,
Prolongeant le chemin, augmenta le salaire.
    Sains et gaillards ils débarquerent tous
    Au port de Joppe, et là se rafraischirent;
    Au bout de deux jours en partirent,
    Sans autre escorte que leur train :
    Ce fut aux Brigands une amorce :
    Un gros d'Arabes en chemin

Les ayant rencontrez, ils cedoient à la force,
Quand nostre avanturier fit un dernier effort,
Repoussa les Brigands, receut une blessure
    Qui le mit dans la sepulture,
    Non sur le champ; devant sa mort
Il pourveut à la Belle, ordonna du voyage,
En chargea son neveu, jeune homme de courage,
    Luy leguant par mesme moyen
Le surplus des faveurs, avec son équipage
    Et tout le reste de son bien.
Quand on fut revenu de toutes ces alarmes,
Et que l'on eut versé certain nombre de larmes,
    On satisfit au Testament du mort;
On paya les faveurs, dont enfin la derniere
    Escheut justement sur le bord
        De la frontiere.
  En cet endroit le neveu la quitta,
    Pour ne donner aucun ombrage,
    Et le Gouverneur la guida
    Pendant le reste du voyage.
    Au Soudan il la presenta.
    D'exprimer icy la tendresse,
    Ou pour mieux dire les transports,
Que témoigna Zaïr en voyant la Princesse,
    Il faudroit de nouveaux efforts,
Et je n'en puis plus faire : il est bon que j'imite
    Phœbus, qui sur la fin du jour
    Tombe d'ordinaire si court
    Qu'on diroit qu'il se precipite.
Le Gouverneur aymoit à se faire écouter;
Ce fut un passe-temps de l'entendre conter
    Monts et merveilles de la Dame,
    Qui rioit sans doute en son ame.
Seigneur, dit le bon Homme en parlant au Soudan,
Hispal estant party, Madame incontinent,
Pour fuir oisiveté, principe de tout vice,
Resolut de vacquer nuit et jour au service
D'un Dieu qui chez ces gens a beaucoup de credit.

Je ne vous aurois jamais dit
Tous ses Temples et ses Chapelles,
Nommez pour la pluspart alcoves et ruelles.
Là les gens pour Idole ont un certain oiseau,
    Qui dans ses portraits est fort beau,
    Quoy qu'il n'ait des plumes qu'aux aisles.
Au contraire des autres Dieux,
Qu'on ne sert que quand on est vieux,
La jeunesse luy sacrifie.
Si vous sçaviez l'honneste vie
Qu'en le servant menoit Madame Alaciel,
    Vous beniriez cent fois le Ciel
De vous avoir donné fille tant accomplie.
Au reste, en ces pays on vit d'autre façon
    Que parmy vous; les Belles vont et viennent:
    Point d'Eunuques qui les retiennent;
Les hommes en ces lieux ont tous barbe au menton.
Madame dés l'abord s'est faite à leur methode,
    Tant elle est de facile humeur;
    Et je puis dire à son honneur
    Que de tout elle s'accommode.

Zaïr estoit ravy. Quelques jours écoulez,
La Princesse partit pour Garbe en grande escorte.
Les gens qui la suivoient furent tous régalez
    De beaux presens : et d'une amour si forte
Cette Belle toucha le cœur de Mamolin,
Qu'il ne se tenoit pas. On fit un grand festin,
    Pendant lequel, ayant belle audience,
    Alaciel conta tout ce qu'elle voulut,
    Dit les mensonges qu'il luy plut.
Mamolin et sa Cour écoutoient en silence.
La nuit vint : on porta la Reine dans son lit.
    A son honneur elle en sortit :
    Le Prince en rendit témoignage.
    Alaciel, à ce qu'on dit,
    N'en demandoit pas davantage.

Ce conte nous apprend que beaucoup de maris

Qui se vantent de voir fort clair en leurs affaires.
N'y viennent bien souvent qu'aprés les favoris ;
Et, tout sçavans qu'ils sont, ne s'y connoissent gueres.
Le plus seur toutesfois est de se bien garder,
    Craindre tout, ne rien hazarder.
Filles, maintenez-vous ; l'affaire est d'importance.
Rois de Garbe ne sont oyseaux communs en France.
Vous voyez que l'Hymen y suit l'accord de prés :
    C'est là l'un des plus grands secrets
    Pour empêcher les avantures.
Je tiens vos amitiez fort chastes et fort pures ;
Mais Cupidon alors fait d'estranges leçons.
    Rompez-luy toutes ses mesures :
Pourvoyez à la chose aussi bien qu'aux soupçons ;
Ne m'allez point conter : c'est le droit des garçons ;
Les garçons sans ce droit ont assez où se prendre.
Si quelqu'une pourtant ne s'en pouvoit deffendre,
Le remede sera de rire en son mal-heur.
    Il est bon de garder sa fleur ;
Mais pour l'avoir perduë, il ne se faut pas pendre.

XV. — L'HERMITE (1).

Nouvelle tirée de Bocace (2).

ame Venus et Dame Hypocrisie (3)
Font quelquefois ensemble de bons coups ;
Tout homme est homme, les Hermites sur
    tous (4) ;

1. Cette nouvelle, qui a paru pour la première fois dans le
Recueil de 1668, y porte pour titre : *L'Hermite, ou Frere Luce.*
  2. *Decameron*, giornata IV, novella II.
  3. Edition de 1668 :
    Dame Luxure et Dame Hypocrisie.
  4. Editions de 1668 et de 1685 :
    Tout homme est homme, et les Moines sur tous.

Ce que j'en dis, ce n'est point par envie (1).
Avez-vous Sœur, Fille, ou Femme jolie,
Gardez le froc ; c'est un maistre Gonin ;
Vous en tenez s'il tombe sous sa main.
Belle qui soit quelque peu simple et neuve (2) :
Pour vous montrer que je ne parle en vain,
Lisez cecy, je ne veux autre preuve.
　Un jeune Hermite estoit tenu pour Saint ;
On luy gardoit place dans la Legende.
L'homme de Dieu d'une corde estoit ceint
Pleine de neuds ; mais sous sa houpelande
Logeoit le cœur d'un dangereux paillard.
Un Chapelet pendoit à sa ceinture,
Long d'une brasse, et gros outre mesure ;
Une clochette estoit de l'autre part.
Au demeurant, il faisoit le caphard ;
Se renfermoit voyant une femelle
Dedans sa coque, et baissoit la prunelle :
Vous n'auriez dit qu'il eust mangé le lard.
　Un bourg estoit dedans son voisinage,
Et dans ce Bourg une Veuve fort sage,
Qui demeuroit tout à l'extremité.
Elle n'avoit pour tout bien qu'une fille,
Jeune, ingenuë, agreable et gentille ;
Pucelle encor ; mais à la verité
Moins par vertu que par simplicité ;
Peu d'entregent, beaucoup d'honnesteté,
D'autre dot point, d'Amans pas davantage.
Du temps d'Adam, qu'on naissoit tout vestu,
Je pense bien que la Belle en eût eu,
Car avec rien on montoit un mesnage (3).

1. Edition de 1668 :
　　Ce que j'en dis, ce n'est pas par envie.
(2) Edition de 1668 :
　　Belle qui soit quelque peu simple ou neuve.
3. Manuscrits de Conrart :
　　Mais avec rien on montoit un mesnage.

Il ne faloit matelas ny linceul :
Mesme le lit n'estoit pas necessaire.
Ce temps n'est plus. Himen, qui marchoit seul (1),
Meine à present à sa suite un Notaire.
    L'Anachorete, en questant par le Bourg,
Vid cette fille, et dit sous son capuce :
Voicy dequoy ; si tu sçais quelque tour,
Il te le faut employer, Frere Luce.
Pas n'y manqua, voicy comme il s'y prit.
Elle logeoit, comme j'ay déja dit,
Tout prés des champs, dans une maisonnette,
Dont la cloison par nostre Anachorete
Estant percée aisément et sans bruit,
Le Compagnon par une belle nuit,
Belle, non pas, le vent et la tempeste
Favorisoient le dessein du Galant.
Une nuit donc, dans le pertuis mettant
Un long cornet, tout du haut de la teste (2)
Il leur cria : Femmes, escoutez-moi.
A cette voix, toutes pleines d'effroy,
Se blotissant, l'une et l'autre est en trance.
Il continuë, et corne à toute outrance :
Réveillez-vous, Creatures de Dieu,
Toy femme Veuve, et toy fille pucelle :
Allez trouver mon serviteur fidelle
L'Hermite Luce, et partez de ce lieu
Demain matin sans le dire à personne ;
Car c'est ainsi que le Ciel vous l'ordonne.
Ne craignez point, je conduiray vos pas,
Luce est benin. Toy, Veuve, tu feras (3)

1. Edition de 1668 :
    Ce temps n'est plus, l'Himen qui marchoit seul.
2. Edition de 1668 :
    Un long cornet, tout du haut de sa teste.
3. Manuscrits de Conrart et édition de 1668 :
    Luce est benin. Toy, Femme, tu feras.

Que de ta fille il ait la compagnie;
Car d'eux doit naistre un Pape, dont la vie
Reformera tout le peuple Chrestien.
La chose fut tellement prononcée,
Que dans le lit l'une et l'autre enfoncée
Ne laissa pas de l'entendre fort bien.
La peur les tint un quart-d'heure en silence.
La fille enfin met le nez hors des draps ;
Et puis tirant sa Mere par le bras,
Luy dit d'un ton tout remply d'innocence :
Mon Dieu, maman, y faudra-t-il aller (1)?
Ma compagnie? helas! qu'en veut-il faire?
Je ne sçay pas comment il faut parler;
Ma Cousine Anne est bien mieux son affaire
Et retiendroit bien mieux tous ses Sermons (2).
Sotte, tay toy, luy repartit la Mere,
C'est bien cela; va, va, pour ces leçons
Il n'est besoin de tout l'esprit du monde :
Dés la premiere, ou bien dés la seconde,
Ta Cousine Anné en sçaura moins que toy.
Oüy? dit la fille, hé! mon Dieu, menez moy.
Partons, bien-tost nous reviendrons au giste.
Tout doux, reprit la Mere en soûriant,
Il ne faut pas que nous allions si viste :
Car que sçait-on? le diable est bien meschant
Et bien trompeur; si c'estoit luy, ma fille,
Qui fust venu pour nous tendre des lacs?
As-tu pris garde? il parloit d'un ton cas (3),
Comme je croy que parle la famille
De Lucifer. Le fait merite bien

1. Edition de 1668 :
    Mon Dieu! maman, il faudra y aller?
2. Edition de 1668 :
    Et retiendra bien mieux tous ses sermons.
3. Edition de 1668 :
    As-tu pris garde? il parloit d'un ton bas.

Que, sans courir ny precipiter rien,
Nous nous gardions de nous laisser surprendre.
Si la frayeur t'avoit fait mal entendre :
Pour moy, j'avois l'esprit tout éperdu.
Non, non, Maman, j'ay fort bien entendu,
Dit la fillette. Or bien reprit la Mere,
Puisque ainsi va, mettons-nous en priere.
  Le lendemain, tout le jour se passa
A raisonner, et par cy, et par là,
Sur cette voix et sur cette rencontre.
La nuit venuë, arrive le corneur;
Il leur cria d'un ton à faire peur (1) :
Femme incredule, et qui vas alencontre
Des volontez de Dieu ton Createur,
Ne tarde plus, va t'en trouver l'Hermite,
Ou tu mourras. La fillette reprit :
Hé bien, Maman, l'avois-je pas bien dit ?
Mon Dieu, partons; allons rendre visite
A l'Homme saint; je crains tant vostre mort
Que j'y courrois, et tout de mon plus fort,
S'il le faloit. Allons donc, dit la Mere.
La Belle mit son corset des bons jours,
Son demy-ceint, ses pendans de velours,
Sans se douter de ce qu'elle alloit faire :
Jeune fillette a toûjours soin de plaire.
Nostre Cagot s'estoit mis aux aguets,
Et par un trou qu'il avoit fait exprés.
A sa Cellule, il vouloit que ces femmes (2)
Le pûssent voir comme un brave Soldat,
Le foüet en main, toûjours en un estat
De penitence, et de tirer des flâmes

1. Edition de 1668 :

   Qui leur cria d'un ton à faire peur.

2. Edition de 1668 :

   A sa Celule, il vouloit que les femmes.

Quelque defunct puny pour ses mesfaits (¹);
Faisant si bien en frappant tout auprés,
Qu'on crust oüir cinquante disciplines (²).
Il n'ouvrit pas à nos deux Pelerines
Du premier coup, et pendant un moment
Chacune peut l'entrevoir s'escrimant.
Du saint outil. Enfin, la porte s'ouvre (³),
Mais ce ne fut d'un bon *Miserere*.
Le Papelard contre-fait l'estonné.
Tout en tremblant la Veuve luy découvre (4),
Non sans rougir, le cas comme il estoit.
A six pas d'eux la fillette attendoit
Le resultat, qui fut que nostre Hermite
Les renvoya, fit le bon hipocrite.
Je crains, dit-il, les ruses du malin :
Dispensez-moy; le sexe feminin
Ne doit avoir en ma Celulle entrée.
Jamais de moy S. Pere ne naistra.
La Veuve dit, toute déconfortée :
Jamais de vous? et pourquoy ne fera?
Elle ne pût en tirer autre chose.
En s'en allant la fillette disoit,
Helas! Maman, nos pechez en sont cause.
La nuit revient, et l'une et l'autre estoit (5)
Au premier somme, alors que l'hipocrite
Et son cornet font bruire la maison.

1. Edition de 1668 :
   Quelque deffunt expiant ses mesfaits.
2. Edition de 1668 :
   Qu'on eût ouy cinquante disciplines.
3. Edition de 1668 :
   Chascune peut l'entendre s'escrimant :
   Du saint Hôtel enfin la porte s'ouvre.
4. Edition de 1668 :
   Tout en tremblant la Mere luy decouvre.
5. Edition de 1668 :
   La nuit revint....

Il leur cria toûjours du mesme ton (¹) :
Retournez voir Luce le saint Hermite ;
Je l'ay changé ; retournez dés demain.
Les voilà donc derechef en chemin.
Pour ne tirer plus en long cette Histoire,
Il les receut. La Mere s'en alla,
Seule s'entend, la fille demeura ;
Tout doucement il vous l'apprivoisa,
Luy prit d'abord son joly bras d'yvoire,
Puis s'approcha, puis en vint au baiser,
Puis aux beautez que l'on cache à la veuë,
Puis le Galant vous la mit toute nuë,
Comme s'il eust voulu la baptiser.
O Papelars ! qu'on se trompe à vos mines !
Tant luy donna du retour de Matines,
Que maux de cœur vinrent premierement,
Et maux de cœur chassez Dieu sçait comment (²).
En fin finalle, une certaine enflure
La contraignit d'alonger sa ceinture,
Mais en cachette, et sans en avertir
Le forge-Pape, encore moins la Mere.
Elle craignoit qu'on ne la fist partir :
Le jeu d'Amour commençoit à luy plaire (³).
Vous me direz, d'où luy vint tant d'esprit ?
D'où ? de ce jeu ; c'est l'arbre de science.
Sept mois entiers la Galande attendit ;
Elle allegua son peu d'experience.
   Dés que la Mere eut indice certain
De sa grossesse, elle luy fit soudain

1. Edition de 1668 :

   De son cornet fit bruire la maison,
   Il leur cria tousjours d'un mesme ton.

2. Edition de 1668 :

   Et maux de cœur causez Dieu sçait comment.

3. Edition de 1668 :

   Le jeu d'amour commençant à luy plaire.

Trousser bagage, et remercia l'Hoste (1).
Luy, de sa part, rendit grace au Seigneur,
Qui soulageoit son pauvre serviteur.
Puis au départ il leur dit que sans faute (2),
Moyennant Dieu, l'enfant viendroit à bien.
Gardez pourtant, Dame de faire rien
Qui puisse nuire à vostre geniture.
Ayez grand soin de cette Creature,
Car tout bon-heur vous en arrivera.
Vous regnerez, serez la Signora,
Ferez monter aux grandeurs tous les vostres,
Princes les uns, et grands Seigneurs les autres.
Vos Cousins Ducs, Cardinaux vos Neveux :
Places, Chasteaux, tant pour vous que pour eux
Ne manqueront en aucune maniere,
Non plus que l'eau qui coule en la riviere (3).
Leur ayant fait cette prediction,
Il leur donna sa benediction.
　　La Signora, de retour chez sa Mere,
S'entretenoit jour et nuit du S. Pere (4),
Preparoit tout, luy faisoit des beguins :
Au demeurant prenoit tous les matins
La couple d'œufs, attendoit en liesse
Ce qui viendroit d'une telle grossesse.
Mais ce qui vint destruisit les Chasteaux,
Fit avorter les Mitres, les Chapeaux,
Et les grandeurs de toute la famille.
La Signora mit au monde une fille.

1. Edition de 1668 :
　　Trousser bagage et remercier l'hoste.

2. Edition de 1668 :
　　Puis au depart il luy dit que sans faute.

3. Edition de 1668 :
　　Non plus que l'eau ne manque à la riviere.

4. Edition de 1668 :
　　L'entretenoit jour et nuit du S. Pere.

XVI. — MAZET DE LAMPORECHIO (1).

Nouvelle tirée de Bocace (2).

Le voile n'est le rempart le plus sûr
Contre l'Amour, ny le moins accessible :
Un bon mary, mieux que grille ny mur,
Y pourvoira, si pourvoir est possible.
C'est à mon sens une erreur trop visible
A des Parens, pour ne dire autrement,
De presumer, aprés qu'une personne,
Bon gré, mal gré, s'est mise en un Couvent (3),
Que Dieu prendra ce qu'ainsi l'on luy donne :
Abus, abus ! je tiens que le malin
N'a revenu plus clair et plus certain
(Sauf toutesfois l'assistance Divine).
Encore un coup, ne faut qu'on s'imagine,
Que d'estre pure et nette de peché
Soit privilege à la guimpe attaché.
Nenny da, non ; je pretens qu'au contraire
Filles du monde ont toûjours plus de peur
Que l'on ne donne atteinte à leur honneur ;
La raison est qu'elles en ont affaire.
Moins d'ennemis attaquent leur pudeur.
Les autres n'ont pour un seul adversaire.
Tentation, fille d'oisiveté,

1. Cette nouvelle est intitulée *le Muet* dans l'édition de
1668, où elle a paru pour la première fois.
2. *Decameron*, giornata III, novella 1.
3. Edition de 1668 :

> Bon gré, mal gré, est mise en un Convent.

On trouve toujours dans cette édition *convent* pour *couvent*.

Ne manque pas d'agir de son costé :
Puis le desir, enfant de la contrainte.
Ma fille est Nonne, *Ergo* c'est une Sainte,
Mal raisonner. Des quatre parts les trois
En ont regret et se mordent les doigts ;
Font souvent pis ; au moins l'ay-je oüy dire,
Car pour ce poinct je parle sans sçavoir.
Bocace en fait certain Conte pour rire,
Que j'ay rimé comme vous allez voir.
  Un bon Vieillard en un Couvent de filles
Autrefois fut, labouroit le jardin.
Elles estoient toutes assez gentilles,
Et volontiers jasoient dés le matin.
Tant ne songeoient au service divin
Qu'à soy montrer és Parloirs aguimpées (1),
Bien blanchement, comme droites poupées,
Preste chacune à tenir coup aux gens ;
Et n'estoit bruit qu'il se trouvast leans (2)
Fille qui n'eût dequoy rendre le change,
Se renvoyant l'une à l'autre l'éteuf.
Huit Sœurs estoient, et l'Abbesse sont neuf,
Si mal d'accord que c'estoit chose étrange.
De la beauté, la pluspart en avoient ;
De la jeunesse, elles en avoient toutes.
En cettuy lieu beaux Peres frequentoient,
Comme on peut croire, et tant bien supputoient,
Qu'il ne manquoit à tomber sur leurs routes (3).

1. Edition de 1668 :
    Qu'à se montrer au Parloir aguimpées.

2. Edition de 1668 :
    Et n'estoit jour qu'on ne trouvât leans.

3. C'est ici le texte de l'édition de 1669, donnée par La Fontaine. Avec cette leçon le sens est fort clair : notre auteur veut dire que les bons Pères qui venoient voir les sœurs calculoient si bien qu'il y avoit pour eux de fréquentes occasions

Le bon Vieillard Jardinier dessus-dit
Prés de ces Sœurs perdoit presque l'esprit;
A leur caprice il ne pouvoit suffire.
Toutes vouloient au Vieillard commander;
Dont ne pouvant entre elles s'accorder,
Il souffroit plus que l'on ne sçauroit dire.
    Force luy fût de quitter la maison.
Il en sortit de la mesme façon
Qu'estoit entré là dedans le pauvre homme,
Sans croix ne pile (1), et n'ayant rien en somme
Qu'un vieil habit. Certain jeune garçon
De Lamporech, si j'ay bonne memoire,
Dit au Vieillard un beau jour aprés boire,
Et raisonnant sur le fait des Nonains,
Qu'il passeroit bien volontiers sa vie
Prés de ces Sœurs, et qu'il avoit envie
De leur offrir son travail et ses mains,
Sans demander recompense ny gages.
Le Compagnon ne visoit à l'argent :
Trop bien croyoit, ces Sœurs estant peu sages,
Qu'il en pourroit croquer une en passant,
Et puis une autre, et puis toute la troupe.
Nuto luy dit (c'est le nom du Vieillard) :

---

de faillir, de tomber. Malheureusement les éditions de 1668 et de 1685, suivies par tous les éditeurs modernes, portent :

> Qu'ils ne manquoient...,

ce qui rend le passage un peu plus difficile. Aussi les commentateurs des *Contes* se sont-ils bien gardés d'en parler, à l'exception toutefois du bibliophile Jacob, qui a eu l'imprudence de mettre en note : « Cette phrase est très obscure, si l'on n'explique pas *supputoient* par *buvoient*. La Fontaine veut peut-être dire que les moines arrangeoient toujours leurs tournées de manière à rencontrer le couvent sur leur route. »

1. Edition de 1668 :

> Sans croix ny pile...

Croy-moy, Mazet, mets-toy quelque autre part.
J'aimerois mieux être sans pain ny soupe
Que d'employer en ce lieu mon travail.
Les Nones sont un étrange bestail :
Qui n'a tasté de cette marchandise
Ne sçait encor ce que c'est que tourment.
Je te le dis, laisse-là ce Couvent ;
Car d'esperer les servir à leur guise,
C'est un abus ; l'une voudra du mou,
L'autre du dur ; parquoy je te tiens fou,
D'autant plus fou que ces filles sont sottes ;
Tu n'auras pas œuvre faite, entre nous ;
L'une voudra que tu plantes des choux,
L'autre voudra que ce soit des carottes.
Mazet reprit : Ce n'est pas là le poinct.
Voy-tu, Nuto, je ne suis qu'une beste ;
Mais dans ce lieu tu ne me verras point
Un mois entier sans qu'on m'y fasse feste.
La raison est que je n'ay que vingt ans,
Et comme toy je n'ay pas fait mon temps.
Je leur suis propre, et ne demande en somme
Que d'estre admis. Dit alors le bon homme :
Au Fac-totum tu n'as qu'à t'adresser ;
Allons-nous-en de ce pas luy parler.
Allons, dit l'autre. Il me vient une chose
Dedans l'esprit : je feray le müet
Et l'idiot. Je pense qu'en effet,
Reprit Nuto, cela peut estre cause
Que le Pater avec le Fac-totum
N'auront de toy ny crainte ny soupçon.
La chose alla comme ils l'avoient preveuë.
Voilà Mazet, à qui pour bien venuë
L'on fait bescher la moitié du jardin (¹).
Il contre-fait le sot et le badin,

1. Edition de 1668 :
   On fait bescher la moitié du jardin.

Et cependant laboure comme un sire.
Autour de luy les Nones alloient rire.
   Un certain jour le Compagnon dormant (1),
Ou bien feignant de dormir, il n'importe,
Bocace dit qu'il en faisoit semblant,
Deux des Nonains le voyant de la sorte
Seul au jardin, car sur le haut du jour,
Nulle des Sœurs ne faisoit long sejour
Hors le logis, le tout crainte du hasle,
De ces deux donc l'une, approchant Mazet,
Dit à sa Sœur : Dedans ce cabinet (2)
Menons ce sot : Mazet estoit beau masle,
Et la Galande à le considerer
Avoit pris goust; pourquoy sans differer (3)
Amour luy fit proposer cette affaire.
L'autre reprit, Là-dedans? et quoy faire (4)?
Quoy? dit la Sœur, je ne sçay, l'on verra;
Ce que l'on fait alors qu'on en est là :
Ne dit-on pas qu'il se fait quelque chose?
Jesus, reprit l'autre Sœur se signant,
Que dis-tu là? nostre Regle défend
De tels pensers. S'il nous fait un enfant?
Si l'on nous voit? Tu t'en vas estre cause
De quelque mal. On ne nous verra point,
Dit la premiere; et, quant à l'autre poinct
C'est s'allarmer avant que le coup vienne.
Usons du temps sans nous tant mettre en peine,
Et sans prevoir les choses de si loin.

1. Edition de 1668 :
   Par un Midy le compagnon dormant.

2. Edition de 1668 :
   Dit à sa sœur: Dedans le cabinet...

3. Edition de 1668 :
   Avoit pris goust, partant sans differer.

4. Edition de 1668 :
   L'autre repond : Là dedans? et quoy faire?

Nul n'est icy, nous avons tout à poinct,
L'heure, et le lieu si touffu que la veuë
N'y peut passer : et puis sur l'avenuë
Je suis d'avis qu'une fasse le guet :
Tandis que l'autre estant avec Mazet,
A son bel aise aura lieu de s'instruire :
Il est müet et n'en pourra rien dire.
Soit fait, dit l'autre ; il faut à ton desir (1)
Acquiescer, et te faire plaisir.
Je passeray si tu veux la premiere
Pour t'obliger : au moins à ton loisir
Tu t'ébatras puis aprés de maniere
Qu'il ne sera besoin d'y retourner :
Ce que j'en dis n'est que pour t'obliger.
Je le voy bien, dit l'autre plus sincere :
Tu ne voudrois sans cela commencer
Assurement, et tu serois honteuse (2).
Tant y resta cette Sœur scrupuleuse,
Qu'à la fin l'autre, allant la dégager,
De faction la fut faire changer.
    Nostre müet fait nouvelle partie :

1. Edition de 1668 :
    Fais, fais, dit l'autre...

2. M. Walckenaer fait passer ici dans son texte les deux
vers suivants :

    Disant ces mots, elle éveilla Mazet,
    Qui se laissa mener au Cabinet.

Il les tire des manuscrits de Conrart et remarque qu'ils
manquent dans toutes les éditions ; nous les trouvons néan-
moins dans celle de 1668 ; nous ne pensons pas, d'ailleurs,
qu'ils soient aussi nécessaires que le savant éditeur le suppose. La Fontaine les aura supprimés à cause de leur fâcheuse
ressemblance avec ceux-ci, qu'on vient de lire un peu plus
haut :

    De ces deux donc l'une, approchant Mazet,
    Dit à sa Sœur : Dedans ce cabinet.

Il s'en tira non si gaillardement;
Cette Sœur fut beaucoup plus mal lotie;
Le pauvre Gars acheva simplement
Trois fois le jeu, puis après il fit chasse.
Les deux Nonains n'oublierent la trace
Du cabinet, non plus que du jardin;
Il ne faloit leur montrer le chemin.
Mazet, pourtant, se ménagea de sorte
Qu'à Sœur Agnès, quelques jours ensuivant,
Il fit apprendre une semblable note
En un pressoir tout au bout du Couvent.
Sœur Angelique et sœur Claude suivirent,
L'une au Dortoir, l'autre dans un Cellier;
Tant qu'à la fin la Cave et le Grenier
Du fait des Sœurs maintes choses apprirent.
Point n'en resta que le sire Mazet
Ne régalast au moins mal qu'il pouvoit.
L'Abbesse aussi voulut entrer en danse.
Elle eut son droit, double et triple pitance,
Dequoy les Sœurs jeûnerent très-longtemps.
Mazet n'avoit faute de restaurans;
Mais restaurans ne sont pas grande affaire
A tant d'employ. Tant presserent le here,
Qu'avec l'Abbesse un jour venant au choc,
J'ai toûjours oüy, ce dit-il, qu'un bon Coq
N'en a que sept; au moins qu'on ne me laisse (¹)
Toutes les neuf. Miracle, dit l'Abbesse;
Venez, mes Sœurs, nos jeusnes ont tant fait
Que Mazet parle. Alentour du muët,
Non plus muët, toutes huit accoururent;
Tinrent Chapitre, et sur l'heure conclurent,
Qu'à l'avenir Mazet seroit chóyé
Pour le plus seur; car qu'ils fust renvoyé,
Cela rendroit la chose manifeste.

---

1. Edition de 1668 :

   N'en a que sept, ou moins; qu'on ne me laisse...

Le Compagnon, bien nourry, bien payé,
Fit ce qu'il pût, d'autres firent le reste.
Il les engea de petits Mazillons,
Desquels on fit de petits Moinillons ;
Ces Moinillons devinrent bien-tost Peres,
Comme les Sœurs devinrent bien-tost Meres,
A leur regret, pleines d'humilité ;
Mais jamais nom ([1]) ne fut mieux merité.

[1]. Edition de 1668 :

 Mais jamais rien ne fut mieux merité.

TROISIESME PARTIE[1]

I. — LES OYES DE FRERE PHILIPPE.

Nouvelle tirée de Bocace (2).

J'e dois trop au beau sexe; il me fait trop
  d'honneur
De lire ces recits, si tant est qu'il les lise.
Pourquoy non? c'est assez qu'il condamne
  en son cœur
Celles qui font quelque sottise.
Ne peut-il pas, sans qu'il le dise,
Rire sous-cape de ces tours,
Quelque avanture qu'il y trouve?
S'ils sont faux, ce sont vains discours;
S'ils sont vrays, il les desaprouve.
Iroit-il aprés tout s'alarmer sans raison
  Pour un peu de plaisanterie?
Je craindrois bien plûtost que la cajolerie
  Ne mist le feu dans la maison.
Chassez les soûpirans, Belles, souffrez mon Livre;
  Je réponds de vous corps pour corps :
Mais pourquoy les chasser? ne sçauroit-on bien vivre
  Qu'on ne s'enferme avec les morts?

1. Publiée en 1671.
2. *Decameron*, giornata IV, dans le préambule.

Le monde ne vous connoist gueres,
S'il croit que les faveurs sont chez vous familieres :
    Non pas que les heureux amans
    Soient ny Phenix ni corbeaux blancs;
    Aussi ne sont-ce fourmilleres.
Ce que mon Livre en dit doit passer pour chansons.
J'ay servy des beautez de toutes les façons :
    Qu'ay-je gagné ? trés-peu de chose;
Rien. Je m'aviserois sur le tard d'estre cause
Que la moindre de vous commist le moindre mal.
Contons; mais contons bien; c'est le point principal;
C'est tout; à cela prés, Censeurs, je vous conseille
De dormir comme moy sur l'une et l'autre oreille.
    Censurez tant qu'il vous plaira
    Méchans vers et phrases méchantes;
    Mais pour bons tours, laissez-les là;
    Ce sont choses indifferentes;
    Je n'y vois rien de perilleux.
Les meres, les maris, me prendront aux cheveux
    Pour dix ou douze contes bleus!
    Voyez un peu la belle affaire!
Ce que je n'ay pas fait, mon Livre iroit le faire!
Beau sexe, vous pouvez le lire en seureté;
    Mais je voudrois m'estre acquitté
    De cette grace par avance.
    Que puis-je faire en récompense?
Un conte où l'on va voir vos appas triompher :
Nulle précaution ne les put étouffer.
Vous auriez surpassé le Printemps et l'Aurore
Dans l'esprit d'un garçon, si dés ses jeunes ans,
Outre l'éclat des Cieux, et les beautez des champs,
    Il eust veu les vostres encore.
Aussi dés qu'il les vid il en sentit les coups;
Vous surpassâtes tout; il n'eut d'yeux que pour vous;
Il laissa les palais : enfin vostre personne
    Luy parut avoir plus d'attraits
    Que n'en auroient à beaucoup prés
    Tous les joyaux de la Couronne.

On l'avoit dés l'enfance élevé dans un bois.
    Là son unique compagnie
Consistoit aux oyseaux : leur aimable harmonie
    Le desennuyoit quelquesfois.
Tout son plaisir estoit cet innocent ramage :
Encor ne pouvoit-il entendre leur langage.
    En une école si sauvage
Son pere l'amena dés ses plus tendres ans.
    Il venoit de perdre sa mere,
Et le pauvre garçon ne connut la lumiere
    Qu'afin qu'il ignorast les gens :
Il ne s'en figura pendant un fort long-temps
    Point d'autres que les habitans
    De cette forest; c'est à dire
Que des loups, des oyseaux, enfin ce qui respire
Pour respirer sans plus, et ne songer à rien.
Ce qui porta son pere à fuir tout entretien,
Ce furent deux raisons ou mauvaises ou bonnes;
    L'une, la haine des personnes,
L'autre la crainte; et depuis qu'à ses yeux
Sa femme disparut s'envolant dans les Cieux,
    Le monde luy fut odieux;
    Las d'y gémir et de s'y plaindre,
    Et par tout des plaintes oüir,
Sa moitié le luy fit par son trépas haïr,
    Et le reste des femmes craindre.
Il voulut estre hermite, et destina son fils
    A ce mesme genre de vie.
    Ses biens aux pauvres départis,
    Il s'en va seul, sans compagnie
Que celle de ce fils, qu'il portoit dans ses bras :
Au fonds d'une forest il arreste ses pas.
(Cet homme s'appelloit Philippe, dit l'histoire.)
Là, par un saint motif, et non par humeur noire,
Nostre Hermite nouveau cache avec trés-grand soin
Cent choses à l'enfant; ne luy dit prés ny loin
    Qu'il fust au monde aucune femme,
    Aucuns desirs, aucun amour;

Au progrés de ses ans reglant en ce sejour
 La nourriture de son ame.
A cinq il luy nomma des fleurs, des animaux,
 L'entretint de petits oyseaux;
Et parmy ce discours aux enfans agreable,
 Mesla des menaces du diable;
Luy dit qu'il estoit fait d'une étrange façon :
La crainte est aux enfans la premiere leçon.
Les dix ans expirez, matiere plus profonde
Se mit sur le tapis : un peu de l'autre monde
 Au jeune enfant fut revelé,
 Et de la femme point parlé.
 Vers quinze ans luy fut enseigné,
Tout autant que l'on put, l'Auteur de la nature,
 Et rien touchant la creature.
Ce propos n'est alors déja plus de saison
 Pour ceux qu'au monde on veut soustraire;
Telle idée en ce cas est fort peu necessaire.
Quand ce fils eut vingt ans, son pere trouva bon
 De le mener à la Ville prochaine.
Le Vieillard tout cassé ne pouvoit plus qu'à peine
Aller querir son vivre : et luy mort, aprés tout,
Que feroit ce cher fils? comment venir à bout
 De subsister sans connoistre personne?
Les loups n'estoient pas gens qui donnassent l'aumône.
 Il sçavoit bien que le garçon
 N'auroit de luy, pour heritage
 Qu'une besace et qu'un bâton :
 C'estoit un étrange partage.
Le pere à tout cela songeoit sur ses vieux ans.
 Au reste il estoit peu de gens
 Qui ne luy donnassent la miche.
 Frere Philippe eust esté riche
S'il eust voulu. Tous les petits enfans
Le connoissoient, et du haut de leur teste,
 Ils crioient : Aprestez la queste;
Voila Frere Philippe. Enfin dans la cité
 Frere Philippe souhaité

Avoit force devots; de devotes pas une,
   Car il n'en vouloit point avoir.
Si-tost qu'il crut son fils ferme dans son devoir,
   Le pauvre homme le meine voir
  Les gens de bien, et tente la fortune.
Ce ne fut qu'en pleurant qu'il exposa ce fils.
   Voilà nos Hermites partis;
Ils vont à la Cité superbe, bien bastie,
   Et de tous objets assortie:
   Le Prince y faisoit son séjour.
   Le jeune homme tombé des nuës
Demandoit: Qu'est-ce là? Ce sont des gens de Cour.
Et là? Ce sont palais. Icy? Ce sont statuës.
Il consideroit tout; quand de jeunes beautez
   Aux yeux vifs, aux traits enchantez,
Passerent devant luy; dés-lors nulle autre chose
   Ne pût ses regards attirer.
Adieu Palais; adieu ce qu'il vient d'admirer;
  Voicy bien pis, et bien une autre cause
     D'étonnement.
Ravy comme en extase à cet objet charmant:
   Qu'est-ce là, dit-il à son pere,
   Qui porte un si gentil habit?
Comment l'appelle-t-on? Ce discours ne plut guere
   Au bon Vieillard, qui répondit:
   C'est un oyseau qui s'appelle Oye.
O l'agreable oyseau! dit le fils plein de joye.
Oye, hélas, chante un peu, que j'entende ta voix.
   Peut-on point un peu te connoistre (1)?
Mon pere, je vous prie et mille et mille fois,
   Menons en une en nostre bois,
   J'auray soin de la faire paistre.

1. Edition de 1685:
   Ne pourroit-on point te connoistre?

II. — LA MANDRAGORE.

Nouvelle tirée de Machiavel (1).

Au present Conte on verra la sottise
D'un Florentin. Il avoit femme prise,
Honneste et sage autant qu'il est besoin,
Jeune pourtant; du reste toute belle,
Et n'eust-on crû de joüissance telle
Dans le païs, ny mesme encor plus loin.
Chacun l'aimoit, chacun la jugeoit digne
D'un autre époux : car, quant à celuy-cy,
Qu'on appelloit Nicia Calfucci,
Ce fut un sot, en son temps, trés-insigne.
Bien le monstra lors que bon gré, mal gré,
Il resolut d'estre pere appellé ;
Crût qu'il feroit beaucoup pour sa patrie,
S'il la pouvoit orner de Calfuccis.
Sainte ny Saint n'estoit en Paradis
Qui de ses vœux n'eust la teste étourdie.
Tous ne sçavoient où mettre ses presens.
Il consultoit Matrones, Charlatans,
Diseurs de mots, experts sur cette affaire :
Le tout en vain : car il ne pût tant faire
Que d'estre pere. Il estoit buté là,
Quand un jeune homme, aprés avoir en France
Etudié, s'en revint à Florence,
Aussi leurré qu'aucun de par delà,
Propre, galant, cherchant par tout fortune,
Bienfait de corps, bien-voulu de chacune :

1. D'une comédie intitulée : *Mandragola*.

Il sceut dans peu la Carte du païs,
Connut les bons et les méchans maris;
Et de quel bois se chauffoient leurs femelles,
Quels surveillans ils avoient mis prés d'elles;
Les si, les car, enfin tous les détours;
Comment gagner les confidens d'Amours,
Et la Nourrice, et le Confesseur mesme,
Jusques au chien; tout y fait quand on aime (1).
Tout tend aux fins, dont un seul iota
N'estant omis, d'abord le personnage
Jette son plomb sur Messer Nicia,
Pour luy donner l'ordre de Cocüage.
Hardy dessein! L'épouse de leans,
A dire vray, recevoit bien les gens;
Mais c'estoit tout; aucun de ses Amans
Ne s'en pouvoit promettre davantage.
Celuy-cy seul, Callimaque nommé,
Dés qu'il parut fut trés-fort à son gré.
Le Galant donc prés de la forteresse
Assiet son camp, vous investit Lucrece,
Qui ne manqua de faire la tygresse
A l'ordinaire, et l'envoya joüer:
Il ne sçavoit à quel Saint se voüer,
Quand le mary, par sa sottise extrême,
Luy fit juger qu'il n'estoit stratagême,
Panneau n'estoit, tant estrange semblast,
Où le pauvre homme à la fin ne donnast
De tout son cœur, et ne s'en affublast.
L'Amant et luy, comme estans gens d'étude,
Avoient entre-eux lié quelque habitude;
Car Nice estoit Docteur en Droit-Canon:
Mieux eust valu l'estre en autre science,

1. Molière a dit, l'année suivante, dans *les Femmes sa-
vantes*, acte I, sc. 3:

Un Amant fait sa Cour où s'attache son cœur;
Il veut de tout le Monde y gagner la faveur,
Et, pour n'avoir personne à sa flame contraire,
Jusqu'au Chien du Logis il s'efforce de plaire.

Et qu'il n'eust pris si grande confiance
En Callimaque. Un jour au compagnon
Il se plaignit de se voir sans lignée.
A qui la faute ? il estoit vert-galant,
Lucrece jeune, et drüe, et bien taillée :
Lorsque j'estois à Paris, dit l'Amant,
Un curieux y passa d'avanture.
Je l'allay voir, il m'apprit cents secrets,
Entr'autres un pour avoir geniture,
Et n'estoit chose à son conte plus seure.
Le Grand Mogol l'avoit avec succés
Depuis deux ans éprouvé sur sa femme.
Mainte Princesse, et mainte et mainte Dame
En avoit fait aussi d'heureux essais.
Il disoit vray, j'en ay vû des effets.
Cette recepte est une medecine
Faite du jus de certaine racine,
Ayant pour nom Mandragore, et ce jus
Pris par la femme opere beaucoup plus
Que ne fit onc nulle ombre Monachale
D'aucun Couvent de jeunes Freres plein.
Dans dix mois d'hui je vous fais pere enfin,
Sans demander un plus long intervalle.
Et touchez là : dans dix mois et devant
Nous porterons au baptesme l'enfant.
Dites-vous vray ? repartit Messer Nice.
Vous me rendez un merveilleux office.
Vray ? je l'ay vû ; faut-il repeter tant ?
Vous moquez-vous d'en douter seulement ?
Par vostre foy, le Mogor (1) est-il homme
Que l'on osast de la sorte affronter ?
Ce Curieux en toucha telle somme
Qu'il n'eut sujet de s'en mécontenter.
Nice reprit : Voilà chose admirable !
Et qui doit estre à Lucrece agreable !
Quand luy verray-je un poupon sur le sein ?

1. Ainsi dans l'édition de 1671, *Mogol,* dans celle de 1685.

Nostre feal, vous serez le Parrein :
C'est la raison ; dés hui je vous en prie.
Tout doux, reprit alors nostre galant,
Ne soyez pas si prompt, je vous supplie :
Vous allez viste ; il faut auparavant
Vous dire tout. Un mal est dans l'affaire :
Mais icy bas pût-on jamais tant faire
Que de trouver un bien pur et sans mal ?
Ce jus doüé de vertu tant insigne
Porte d'ailleurs qualité trés-maligne.
Presque toûjours il se trouve fatal
A celuy-là qui le premier caresse
La patiente ; et souvent on en meurt.
Nice reprit aussi-tost : Serviteur ;
Plus de vostre herbe, et laissons-là Lucrece
Telle qu'elle est ; bien grammercy du soin.
Que servira, moy mort, si je suis pere ?
Pourvoyez-vous de quelque-autre compere :
C'est trop de peine ; il n'en est pas besoin.
L'Amant luy dit : Quel esprit est le vostre !
Toûjours il va d'un excés dans un autre.
Le grand desir de vous voir un enfant
Vous transportoit n'aguere d'allegresse :
Et vous voilà, tant vous avez de presse,
Découragé sans attendre un moment.
Oyez le reste ; et sçachez que Nature
A mis remede à tout, fors à la mort.
Qu'est-il de faire afin que l'avanture
Nous réüssisse, et qu'elle aille à bon port ?
Il nous faudra choisir quelque jeune homme
D'entre le peuple ; un pauvre mal-heureux
Qui vous precede au combat amoureux ;
Tente la voye, attire et prenne en somme
Tout le venin : puis le danger osté,
Il conviendra que de vostre costé
Vous agissiez sans tarder davantage ;
Car soyez seur d'estre alors garenty.
Il nous faut faire *in anima vili*

Ce premier pas, et prendre un personnage
Lourd et de peu, mais qui ne soit pourtant
Mal fait de corps, ny par trop dégoustant,
Ny d'un toucher si rude et si sauvage
Qu'à vostre femme un supplice ce soit.
Nous sçavons bien que Madame Lucrece,
Accoustumée à la delicatesse
De Nicia, trop de peine en auroit.
Mesme il se peut qu'en venant à la chose
Jamais son cœur n'y voudroit consentir.
Or ay-je dit un jeune homme, et pour cause :
Car plus sera d'âge pour bien agir,
Moins laissera de venin, sans nul doute :
Je vous promets qu'il n'en laissera goute.
Nice d'abord eut peine à digerer
L'expedient; allegua le danger,
Et l'infamie; il en seroit en peine :
Le Magistrat pourroit le rechercher
Sur le soupçon d'une mort si soudaine.
Empoisonner un de ses citadins !
Lucrece estoit échappée aux blondins,
On l'alloit mettre entre les bras d'un rustre !
Je suis d'avis qu'on prenne un homme illustre,
Dit Callimaque, ou quelqu'un qui bien-tost
En mille endroits cornera le mystere.
Sottise et peur contiendront ce pitaut.
Au pis aller l'argent le fera taire.
Vostre moitié n'ayant lieu de s'y plaire,
Et le coquin mesme n'y songeant pas,
Vous ne tombez proprement dans le cas
De cocüage. Il n'est pas dit encore
Qu'un tel paillard ne resiste au poison.
Et ce nous est une double raison
De le choisir tel que la Mandragore
Consume en vain sur luy tout son venin.
Car quand je dis qu'on meurt, je n'entends dire
Assurément. Il vous faudra demain
Faire choisir sur la brune le sire,

Et dés ce soir donner la potion.
J'en ay chez moy de la confection.
Gardez-vous bien au reste, Messer Nice,
D'aller paroistre en aucune façon.
Ligurio choisira le garçon :
C'est là son fait; laissez-luy cet office.
Vous vous pouvez fier à ce valet
Comme à vous-mesme : il est sage et discret.
J'oublie encor que pour plus d'assurance
On bandera les yeux à ce paillard;
Il ne sçaura qui, quoy, n'en quelle part,
N'en quel logis, ny si dedans Florence,
Ou bien dehors, on vous l'aura mené.
Par Nicia le tout fut approuvé.
Restoit sans plus d'y disposer sa femme.
De prime face elle crut qu'on rioit;
Puis se fascha; puis jura sur son ame
Que mille fois plustost on la tueroit.
Que diroit-on si le bruit en couroit?
Outre l'offense et peché trop enorme,
Calfuce et Dieu sçavoient que de tout temps
Elle avoit craint ces devoirs complaisans,
Qu'elle enduroit seulement pour la forme.
Puis il viendroit quelque mastin difforme
L'incommoder, la mettre sur les dents?
Suis-je de taille à souffrir toutes gens?
Quoy! recevoir un pitaut dans ma couche?
Puis-je y songer qu'avecque du dédain?
Et, par saint Jean, ny pitaut, ny blondin,
Ny Roy, ny Roc, ne feront qu'autre touche
Que Nicia jamais onc à ma peau.
Lucrece estant de la sorte arrestée,
On eut recours à frere Timothée.
Il la prescha; mais si bien et si beau,
Qu'elle donna les mains par penitence.
On l'assura de plus qu'on choisiroit
Quelque garçon d'honneste corpulence,
Non trop rustaut, et qui ne luy feroit

Mal ny dégoust. La potion fut prise.
Le lendemain nostre amant se déguise,
Et s'enfarine en vray garçon Meusnier ;
Un faux mentom, barbe d'estrange guise ;
Mieux ne pouvoit se metamorphoser.
Ligurio, qui de la faciende
Et du complot avoit toûjours esté,
Trouve l'Amant tout tel qu'il le demande,
Et ne doutant qu'on n'y fust attrapé,
Sur le minuit le meine à Messer Nice,
Les yeux bandez, le poil teint, et si bien
Que nostre Espoux ne reconnut en rien
Le Compagnon. Dans le lit il se glisse
En grand silence ; en grand silence aussi
La patiente attend sa destinée ;
Bien blanchement, et ce soir atournée.
Voire ce soir ? atournée ; et pour qui ?
Pour qui ? J'entends : n'est-ce pas que la Dame
Pour un Meusnier prenoit trop de soucy ?
Vous vous trompez ; le sexe en use ainsi.
Meusniers ou Roys, il veut plaire à toute ame.
C'est double honneur, ce semble, en une femme,
Quand son merite échauffe un esprit lourd,
Et fait aimer les cœurs nez sans amour.
Le travesty changea de personnage
Si-tost qu'il eut Dame de tel corsage
A ses costez, et qu'il fut dans le lit.
Plus de Meusnier ; la Galande sentit
Auprés de soy la peau d'un honneste homme.
Et ne croyez qu'on employast au somme
De tels momens. Elle disoit tout bas :
Qu'est-cecy donc ? ce compagnon n'est pas
Tel que j'ay crû : le drole a la peau fine.
C'est grand dommage : il ne merite, helas !
Un tel destin : j'ay regret qu'au trespas
Chaque moment de plaisir l'achemine.
Tandis l'Epoux, enrollé tout de bon,
De sa moitié plaignoit bien fort la peine.

Ce fut avec une fierté de Reyne
Qu'elle donna la premiere façon
De cocüage ; et, pour le décoron,
Point ne voulut y joindre ses caresses.
A ce garçon la perle des Lucreces
Prendroit du goust ? Quand le premier venin
Fut emporté, nostre Amant prit la main
De sa Maistresse, et de baisers de flâme
La parcourant : Pardon (dit-il) Madame,
Ne vous faschez du tour qu'on vous a fait ;
C'est Callimaque ; approuvez son martyre.
Vous ne sçauriez ce coup vous en dédire ;
Vostre rigueur n'est plus d'aucun effet.
S'il est fatal toutesfois que j'expire ;
J'en suis content : vous avez dans vos mains
Un moyen seur de me priver de vie,
Et le plaisir, bien mieux qu'aucuns venins,
M'achevera ; tout le reste est folie.
Lucrece avoit jusques-là resisté,
Non par defaut de bonne volonté,
Ny que l'Amant ne plust fort à la Belle ;
Mais la pudeur et la simplicité
L'avoient renduë ingrate en dépit d'elle.
Sans dire mot, sans oser respirer,
Pleine de honte et d'amour tout ensemble,
Elle se met aussi-tost à pleurer.
A son Amant peut-elle se montrer
Aprés cela ? qu'en pourra-t-il penser,
Dit-elle en soy, et qu'est-ce qu'il luy semble ?
J'ay bien manqué de courage et d'esprit.
Incontinent un excés de dépit
Saisit son cœur, et fait que la pauvrette
Tourne la teste, et vers le coin du lit
Se va cacher pour derniere retraite.
Elle y voulut tenir bon, mais en vain.
Ne luy restant que ce peu de terrain,
La place fut incontinent renduë.
Le vainqueur l'eut à sa discretion ;

Il en usa selon sa passion :
Et plus ne fut de larme répanduë.
Honte cessa; scrupule autant en fit.
Heureux sont ceux qu'on trompe à leur profit.
L'Aurore vint trop tost pour Callimaque,
Trop tost encor pour l'objet de ses vœux.
Il faut, dit-il, beaucoup plus d'une attaque
Contre un venin tenu si dangereux.
Les jours suivans, nostre couple amoureux
Y sceut pourvoir : l'Epoux ne tarda guéres
Qu'il n'eust attaint tous ses autres Confreres.
Pour ce coup-là falut se separer;
L'Amant courut chez soy se recoucher.
A peine au lit il s'estoit mis encore,
Que nostre Epoux, joyeux et triomphant,
Le va trouver, et luy conte comment
S'estoit passé le jus de Mandragore.
D'abord, dit-il, j'allay tout doucement
Auprés du lit écouter si le Sire
S'approcheroit, et s'il en voudroit dire.
Puis je priay nostre Epouse tout bas
Qu'elle luy fist quelque peu de caresse,
Et ne craignist de gaster ses appas.
C'estoit au plus une nuit d'embarras.
Et ne pensez, ce luy dis-je, Lucrece,
Ny l'un ny l'autre en cecy me tromper;
Je sçauray tout; Nice se peut vanter
D'estre homme à qui l'on n'en donne à garder;
Vous sçavez bien qu'il y va de ma vie.
N'allez donc point faire la rencherie.
Monstrez par là que vous sçavez aimer
Vostre mary plus qu'on ne croit encore :
C'est un beau champ. Que si cette pecore
Fait le honteux, envoyez sans tarder
M'en avertir; car je me vais coucher :
Et n'y manquez; nous y mettrons bon ordre.
Besoin n'en eus : tout fut bien jusqu'au bout.
Sçavez-vous bien que ce rustre y prit goust?

Le drosle avoit tantost peine à démordre :
J'en ay pitié : je le plains, aprés tout.
N'y songeons plus ; qu'il meure, et qu'on l'enterre.
Et quant à vous, venez nous voir souvent.
Nargue de ceux qui me faisoient la guerre :
Dans neuf mois d'huy je leur livre un enfant.

III. — LES REMOIS.

Il n'est cité que je prefere à Rheims :
C'est l'ornement et l'honneur de la France ;
Car, sans conter l'Ampoule et les bons vins,
Charmans objets y sont en abondance.
Par ce point-là je n'entends, quant à moy
Tours ny portaux, mais gentilles Galoises,
Ayant trouvé telle de nos Remoises
Friande assez pour la bouche d'un Roy.
Une avoit pris un Peintre en mariage,
Homme estimé dans sa profession :
Il en vivoit : que faut-il davantage ?
C'estoit assez pour sa condition.
Chacun trouvoit sa femme fort heureuse.
Le drosle estoit, grace à certain talent,
Trés bon Epoux, encor meilleur Galant.
De son travail mainte Dame amoureuse
L'alloit trouver ; et le tout à deux fins :
C'estoit le bruit, à ce que dit l'Histoire :
Moy qui ne suis en cela des plus fins,
Je m'en rapporte à ce qu'il en faut croire.
Dés que le Sire avoit Donzelle en main,
Il en rioit avecque son Epouse.
Les droits d'hymen allant toûjours leur train,
Besoin n'estoit qu'elle fist la jalouse.
Mesme elle eust pû le payer de ses tours,
Et comme luy voyager en Amours ;

Sauf d'en user avec plus de prudence,
Ne luy faisant la mesme confidence.
Entre les gens qu'elle sceut attirer,
Deux siens voisins se laisserent leurrer
A l'entretien libre et gay de la Dame;
Car c'estoit bien la plus trompeuse femme
Qu'en ce point-là l'on eust sceu rencontrer;
Sage sur tout, mais aimant fort à rire.
Elle ne manque incontinent de dire
A son mary l'amour des deux Bourgeois,
Tous deux gens sots, tous deux gens à sornettes;
Luy raconta mot pour mot leurs fleurettes,
Pleurs et soûpirs, gemissemens Gaulois.
Ils avoient leu, ou plustost oüy dire,
Que d'ordinaire en amour on soûpire.
Ils taschoient donc d'en faire leur devoir,
Que bien que mal, et selon leur pouvoir.
A frais communs se conduisoit l'affaire.
Ils ne devoient nulle chose se taire.
Le premier d'eux qu'on favoriseroit
De son bon-heur part à l'autre feroit.
Femmes, voilà souvent comme on vous traite.
Le seul plaisir est ce que l'on souhaite.
Amour est mort : le pauvre compagnon
Fut enterré sur les bords du Lignon.
Nous n'en avons icy ny vent ny voye.
Vous y servez de joüet et de proye
A jeunes gens indiscrets, scelerats :
C'est bien raison qu'au double on le leur rende :
Le beau premier qui sera dans vos lacs,
Plumez le moy, je vous le recommande.
La Dame donc, pour tromper ses voisins,
Leur dit un jour : Vous boirez de nos vins
Ce soir chez nous. Mon mary s'en va faire
Un tour aux champs; et le bon de l'affaire
C'est qu'il ne doit au giste revenir.
Nous nous pourrons à l'aise entretenir.
Bon, dirent-ils, nous viendrons sur la brune.

Or, les voilà compagnons de fortune.
La nuit venuë, ils vont au rendez-vous.
Eux introduits, croyans Ville gagnée,
Un bruit survint; la feste fut troublée.
On frape à l'huis; le logis aux verroux
Estoit fermé : la femme à la fenestre
Court en disant : Celuy-là frape en Maistre;
Seroit-ce point par mal-heur mon Epoux?
Oüy, cachez-vous, dit-elle, c'est luy mesme.
Quelque accident, ou bien quelque soupçon,
Le font venir coucher à la maison.
Nos deux Galands, dans ce peril extreme,
Se jettent viste en certain Cabinet :
Car s'en aller, comment auroient-ils fait?
Ils n'avoient pas le pied hors de la chambre,
Que l'Epoux entre, et void au feu le membre
Accompagné de maint et maint pigeon,
L'un au hastier, les autres au chaudron.
Oh! oh! dit-il, voilà bonne cuisine!
Qui traitez-vous? Alis nostre voisine,
Reprit l'Epouse, et Simonette aussi.
Loüé soit Dieu qui vous rameine icy,
La compagnie en sera plus complete.
Madame Alis, Madame Simonette,
N'y perdront rien. Il faut les avertir
Que tout est prest, qu'elles n'ont qu'à venir :
J'y cours moy-mesme. Alors la creature
Les va prier. Or c'estoient les moitiez
De nos Galands et chercheurs d'aventure,
Qui, fort chagrins de se voir enfermez,
Ne laissoient pas de loüer leur Hostesse
De s'estre ainsi tirée avec adresse
De cet aprest. Avec elle à l'instant
Leurs deux moitiez entrent tout en chantant.
On les saluë, on les baise, on les loüe
De leur beauté, de leur ajustement;
On les contemple, on patine, on se joüe.
Cela ne plut aux maris nullement.

Du Cabinet la porte à demy close
Leur laissant voir le tout distinctement,
Ils ne prenoient aucun goust à la chose :
Mais passe encor pour ce commencement.
Le souper mis presque au mesme moment,
Le Peintre prit par la main les deux femmes,
Les fit asseoir, entre-elles se plaça.
Je bois, dit-il, à la santé des Dames :
Et de trinquer ; passe encor pour cela.
On fit raison ; le vin ne dura guere.
L'Hostesse estant alors sans Chambriere,
Court à la cave, et de peur des esprits
Meine avec soy Madame Simonette.
Le Peintre reste avec Madame Alis,
Provinciale assez belle, et bien faite,
Et s'en piquant, et qui pour le Païs
Se pouvoit dire honnestement coquete.
Le Compagnon vous la tenant seulette,
La conduisit de fleurette en fleurette
Jusqu'au toucher, et puis un peu plus loin ;
Puis tout à coup levant la colerette,
Prit un baiser dont l'Epoux fut témoin.
Jusques-là passe : Epoux, quand ils sont sages,
Ne prennent garde à ces menus suffrages,
Et d'en tenir registre c'est abus :
Bien est-il vray qu'en rencontre pareille
Simples baisers font craindre le surplus ;
Car Satan lors vient fraper sur l'oreille
De tel qui dort, et fait tant qu'il s'éveille.
L'Epoux vid donc que, tandis qu'une main
Se promenoit sur la gorge à son aise,
L'autre prenoit tout un autre chemin,
Ce fut alors, Dame, ne vous déplaise,
Que, le courroux luy montant au cerveau,
Il s'en alloit, enfonçant son chapeau,
Mettre l'alarme en tout le voisinage,
Batre sa femme, et dire au Peintre rage,
Et témoigner qu'il n'avoit les bras gourds.

·Gardez-vous bien de faire une sottise,
Luy dit tout bas son Compagnon d'amours,
Tenez-vous coy. Le bruit en nulle guise
N'est bon icy, d'autant plus qu'en vos laes
Vous estes pris : ne vous montrez donc pas,
C'est le moyen d'étouffer cette affaire.
Il est écrit qu'à nul il ne faut faire
Ce qu'on ne veut à soy-mesme estre fait.
Nous ne devons quitter ce Cabinet
Que bien à poinct, et tantost, quand cet homme
Estant au lit prendra son premier somme.
Selon mon sens, c'est le meilleur party.
A tard viendroit aussi bien la querelle.
N'estes-vous pas cocu plus d'à demy ?
Madame Alis au fait a consenty :
Cela suffit : le reste est bagatelle.
L'Epoux gousta quelque peu ces raisons.
Sa femme fit quelque peu de façons,
N'ayant le temps d'en faire davantage.
Et puis ? Et puis ; comme personne sage
Elle remit sa coëffure en estat.
On n'eust jamais soupçonné ce ménage,
Sans qu'il restoit un certain incarnat
Dessus son teint; mais c'estoit peu de chose;
Dame Fleurette en pouvoit estre cause.
L'une pourtant des tireuses de vin
De luy sourire au retour ne fit faute :
Ce fut la Peintre. On se remit en train :
On releva grillades et festin ;
On but encore à la santé de l'Hoste,
Et de l'Hostesse, et de celle des trois
Qui la premiere auroit quelque avanture.
Le vin manqua pour la seconde fois.
L'Hostesse, adroite et fine creature,
Soustient toûjours qu'il revient des esprits
Chez les voisins. Ainsi madame Alis
Servit d'escorte. Entendez que la Dame
Pour l'autre employ inclinoit en son ame;

Mais on l'emmeine, et par ce moyen-là
De faction Simonette changea.
Celle-cy fait d'abord plus la severe,
Veut suivre l'autre, ou feint le vouloir faire;
Mais, se sentant par le Peintre tirer,
Elle demeure, estant trop mesnagere
Pour se laisser son habit déchirer.
L'Epoux, voyant quel train prenoit l'affaire,
Voulut sortir. L'autre luy dit : Tout doux !
Nous ne voulons sur vous nul avantage.
C'est bien raison que Messer cocüage
Sur son estat vous couche ainsi que nous :
Sommes-nous pas compagnons de fortune?
Puisque le Peintre en a caressé l'une,
L'autre doit suivre. Il faut, bon gré, mal gré,
Qu'elle entre en danse; et, s'il est necessaire,
Je m'offriray de luy tenir le pied :
Vouliez ou non, elle aura son affaire.
Elle l'eut donc : nostre Peintre y pourveut
Tout de son mieux : aussi le valoit-elle.
Cette derniere eut ce qu'il luy falut;
On en donna le loisir à la Belle.
Quand le vin fut de retour, on conclut
Qu'il ne faloit s'atabler davantage.
Il estoit tard, et le Peintre avoit fait
Pour ce jour-là suffisamment d'ouvrage.
On dit bon soir. Le drosle satisfait
Se met au lit : nos gens sortent de cage.
L'Hostesse alla tirer du Cabinet
Les regardans, honteux, mal-contens d'elle,
Cocus de plus. Le pis de leur méchef
Fut qu'aucun d'eux ne pust venir à chef
De son dessein, ny rendre à la Donzelle
Ce qu'elle avoit à leurs femmes presté;
Par consequent c'est fait; j'ay tout conté.

IV. — LA COUPE ENCHANTÉE.

Nouvelle tirée de l'Arioste (1).

Les maux les plus cruels ne sont que des chan-
 sons
  Prés de ceux qu'aux Maris cause la jalousie.
  Figurez-vous un Fou chez qui tous les soup-
 Sont bien venus, quoy qu'on luy die.   [çons.
Il n'a pas un moment de repos en sa vie :
Si l'oreille luy tinte, ô Dieux! tout est perdu.
Ses songes sont toûjours que l'on le fait cocu.
  Pourvû qu'il songe, c'est l'affaire.
Je ne vous voudrois pas un tel point garantir;
  Car pour songer il faut dormir,
  Et les jaloux ne dorment guere.
Le moindre bruit éveille un mary soupçonneux;
Qu'alentour de sa femme une mouche bourdonne,
  C'est cocuage qu'en personne
  Il a vû de ses propres yeux,
Si bien vû que l'erreur n'en peut estre effacée.
Il veut à toute force estre au nombre des sots.
Il se maintient Cocu, du moins de la pensée,
  S'il ne l'est en chair et en os.
Pauvres gens, dites-moy, qu'est-ce que cocuage?
  Quel tort vous fait-il? quel dommage?
Qu'est-ce enfin que ce mal dont tant de gens de bien
  Se moquent avec juste cause?
  Quand on l'ignore, ce n'est rien,

1. *Orlando furioso,* canto XLII-XLIII. — Jean Sambix, libraire à Leyde, publia en 1669 un long fragment de *La
Coupe enchantée;* La Fontaine le donna à son tour au public,
dans le courant de la même année, à la suite des deux pre-
mières parties des *Contes;* c'est seulement en 1671 que cette
nouvelle parut complète à la place qu'elle occupe ici.

Quand on le sçait, c'est peu de chose.
Vous croyez cependant que c'est un fort grand cas :
Tâchez donc d'en douter, et ne ressemblez pas
A celuy-là qui bût dans la Coupe enchantée..
 Profitez du mal-heur d'autruy.
Si cette histoire peut soulager vostre ennuy,
 Je vous l'auray bien tost contée.

 Mais je vous veux premierement
 Prouver par bon raisonnement
Que ce mal, dont la peur vous mine et vous consume,
N'est mal qu'en vostre idée, et non point dans l'effet :
 En mettez-vous vostre bonnet
 Moins aisément que de coustume ?
 Cela s'en va-t-il pas tout net ?
Voyez-vous qu'il en reste une seule apparence,
Une tache qui nuise à vos plaisirs secrets ?
Ne retrouvez-vous pas toûjours les mesmes traits ?
Vous appercevez-vous d'aucune difference ?
 Je tire donc ma consequence,
Et dis, malgré le peuple ignorant et brutal :
 Cocuage n'est point un mal.

 Oüy, mais l'honneur est une estrange affaire !
Qui vous soustient que non ? ay-je dit le contraire ?
Et bien ! l'honneur, l'honneur ! je n'entends que ce mot.
Aprenez qu'à Paris ce n'est pas comme à Rome ;
Le Cocu qui s'afflige y passe pour un sot,
Et le Cocu qui rit, pour un fort honneste homme :
Quand on prend comme il faut cet accident fatal ,
 Cocuage n'est point un mal.

Prouvons que c'est un bien : la chose est fort facile.
Tout vous rit, vostre femme est souple comme un gan ;
Et vous pourriez avoir vingt Mignonnes en ville (¹),

---

 1. Edition publiée en 1669 par J. Sambix :
  Et vous pourriez avoir cent Mignonnes en ville.

Qu'on n'en sonneroit pas deux mots en tout un an,
   Quand vous parlez, c'est dit notable ;
    On vous met le premier à table :
    C'est pour vous la place d'honneur,
    Pour vous le morceau du Seigneur :
Heureux qui vous le sert! la Blondine chiorme
Afin de vous gagner n'épargne aucun moyen :
Vous estes le Patron, dont je conclus en forme :
    Cocuage est un bien.

Quand vous perdez au jeu , l'on vous donne revanche ;
Mesme vostre homme escarte et ses As et ses Rois.
Avez-vous sur les bras quelque Monsieur Dimanche,
Mille bourses vous sont ouvertes à la fois.
Ajoutez que l'on tient vostre femme en haleine,
Elle n'en vaut que mieux, n'en a que plus d'appas :
Menelas rencontra des charmes dans Helene,
Qu'avant qu'estre à Paris la Belle n'avoit pas.
Ainsi de vostre Epouse : on veut qu'elle vous plaise :
Qui dit prude au contraire, il dit laide ou mauvaise,
Incapable en amour d'apprendre jamais rien.
Pour toutes ces raisons je persiste en ma these :
    Cocuage est un bien.

Si ce Prologue est long, la matiere en est cause :
Ce n'est pas en passant qu'on traite cette chose.
Venons à nostre histoire. Il estoit un Quidam,
Dont je tairay le nom, l'estat, et la patrie :
    Celuy-cy, de peur d'accident,
    Avoit juré que de sa vie
Femme ne luy seroit autre que bonne amie,
Nimphe si vous voulez, Bergere, et cetera ;
Pour épouse, jamais il n'en vint jusques-là.
S'il eut tort ou raison, c'est un poinct que je passe.
Quoy qu'il en soit, Hymen n'ayant pû trouver grace
   Devant cet homme, il falut que l'amour
    Se meslât seul de ses affaires,
Eust soin de le fournir des choses necessaires,

    Soit pour la nuit, soit pour le jour.
Il luy procura donc les faveurs d'une Belle,
    Qui d'une fille naturelle
Le fit Pere, et mourut : le pauvre homme en pleura,
    Se plaignit, gemit, soûpira,
    Non comme qui perdroit sa femme :
Tel deüil n'est bien souvent que changement d'habits,
Mais comme qui perdroit tous ses meilleurs amis,
    Son plaisir, son cœur, et son ame.
La fille crust, se fit; on pouvoit déja voir
    Hausser et baisser son mouchoir.
Le temps coule; on n'est pas si-tost à la bavette
Qu'on trotte, qu'on raisonne, on devient grandelette,
Puis grande tout à fait; et puis le serviteur.
    Le Pere avec raison eut peur
    Que sa fille, chassant de race,
    Ne le previnst, et ne previnst encor
    Prestre, Notaire, Himen, accord;
Choses qui d'ordinaire ostent toute la grace
    Au présent que l'on fait de soy.
    La laisser sur sa bonne foy,
    Ce n'estoit pas chose trop sûre.
    Il vous mit donc la Creature
Dans un Couvent : là, cette Belle apprit
Ce qu'on apprend, à manier l'éguille.
    Point de ces livres qu'une fille
Ne lit qu'avec danger, et qui gastent l'esprit :
Le langage d'amour estoit jargon pour elle.
    On n'eust sû tirer de la Belle
    Un seul mot que de sainteté.
    En spiritualité
Elle auroit confondu le plus grand personnage.
Si l'une des Nonains la loüoit de beauté,
Mon Dieu, fi! disoit-elle; ah! ma sœur, soyez sage :
Ne considerez point des traits qui periront;
C'est terre que cela, les vers le mangeront.
Au reste, elle n'avoit au monde sa pareille
    A manier un cannevas,

Filoit mieux que Cloton, brodoit mieux que Pallas,
Tapissoit mieux qu'Arachne, et mainte autre merveille.
Sa sagesse, son bien, le bruit de ses beautez,
Mais le bien plus que tout y fit mettre la presse;
Car la Belle estoit là comme en lieux empruntez,
   Attendant mieux, ainsi que l'on y laisse
      Les bons partis, qui vont souvent
      Au Moustier sortant du Couvent.
Vous sçaurez que le Pere avoit long-temps devant
      Cette fille legitimée(1);
Caliste (c'est le nom de nostre Renfermée)
N'eut pas la clef des champs, qu'Adieu les livres saints.
     Il se presenta des Blondins,
      De bons Bourgeois, des Paladins,
Des gens de tous Estats, de tout poil, de tout âge.
La Belle en choisit un, bien fait, beau personnage,
   D'humeur commode, à ce qu'il luy sembla;
Et pour gendre aussi-tost le Pere l'agrea.
   La dot fut ample; ample fut le doüaire:
La fille estoit unique, et le garçon aussi.
Mais ce ne fut pas là le meilleur de l'affaire;
     Les mariez n'avoient souci
     Que de s'aimer et de se plaire.
Deux ans de Paradis s'estant passez ainsi,
     L'enfer des enfers vint en suite.
Une jalouse humeur saisit soudainement
     Nostre Epoux, qui fort sottement
S'alla mettre en l'esprit de craindre la poursuite
D'un Amant, qui sans luy se seroit morfondu.
     Sans luy le pauvre homme eust perdu
     Son temps à l'entour de la Dame
Quoy que pour la gagner il tentast tout moyen.

1. La Fontaine a supprimé ici les quatre vers suivants, qu'on
lit dans les éditions de 1669 :

    Soit par affection, soit pour joüer d'un tour
    A des collateraux, nation affamée,
    Qui des escus de l'homme ayant eu la fumée,
      Luy faisoit reglement sa Cour.

Que doit faire un mary quand on aime sa femme?
      Rien.
    Voicy pourquoy je luy conseille
De dormir, s'il se peut, d'un et d'autre costé.
    Si le Galant est escouté,
Vos soins ne feront pas qu'on luy ferme l'oreille.
Quant à l'occasion, cent pour une. Mais si
Des discours du Blondin la Belle n'a souci,
Vous le luy faites naître, et la chance se tourne.
    Volontiers où soupçon sejourne
    Cocuage sejourne aussi.

Damon, c'est nostre Epoux, ne comprit pas ceci.
Je l'excuse et le plains, d'autant plus que l'ombrage
    Luy vint par conseil seulement.
    Il eust fait un trait d'homme sage,
    S'il n'eust crû que son mouvement.
    Vous allez entendre comment.

      L'enchanteresse Nerie
      Fleurissoit lors; et Circé,
      Au prix d'elle, en diablerie
      N'eust esté qu'à l'A. B. C.
      Car Nerie eut à ses gages
      Les Intendans des Orages,
      Et tint le destin lié.
      Les Zephyrs estoient ses pages;
      Quant à ses Valets de pied,
      C'estoient Messieurs les Borées,
      Qui portoient par les contrées
      Ses mandats souventes-fois,
      Gens dispos, mais peu courtois.

      Avec toute sa science,
Elle ne put trouver de remede à l'Amour:
Damon la captiva: celle dont la puissance
    Eust arresté l'Astre du jour
Brûle pour un mortel, qu'en vain elle souhaite

Posseder une nuit à son contentement.
Si Nerie eust voulu des baisers seulement,
    C'estoit une affaire faite ;
Mais elle alloit au poinct, et ne marchandoit pas.
    Damon, quoy qu'elle eust des appas,
Ne pouvoit se resoudre à fausser la promesse
    D'estre fidelle à sa moitié,
    Et vouloit que l'Enchanteresse
    Se tinst aux marques d'amitié.

Où sont-ils ces maris ? la race en est cessée ;
Et mesme je ne sçay si jamais on en vid.
L'Histoire en cet endroit est, selon ma pensée,
    Un peu sujette à contredit.
L'Hipogrife n'a rien qui me choque l'esprit,
    Non plus que la lance enchantée,
Mais ceci, c'est un poinct qui d'abord me surprit :
Il passera pourtant, j'en ay fait passer d'autres.
Les gens d'alors estoient d'autres gens que les nostres ;
    On ne vivoit pas comme on vit.

Pour venir à ses fins, l'amoureuse Nerie
    Employa philtres et brevets,
Eut recours aux regards remplis d'affeterie ;
    Enfin n'omit aucuns secrets (1).
Damon à ces ressorts opposoit l'Himenée.

1. Dans les éditions de 1669, on lit, au lieu de ces quatre derniers vers, les onze qui suivent :

    Pour venir à ce que j'ay dit,
      Il n'est herbe, ny racine,
      Pillule, ny Medecine.
      Philtre, charme, ny brevet,
Dont nostre Amante en vain ne tentast le secret
    Et ne fist joüer la machine.
Des filtres elle en vint aux regards languissans,
Aux soûpirs, aux façons pleines d'affeterie :
    Quand les charmes sont impuissans,
    Il ne faut pas que de sa vie
Une femme pretende ensorceler les sens.

Nerie en fut fort estonnée.
Elle luy dit un jour: Vostre fidelité
Vous paroist heroïque et digne de loüange,
Mais je voudrois sçavoir comment de son costé
Caliste en use, et luy rendre le change (1).
Quoy donc, si vostre femme avoit un favory,
Vous feriez l'homme chaste auprés d'une Maistresse ?
Et pendant que Caliste, attrapant son mary,
Pousseroit jusqu'au bout ce qu'on nomme tendresse ,
　　Vous n'iriez qu'à moitié chemin ?
　　Je vous croyois beaucoup plus fin,
Et ne vous tenois pas homme de mariage.
Laissez les bons Bourgeois se plaire en leur ménage;
C'est pour eux seuls qu'Himen fit les plaisirs permis.
Mais vous, ne pas chercher ce qu'amour a d'exquis !
Les plaisirs deffendus n'auront rien qui vous pique,
Et vous les bannirez de vostre republique !
Non, non, je veux qu'ils soient desormais vos amis.
　　Faites-en seulement l'épreuve;
Ils vous feront trouver Caliste toute neuve
　　Quand vous reviendrez au logis.
Apprenez tout au moins si vostre femme est chaste.
　　Je trouve qu'un certain Eraste
　　Va chez vous fort assidument.
　　Seroit-ce en qualité d'Amant,
　Reprit Damon, qu'Eraste nous visite ?
Il est trop mon amy pour toucher ce point-là.
　　Vostre amy tant qu'il vous plaira,
　　Dit Nerie honteuse et depite,
Caliste a des appas, Eraste a du merite;
Du costé de l'adresse il ne leur manque rien;
　　Tout cela s'accommode bien.

Ce discours porta coup, et fit songer nostre homme.
Une Epouse fringante, et jeune, et dans son feu,

　　1. Edition publiée en 1669 par J. Sambix:
　　　　Caliste en use, et luy rendra le change.

Et prenant plaisir à ce jeu
 Qu'il n'est pas besoin que je nomme :
Un personnage expert aux choses de l'amour,
 Hardy comme un homme de Cour,
Bien-fait, et promettant beaucoup de sa personne;
Où Damon jusqu'alors avoit-il mis ses yeux ?
Car d'amis ! Moquez-vous ; c'est une bagatelle.
 En est-il de Religieux
Jusqu'à desemparer alors que la Donzelle
Montre à demy son sein sort du lit un bras blanc,
Se tourne, s'inquiete, et regarde un Galant
 En cent façons de qui la moins friponne
Veut dire : Il y fait bon, l'heure du Berger sonne ;
 Estes-vous sourd ? Damon a dans l'esprit
Que tout cela s'est fait, du moins qu'il s'est pû faire.
Sur ce beau fondement le pauvre homme bâtit
 Maint ombrage et mainte chimere.
 Nerie en a bien-tost le vent,
 Et pour tourner en certitude
 Le soupçon et l'inquietude
Dont Damon s'est coiffé si mal-heureusement,
 L'Enchanteresse luy propose
   Une chose ;
 C'est de se frotter le poignet
D'une eau dont les Sorciers ont trouvé le secret,
Et qu'ils appellent l'eau de la metamorphose,
 Ou des miracles autrement.
 Cette drogue en moins d'un moment
Luy donneroit d'Eraste et l'air, et le visage,
 Et le maintien, et le corsage,
Et la voix ; et Damon, sous ce feint personnage,
Pourroit voir si Caliste en viendroit à l'effet.
 Damon n'attend pas davantage.
Il se frote, il devient l'Eraste le mieux fait
 Que la nature ait jamais fait.

 En cet estat il va trouver sa femme,
Met la fleurette au vent ; et, cachant son ennuy :

Que vous estes belle aujourd'huy !
Luy dit-il : Qu'avez-vous, Madame,
Qui vous donne cet air d'un vray jour de Printemps (1)?
Caliste, qui sçavoit les propos des Amans,

1. Le fragment publié dans les éditions de 1669 se termine ainsi :

Le feint Eraste en mesme temps
   Luy presente un miroir de poche ;
Caliste s'y regarde, et le Galant s'approche.
Il contemple, il admire, il leve au Ciel les yeux,
Il fait tant qu'il attrape un soûris gracieux.
Mauvais commencement, ce dit-il en soy-même.
Hé bien ! poursuivit-il, quand d'un amour extrême
     On vous ayme,
   A-t-on raison ? je m'en rapporte à vous.
   Peut-on resister à ces charmes ?

Caliste.

On sçait bien, car comment ne pas devenir fous
Quand vos cœurs ont affaire à de si fortes armes ?
   Sans mentir, Messieurs les Amans,
   Vous me semblez divertissans :
   J'aurois regret qu'on vous fist taire.
   Mais sçavez-vous que vostre encens
   Peut à la longue nous déplaire ?

Le feint Eraste.

Et pouvons-nous autrement faire ?
Tenez, voyez encor ces traits.

Caliste.

Je les vois, je les considere,
Je sçay quels ils sont, mais après ?

Le feint Eraste.

Aprés ? L'aprés est bon. Faut-il toûjours vous dire [pire ?
Qu'on brusle, qu'on languit, qu'on meurt sous vostre em-

Caliste.

Mon Dieu ! non, je le sçais, mais après ?

Le feint Eraste.

           Il suffit.

Tourna la chose en raillerie.
Damon changea de baterie.
Pleurs et soûpirs furent tentez,
Et pleurs et soûpirs rebutez.

Et quand on est mort c'est tout dit.

Caliste.

Vous n'estes pas si mort que vos yeux ne remuent,
Contenez-les, de grâce, ou bien s'ils continuent,
Je mettray mon Touret (*) de nés.

Le feint Eraste.

Vostre Touret de nés ? Gardez-vous de le faire.

Caliste.

Cessez donc et vous contenez.

Le feint Eraste.

Quoy ! deffendre les yeux ? c'est estre trop severe;
Passe encor pour les mains.

Caliste.

Ah ! pour les mains, je croy
Que vous riez.

Le feint Eraste.

Point trop.

Caliste.

C'est donc à moy
De me garder.

Le feint Eraste.

Ma passion commence
A se lasser de la longueur du temps.
Si mon calcul est bon, voicy tantost deux ans
Que je vous sers sans recompense.

Caliste.

Quelle vous la faut-il ?

Le feint Eraste.

Tout, sans rien excepter.

* *Espece de masque ancien.* (Note des éditions de 1669.)

Caliste estoit un roc; rien n'émouvoit la Belle.
Pour derniere machine, à la fin nostre Epoux
Proposa de l'argent; et la somme fut telle
   Qu'on ne s'en mit point en courroux.

Caliste.

Un remerciment donc ne vous peut contenter?

Le feint Eraste.

Des remercimens? bagatelles.

Caliste.

De l'amitié?

Le feint Eraste.

Point de nouvelles.

Caliste.

De l'Amour?

Le feint Eraste.

  Bon! cela. Mais je veux du plus fin,
Qui me laisse avancer chemin
En moins de deux ou trois visites,
  Moyennant quoy nous serons quites.
Et si vous voulez mettre à prix cet amour-là,
Je vous en donneray tout ce qui vous plaira;
  Cette boëte de filigrane.

Caliste.

Le liberal Amant qu'est Eraste! Voyez.

Le feint Eraste.

Madame, avant qu'on la condamne
Il faut l'ouvrir; peut estre vous croiez
Qu'elle est vuide?

Caliste.

  Non pas; ce sont des pierreries?

Le feint Eraste.

Ouvrez, vous le verrez.

Caliste.

Tréve de railleries.

La quantité rend excusable.
Caliste enfin l'inexpugnable
Commença d'écouter raison ;
Sa chasteté plia ; car comment tenir bon
Contre ce dernier adversaire ?

Le feint Eraste.

Moy, me railler ! ouvrez.

Caliste.

Et quand je l'aurois fait ?
Je ne sçay qui me tient qu'avec un bon soufflet...
Mais non, si jamais plus cette insolence extrême...

Le feint Eraste.

Je vois bien ce que c'est, il faut l'ouvrir moy-mesme.
Disant ces mots, il l'ouvre, et, sans autre façon,
Il tire de la boëte et d'entre du coton
De ces appeaux à prendre Belles,
Assez pour fléchir six Cruelles,
Assez pour creer six Cocus,
Un collier de vingt mille escus.
Caliste n'estoit pas tellement en colere
Qu'elle ne regardast ce don du coin de l'œil.
Sa vertu, sa foy, son orgueil,
Eurent peine à tenir contre un tel adversaire.
Mais il ne faloit pas si tost changer de ton.
Eraste, à qui Nerie avoit fait la leçon....

Dans l'édition de Jean Sambix, on trouve ici l'avis suivant :

Je ne vous aurois pas donné cette nouvelle imparfaite com-
me elle est, si je n'avois sceu de bonne part que son illustre
auteur n'est pas dans le dessein de l'achever. Mais, en quel-
que estat qu'elle soit, vous devez toûjours m'en estre obligé,
puisque son Prologue est tenu, par les plus éclairés, pour un
chef-d'œuvre.

La Fontaine, dans son édition de 1669, répond ainsi à
cette note :

Sans l'impression de Holande j'aurois attendu que cet ou-
vrage fust achevé avant que de le donner au public ; les fragmens
de ce que je fais n'estant pas d'une telle consequence que je
doive croire qu'on s'en soucie. En cela et en autre chose cette

Si tout ne s'ensuivit, il ne tint qu'à Damon,
    L'argent en auroit fait l'affaire.
    Et quelle affaire ne fait point
Ce bien-heureux métail(1), l'argent maistre du monde ?
Soyez beau, bien-disant, ayez perruque blonde,
    N'omettez un seul petit poinct ;
Un Financier viendra qui sur vostre moustache
Enlevera la Belle ; et dès le premier jour
    Il fera present du panache ;
Vous languirez encore apres un an d'amour.

L'argent sceut donc fléchir ce cœur inexorable.
Le rocher disparut : un mouton succeda ;
    Un mouton qui s'accommoda
A tout ce qu'on voulut, mouton doux et traitable,
Mouton qui sur le poinct de ne rien refuser,
    Donna pour arrhes un baiser.
L'Epoux ne voulut pas pousser plus loin la chose,
Ny de sa propre honte estre luy-mesme cause.
Il reprint (2) donc sa forme ; et dit à sa moitié :
Ah ! Caliste, autrefois de Damon si cherie,
Caliste, que j'aimay cent fois plus que ma vie,
Caliste, qui m'aimas d'une ardente amitié,
L'argent t'est-il plus cher qu'une union si belle ?
Je devrois dans ton sang éteindre ce forfait :
Je ne puis, et je t'aime encor tout infidelle :
Ma mort seule expiera le tort que tu m'as fait.

Nostre Epouse voyant cette metamorphose

*impression de Holande me fait plus d'honneur que je n'en me-
rite. J'aurois souhaité seulement que celuy qui s'en est donné
le soin n'eust pas ajousté qu'il sçait de très-bonne part que
je laisseray cette Nouvelle sans l'achever. C'est ce que je ne
me souviens pas d'avoir jamais dit, et qui est tellement contre
mon intention que la premiere chose à quoy j'ay dessein de
travailler, c'est cette Coupe enchantée.*

    1. Ainsi dans l'édition de 1671, *métal* dans celle de 1685.
    2. En 1685 : *Il reprit...*

Demeura bien surprise; elle dit peu de chose :
    Les pleurs furent son seul recours.
    Le mary passa quelques jours
    A raisonner sur cette affaire :
    Un Cocu se pouvoit-il faire
Par la volonté seule et sans venir au poinct ?
    L'estoit-il ? ne l'estoit-il point ?
Cette difficulté fut encore éclaircie
        Par Nerie.
Si vous estes, dit-elle, en doute de cela,
    Beuvez dans cette coupe-là :
On la fit par tel art que dés qu'un personnage
    Dûment atteint de cocuage
Y veut porter la lévre, aussi-tost tout s'en va ;
Il n'en avale rien, et répand le breuvage
Sur son sein, sur sa barbe, et sur son vestement.
Que s'il n'est point censé Cocu suffisamment,
    Il boit tout sans répandre goute.
    Damon, pour éclaircir son doute
Porte la lévre au vase : il ne se répand rien.
C'est, dit-il, réconfort; et pourtant je sçais bien
Qu'il n'a tenu qu'à moy. Qu'ay-je affaire de coupe ?
    Faites-moy place en vostre troupe,
Messieurs de la grand'bande. Ainsi disoit Damon,
Faisant à sa femelle un étrange sermon.
Misérables humains, si pour des cocuages
Il faut en ces païs faire tant de façon,
    Allons-nous-en chez les Sauvages.

Damon, de peur de pis, établit des Argus
A l'entour de sa femme, et la rendit Coquette.
    Quand les Galands sont défendus,
    C'est alors que l'on les souhaite.
Le mal-heureux époux s'informe, s'inquiete,
Et de tout son pouvoir court au devant d'un mal
Que la peur bien souvent rend aux hommes fatal.
De quart-d'heure en quart-d'heure il consulte la tasse.
    Il y boit huit jours sans disgrace.

Mais à la fin il y boit tant,
   Que le breuvage se répand.
Ce fut bien là le comble. O science fatale,
Science que Damon eust bien fait d'éviter;
Il jette de fureur cette coupe infernale.
Luy-mesme est sur le point de se précipiter.
Il enferme sa femme en une Tour quarrée
Luy va soir et matin reprocher son forfait :
Cette hon e qu'auroit le silence enterrée,
Court le païs, et vit du vacarme qu'il fait.

Caliste cependant meine une triste vie.
Comme on ne luy laissoit argent ny pierrerie,
Le Geolier fut fidelle; elle eut beau le tenter.
   Enfin la pauvre mal-heureuse
Prend son temps que Damon, plein d'ardeur amou-
   Estoit d'humeur à l'écouter.   [reuse
J'ay, dit-elle, commis un crime inexcusable :
Mais quoy, suis-je la seule? helas, non; peu d'époux
Sont exempts, ce dit-on, d'un accident semblable.
Que le moins entaché se moque un peu de vous.
   Pourquoy donc estre inconsolable?
Hé bien, reprit Damon, je me consoleray,
   Et mesme vous pardonneray,
   Tout incontinent que j'auray
Trouvé de mes pareils une telle legende
Qu'il s'en puisse former une armée assez grande
Pour s'appeler Royale. Il ne faut qu'employer
Le vase qui me sceut vos secrets reveler.

Le mary sans tarder executant la chose,
Attire les passans, tient table en son Château.
Sur la fin des repas, à chacun il propose
L'essay de cette coupe, essay rare et nouveau.
Ma femme, leur dit-il, m'a quitté pour un autre;
   Voulez-vous sçavoir si la vostre
  Vous est fidelle? il est quelquefois bon
D'apprendre comme tout se passe à la maison.

En voicy le moyen; buvez dans cette tasse.
    Si vostre femme de sa grace
    Ne vous donne aucun suffragant,
    Vous ne répandrez nullement.
  Mais si du Dieu nommé Vulcan
Vous suivez la baniere, estant de nos confreres
    En ces redoutables mysteres,
    De part et d'autre la boisson
    Coulera sur vostre menton.

Autant qu'il s'en rencontre à qui Damon propose
    Cette pernicieuse chose,
Autant en font l'essay : presque tous y sont pris.
Tel en rit, tel en pleure; et selon les esprits
    Cocuage en plus d'une sorte
    Tient sa morgue parmy ses gens.
    Déja l'armée est assez forte
    Pour faire corps, et battre aux champs.
    La voila tantost qui menace
    Gouverneurs de petite place,
    Et leur dit qu'ils seront pendus
    Si de tenir ils ont l'audace :
Car pour estre royale il ne luy manque plus
    Que peu de gens : c'est une affaire
    Que deux ou trois mois peuvent faire.
    Le nombre croist de jour en jour
    Sans que l'on batte le tambour.
Les differens degrez où monte cocuage
    Reglent le pas et les employs :
Ceux qu'il n'a visité seulement qu'une fois
    Sont Fantassins pour tout potage.
    On fait les autres Cavaliers.
    Quiconque est de ses familiers,
    On ne manque pas de l'élire
    Ou Capitaine, ou Lieutenant,
    Ou l'on luy donne un Regiment,
    Selon qu'entre les mains du sire
    Ou plus ou moins subitement

La liqueur du vase s'épand.
Un versa tout en un moment;
Il fut fait General : et croyez que l'armée
De hauts Officiers ne manqua :
Plus d'un Intendant se trouva;
Cette charge fut partagée.

Le nombre des soldats estant presque complet,
Et plus que suffisant pour se mettre en campagne;
Renaud, neveu de Charlemagne,
Passe par ce Chasteau : l'on l'y traite à souhait :
Puis le Seigneur du lieu luy fait
Mesme harangue qu'à la troupe.
Renaud dit à Damon : Granmercy de la coupe :
Je crois ma femme chaste, et cette foy suffit.
Quand la coupe me l'aura dit,
Que m'en reviendra-t-il? Cela sera-t-il cause
De me faire dormir de plus que de deux yeux?
Je dors d'autant, graces aux Dieux :
Puis-je demander autre chose?
Que sçay-je? par hazard si le vin s'épandoit?
Si je ne tenois pas vostre vase assez droit?
Je suis quelquefois maladroit :
Si cette coupe enfin me prenoit pour un autre?
Messire Damon, je suis vostre :
Commandez-moy tout, hors ce poinct.
Ainsi Renaud partit, et ne hazarda point.
Damon dit : Celuy-cy, Messieurs, et bien plus sage
Que nous n'avons esté : consolons-nous pourtant :
Nous avons des pareils; c'est un grand avantage.
Il s'en rencontra tant et tant,
Que l'armée à la fin Royale devenuë,
Caliste eut liberté, selon le convenant,
Par son mary chere tenuë
Tout de mesme qu'auparavant.

Epoux, Renaud vous montre à vivre.
Pour Damon, gardez de le suivre.

Peut-estre le premier eust eu charge de l'ost,
Que sçait-on ? Nul mortel, soit Roland, soit Renaud,
Du danger de répandre exempt ne se peut croire.
Charlemagne luy-mesme auroit eu tort de boire.

V. — LE FAUCON.

Nouvelle tirée de Bocace (1).

Je me souviens d'avoir damné jadis
L'amant avare ; et je ne m'en dédis.
Si la raison des contraires est bonne,
Le liberal doit estre en Paradis :
Je m'en rapporte à Messieurs de Sorbonne.
Il estoit donc autrefois un Amant
Qui dans Florence aima certaine femme.
Comment aimer ? c'estoit si follement,
Que, pour luy plaire, il eust vendu son ame.
S'agissoit-il de divertir la Dame,
A pleines mains il vous jettoit l'argent :
Sçachant tres-bien qu'en amour comme en guerre
On ne doit plaindre un métail (2) qui fait tout,
Renverse murs, jette portes par terre,
N'entreprend rien dont il ne vienne à bout ;
Fait taire chiens, et, quand il veut, servantes,
Et, quand il veut, les rend plus eloquentes
Que Ciceron, et mieux persuadantes :
Bref, ne voudroit avoir laissé debout
Aucune place, et tant forte fust-elle.
Si laissa-t-il sur ses pieds nostre Belle.
Elle tint bon ; Federic échoüa
Prés de ce roc, et le nez s'y cassa ;
Sans fruit aucun vendit et fricassa

1. *Decameron*, giornata V, novella IX.
2. Ainsi dans l'édition de 1671 ; *métal* dans celle de 1685.

Tout son avoir; comme l'on pourroit dire
Belles Comtez, beaux Marquisats de Dieu,
Qu'il possedoit en plus et plus d'un lieu.
Avant qu'aimer on l'appeloit Messire
A longue queuë; enfin, grace à l'Amour,
Il ne fut plus que Messire tout court.
Rien ne resta qu'une ferme au pauvre homme,
Et peu d'amis; mesme amis Dieu sçait comme.
Le plus zelé de tout se contenta,
Comme chacun, de dire c'est dommage.
Chacun le dit, et chacun s'en tint là :
Car de prester, à moins que sur bon gage,
Point de nouvelle : on oublia les dons,
Et le merite, et les belles raisons
De Federic, et sa premiere vie.
Le Protestant de Madame Clitie
N'eut du credit qu'autant qu'il eut du fonds.
Tant qu'il dura, le Bal, la Comedie
Ne manqua point à cet heureux objet :
De maints tournois elle fut le sujet;
Faisant gagner marchands de toutes guises,
Faiseurs d'habits, et faiseurs de devises,
Musiciens, gens du sacré valon :
Federic eut à sa table Apollon.
Femme n'estoit ny fille dans Florence
Qui n'employast, pour débaucher le cœur
Du Cavalier, l'une un mot suborneur,
L'autre un coup d'œil, l'autre quelqu'autre avance :
Mais tout cela ne faisoit que blanchir.
Il aimoit mieux Clitie inexorable
Qu'il n'auroit fait Helene favorable.
Conclusion, qu'il ne la put fléchir.
Or, en ce train de dépense effroyable,
Il envoya les Marquisats au diable
Premierement; puis en vint aux Comtez,
Titres par luy plus qu'aucuns regretez,
Et dont alors on faisoit plus de conte.
De-là les monts chacun veut estre Comte,

Icy Marquis, Baron peut estre ailleurs.
Je ne sçay pas lesquels sont les meilleurs;
Mais je sçay bien qu'avecque la patente
De ces beaux noms on s'en aille au marché,
L'on reviendra comme on estoit allé :
Prenez le titre, et laissez-moy la rente.
Clitie avoit aussi beaucoup de bien,
Son mary mesme estoit grand terrien.
Ainsi jamais la belle ne prit rien,
Argent ny dons ; mais souffrit la dépense
Et les cadeaux, sans croire pour cela
Estre obligée à nulle recompense.
S'il m'en souvient, j'ay dit qu'il ne resta
Au pauvre Amant rien qu'une métairie,
Chetive encor, et pauvrement bastie.
Là Federic alla se confiner ;
Honteux qu'on vist sa misere en Florence;
Honteux encor de n'avoir sceu gagner,
Ny par amour, ny par magnificence,
Ny par six ans de devoirs et de soins,
Une beauté qu'il n'en aimoit pas moins.
Il s'en prenoit à son peu de merite,
Non à Clitie ; elle n'oüit jamais,
Ny pour froideurs, ny pour autres sujets,
Plainte de luy ny grande ny petite.
Nostre amoureux subsista comme il put
Dans sa retraite, où le pauvre homme n'eut
Pour le servir qu'une vieille édentée;
Cuisine froide et fort peu frequentée;
A l'écurie un cheval assez bon,
Mais non pas fin : sur la perche un Faucon
Dont à l'entour de cette métairie
Défunt Marquis s'en alloit, sans valets,
Sacrifiant à sa mélancolie
Mainte perdrix, qui, las ! ne pouvoit mais
Des cruautez de Madame Clitie.
Ainsi vivoit le mal-heureux Amant;
Sage s'il eust, en perdant sa fortune,

Perdu l'amour qui l'alloit consumant ;
Mais de ses feux la memoire importune
Le talonnoit ; toûjours un double ennuy
Alloit en croupe à la chasse avec luy.
Mort vint saisir le mary de Clitie.
Comme ils n'avoient qu'un fils pour tous enfans,
Fils n'ayant pas pour un pouce de vie,
Et que l'Epoux, dont les biens estoient grands,
Avoit toûjours consideré sa femme,
Par testament il declare la Dame
Son heritiere, arrivant le deceds
De l'enfançon, qui peu de temps aprés
Devint malade. On sçait que d'ordinaire
A ses enfans mere ne scait que faire,
Pour leur montrer l'amour qu'elle a pour eux ;
Zele souvent aux enfans dangereux.
Celle-cy, tendre et fort passionnée,
Autour du sien est toute la journée
Luy demandant ce qu'il veut, ce qu'il a ;
S'il mangeroit volontiers de cela,
Si ce joüet, enfin si cette chose
Est à son gré. Quoy que l'on luy propose
Il le refuse ; et pour toute raison
Il dit qu'il veut seulement le Faucon
De Federic ; pleure et meine une vie
A faire gens de bon cœur detester :
Ce qu'un enfant a dans la fantaisie
Incontinent il faut l'executer,
Si l'on ne veut l'ouïr toûjours crier.
Or il est bon de scavoir que Clitie
A cinq cens pas de cette métairie,
Avoit du bien, possedoit un Chasteau :
Ainsi l'enfant avoit pu de l'oyseau
Ouïr parler : on en disoit merveilles ;
On en contoit des choses nompareilles :
Que devant luy jamais une perdrix
Ne se sauvoit, et qu'il en avoit pris
Tant ce matin, tant cette apresdinée ;

Son maistre n'eust donné pour un tresor
Un tel Faucon. Qui fut bien empeschée,
Ce fut Clitie. Aller oster encor
A Federic l'unique et seule chose
Qui luy restoit! et supposé qu'elle ose
Luy demander ce qu'il a pour tout bien,
Auprés de luy meritoit-elle rien ?
Elle l'avoit payé d'ingratitude :
Point de faveurs; toûjours hautaine et rude
En son endroit. De quel front s'en aller
Aprés cela le voir et luy parler,
Ayant esté cause de sa ruine ?
D'autre costé l'enfant s'en va mourir,
Refuse tout, tient tout pour medecine :
Afin qu'il mange il faut l'entretenir
De ce Faucon : il se tourmente, il crie :
S'il n'a l'oiseau c'est fait que de sa vie.
Ces raisons-cy l'emporterent enfin.
Chez Federic la Dame un beau matin
S'en va sans suite, et sans nul équipage.
Federic prend pour un Ange des Cieux
Celle qui vient d'apparoistre à ses yeux.
Mais cependant, il a honte, il enrage,
De n'avoir pas chez soy pour luy donner
Tant seulement un mal-heureux disner.
Le pauvre estat où sa Dame le treuve
Le rend confus. Il dit donc à la veuve :
Quoy! venir voir le plus humble de ceux
Que vos beautez ont rendus amoureux !
Un Villageois, un haire, un miserable !
C'est trop d'honneur; vostre bonté m'accable.
Assurément vous alliez autre part.
A ce propos nostre veuve repart :
Non, non, Seigneur, c'est pour vous la visite.
Je viens manger avec vous ce matin.
Je n'ay, dit-il, cuisinier ny marmite :
Que vous donner ? N'avez-vous pas du pain,
Reprit la Dame. Incontinent luy-mesme

Il va chercher quelque œuf au poulailler,
Quelque morceau de lard en son grenier.
Le pauvre Amant en ce besoin extreme
Void son Faucon, sans raisonner le prend,
Luy tord le cou, le plume, le fricasse,
Et l'assaisonne, et court de place en place.
Tandis la vieille a soin du demeurant;
Foüille au bahu; choisit pour cette feste
Ce qu'ils avoient de linge plus honeste;
Met le couvert; va cueillir au jardin
Du serpolet, un peu de romarin,
Cinq ou six fleurs, dont la table est jonchée.
Pour abreger, on sert la fricassée.
La Dame en mange, et feint d'y prendre goust.
Le repas fait, cette femme resoud
De hazarder l'incivile Requeste,
Et parle ainsi : Je suis folle, Seigneur,
De m'en venir vous arracher le cœur
Encore un coup; il ne m'est guere honneste
De demander à mon défunt Amant
L'oiseau qui fait son seul contentement :
Doit-il pour moy s'en priver un moment?
Mais excusez une mere affligée,
Mon fils se meurt : il veut vostre Faucon :
Mon procedé ne merite un tel don :
La raison veut que je sois refusée.
Je ne vous ay jamais accordé rien.
Vostre repos, vostre honneur, vostre bien,
S'en sont allez aux plaisirs de Clitie.
Vous m'aimiez plus que vostre propre vie :
A cet amour j'ay trés-mal répondu :
Et je m'en viens, pour comble d'injustice,
Vous demander.... et quoy? c'est temps perdu;
Vostre Faucon. Mais non, plustost perisse
L'enfant, la mere, avec le demeurant,
Que de vous faire un déplaisir si grand.
Souffrez sans plus que cette triste mere,
Aimant d'amour la chose la plus chere

Que jamais femme au monde puisse avoir,
Un fils unique, une unique esperance,
S'en vienne au moins s'acquitter du devoir
De la nature, et pour toute allegeance
En votre sein décharge sa douleur.
Vous sçavez bien par vostre experience
Que c'est d'aimer, vous le sçavez, Seigneur.
Ainsi je crois trouver chez vous excuse.
Helas! reprit l'Amant infortuné,
L'oiseau n'est plus; vous en avez disné.
L'oiseau n'est plus! dit la veuve confuse.
Non, reprit-il; plust au Ciel vous avoir
Servy mon cœur, et qu'il eust pris la place
De ce Faucon : mais le sort me fait voir
Qu'il ne sera jamais en mon pouvoir
De meriter de vous aucune grace.
En mon pailler rien ne m'estoit resté :
Depuis deux jours la beste a tout mangé,
J'ay veu l'oiseau; je l'ay tué sans peine :
Rien couste-t-il quand on reçoit sa Reine?
Ce que je puis pour vous est de chercher
Un bon Faucon; ce n'est chose si rare
Que dés demain nous n'en puissions trouver.
Non, Federic, dit-elle, je declare
Que c'est assez. Vous ne m'avez jamais
De vostre amour donné plus grande marque.
Que mon fils soit enlevé par la parque,
Où que le Ciel le rende à mes souhaits,
J'auray pour vous de la reconnoissance.
Venez me voir, donnez m'en l'esperance.
Encore un coup, venez nous visiter.
Elle partit, non sans luy presenter
Une main blanche, unique témoignage
Qu'Amour avoit amolly ce courage.
Le pauvre Amant prit la main, la baisa,
Et de ses pleurs quelque temps l'arrosa.
Deux jours aprés, l'enfant suivit le pere.
Le deüil fut grand : la trop dolente mere

Fit dans l'abord force larmes couler.
Mais, comme il n'est peine d'ame si forte
Qu'il ne s'en faille à la fin consoler,
Deux Medecins la traiterent de sorte
Que sa douleur eut un terme assez court ;
L'un fut le Temps, et l'autre fut l'Amour.
On épousa Federic en grand'pompe,
Non seulement par obligation,
Mais, qui plus est, par inclination,
Par amour mesme. Il ne faut qu'on se trompe
A cet exemple, et qu'un pareil espoir
Nous fasse ainsi consumer nostre avoir :
Femmes ne sont toutes reconnoissantes.
A cela prés, ce sont choses charmantes.
Sous le Ciel n'est un plus bel animal.
Je n'y comprens le sexe en general.
Loin de cela, j'en vois peu d'avenantes.
Pour celles-cy, quand elles sont aymantes (1),
J'ay les desseins du monde les meilleurs :
Les autres n'ont qu'à se pourvoir ailleurs.

VI. — LA COURTISANNE AMOUREUSE.

Le jeune Amour, bien qu'il ait la façon
D'un Dieu qui n'est encor qu'à sa leçon,
Fut de tout temps grand faiseur de miracles.
En gens coquets il change les Catons ;
Par luy les sots deviennent des oracles ;
Par luy les loups deviennent des moutons :
Il fait si bien que l'on n'est plus le mesme.
Témoin Hercule, et témoin Polyphême,

1. L'édition de 1671 porte *charmantes*, mais dans presque tous les exemplaires que j'ai vus la syllabe *char* a été effacée, et l'on a écrit au dessus : *ay*. Cette correction paroît être toujours de la même main, et a probablement été faite par La Fontaine.

Mangeurs de gens : l'un sur un roc assis
Chantoit aux vents ses amoureux soucis
Et, pour charmer sa Nymphe joliette,
Tailloit sa barbe, et se miroit dans l'eau.
L'autre changea sa massuë en fuseau
Pour le plaisir d'une jeune fillette.
J'en dirois cent : Bocace en rapporte un (¹),
Dont j'ay trouvé l'exemple peu commun.
C'est de Chimon, jeune homme tout sauvage,
Bien fait de corps, mais ours quant à l'esprit.
Amour le léche, et tant qu'il le polit.
Chimon devint un galand personnage.
Qui fit cela ? deux beaux yeux seulement.
Pour les avoir apperceus un moment,
Encore à peine, et voilez par le somme,
Chimon aima, puis devint honneste homme.
Ce n'est le poinct dont il s'agit icy.
Je veux conter comme une de ces femmes
Qui font plaisir aux enfans sans soucy
Put en son cœur loger d'honnestes flâmes.
Elle estoit fiere et bizarre sur tout :
On ne sçavoit comme en venir à bout.
Rome c'estoit le lieu de son negoce :
Mettre à ses pieds la Mître avec la Crosse
C'estoit trop peu ; les simples Monseigneurs
N'estoient d'un rang digne de ses faveurs.
Il luy faloit un homme du Conclave,
Et des premiers, et qui fust son esclave ;
Et mesme encore il y profitoit peu,
A moins que d'estre un Cardinal nepveu.
Le Pape enfin, s'il se fut piqué d'elle,
N'auroit esté trop bon pour la Donzelle.
De son orgueil ses habits se sentoient.
Force brillans sur sa robe éclatoient,
La chamarure avec la broderie.
Luy voyant faire ainsi la rencherie,

1. *Decameron*, giornata V, novella I.

Amour se mit en teste d'abaisser
Ce cœur si haut; et pour un Gentilhomme
Jeune, bien fait, et des mieux mis de Rome,
Jusques au vif il voulut la blesser.
L'adolescent avoit pour nom Camille,
Elle Constanse. Et bien qu'il fust d'humeur
Douce, traitable, à se prendre facile,
Constanse n'eut si-tost l'amour au cœur,
Que la voila craintive devenuë.
Elle n'osa declarer ses desirs
D'autre façon qu'avecque des soûpirs.
Auparavant pudeur ny retenuë
Ne l'arrestoient; mais tout fut bien changé.
Comme on n'eust cru qu'Amour se fust logé
En cœur si fier, Camille n'y prit garde.
Incessamment Constanse le regarde;
Et puis soûpirs, et puis regards nouveaux;
Toûjours resveuse au milieu des cadeaux :
Sa beauté mesme y perdit quelque chose ;
Bien-tost le lys l'emporta sur la rose.
Avint qu'un soir Camille regala
De jeunes gens : il eut aussi des femmes.
Constanse en fut. La chose se passa
Joyeusement ; car peu d'entre ces Dames
Estoient d'humeur à tenir des propos
De sainteté ny de philosophie.
Constanse seule, estant sourde aux bons mots,
Laissoit railler toute la compagnie.
Le soupé fait, chacun se retira.
Tout dés l'abord Constanse s'éclipsa,
S'allant cacher en certaine rüelle.
Nul n'y prit garde, et l'on crut que chez elle,
Indisposée, ou de mauvaise humeur,
Ou pour affaire elle estoit retournée.
La Compagnie estant donc retirée,
Camille dit à ses gens, par bon-heur,
Qu'on le laissast, et qu'il vouloit écrire.
Le voila seul, et comme le desire

Celle qui l'aime, et qui ne sçait comment
Ny l'aborder, ny par quel compliment
Elle pourra luy declarer sa flame.
Tremblante enfin, et par necessité
Elle s'en vient. Qui fut bien estonné,
Ce fut Camille : Hé quoy, dit-il, Madame,
Vous surprenez ainsi vos bons amis ?
Il la fit seoir ; et puis s'estant remis :
Qui vous croyoit, reprit-il, demeurée (1) ?
Et qui vous a cette cache montrée ?
L'amour, dit-elle. A ce seul mot sans plus
Elle rougit ; chose que ne font guere
Celles qui sont Prestresses de Venus :
Le vermillon leur vient d'autre maniere.
Camille avoit déja quelque soupçon
Que l'on l'aimoit ; il n'estoit si novice,
Qu'il ne connust ses gens à la façon ;
Pour en avoir un plus certain indice,
Et s'égayer, et voir si ce cœur fier
Jusques au bout pourroit s'humilier,
Il fit le froid. Nostre Amante en soûpire ;
La violence enfin de son martyre
La fait parler : elle commence ainsi :
Je ne sçay pas ce que vous allez dire,
De voir Constanse oser venir icy
Vous declarer sa passion extreme.
Je ne sçaurois y penser sans rougir :
Car du mestier de Nymphe me couvrir,
On n'en est plus dés le moment qu'on aime.
Puis, quelle excuse ! helas ! si le passé
Dans vostre esprit pouvoit estre effacé !
Du moins, Camille, excusez ma franchise.
Je vois fort bien que quoy que je vous dise,
Je vous déplais. Mon zele me nuira.
Mais nuise ou non, Constanse vous adore :

1. Edition de 1685 :
    Qui vous croiroit, reprit-il, demeurée ?

Méprisez–la, chassez–la, batez–la;
Si vous pouvez, faites–luy pis encore;
Elle est à vous. Alors le Jouvenceau :
Critiquer gens m'est, dit–il, fort nouveau;
Ce n'est mon fait; et toutefois Madame
Je vous diray tout net que ce discours
Me surprend fort, et que vous n'estes femme
Qui deust ainsi prévenir nos amours.
Outre le sexe, et quelque bienseance
Qu'il faut garder, vous vous estes fait tort.
A quel propos toute cette éloquence ?
Vostre beauté m'eust gagné sans effort,
Et de son chef. Je vous le dis encor,
Je n'aime point qu'on me fasse d'avance.
Ce propos fut à la pauvre Constanse
Un coup de foudre. Elle reprit pourtant :
J'ay merité ce mauvais traitement,
Mais ose-t-on vous dire sa pensée ?
Mon procedé ne me nuiroit pas tant,
Si ma beauté n'estoit point effacée.
C'est compliment ce que vous m'avez dit;
J'en suis certaine, et lis dans votre esprit :
Mon peu d'appas n'a rien qui vous engage.
D'où me vient-il ? Je m'en rapporte à vous.
N'est-il pas vray que n'aguere, entre-nous,
A mes attraits chacun rendoit hommage ?
Ils sont esteints, ces dons si précieux :
L'amour que j'ay m'a causé ce dommage;
Je ne suis plus assez belle à vos yeux,
Si je l'estois, je serois assez sage.
Nous parlerons tantost de ce poinct-là,
Dit le Galand; il est tard, et voilà
Minuit qui sonne; il faut que je me couche.
Constanse crut qu'elle auroit la moitié
D'un certain lit que d'un œil de pitié
Elle voyoit : mais d'en ouvrir la bouche,
Elle n'osa de crainte de refus.
Le Compagnon, feignant d'estre confus,

Se teut long-temps; puis dit: Comment feray-je?
Je ne me puis tout seul des-habiller.
Et bien, Monsieur, dit-elle, appelleray-je?
Non reprit-il; gardez-vous d'appeller.
Je ne veux pas qu'en ce lieu l'on vous voye;
Ny qu'en ma chambre une fille de joye
Passe la nuit au sceu de tous mes gens.
Cela suffit, Monsieur, repartit-elle.
Pour éviter ces inconveniens,
Je me pourrois cacher en la ruelle:
Mais faisons mieux, et ne laissons venir
Personne icy : l'amoureuse Constanse
Veut aujourd'huy de Laquais vous servir:
Accordez-luy pour toute recompense
Cet honneur-là. Le jeune homme y consent.
Elle s'approche; elle le déboutonne;
Touchant sans plus à l'habit, et n'osant
Du bout du doigt toucher à la personne.
Ce ne fut tout, elle le déchaussa.
Quoy! de sa main! quoy! Constanse elle-mesme!
Qui fust-ce donc? Est-ce trop que cela?
Je voudrois bien déchausser ce que j'aime.
Le Compagnon dans le lit se plaça;
Sans la prier d'estre de la partie.
Constance crut dans le commencement
Qu'il la vouloit éprouver seulement;
Mais tout cela passoit la raillerie.
Pour en venir au poinct plus important :
Il fait, dit-elle, un temps froid comme glace;
Où me coucher?

Camille.

Par tout où vous voudrez.

Constanse.

Quoy! sur ce siege?

Camille.

Et bien! non; vous viendrez

Dedans mon lit.

Constanse.

Delacez-moy, de grace.

Camille.

Je ne sçaurois, il fait froid, je suis nu ;
Delacez-vous.

Nostre Amante ayant veu
Prés du chevet un poignard dans sa gaisne,
Le prend, le tire, et coupe ses habits,
Corps piqué d'or, garnitures de prix,
Ajustemens de Princesse et de Reine.
Ce que les gens en deux mois à grand'peine
Avoient brodé perit en un moment,
Sans regreter ny plaindre aucunement
Ce que le sexe aime plus que sa vie.
Femmes de France, en feriez-vous autant ?
Je crois que non, j'en suis seur, et partant
Cela fut beau sans doute en Italie.
La pauvre Amante approche en tapinois,
Croyant tout fait, et que pour cette fois
Aucun bizarre et nouveau stratagême
Ne viendroit plus son aise reculer.
Camille dit : C'est trop dissimuler ;
Femme qui vient se produire elle-mesme
N'aura jamais de place à mes costez.
Si bon vous semble, allez vous mettre aux pieds.
Ce fut bien-là qu'une douleur extreme
Saisit la belle, et si lors par hazard
Elle avoit eu dans ses mains le poignard,
C'en estoit fait : elle eust de part en part
Percé son cœur. Toutefois l'esperance
Ne mourut pas encor dans son esprit.
Camille estoit trop connu de Constanse,
Et que ce fust tout de bon qu'il eust dit
Chose si dure, et pleine d'insolence,
Luy qui s'estoit jusque-là comporté
En homme doux, civil, et sans fierté,

Cela sembloit contre toute apparence.
Elle va donc en travers se placer
Aux pieds du Sire, et d'abord les luy baise;
Mais point trop fort, de peur de le blesser.
On peut juger si Camille estoit aise.
Quelle victoire! Avoir mis à ce poinct
Une beauté si superbe et si fiere!
Une beauté! Je ne la décris point;
Il me faudroit une semaine entiere.
On ne pouvoit reprocher seulement
Que la pasleur à cet objet charmant;
Pasleur encor dont la cause estoit telle
Qu'elle donnoit du lustre à nostre Belle.
Camille donc s'estend, et sur un sein
Pour qui l'yvoire auroit eu de l'envie
Pose ses pieds, et sans ceremonie
Il s'accommode, et se fait un coussin (1):
Puis feint qu'il cede aux charmes de Morphée.
Par les sanglots nostre Amante estouffée
Lasche la bonde aux pleurs cette fois-là.
Ce fut la fin. Camille l'appella
D'un ton de voix qui plut fort à la Belle.
Je suis content, dit-il, de vostre amour :
Venez, venez, Constanse, c'est mon tour.
Elle se glisse; et luy s'approchant d'elle :
M'avez-vous cru si dur et si brutal
Que d'avoir fait tout de bon le severe?
Dit-il d'abord; vous me connoissez mal :
Je vous voulois donner lieu de me plaire.
Or bien je sçais le fonds de vostre cœur.
Je suis contant, satisfait, plein de joye,
Comblé d'amour : et que vostre rigueur,
Si bon luy semble à son tour se déploye;
Elle le peut : usez-en librement.
Je me declare aujourd'huy vostre Amant,

1. Edition de 1685 :
    Il s'accommode et s'en fait un coussin.

Et vostre Epoux, et ne sçais nulle Dame,
De quelque rang et beauté que ce soit,
Qui vous valust pour maistresse et pour femme;
Car le passé rappeler ne se doit
Entre nous deux. Une chose ay-je à dire :
C'est qu'en secret il nous faut marier.
Il n'est besoin de vous specifier
Pour quel sujet : cela vous doit suffire.
Mesme il est mieux de cette façon là.
Un tel Himen a des Amours ressemble;
On est Epoux et Galand tout ensemble.
L'histoire dit que le drosle ajoûta :
Voulez-vous pas, en attendant le Prestre,
A vostre Amant vous fier aujourd'huy ?
Vous le pouvez, je vous réponds de luy;
Son cœur n'est pas d'un perfide et d'un traître.
A tout cela Constanse ne dit rien.
C'estoit tout dire : il le reconnut bien,
N'estant Novice en semblables affaires.
Quand au surplus, ce sont de tels mysteres,
Qu'il n'est besoin d'en faire le recit.
Voila comment Constanse réussit.
Or, faites-en, Nymphes, vostre profit.
Amour en a dans son Academie,
Si l'on vouloit venir à l'examen,
Que j'aimerois pour un pareil Himen
Mieux que mainte autre à qui l'on se marie.
Femme qui n'a filé toute sa vie
Tasche à passer bien des choses sans bruit.
Témoin Constanse et tout ce qui s'ensuit,
Noviciat d'épreuves un peu dures :
Elle en receut abondamment le fruit :
Nonnes je sçais qui voudroient, chaque nuit,
En faire un tel, à toutes avantures.
Ce que possible on ne croira pas vray,
C'est que Camille en caressant la Belle,
Des dons d'Amour luy fit gouster l'essay.
L'essay ? je faux : Constanse en estoit-elle

Aux Elemens? Ouy, Constanse en estoit
Aux Elemens : ce que la Belle avoit
Pris et donné de plaisir en sa vie,
Conter pour rien jusqu'à lors se devoit :
Pourquoy cela? Quiconque aime le die (1).

VII. — NICAISE.

Un apprenty Marchand estoit,
Qu'avec droit Nicaise on nommoit;
Garçon trés-neuf, hors sa boutique,
Et quelque peu d'Arithmetique;
Garçon Novice dans les tours
Qui se pratiquent en Amours.
Bons Bourgeois du temps de nos peres
S'avisoient tard d'estre bons freres.
Ils n'aprenoient cette leçon
Qu'ayans de la barbe au menton.
Ceux d'aujourd'huy, sans qu'on les flate,
Ont soin de s'y rendre sçavans
Aussi-tost que les autres gens.
Le Jouvenceau de vieille-date,
Possible un peu moins avancé,
Par les degrez n'avoit passé.
Quoy qu'il en soit, le pauvre sire
En trés-beau chemin demeura,
Se trouvant court par celuy-là :
C'est par l'esprit que je veux dire.

1. La Fontaine a expliqué ailleurs (page 30) ce qu'il laisse
deviner ici :

> ... Quand l'amour d'un et d'autre costé
> Veut s'entremettre, et prend part à l'affaire,
> Tout va bien mieux, comme m'ont asseuré
> Ceux que l'on tient sçavans en ce mystere.

La Fontaine. — II.   14

Une Belle pourtant l'aima :
C'estoit la fille de son Maistre,
Fille aimable autant qu'on peut l'estre,
Et ne tournant autour du pot;
Soit par humeur franche et sincere,
Soit qu'il fust force d'ainsi faire,
Estant tombée aux mains d'un sot.
Quelqu'un de trop de hardiesse
Ira la taxer, et moy non :
Tels procedez ont leur raison.
Lors que l'on aime une Deesse,
Elle fait ces avances-là :
Nostre Belle sçavoit cela.
Son esprit, ses traits, sa richesse,
Engageoient beaucoup de jeunesse
A sa recherche : heureux seroit
Celuy d'entre-eux qui cueilleroit
En nom d'Himen, certaine chose
Qu'à meilleur titre elle promit
Au Jouvenceau cy-dessus dit :
Certain Dieu parfois en dispose,
Amour nommé communément.
Il plut à la Belle d'élire
Pour ce point l'apprenty Marchand.
Bien est vray (car il faut tout dire)
Qu'il estoit trés-bien fait de corps,
Beau, jeune, et frais : ce sont tresors
Que ne méprise aucune Dame,
Tant soit son esprit precieux.
Pour une qu'Amour prend par l'ame,
Il en prend mille par les yeux.
Celle-cy donc, des plus galantes,
Par mille choses engageantes
Taschoit d'encourager le gars,
N'estoit chiche de ses regards,
Le pinçoit, luy venoit sousrire,
Sur les yeux luy mettoit la main,
Sur le pied luy marchoit enfin.

A ce langage il ne sceut dire
Autre chose que des soûpirs,
Interpretes de ses desirs.
Tant fut, à ce que dit l'histoire,
De part et d'autre soûpiré,
Que leur feu dûment declaré,
Les jeunes gens, comme on peut croire,
Ne s'épargnerent ny sermens,
Ny d'autres poincts bien plus charmans,
Comme baisers à grosse usure;
Le tout sans compte et sans mesure.
Calculateur que fust l'Amant,
Broüiller faloit incessamment;
La chose estoit tant infinie,
Qu'il y faisoit toûjours abus.
Somme toute, il n'y manquoit plus
Qu'une seule ceremonie.
Bon fait aux filles l'épargner.
Ce ne fut pas sans témoigner
Bien du regret, bien de l'envie.
Par vous, disoit la belle amie,
Je me la veux faire enseigner,
Ou ne la sçavoir de ma vie.
Je la sçauray, je vous promets;
Tenez-vous certain desormais
De m'avoir pour vostre apprentie.
Je ne puis pour vous que ce poinct.
Je suis franche; n'attendez point
Que par un langage ordinaire
Je vous promette de me faire
Religieuse, à moins qu'un jour
L'Himen ne suive nostre amour.
Cet Himen seroit bien mon conte,
N'en doutez point; mais le moyen?
Vous m'aimez trop pour vouloir rien
Qui me pust causer de la honte.
Tels et tels m'ont fait demander;
Mon pere est prest de m'accorder.

Moy, je vous permets d'esperer
Qu'à qui que ce soit qu'on m'engage,
Soit Conseiller, soit President,
Soit veille ou jour de Mariage,
Je seray vostre auparavant,
Et vous aurez mon Pucelage.
Le garçon la remercia
Comme il put. A huit jours de là,
Il s'offre un party d'importance.
La Belle dit à son amy :
Tenons-nous-en à celuy-cy ;
Car il est homme, que je pense,
A passer la chose au gros sas.
La Belle en estant sur ce cas,
On la promet ; on la commence ;
Le jour des Noces se tient prest.
Entendez cecy, s'il vous plaist.
Je pense voir vostre pensée,
Sur ce mot-là de commencée.
C'estoit alors, sans point d'abus,
Fille promise et rien de plus.
Huit jours donnez à la Fiancée,
Comme elle apprehendoit encor
Quelque rupture en cet accord,
Elle differe le negoce
Jusqu'au propre jour de la noce ;
De peur de certain accident
Qui les fillettes va perdant.
On meine au moustier cependant
Nostre Galande encor pucelle ;
Le ouy fut dit à la chandelle.
L'Epoux voulut avec la Belle
S'en aller coucher au retour.
Elle demande encor ce jour,
Et ne l'obtient qu'avecque peine ;
Il falut pourtant y passer.
Comme l'Aurore estoit prochaine,
L'Epouse, au lieu de se coucher,

S'habille. On eust dit une Reine.
Rien ne manquoit aux vestemens,
Perles, joyaux et diamans.
Son Epousé la faisoit Dame.
Son amy pour la faire femme
Prend heure avec elle au matin.
Ils devoient aller au jardin,
Dans un bois propre à telle affaire.
Une compagne y devoit faire
Le guet autour de nos Amans,
Compagne instruite du mystere.
La Belle s'y rend la premiere,
Sous le pretexte d'aller faire
Un bouquet, dit-elle à ses gens.
Nicaise, aprés quelques momens,
La va trouver; et le bon Sire,
Voyant le lieu, se met à dire :
Qu'il fait icy d'humidité !
Foin, vostre habit sera gasté.
Il est beau; ce seroit dommage;
Souffrez sans tarder davantage
Que j'aille querir un tapis.
Eh ! mon Dieu laissons les habits ;
Dit la Belle toute piquée.
Je diray que je suis tombée.
Pour la perte, n'y songez point :
Quand on a temps si fort à poinct,
Il en faut user ; et perissent
Tous les vestemens du païs ;
Que plustost tous les beaux habits
Soient gastez, et qu'ils se salissent,
Que d'aller ainsi consumer
Un quart-d'heure; un quart-d'heure est cher :
Tandis que tous les gens agissent
Pour ma noce, il ne tient qu'à vous
D'employer des momens si doux.
Ce que je dis ne me sied guere :
Mais je vous cheris, et vous veux

Rendre honnéste homme si je peux.
En verité, dit l'Amoureux,
Conserver estoffe si chere
Ne sera point mal fait à nous.
Je cours ; c'est fait ; je suis à vous ;
Deux minutes feront l'affaire.
Là–dessus il part, sans laisser
Le temps de luy rien repliquer.
Sa sottise guerit la Dame ;
Un tel dédain luy vint en l'ame,
Qu'elle reprit dés ce moment
Son cœur, que trop indignement
Elle avoit placé : quelle honte !
Prince des sots, dit–elle en soy,
Va, je n'ay nul regret de toy :
Tout autre eust esté mieux mon compte.
Mon bon Ange a consideré
Que tu n'avois pas merité
Une faveur si precieuse.
Je ne veux plus estre amoureuse
Que de mon mary ; j'en fais vœu.
Et de peur qu'un reste de feu
A le trahir ne me rengage,
Je vais sans tarder davantage,
Luy porter un bien qu'il auroit
Quand Nicaise en son lieu seroit.
A ces mots, la pauvre Epousée
Sort du bois fort scandalisée.
L'autre revient, et son tapis :
Mais ce n'est plus comme jadis.
Amans, la bonne heure ne sonne
A toutes les heures du jour.
J'ay leu dans l'Alphabet d'Amour
Qu'un Galand prés d'une personne
N'a toûjours le temps comme il veut :
Qu'il le prenne donc comme il peut.
Tous delays y font du dommage :
Nicaise en est un témoignage.

Fort essoufflé d'avoir couru,
Et joyeux de telle proüesse,
Il s'en revient, bien resolu
D'employer tapis et Maistresse :
Mais quoy, la Dame au bel habit,
Mordant ses lévres de dépit,
Retournoit voir la compagnie (1);
Et, de sa flame bien guerie,
Possible alloit dans ce moment,
Pour se venger de son Amant,
Porter à son mary la chose
Qui luy causoit ce dépit-là.
Quelle chose ? C'est celle-là
Que fille dit toûjours qu'elle a.
Je le crois ; mais d'en mettre ja
Mon doit au feu, ma foy je n'ose :
Ce que je sçay, c'est qu'en tel cas
Fille qui ment ne peche pas.
Grace à Nicaise nostre Belle,
Ayant sa fleur en dépit d'elle,
S'en retournoit tout en grondant ;
Quand Nicaise, la rencontrant :
A quoy tient, dit-il à la Dame,
Que vous ne m'ayez attendu ?
Sur ce tapis bien étendu
Vous seriez en peu d'heure femme.
Retournons donc sans consulter ;
Venez cesser d'estre pucelle,
Puis que je puis sans rien gaster
Vous témoigner quel est mon zele.
Non pas cela, reprit la Belle ;
Mon pucelage dit qu'il faut
Remettre l'affaire à tantost.
J'aime vostre santé, Nicaise,
Et vous conseille auparavant

1. Edition de 1685 :

Retournoit vers la compagnie.

De reprendre un peu vostre vent.
Or, respirez tout à vostre aise.
Vous estes apprenty Marchand;
Faites-vous apprenty Galand :
Vous n'y serez pas si-tost Maistre.
A mon égard, je ne puis estre
Vostre Maistresse en ce mestier.
Sire Nicaise, il vous faut prendre
Quelque servante du quartier.
Vous sçavez des estoffes vendre,
Et leur prix en perfection ;
Mais ce que vaut l'occasion
Vous l'ignorez, allez l'apprendre.

VIII. — LE BAST.

Un peintre estoit, qui, jaloux de sa femme,
Allant aux champs luy peignit un baudet
Sur le nombril, en guise de cachet.
Un sien confrere, amoureux de la Dame,
La va trouver, et l'asne efface net ;
Dieu sçait comment; puis un autre en remet
Au mesme endroit, ainsi que l'on peut croire.
A celuy-cy, par faute de memoire,
Il mit un Bast ; l'autre n'en avoit point.
L'Epoux revient, veut s'éclaircir du poinct.
Voyez, mon fils, dit la bonne commere,
L'asne est témoin de ma fidelité.
Diantre soit fait, dit l'Epoux en colere
Et du témoin, et de qui l'a basté.

IX. — LE BAISER RENDU.

Guillot passoit avec sa mariée.
Un Gentilhomme à son gré la trouvant :
Qui t'a, dit-il, donné telle Epousée ?
Que je la baise à la charge d'autant.
Bien volontiers, dit Guillot à l'instant.
Elle est, Monsieur, fort à vostre service.
Le Monsieur donc fait alors son office,
En appuyant ; Perronnelle en rougit.
Huit jours aprés, ce Gentilhomme prit
Femme à son tour : à Guillot il permit
Mesme faveur. Guillot tout plein de zele :
Puisque Monsieur, dit-il, est si fidele,
J'ay grand regret, et je suis bien fâché
Qu'ayant baisé seulement Perronnelle,
Il n'ait encore avec elle couché.

X. — EPIGRAMME (1).

Alis malade, et se sentant presser,
Quelqu'un luy dit : Il faut se confesser ;
Voulez-vous pas mettre en repos vostre
      ame ?
Oüy, je le veux, luy répondit la Dame :
Qu'à Pere André l'on aille de ce pas ;
Car il entend d'ordinaire mon cas.
Un Messager y court en diligence ;

1. Dans l'édition de 1685 et dans les suivantes cette piéce est intitulée : *Alix malade.*

Sonne au Convent de toute sa puissance.
Qui venez-vous demander ? luy dit-on.
C'est Pere André, celuy qui d'ordinaire
Entend Alis dans sa confession :
Vous demandez, reprit alors un Frere,
Le Pere André, le Confesseur d'Alis ?
Il est bien loin : helas ! le pauvre Pere
Depuis dix ans confesse en Paradis.

XI. — IMITATION D'ANACRÉON (1)

toy qui peins d'une façon galante,
Maistre passé dans Cytere et Paphos,
Fais un effort; peins-nous Iris absente.
Tu n'as point veu cette beauté charmante,
Me diras-tu : tant mieux pour ton repos.
Je m'en vais donc t'instruire en peu de mots.
Premierement, mets des lys et des roses;
Aprés cela des Amours et des Ris.
Mais à quoy bon le détail de ces choses ?
D'une Venus tu peux faire une Iris.
Nul ne sçauroit découvrir le mystere :
Traits si pareils jamais ne se sont veus ;
Et tu pourras à Paphos et Citere
De cette Iris refaire une Venus.

1. Imitation des odes 28 et 29, εἰς τὴν ἑαυτοῦ ἑταίραν,
et εἰς βάθυλλον. Dans les éditions publiées par M. Walckenaer cette pièce est intitulée : *Portrait d'Iris*.

XII.—AUTRE IMITATION D'ANACRÉON (1).

J'estois couché mollement,
Et, contre mon ordinaire,
Je dormois tranquillement,
Quand un enfant s'en vint faire
A ma porte quelque bruit.
Il pleuvoit fort cette nuit ;
Le vent, le froid, et l'orage
Contre l'enfant faisoient rage.
Ouvrez, dit-il, je suis nu.
Moy, charitable et bon homme,
J'ouvre au pauvre morfondu,
Et m'enquiers comme il se nomme.
Je te le diray tantost,
Repartit-il ; car il faut
Qu'auparavant je m'essuye.
J'allume aussi-tost du feu.
Il regarde si la pluye
N'a point gasté quelque peu
Un arc dont je me méfie.
Je m'aproche toutefois,
Et de l'enfant prends les doigts,
Les réchauffe ; et dans moy-mesme
Je dis : Pourquoy craindre tant ?
Que peut-il ? c'est un enfant :
Ma coüardise est extreme
D'avoir eu le moindre effroy ;
Que seroit-ce si chez moy

---

1. Ode 3, εἰς Ἔρωτα, pièce généralement connue sous le titre de : *L'Amour mouillé*. M. Walckenaer le lui a conservé dans ses éditions de La Fontaine.

J'avois receu Polyphême?
L'enfant, d'un air enjoüé,
Ayant un peu secoüé
Les pieces de son armure,
Et sa blonde chevelure,
Prend un trait, un trait vainqueur,
Qu'il me lance au fond du cœur.
Voila, dit-il, pour ta peine.
Souviens-toy bien de Climene
Et de l'Amour; c'est mon nom.
Ah! je vous connois, luy dis-je,
Ingrat et cruel garçon;
Faut-il que qui vous oblige
Soit traité de la façon?
Amour fit une gambade;
Et le petit scelerat
Me dit: Pauvre camarade,
Mon arc est en bon estat;
Mais ton cœur est bien malade.

XIII. — LE PETIT CHIEN

QUI SECOUE DE L'ARGENT ET DES PIERRERIES.

La clef du coffre fort et des cœurs, c'est la
Que si ce n'est celle des cœurs,   [mesme.
C'est du moins celle des faveurs:
Amour doit à ce stratagême
La plus grand'part de ses exploits:
A-t-il épuisé son carquois,
Il met tout son salut en ce charme suprême.
Je tiens qu'il a raison; car qui hait les presens?
Tous les humains en sont friands,

Princes, Roys, Magistrats : ainsi quand une belle
   En croira l'usage permis,
Quand Venus ne fera que ce que fait Themis,
   Je ne m'écrieray pas contre-elle.
   On a bien plus d'une querelle
   A luy faire sans celle-là,
Un Juge Mantoüan belle femme épousa.
Il s'appelloit Anselme; on la nommoit Argie;
Luy déja vieux barbon, elle jeune et jolie,
   Et de tous charmes assortie.
   L'Epoux, non content de cela,
   Fit si bien par sa jalousie,
Qu'il rehaussa de prix celle-là qui d'ailleurs
   Meritoit de se voir servie
   Par les plus beaux et les meilleurs.
Elle le fut aussi : d'en dire la maniere,
   Et comment s'y prit chaque Amant,
Il seroit long; suffit que cet objet charmant
Les laissa soûpirer, et ne s'en émût guere.
Amour établissoit chez le Juge ses loix;
Quand l'Estat Mantoüan, pour chose de grand poids,
Resolut d'envoyer ambassade au Saint Pere.
Comme Anselme estoit Juge, et de plus Magistrat,
   Vivoit avec assez d'éclat,
   Et ne manquoit pas de prudence,
   On le députe en diligence.
   Ce ne fut pas sans resister
Qu'au choix qu'on fit de luy consentit le bon homme :
   L'affaire estoit longue à traiter;
   Il devoit demeurer dans Rome
Six mois, et plus encor; que sçavoit-il combien ?
Tant d'honneur pouvoit nuire au conjugal lien :
   Longue ambassade et long voyage
   Aboutissent à cocüage.
   Dans cette crainte, nostre Epoux
   Fit cette harangue à la Belle.
On nous sépare, Argie; adieu, soyez fidele
   A celuy qui n'aime que vous.

Jurez le moy : car, entre-nous,
J'ay sujet d'estre un peu jaloux.
Que fait autour de nostre porte
Cette soûpirante cohorte?
Vous me direz que jusqu'icy
La cohorte a mal reüssi :
Je le crois ; cependant, pour plus grande assurance,
Je vous conseille en mon absence
De prendre pour séjour nôtre maison des champs.
Fuyez la Ville et les Amans,
Et leurs presens;
L'invention en est damnable;
Des machines d'Amour c'est la plus redoutable :
De tout temps le monde a veu Don
Estre le pere d'abandon.
Declarez-luy la guerre ; et soyez sourde, Argie,
A sa sœur cajolerie.
Dés que vous sentirez approcher les blondins,
Fermez vîte vos yeux, vos oreilles, vos mains.
Rien ne vous manquera ; je vous fais la maistresse
De tout ce que le Ciel m'a donné de richesse :
Tenez, voila les clefs de l'argent, des papiers ;
Faites-vous payer des fermiers ;
Je ne vous demande aucun conte :
Suffit que je puisse sans honte
Aprendre vos plaisirs ; je vous les permets tous,
Hors ceux d'amour, qu'à vostre Epoux
Vous garderez entiers pour son retour de Rome :
C'en estoit trop pour le bon homme ;
Helas ! il permettoit tous plaisirs, hors un point
Sans lequel seul il n'en est point.
Son Epouse luy fit promesse solemnelle
D'estre sourde, aveugle, et cruelle,
Et de ne prendre aucun present;
Il la retrouveroit au retour toute telle
Qu'il la laissoit en s'en allant,
Sans nul vestige de Galant.
Anselme estant party, tout aussi-tost Argie

S'en alla demeurer aux champs;
Et tout aussi-tost les Amans
De l'aller voir firent partie.
Elle les renvoya; ces gens l'embarrassoient,
L'atiedissoient, l'affadissoient,
L'endormoient en contant leur flame :
Ils déplaisoient tous à la Dame,
Hormis certain jeune blondin,
Bienfait, et beau par excellence,
Mais qui ne put par sa souffrance
Amener à son but cet objet inhumain.
Son nom c'estoit Atis, son mestier paladin.
Il ne plaignit en son dessein
Ny les soûpirs ny la dépense.
Tout moyen par luy fut tenté :
Encor si des soûpirs il se fut contenté!
La source en est inépuisable;
Mais de la dépense, c'est trop.
Le bien de nostre Amant s'en va le grand galop;
Voila mon homme miserable.
Que fait-il? il s'éclipse; il part, il va chercher
Quelque desert pour se cacher.
En chemin il rencontre un homme,
Un Manant, qui, foüillant avecque son bâton,
Vouloit faire sortir un serpent d'un buisson;
Atis s'enquit de la raison.
C'est, reprit le Manant, afin que je l'assomme.
Quand j'en rencontre sur mes pas,
Je leur fais de pareilles festes.
Amy, reprit Atis, laisse-le; n'est-il pas
Creature de Dieu comme les autres bestes?
Il est à remarquer que nostre Paladin
N'avoit pas cette horreur commune au genre humain
Contre la gent reptile, et toute son espece;
Dans ses armes il en portoit,
Et de Cadmus il descendoit,
Celuy-là qui devint serpent sur sa vieillesse.
Force fut au Manant de quitter son dessein.

Le serpent se sauva ; nostre Amant à la fin
S'establit dans un bois écarté, solitaire :
Le silence y faisoit sa demeure ordinaire,
     Hors quelque oiseau qu'on entendoit,
     Et quelque Echo qui répondoit.
     Là le bon-heur et la misere
Ne se distinguoient point, égaux en dignité
Chez les loups qu'hebergeoit ce lieu peu frequenté.
Atis n'y rencontra nulle tranquillité.
Son amour l'y suivit ; et cette solitude,
Bien loin d'estre un remede à son inquietude,
     En devint mesme l'aliment,
Par le loisir qu'il eut d'y plaindre son tourment.
Il s'ennuya bien-tost de ne plus voir sa Belle.
Retournons, ce dit-il, puis que c'est nostre sort :
     Atis, il t'est plus doux encor
     De la voir ingrate et cruelle,
     Que d'estre privé de ses traits :
     Adieu ruisseaux, ombrages frais,
     Chants amoureux de Philomele ;
Mon inhumaine seule attire à soy mes sens :
Esloigné de ses yeux, je ne vois ny n'entends.
L'esclave fugitif se va remettre encore
En ses fers, quoy que durs, mais, helas ! trop cheris.
Il approchoit des murs qu'une Fée a bastis ;
Quand sur les bords du Mince, à l'heure que l'Aurore
Commence à s'éloigner du séjour de Thetis,
     Une Nimphe en habit de Reine,
Belle, majestueuse, et d'un regard charmant ;
Vint s'offrir tout d'un coup aux yeux du pauvre Amant
     Qui resvoit alors à sa peine.
Je veux, dit-elle, Atis, que vous soyez heureux :
Je le veux, je le puis, estant Manto la Fée,
     Vostre amie et vostre obligée.
     Vous connoissez ce nom fameux.
Mantouë en tient le sien : jadis en cette terre,
     J'ay posé la premiere pierre
De ces murs, en durée égaux aux bastimens

Dont Menphis void le Nil laver les fondemens.
La Parque est inconnuë à toutes mes pareilles :
     Nous operons mille merveilles ;
Mal-heureuses pourtant de ne pouvoir mourir ;
Car nous sommes d'ailleurs capables de souffrir
Toute l'infirmité de la nature humaine :
Nous devenons serpens un jour de la semaine.
     Vous souvient-il qu'en ce lieu-cy
     Vous en tirastes un de peine ?
C'estoit moy, qu'un Manant s'en alloit assommer ;
     Vous me donnastes assistance :
     Atis, je veux, pour recompense,
     Vous procurer la joüissance
     De celle qui vous fait aimer.
Allons-nous-en la voir, je vous donne assurance
     Qu'avant qu'il soit deux jours de temps
     Vous gagnerez par vos presens
     Argie et tous ses surveillans.
Dépensez, dissipez, donnez à tout le monde,
     A pleines mains répandez l'or,
Vous n'en manquerez point, c'est pour vous le tresor
Que Lucifer me garde en sa grote profonde.
Vostre Belle sçaura quel est nostre pouvoir.
Mesme, pour m'approcher de cette inexorable,
     Et vous la rendre favorable,
     En petit chien vous m'allez voir
     Faisant mille tours sur l'herbette ;
Et vous, en pelerin joüant de la musette,
Me pourrez à ce son mener chez la beauté
     Qui tient vostre cœur enchanté.
Aussi-tost fait que dit ; nostre Amant et la Fée
     Changent de forme en un instant :
Le voilà pelerin chantant comme un Orphée,
Et Manto petit chien faisant tours et sautant.
     Ils vont au Chasteau de la Belle.
Valets et gens du lieu s'assemblent autour d'eux :
Le petit chien fait rage, aussi fait l'amoureux ;
Chacun danse, et Guillot fait sauter Perronnelle.

La Fontaine. — II.
                                        15

Madame entend ce bruit, et sa Nourrice y court.
On luy dit qu'elle vienne admirer à son tour
Le Roy des épagneux, charmante creature,
    Et vray miracle de nature.
Il entend tout, il parle, il danse, il fait cent tours :
    Madame en fera ses amours;
Car, veuille ou non son Maistre, il faut qu'il le luy
    S'il n'aime mieux le luy donner.   [vende,
    La Nourrice en fait la demande.
    Le Pelerin, sans tant tourner,
Luy dit tout bas le prix qu'il veut mettre à la chose;
    Et voicy ce qu'il luy propose :
Mon chien n'est point à vendre, à donner encor moins,
    Il fournit à tous mes besoins :
    Je n'ay qu'à dire trois paroles,
Sa pate entre mes mains fait tomber à l'instant,
    Au lieu de puces, des pistoles,
Des perles, des rubis, avec maint diamant.
C'est un prodige enfin; Madame cependant
    En a, comme on dit, la monnoye.
    Pourveu que j'aye cette joye
De coucher avec elle une nuit seulement,
Favory sera sien dés le mesme moment.
La proposition surprit fort la Nourrice.
    Quoy ! Madame l'Ambassadrice !
Un simple Pelerin ! Madame à son chevet
Pourroit voir un bourdon ! Et si l'on le sçavoit !
Si cette mesme nuit quelque Hospital avoit
    Hebergé le Chien et son Maistre !
Mais ce Maistre est bienfait, et beau comme le jour;
    Cela fait passer en Amour;
    Quelque bourdon que ce puisse estre.
Atis avoit changé de visage et de traits;
On ne le connut pas, c'estoient d'autres attraits.
La Nourrice ajoustoit : A gens de cette mine
    Comment peut-on refuser rien ?
    Puis celuy-cy possede un Chien
    Que le Royaume de la Chine

Ne payeroit pas de tout son or :
Une nuit de Madame aussi c'est un tresor.
        J'avois oublié de vous dire
Que le drole à son Chien feignit de parler bas :
        Il tombe aussi-tost dix ducats
        Qu'à la Nourrice offre le Sire.
        Il tombe encore un diamant :
        Atis en riant le ramasse.
C'est, dit-il, pour Madame ; obligez-moy, de grace,
De le luy presenter avec mon compliment.
        Vous direz à son Excellence
Que je luy suis acquis. La Nourrice à ces mots
        Court annoncer en diligence
        Le petit Chien et sa science,
        Le Pelerin et son propos.
        Il ne s'en falut rien qu'Argie
Ne batist sa Nourrice. Avoir l'effronterie
De luy mettre en l'esprit une telle infamie !
Avec qui ? Si c'estoit encor le pauvre Atis !
Helas ! mes cruautez sont cause de sa perte.
Il ne me proposa jamais de tels partis.
Je n'aurois pas d'un Roy cette chose soufferte ;
        Quelque don que l'on pust m'offrir,
Et d'un porte-bourdon je la pourrois souffrir,
        Moy qui suis une Ambassadrice !
        Madame, reprit la Nourrice,
        Quand vous seriez Imperatrice,
        Je vous dis que ce Pelerin
A dequoy marchander, non pas une mortelle,
        Mais la Deesse la plus belle.
        Atis, vostre beau Paladin,
Ne vaut pas seulement un doigt du personnage.
        Mais mon mary m'a fait jurer,
Eh quoy ? de luy garder la foy de mariage.
Bon jurer ? ce serment vous lie-t-il davantage
Que le premier n'a fait ? qui l'ira declarer ?
Qui le sçaura ? J'en vois marcher teste levée,
Qui n'iroient pas ainsi, j'ose vous l'assurer,

Si sur le bout du nez tache pouvoit montrer
    Que telle chose est arrivée :
    Cela nous fait-il empirer
D'une ongle ou d'un cheveu ? Non, Madame, il faut
    Bien habile pour reconnoistre   [estre
Bouche ayant employé son temps et ses appas
D'avec bouche qui s'est tenuë à ne rien faire ;
    Donnez-vous, ne vous donnez pas,
    Ce sera toûjours mesme affaire.
Pour qui mesnagez-vous les tresors de l'Amour ?
Pour celuy qui, je crois, ne s'en servira guere ;
Vous n'aurez pas grand'peine à fester son retour.
    La fausse vieille sceut tant dire,
Que tout se reduisit seulement à douter
Des merveilles du Chien et des charmes du sire :
    Pour cela l'on les fit monter :
    La Belle estoit au lit encore.
    L'Univers n'eut jamais d'aurore
    Plus paresseuse à se lever.
Nostre feint Pelerin traversa la ruelle
Comme un homme ayant veu d'autres gens que des
Son compliment parut galand et des plus fins : [Saints.
    Il surprit et charma la Belle.
    Vous n'avez pas, ce luy dit-elle,
    La mine de vous en aller
    A S. Jacques de Compostelle.
    Cependant, pour la regaler,
    Le Chien à son tour entre en lice.
    On eust veu sauter Favory
    Pour la Dame et pour la Nourrice,
    Mais point du tout pour le Mary.
    Ce n'est pas tout ; il se secouë :
    Aussi-tost perles de tomber,
    Nourrice de les ramasser,
    Soubrettes de les enfiler,
    Pelerin de les attacher
    A de certains bras dont il louë
La blancheur et le reste. Enfin il fait si bien,

Qu'avant que partir de la place
On traite avec luy de son Chien.
On luy donne un baiser pour arrhes de la grace
Qu'il demandoit, et la nuit vint.
Aussi-tost que le drosle tint
Entre ses bras Madame Argie,
Il redevint Atis; la Dame en fut ravie;
C'estoit avec bien plus d'honneur
Traiter Monsienr l'Ambassadeur.
Cette nuit eut des sœurs, et mesme en trés-bon nombre.
Chacun s'en apperceut; car d'enfermer sous l'ombre
Une telle aise, le moyen?
Jeunes gens font-ils jamais rien
Que le plus aveugle ne voye?
A quelques mois de là, le S. Pere renvoye
Anselme avec force Pardons,
Et beaucoup d'autres menus dons.
Les biens et les honneurs pleuvoient sur sa personne.
De son vicegerent il apprend tous les soins:
Bons certificats des voisins;
Pour les Valets, nul ne luy donne
D'éclaircissement sur cela,
Monsieur le Juge interrogea
La Nourrice avec les Soubrettes,
Sages personnes et discretes;
Il n'en put tirer ce secret:
Mais, comme parmy les femelles
Volontiers le Diable se met,
Il survint de telles querelles,
La Dame et la Nourrice eurent de tels debats,
Que celle-cy ne manqua pas
A se venger de l'autre, et declarer l'affaire.
Deust-elle aussi se perdre, il falut tout conter.
D'exprimer jusqu'où la colere
Ou plûtost la fureur de l'Epoux put monter,
Je ne tiens pas qu'il soit possible;
Ainsi je m'en tairay: on peut par les effets
Juger combien Anselme estoit homme sensible.

Il choisit un de ses Valets,
Le charge d'un billet, et mande que Madame
Vienne voir son Mary malade en la Cité.
La Belle n'avoit point son Village quitté :
L'époux alloit, venoit, et laissoit là sa femme.
Il te faut en chemin écarter tous ses gens,
Dit Anselme au porteur de ces ordres pressans ;
La perfide a couvert mon front d'ignominie :
Pour satisfaction je veux avoir sa vie.
    Poignarde-la ; mais prends ton temps :
Tasche de te sauver : voilà pour ta retraite ;
Prend cet or : si tu fais ce qu'Anselme souhaite,
    Et punis cette offense-là,
Quelque part que tu sois, rien ne te manquera.
    Le valet va trouver Argie,
    Qui par son Chien est avertie.
Si vous me demandez comme un Chien avertit,
    Je crois que par la jupe il tire ;
    Il se plaint, il jappe, il soûpire,
Il en veut à chacun ; pour peu qu'on ait d'esprit,
    On entend bien ce qu'il veut dire.
Favory fit bien plus ; et tout bas il apprit
    Un tel peril à sa Maistresse.
Partez pourtant, dit-il, on ne vous fera rien :
Reposez-vous sur moy ; j'en empescheray bien
    Ce valet à l'ame traistresse.
Ils estoient en chemin, prés d'un bois qui servoit
    Souvent aux voleurs de refuge :
Le Ministre cruel des vengeances du Juge
Envoye un peu devant le train qui les suivoit ;
    Puis il dit l'ordre qu'il avoit.
La Dame disparoist aux yeux du personnage :
    Manto la cache en un nüage.
Le valet estonné retourne vers l'Epoux,
Luy conte le miracle ; et son Maistre en courroux
Va luy-mesme à l'endroit. O prodige ! ô merveille !
Il y trouve un Palais de beauté sans pareille :
Une heure auparavant c'estoit un champ tout nu.

Anselme, à son tour éperdu,
Admire ce Palais basty non pour des hommes,
    Mais apparamment pour des Dieux :
Appartemens dorez, meubles trés-precieux,
    Jardins et bois delicieux ;
On auroit peine à voir, en ce siecle où nous sommes,
Chose si magnifique et si riante aux yeux.
    Toutes les portes sont ouvertes ;
    Les chambres sans hoste et desertes ;
Pas une ame en ce Louvre ; excepté qu'à la fin
Un More trés-lippu, trés-hideux, trés-vilain,
S'offre aux regards du Juge, et semble la copie
    D'un Esope d'Ethiopie.
    Nostre Magistrat l'ayant pris
    Pour le Balayeur du logis,
Et croyant l'honorer luy donnant cet office :
Cher amy, luy dit-il, apprend-nous à quel Dieu
    Appartient un tel edifice ;
    Car de dire un Roy, c'est trop peu.
    Il est à moy, reprit le More.
Nostre Juge à ces mots se prosterne, l'adore,
Luy demande pardon de sa temerité.
Seigneur, ajousta-t-il, que vostre Deïté
    Excuse un peu mon ignorance.
Certe, tout l'Univers ne vaut pas la chevance
Que je rencontre icy. Le More luy répond :
    Veux-tu que je t'en fasse un don ?
De ces lieux enchantez je te rendray le Maistre,
    A certaine condition.
    Je ne ris point ; tu pourras estre
    De ces lieux absolu Seigneur,
Si tu me veux servir deux jours d'enfant d'honneur.
    .... Entends-tu ce langage ?
    Et sçais-tu quel est cet usage ?
    Il te le faut expliquer mieux.
Tu connois l'Echanson du Monarque des Dieux ?

Anselme.

    Ganimede ?

Le More.

Celuy-là mesme.
Prend que je sois Jupin le Monarque suprême,
    Et que tu sois le Jouvenceau :
Tu n'es pas tout-à-fait si jeune ny si beau.

Anselme.

Ah Seigneur, vous raillez, c'est chose par trop sure :
Regardez la vieillesse, et la magistrature.

Le More.

Moy railler ? point du tout.

Anselme.

Seigneur.

Le More.

Ne veux-tu point ?

Anselme.

Seigneur... Anselme ayant examiné ce point
    Consent à la fin au mystere.
Maudite amour des dons, que ne fais-tu pas faire !
En Page incontinent son habit est changé :
Toque au lieu de chapeau, haut-de-chausse troussé :
La barbe seulement demeure au personnage.
L'enfant d'honneur Anselme avec cet équipage
Suit le More par tout. Argie avoit oüy
Le Dialogue entier, en certain coin cachée.
Pour le More lippu, c'estoit Manto la Fée,
    Par son art métamorphosée,
    Et par son art ayant basty
Ce Louvre en un moment; par son art fait un Page
Sexagenaire et grave. A la fin au passage
D'une chambre en une autre, Argie à son mary
Se montre tout d'un coup : Est-ce Anselme, dit-elle,
    Que je vois ainsi déguisé ?
Anselme ? il ne se peut; mon œil s'est abusé.
Le vertueux Anselme à la sage cervelle
Me voudroit-il donner une telle leçon ?

C'est luy pourtant. Oh! oh! Monsieur nostre barbon,
Nostre Legislateur, nostre homme d'ambassade,
Vous estes à cet âge homme de mascarade?
Homme de? la pudeur me défend d'achever.
Quoy! vous jugez les gens à mort pour mon affaire,
 Vous qu'Argie a pensé trouver
 En un fort plaisant adultere!
Du moins n'ay-je pas pris un More pour Galant :
 Tout me rend excusable, Atis, et son merite,
 Et la qualité du present.
 Vous verrez tout incontinent
Si femme qu'un tel don à l'amour solicite
 Peut resister un seul moment.
More, devenez Chien. Tout aussi-tost le More
 Redevient petit Chien encore.
Favory, que l'on danse; à ces mots Favory
 Danse, et tend la pate au mary.
 Qu'on fasse tomber des pistoles;
 Pistoles tombent à foison :
Eh bien, qu'en dites-vous? sont-ce choses frivoles?
 C'est de ce Chien qu'on m'a fait don.
 Il a basty cette maison.
Puis faites-moy trouver au monde une Excellence,
 Une Altesse, une Majesté,
 Qui refuse sa joüissance
 A dons de cette qualité,
Sur tout quand le donneur est bienfait et qu'il aime,
 Et qu'il merite d'estre aimé.
En eschange du Chien, l'on me vouloit moy-mesme;
Ce que vous possedez de trop, je l'ay donné,
Bien entendu, Monsieur; suis-je chose si chere?
Vrayment vous me croiriez bien pauvre ménagere
Si je laissois aller tel Chien à ce prix-là.
Sçavez-vous qu'il a fait le Louvre que voila?
Le Louvre pour lequel... Mais oublions cela;
 Et n'ordonnez plus qu'on me tuë,
Moy qu'Atis seulement en ses laqs a fait cheoir;
Je le donne à Lucrece, et voudrois bien la voir

Des mesmes armes combatuë.
Touchez-là, mon mary ; la paix ; car aussi bien
   Je vous défie ayant ce Chien :
Le fer ny le poison pour moy ne sont à craindre :
Il m'avertit de tout ; il confond les jaloux ;
Ne le soyez donc point ; plus on veut nous contraindre,
   Moins on doit s'assurer de nous.
Anselme accorda tout : qu'eust fait le pauvre Sire ?
     On luy promit de ne pas dire
Qu'il avoit esté Page. Un tel cas estant teü,
   Cocüage, s'il eust voulu ,
   Auroit eu ses franches coudées.
Argie en rendit grace : et compensations
   D'une et d'autre part accordées,
On quitta la campagne à ces conditions.
Que devint le Palais ? dira quelque critique.
Le Palais ? que m'importe ? il devint ce qu'il put.
A moy ces questions ! suis-je homme qui se pique
D'estre si regulier ? Le Palais disparut.
Et le Chien ? le Chien fit ce que l'Amant voulut.
Mais que voulut l'Amant ? Censeur, tu m'importunes.
Il voulut par ce Chien tenter d'autres fortunes.
D'une seule conqueste est-on jamais content ?
   Favory se perdoit souvent :
   Mais chez sa premiere Maistresse
Il revenoit toûjours. Pour elle , sa tendresse
Devint bonne amitié. Sur ce pied, nostre Amant
   L'alloit voir fort assidument :
   Et mesme en l'accommodement
Argie à son Epoux fit un serment sincere
   De n'avoir plus aucune affaire.
   L'Epoux jura de son costé
   Qu'il n'auroit plus aucun ombrage,
   Et qu'il vouloit estre foüetté
   Si jamais on le voyoit Page.

NOUVEAUX CONTES[1]

(QUATRIESME PARTIE.)

I. — COMMENT L'ESPRIT VIENT AUX FILLES.

I l est un jeu divertissant sur tous,
Jeu dont l'ardeur souvent se renouvelle :
Ce qui m'en plaist, c'est que tant de cer-
velle
N'y fait besoin, et ne sert de deux cloux.
Or devinez comment ce jeu s'appelle [2],
Vous y joüez; comme aussi faisons-nous [3];
Il divertit et la laide et la belle;

1. Ces contes n'ont pas été publiés ouvertement en France du vivant de La Fontaine ; la vente en a même été interdite à Paris, par une sentence de police du 5 avril 1675. Ils ont paru sous la rubrique de Mons en 1674 et en 1675, et sous celle d'Amsterdam en 1676. Comme il est impossible, dans ces circonstances, de savoir à quelle édition l'auteur a donné ses soins, nous suivons le texte de la première, en indiquant les modifications successives qu'il a subies.

2. Dans l'édition de Mons de 1675, *comme* au lieu de *comment* dans tous les endroits où ce vers est reproduit.

3. Les quatre vers qui précèdent ont été supprimés dans

Soit jour, soit nuit, à toute heure il est doux :
Car on y voit assez clair sans chandelle (1).
Or, devinez comment ce jeu s'appelle.
    Le beau du jeu n'est connu de l'époux ;
C'est chez l'Amant que ce plaisir excelle :
De regardans, pour y juger des coups,
Il n'en faut point ; jamais on n'y querelle.
Or, devinez comment ce jeu s'appelle.
    Qu'importe-t-il ? Sans s'arrester au nom,
Ny badiner là dessus davantage,
Je vais encor vous en dire un usage :
Il fait venir l'esprit et la raison.
Nous le voyons en mainte bestiole.
Avant que Lise allast en cette école,
Lise n'estoit qu'un miserable oyson.
Coudre et filer c'estoit son exercice,
Non pas le sien, mais celuy de ses doigts ;
Car que l'esprit eust part à cét office,
Ne le croyez ; il n'étoit nuls emplois
Où Lise peust avoir l'ame occupée :
Lise songeoit autant que sa poupée.
Cent fois le jour sa Mere luy disoit :
Va-t-en chercher de l'esprit, mal-heureuse.
La pauvre fille aussi-tost s'en alloit
Chez les voisins, affligée et honteuse,
Leur demandant où se vendoit l'esprit.
On en rioit ; à la fin l'on luy dit :
Allez trouver Pere Bonaventure,
Car il en a bonne provision.
Incontinent la jeune creature
S'en va le voir, non sans confusion :
Elle craignoit que ce ne fust dommage
De détourner ainsi tel personnage.
Me voudroit-il faire de tels presens,

toutes les éditions, à partir de celle de 1685, et n'ont pas été recueillis par M. Walckenaer.

1. Même observation pour ce vers.

A moy qui n'ay que quatorze ou quinze ans?
Vaux-je cela? disoit en soy la belle.
Son innocence augmentoit ses appas:
Amour n'avoit à son croc de pucelle
Dont il creust faire un aussi bon repas.
Mon Reverend, dit elle au beat homme,
Je viens vous voir; des personnes m'ont dit
Qu'en ce Couvent on vendoit de l'esprit;
Vôtre plaisir seroit-il qu'à credit
J'en pusse avoir? non pas pour grosse somme,
A gros achapt mon tresor ne suffit;
Je reviendray, s'il m'en faut d'avantage:
Et cependant prenez cecy pour gage.
A ce discours, je ne sçais quel anneau,
Qu'elle tiroit de son doigt avec peine,
Ne venant point, le Pere dit: Tout beau!
Nous pourvoirons à ce qui vous ameine,
Sans exiger nul salaire de vous:
Il est marchande et marchande, entre nous;
A l'une on vend ce qu'à l'autre l'on donne.
Entrez icy, suivez moy hardiment;
Nul ne nous voit, aucun ne nous entend;
Tous sont au chœur; le portier est personne
Entierement à ma devotion,
Et ces murs ont de la discretion.
Elle le suit; ils vont à sa Cellule.
Mon Reverend la jette sur un lit,
Veut la baiser; la pauvrette recule
Un peu la teste; et l'innocente dit:
Quoy! c'est ainsi qu'on donne de l'esprit
Et vrayment oüy, repart sa Reverence;
Puis il luy met la main sur le teton.
Encore ainsi? Vrayment oüy; comment don
La belle prend le tout en patience.
Il suit sa pointe, et d'encor en encor
Tousjours l'esprit s'insinuë et s'avance,
Tant et si bien qu'il arrive à bon port.
Lise rioit du succés de la chose.

Bonaventure à six moments de là
Donne d'esprit une seconde dose.
Ce ne fut tout, une autre succeda;
La charité du beau Pere estoit grande.
Et bien! dit-il, que vous semble du jeu?
A nous venir l'esprit tarde bien peu,
Reprit la belle; et puis elle demande:
Mais s'il s'en va? S'il s'en va, nous verrons;
D'autres secrets se mettent en usage.
N'en cherchez point, dit Lise, davantage;
De celuy-cy nous nous contenterons.
Soit fait, dit-il, nous recommencerons
Au pis aller, tant et tant qu'il suffise.
Le pis aller sembla le mieux à Lise.
Le secret mesme encor se repeta
Par le Pater; il aimoit cette dance.
Lise luy fait une humble reverence,
Et s'en retourne en songeant à cela.
Lise songer! Quoy! dé-jà Lise songe!
Elle fait plus, elle cherche un mensonge,
Se doutant bien qu'on luy demanderoit,
Sans y manquer, d'où ce retard venoit.
Deux jours aprés, sa compagne Nanette
S'en vient la voir : pendant leur entretien
Lise révoit. Nanette comprit bien,
Comme elle estoit clair-voyante et finette,
Que Lise alors ne révoit pas pour rien.
Elle fait tant, tourne tant son amie,
Que celle-cy luy declare le tout :
L'autre n'estoit à l'ouïr endormie.
Sans rien cacher, Lise de bout en bout,
De point en point, luy conte le mystere,
Dimensions de l'esprit du beau Pere,
Et les encor, enfin tout le Phœbé.
Mais vous, dit-elle, apprenez-nous de grace
Quand et par qui l'esprit vous fut donné.
Anne reprit : Puis qu'il faut que je fasse
Un libre aveu, c'est vostre frere Alain

Qui m'a donné de l'esprit un matin.
Mon frere Alain! Alain! s'écria Lise,
Alain mon frere! ah! je suis bien surprise;
Il n'en a point, comme en donneroit-il?
Sotte, dit l'autre, helas! tu n'en sçais guere :
Apprens de moy que pour pareille affaire
Il n'est besoin que l'on soit si subtil.
Ne me crois-tu? sçache-le de ta mere;
Elle est experte au fait dont il s'agit :
Si tu ne veux, demande au voisinage (1);
Sur ce point-là l'on t'aura bien-tost dit,
Vivent les sots pour donner de l'esprit!
Lise s'en tint à ce seul témoignage,
Et ne crût pas devoir parler de rien.
Vous voyez donc que je disois fort bien
Quand je disois que ce jeu là rend sage (2).

II. — L'ABBESSE (3).

L'exemple sert, l'exemple nuit aussi :
Lequel des deux doit l'emporter icy,
Ce n'est mon fait : l'un dira que l'Abbesse
En usa bien, l'autre au contraire mal,
Selon les gens : bien ou mal je ne laisse
D'avoir mon compte, et montre en general,
Par ce que fit tout un troupeau de Nones,

1. Vers supprimé dans toutes les éditions à partir de celle de 1685.
2. Ces quatre derniers vers ont été retranchés dans toutes les éditions, à partir de celle de 1685.
3. Dans toutes les éditions, à partir de celle de 1685 : *L'Abbesse malade.*

Qu'oüailles sont la pluspart des personnes (¹) :
Qu'il en passe une, il en passera cent;
Tant sur les gens est l'exemple puissant !
Je le repete, et dis, vaille que vaille,
Le monde n'est que franche moutonnaille.
Du premier coup ne croyez que l'on aille
A ses perils le passage sonder;
On est long-temps à s'entreregarder;
Les plus hardis ont ils tenté l'affaire,
Le reste suit, et fait ce qu'il void faire.
Qu'un seul mouton se jette en la riviere,
Vous ne verrez nulle ame moutonniere
Rester au bord, tous se noyront à tas.
Maître François en conte un plaisant cas.
Amy Lecteur, ne te déplaira pas,
Si, sursoyant ma principale histoire,
Je te remets cette chose en memoire.
Panurge alloit l'oracle consulter;
Il navigeoit, ayant dans la cervelle
Je ne sçais quoy qui vint l'inquieter.
Dindenaut passe, et medaille l'appelle
De vray cocu. Dindenaut dans sa nef
Menoit moutons. Vendez m'en un, dit l'autre.
Voire, reprit Dindenaut, l'amy nostre,
Penseriez-vous qu'on pust venir à chef
D'assez priser ny vendre telle aumaille?
Panurge dit : nôtre ami, coûte et vaille,
Vendez m'en un pour or ou pour argent.
Un fut vendu. Panurge incontinent
Le jette en mer; et les autres de suivre.
Au diable l'un, à ce que dit le livre,
Qui demeura. Dindenaut au collet
Prend un belier, et le belier l'entraisne.
Adieu mon homme : il va boire au godet.
Or revenons : ce prologue me meine

---

1. A partir de 1685 :
    Que Brebis sont la plûpart des personnes.

Un peu bien loin. J'ay posé des l'abord
Que tout exemple est de force trés-grande,
Et ne me suis écarté par trop fort
En rapportant la Moutonniere bande,
Car nôtre histoire est d'oüailles encor.
Une passa, puis une autre, et puis une (¹);
Tant qu'à passer s'entre-pressant chacune,
On vid enfin celle qui les gardoit
Passer aussi : c'est en gros tout le conte :
Voici comment en détail on le conte.
    Certaine Abbesse un certain mal avoit,
Pasles couleurs nommé parmy les filles;
Mal dangereux, et qui des plus gentilles
Détruit l'éclat, fait languir les attraits.
Nôtre malade avoit la face blesme
Tout justement comme un Saint de Caresme;
Bonne d'ailleurs, et gente, à cela prés.
La faculté sur ce poinct consultée,
Aprés avoir la chose examinée,
Dit que bien-tost Madame tomberoit
En fievre lente, et puis qu'elle mourroit.
Force sera que cette humeur la mange,
A moins que de... l'à moins est bien étrange,
A moins enfin qu'elle n'ayt à souhait
Compagnie d'homme. Hipocrate ne fait
Choix de ses mots, et tant tourner ne sçait.
Jesus! reprit toute scandalisée
Madame Abbesse : Hé! que dites-vous là?
Fi! Nous disons, repartit à cela
La faculté, que pour chose asseurée
Vous en mourrez, à moins d'un bon galant :
Bon le faut-il, c'est un poinct important;
Autre que bon n'est icy suffisant;

---

1. Les trente-huit vers précédents, à partir de : « Je le ré-
pète... » sont supprimés dans l'édition de 1685 et dans les
suivantes, et remplacés par celui-ci :

    Agnés passa, puis autre Sœur, puis une.

Et, si bon n'est, deux en prendrez, Madame.
Ce fut bien pis; non pas que dans son Ame
Ce bon ne fust par elle souhaité;
Mais le moyen que sa Communauté
Luy vist sans peine approuver telle chose (¹)!
Honte souvent est de dommage cause.
Sœur Agnés dit : Madame, croyez les.
Un tel remede est chose bien mauvaise,
S'il a le goust meschant à beaucoup prés
Comme la mort. Vous faites cent secrets,
Faut-il qu'un seul vous choque et vous déplaise?
Vous en parlez, Agnés, bien à vostre aise,
Reprit l'Abbesse : or çà, par vostre Dieu,
Le feriez-vous? mettez-vous en mon lieu.
Ouy-dea, Madame; et dis bien davantage :
Vostre santé m'est chere jusque là
Que, s'il faloit pour vous souffrir cela,
Je ne voudrois que dans ce témoignage
D'affection pas une de ceans
Me devançast. Mille remercimens
A sœur Agnés donnés par son Abbesse,
La faculté dit adieu là dessus,
Et protesta de ne revenir plus.
Tout le Couvent se trouvoit en tristesse,
Quand sœur Agnés, qui n'estoit de ce lieu
La moins sensée, au reste bonne lame,
Dit à ses sœurs : Tout ce qui tient Madame
Est seulement belle honte de Dieu :
Par charité n'en est-il point quelqu'une
Pour luy monstrer l'exemple et le chemin?
Cét avis fût approuvé de chacune;
On l'applaudit, il court de main en main.
Pas une n'est qui montre en ce dessein
De la froideur, soit None, soit Nonette,

1. Edition de 1675, sans lieu, et édition de 1685 :
Luy vint sans peine approuver telle chose.

Mére Prieure, ancienne, ou discrete.
Le billet trotte ; on fait venir des gens
De toute guise , et des noirs, et des blancs,
Et des tannez. L'escadron, dit l'histoire,
Ne fut petit, ny, comme l'on peut croire ;
Lent à montrer de sa part le chemin.
Ils ne cedoient à pas une Nonain
Dans le desir de faire que Madame
Ne fust honteuse , ou bien n'eust dans son ame
Tel recipé, possible, à contre-cœur.
De ses brebis à peine la premiere
A fait le saut, qu'il suit une autre sœur ;
Une troisiesme entre dans la carriere ;
Nulle ne veut demeurer en arriere :
Presse se met pour n'estre la derniere
Qui feroit voir son zele et sa ferveur
A mere Abbesse. Il n'est aucune oüaille
Qui ne s'y jette, ainsi que les moutons
De Dindenaut, dont tantost nous parlions,
S'alloient jetter chez la gent portécaille (1).
Que diray plus ? Enfin l'impression
Qu'avoit l'Abbesse encontre ce remede,
Sage renduë, a tant d'exemples cede.
Un jouvenceau fait l'operation
Sur la malade. Elle redevient rose,
Œillet, aurore, et si quelque autre chose
De plus riant se peut imaginer.
O doux remede ! ô remede à donner !
Remede ami de mainte Creature,
Ami des gens, ami de la nature ,
Ami de tout ! poinct d'honneur excepté.
Poinct d'honneur est une autre maladie :
Dans ses écrits Madame faculté
N'en parle point. Que de maux en la vie !

1. Ces cinq derniers vers sont supprimés dans toutes les éditions, à partir de 1685.

III. — LES TROCQUEURS (¹).

L e Changement de Mets réjouit l'homme :
Quand je dis l'homme, entendez qu'en cecy
La femme doit estre comprise aussi :
Et ne sçay pas comme il ne vient de Rome
Permission de Trocquer en Hymen,
Non si souvent qu'on en auroit envie,
Mais tout au moins une fois en sa vie :
Tel Bref en bref aprés bon examen
Nous envoyer, feroit grand bien en France (²).
Prés de Rouën, païs de sapience,
Deux Villageois avoient chacun chez soy
Forte Femelle, et d'assez bon alloy
Pour telles gens qui n'y rafinent guére ;
Chacun sçait bien qu'il n'est pas nécessaire
Qu'Amour les traite ainsi que des Prelats.
Avint pourtant que tous deux estant las
De leurs Moitiez, leur Voisin le Notaire,
Un jour de Feste, avec eux chopinoit.
Un des Manans luy dit : Sire Oudinet,
J'ay dans l'esprit une plaisante affaire.
Vous avez fait sans doute en vostre temps
Plusieurs Contrats de diverse nature ;
Ne peut on point en faire un où les gens

---

1. Ce conte a d'abord été publié isolément, sans mention de lieu ni de date ; il forme 8 pages in-8 imprimées en caractères italiques. C'est cette édition que nous suivons.

2. Dans les éditions postérieures ces deux derniers vers sont remplacés par les quatre suivants :

Peut-estre un jour nous l'obtiendrons. Amen,
Ainsi soit-il ! Semblable indult en France
Viendroit fort bien, j'en réponds ; car nos gens
Sont grands troqueurs. Dieu nous crea changeans.

Trocquent de femme ainsi que de monture?
Nostre Pasteur a bien trocqué de Cure (¹) :
La Femme est-elle un cas si different?
Et pargué non; car Messire Gregoire
Disoit toûjours, si j'ay bonne memoire :
Mes brebis sont ma femme. Cependant
Il a changé : changeons aussi, compere.
Trés-volontiers, reprit l'autre Manant;
Mais tu sçais bien que nostre mesnagere
Est la plus belle : or ça, Sire Oudinet,
Sera-ce trop s'il donne son Mulet
Pour le retour? Mon Mulet! et parguenne,
Dit le premier des Villageois susdits,
Chacune vaut en ce monde son prix;
La mienne ira but à but pour la tienne;
On ne regarde aux femmes de si prés.
Point de retour: vois-tu, compere Estienne,
Mon Mulet, c'est... c'est le roy des Mulets.
Tu ne devrois me demander mon Asne
Tant seulement : Troc pour troc, touche-là.
Sire Oudinet, raisonnant sur cela,
Dit : Il est vray que Tiennette a sur Jeanne
De l'avantage, à ce qu'il semble aux gens;
Mais le meilleur de la beste, à mon sens,
N'est ce qu'on voit; femmes ont maintes choses
Que je prefere, et qui sont lettres closes;
Femmes aussi trompent assez souvent;
Jà ne les faut éplucher trop avant.
Or sus, voisins, faisons les choses nettes :
Vous ne voulez chat en poche donner
Nÿ l'un ny l'autre? Allons donc confronter
Vos deux Moitiez comme Dieu les a faites.
L'expedient ne fut gousté de tous :
Trop bien voilà Messieurs les deux époux

1. Editions suivantes :

Nostre Pasteur a bien changé de Cure.

Qui sur ce poinct triomphent de s'étendre :
Tiennette n'a ny surot ny malandre,
Dit le second; Jeanne, dit le premier,
A le corps net comme un petit denier;
Ma foy, c'est basme. Et Tiennette est ambroise,
Dit son époux; telle je la maintiens.
L'autre reprit : compere, tiens-toy bien,
Tu ne connois Jeanne ma villageoise;
Je t'advertis qu'à ce jeu... m'entens-tu ?
L'autre Manant jura : Par la vertu,
Tiennette et moy nous n'avons qu'une noise,
C'est qui des deux y sçait de meilleurs tours;
Tu m'en diras quelques mots dans deux jours.
A toy, Compere. Et de prendre la tasse,
Et de trinquer. Allons, sire Oudinet,
A Jeanne; tope (1). Puis à Tiennette; masse.
Somme qu'enfin la soûte du Mulet
Fut accordée, et voila marché fait.
Nostre Notaire asseura l'un et l'autre
Que tels Traitez alloient leur grand chemin :
Sire Oudinet estoit un bon apostre,
Qui se fit bien payer son parchemin.
Par qui payer ? Par Jeanne et par Tiennette :
Il ne voulut rien prendre des maris.
Les Villageois furent tous deux d'avis
Que pour un temps la chose fût secrette;
Mais il en vint au Curé quelque vent.
Il prit aussi son droit; je n'en asseure,
Et n'y estois; mais la vérité pure
Est que Curez y manquent peu souvent.
Le Clerc non plus ne fit du sien remise;
Rien ne se pert entre les gens d'Eglise.
Les Permuteurs ne pouvoient bonnement
Executer un pareil changement

---

1. Dans les éditions suivantes, *top* au lieu de *tope,* qui
donne au vers une syllabe de trop.

Dans le Village, à moins que de scandale (1);
Ainsi bien-tost l'un et l'autre détale,
Et va planter le picquet en un lieu,
Où tout fut bien d'abord, moyennant Dieu.
C'estoit plaisir que de les voir ensemble;
Les femmes mesme, à l'envy des maris,
S'entredisoient en leurs menus devis :
Bon fait trocquer; commere, à ton avis,
Si nous trocquions de Valet? que t'en semble?
Ce dernier troc, s'il se fit, fut secret.
L'autre d'abord eut un trés-bon effet;
Le premier mois trés-bien ils s'en trouverent,
Mais à la fin nos gens se dégousterent.
Compere Estienne, ainsi qu'on peut penser,
Fut le premier des deux à se lasser,
Pleurant Tiennette; il y perdoit sans doute.
Compere Gille eut regret à sa soûte;
Il ne voulut retroquer toutesfois.
Qu'en advint-il? Un jour, parmy les bois,
Estienne vid toute fine seulette
Prés d'un ruisseau sa défuncte Tiennette,
Qui, par hazard, dormoit sous la coudrette.
Il s'approcha, l'éveillant en sursaut.
Elle du Troc ne se souvint pour l'heure,
Dont le Galant, sans plus longue demeure,
En vint au poinct; bref, ils firent le saut.
Le Conte dit qu'il la trouva meilleure
Qu'au premier jour. Pourquoy cela? Pourquoy?
Belle demande! En l'amoureuse loy,
Pain qu'on dérobe, et qu'on mange en cachette,
Vaut mieux que pain qu'on cuit, et qu'on achete (2) :

1. Editions suivantes :

Dans ce Village...

2. Editions suivantes :

Vaut mieux que pain qu'on cuit ou qu'on achepte.

Je m'en raporte aux plus sçavans que moy.
Il faut pourtant que la chose soit vraye,
Et qu'aprés tout Hymenée et l'Amour
Ne soient pas gens à cuire à mesme four (¹) :
Témoin l'ébat qu'on prit sous la coudraye.
On y fit chere; il ne s'y servit plat
Où maistre Amour, Cuisinier délicat,
Et plus sçavant que n'est maistre Hymenée (²),
N'eût mis la main. Tiennette retournée,
Compere Estienne, homme neuf en ce fait,
Dit à par soy : Gille a quelque secret;
J'ay retrouvé Tiennette plus jolie
Qu'elle ne fut onc en jour de sa vie.
Reprenons-la, faisons tour de Normant;
Dedisons-nous, usons du privilége.
Voila l'exploit qui trotte incontinent,
Aux fins de voir le Troc et changement
Déclaré nul, et cassé nettement.
Gille assigné de son mieux se défend.
Un Promoteur intervient pour le Siége
Episcopal, et vendique le Cas.
Grand bruit par tout, ainsi que d'ordinaire ;
Le Parlement évoque à soy l'affaire.
Sire Oudinet, le faiseur de Contracts,
Est amené; l'on l'entend sur la chose.
Voilà l'estat où l'on dit qu'est la Cause;
Car c'est un fait arrivé depuis peu (³).
Pauvre ignorant que le compere Estienne !

1. Editions suivantes :

    Ne soient pas gens à cuire en mesme four.

2. Editions suivantes :

    Et plus friand que n'est maistre Himenée.

3. Nous avons vu, dans les archives du Palais de Justice, l'original d'un arrêt du Parlement, rendu dans cette cause ou dans une cause semblable, dit M. Walckenaer, qui, par malheur, ne donne à ce sujet aucune indication précise.

Contre ses fins cét homme en premier lieu
Va de droit fil; car s'il prit à ce jeu
Quelque plaisir, c'est qu'alors la Chrestienne
N'estoit à luy; le bon sens vouloit donc
Que pour toûjours il la laissast à Gille ;
Sauf la Coudraye, ou Tiennette, dit-on,
Alloit souvent en chantant sa Chanson :
L'y rencontrer estoit chose facile;
Et supposé que facile ne fût,
Falloit qu'alors son plaisir d'autant crût.
Mais allez moy prescher cette doctrine
A des Manans. Ceux-cy pourtant avoient
Fait un bon tour, et trés-bien s'en trouvoient,
Sans le dédit; c'estoit piece assez fine
Pour en devoir l'exemple à d'autres gens.
J'ay grand regret de n'en avoir les gans,
Et dis par fois, alors que j'y rumine,
Auroit-on pris des Crocquans pour Trocquans
En fait de femme? Il faut estre honneste homme
Pour s'aviser d'un pareil changement.
Or n'est l'affaire allée en Cour de Rome,
Trop bien est elle au Senat de Rouën.
Là le Notaire aura du moins sa game
En plein Bureau (¹); Dieu gard sire Oudinet
D'un Rapporteur barbon et bien en femme,
Qui fasse aller la chose du Bonnet (²).

1. Editions de 1674, de 1675 et de 1676 :
     En plein bareau...

2. Editions de 1674, de 1675 et de 1676 :
     Qui fasse aller cette affaire au bonnet.

Ces dix derniers ont été supprimés à partir de l'édition
de 1685.

IV. — LE CAS DE CONSCIENCE.

Les gens du païs des fables
Donnent ordinairement
Noms et titres agreables
Assez liberalement.
Cela ne leur coute guere
Tout leur est Nymphe ou Bergere,
Et Déesse bien souvent.
Horace n'y faisoit faute :
Si la servante de l'hoste
Au lit de nostre homme alloit,
C'estoit aussi-tost Ilie,
C'estoit la nymphe Egerie,
C'estoit tout ce qu'on vouloit (1).
Dieu, par sa bonté profonde,
Un beau jour mit dans le monde
Apollon son serviteur;
Et l'y mit justement comme
Adam le nomenclateur,
Luy disant : Te voilà, nomme.
Suivant cette antique loy,
Nous sommes parreins du Roy.
De ce privilege insigne
Moy faiseur de vers indigne
Je pourrois user aussi
Dans les contes que voicy ;

1. Allusion aux vers suivants :

Hæc ubi supposuit dextro corpus mihi lævum,
Ilia et Egeria est : do nomen quodlibet illi.
(Lib. I, sat. II, V. 125-126.)

Et s'il me plaisoit de dire,
Au lieu d'Anne, Sylvanire,
Et, pour messire Thomas,
Le grand Druide Adamas,
Me mettroit-on à l'amande ?
Non : mais tout consideré,
Le présent conte demande
Qu'on dise Anne et le Curé.
Anne, puisqu'ainsi va, passoit dans son village
Pour la perle et le parangon.
Estant un jour prés d'un rivage,
Elle vid un jeune garçon
Se baigner nud. La fillette estoit drüe,
Honneste toutefois. L'objet plût à sa veüe.
Nuls defaux ne pouvoient estre au gars reprochez ;
Puis, dés auparavant aymé de la bergere,
Quand il en auroit eu l'amour les eust cachez ;
Jamais tailleur n'en sceut, mieux que luy, la maniere.
Anne ne craignoit rien : des saules la couvroient
Comme eust fait une jalousie :
Çà et là ses regards en liberté couroyent
Où les portoit leur fantaisie;
Çà et là, c'est à dire aux differents attraits
Du garçon au corps jeune et frais,
Blanc, poli, bien formé, de taille haute et drete,
Digne enfin des regards d'Annete.
D'abord une honte secrete
La fit quatre pas reculer,
L'amour huit autres avancer :
Le scrupule survint, et pensa tout gâter.
Anne avoit bonne conscience :
Mais comment s'abstenir ? Est-il quelque défense
Qui l'emporte sur le desir,
Quand le hazard fait naistre un sujet de plaisir ?
La belle à celuy-cy fit quelque résistance.
A la fin ne comprenant pas
Comme on peut pécher de cent pas,
Elle s'assit sur l'herbe, et, trés-fort attentive,

Annette la contemplative
Regarda de son mieux. Quelqu'un n'a-t-il point veu
        Comme on dessigne sur nature?
        On vous campe une creature,
Une Eve, ou quelque Adam, j'entends un objet nu ;
Puis force gens, assis comme nostre bergere,
Font un crayon conforme à cét original.
Au fond de sa memoire Anne en sceut fort bien faire
        Un qui ne ressembloit pas mal.
Elle y seroit encor si Guillot (c'est le sire)
Ne fust sorti de l'eau. La belle se retire
A propos; l'ennemi n'estoit plus qu'à vingt pas,
Plus fort qu'à l'ordinaire, et c'eust esté grand cas
        Qu'aprés de semblables idées
        Amour en fust demeuré là :
        Il contoit pour siennes déja
        Les faveurs qu'Anne avoit gardées.
Qui ne s'y fust trompé? Plus je songe à cela,
Moins je le puis comprendre. Anne la scrupuleuse
N'osa, quoy qu'il en soit, le garçon régaler;
Ne laissant pas pourtant de récapituler
Les poincts qui la rendoient encor toute honteuse.
Pasques vint, et ce fut un nouvel embarras.
Anne faisant passer ses pechez en reveüe,
Comme un passevolant mit en un coin ce cas;
        Mais la chose fut apperceüe.
        Le Curé messire Thomas
Sceut relever le fait; et comme l'on peut croire
En Confesseur exact il fit conter l'histoire,
Et circonstancier le tout fort amplement,
        Pour en connoistre l'importance,
Puis faire aucunement quadrer la penitence,
Chose où ne doit errer un Confesseur prudent.
        Celuy-cy malmena la belle.
Estre dans ses regards à tel poinct sensuelle !
        C'est, dit-il, un trés-grand peché.
Autant vaut l'avoir veu que de l'avoir touché.
        Cependant la peine imposée

Fut à souffrir assez aysée;
Je n'en parleray point; seulement on sçaura
Que messieurs les Curez, en tous ces cantons là,
Ainsi qu'au nostre, avoient des devots et devotes,
    Qui pour l'examen de leurs fautes
Leur payoient un tribut; qui plus, qui moins, selon
    Que le compte à rendre estoit long.
Du tribut de cet an Anne estant soucieuse,
Arrive que Guillot pesche un brochet fort grand;
    Tout aussitost le jeune amant
Le donne à sa maistresse; elle toute joyeuse
    Le va porter du mesme pas
    Au Curé messire Thomas.
Il reçoit le present, il l'admire, et le drosle
    D'un petit coup sur l'épaule
    La fillette regala,
    Luy sourit, luy dit : Voilà
    Mon fait, joignant à cela
    D'autres petites affaires.
C'estoit jour de Calande (1), et nombre de confreres
Devoient disner chez luy. Voulez-vous doublement
    M'obliger? dit-il à la belle;
Accommodez chez vous ce poisson promptement,
    Puis l'apportez incontinent;
    Ma servante est un peu nouvelle.
Anne court; et voilà les Prestres arrivez.
Grand bruit, grande cohüe, en cave on se transporte :
    Aucuns des vins sont approuvez ;
    Chacun en raisonne à sa sorte.
    On met sur table; et le Doyen
Prend place en salüant toute la compagnie.
Raconter leurs propos seroit chose infinie;
    Puis le lecteur s'en doute bien.

---

1. *C'est un jour où tous les Curez du Diocèse s'assemblent,*
pour parler des affaires communes, chez quelqu'un d'eux, qui
leur donne à disner ordinairement; et cela se fait tous les
mois.   (Note de La Fontaine.)

On permuta cent fois sans permuter pas une.
Santez, Dieu sçait combien : chacun à sa chacune
But en faisant de l'œil ; nul scandale : on servit
Potage, menus mets, et mesme jusqu'au fruit,
Sans que le brochet vinst ; tout le disner s'acheve
Sans brochet pas un brin. Guillot sçachant ce don
L'avoit fait retracter pour plus d'une raison.
Legere de brochet la troupe enfin se leve.
Qui fut bien estonné ? Qu'on le juge ; il alla
    Dire cecy, dire cela
    A madame Anne le jour mesme ;
L'appela cent fois sotte, et dans sa rage extreme
Luy pensa reprocher l'avanture du bain.
Traiter vostre Curé, dit-il, comme un coquin !
Pour qui nous prenez-vous ? Pasteurs, sont-ce canail-
    Alors par droit de réprésailles   [les ?
    Anne dit au Prestre outragé,
Autant vaut l'avoir veu que de l'avoir mangé.

V. — LE DIABLE DE PAPEFIGUIERE.

aistre François dit que Papimanie
Est un pays où les gens sont heureux (1).
Le vray dormir ne fut fait que pour eux :
Nous n'en avons icy que la copie.
Et par saint Jean, si Dieu me preste vie,
Je le verray ce pays où l'on dort :
On y fait plus, on n'y fait nulle chose :
C'est un employ que je recherche encor.
Ajoûtez-y quelque petite doze
D'amour honneste, et puis me voila fort.

1. Rabelais, liv. IV, chap. XLV–XLVII.

Tout au rebours il est une Province
Où les gens sont haïs, maudits de Dieu :
On les connoist à leur visage mince ;
Le long dormir est exclus de ce lieu.
Partant, lecteurs, si quelqu'un se présente
A vos regards, ayant face riante,
Couleur vermeille, et visage replet,
Taille non pas de quelque mingrelet,
Dire pourrez, sans que l'on vous condamne,
Cetuy me semble, à le voir, Papimane.
Si d'autre part celuy que vous verrez
N'a l'œil riant, le corps rond, le teint frais,
Sans hesiter qualifiez cét homme
Papefiguier. Papefigue se nomme
L'Isle et Province où les gens autrefois
Firent la figue au portrait du saint Pere :
Punis en sont ; rien chez eux ne prospere :
Ainsi nous l'a conté maistre François.
L'Isle fut lors donnée en apannage
A Lucifer : c'est sa maison des champs.
On void courir par tout cet heritage
Ses commensaux, rudes à pauvres gens ;
Peuple ayant queüe, ayant cornes et grifes,
Si maints tableaux ne sont point apocriphes.
Avint un jour qu'un de ces beaux messieurs
Vid un manant rusé, des plus trompeurs,
Verser un champ dans l'Isle dessusdite.
Bien paroissoit la terre estre maudite,
Car le manant avec peine et sueur
La retournoit, et faisoit son labeur.
Survient un diable à titre de Seigneur.
Ce diable estoit des gens de l'Evangile,
Simple, ignorant, à tromper trés-facile,
Bon Gentilhomme, et qui, dans son courroux,
N'avoit encor tonné que sur les choux :
Plus ne sçavoit apporter de dommage.
Vilain, dit-il, vaquer à nul ouvrage
N'est mon talent : je suis un diable issu

De noble race, et qui n'a jamais sceu
Se tourmenter ainsi que font les autres.
Tu sçais, vilain, que tous ces champs sont nostres ;
Ils sont à nous dévoluts par l'édit
Qui mit jadis cette Isle en interdit.
Vous y vivez dessous nostre police.
Partant, vilain, je puis avec justice
M'attribuer tout le fruit de ce champ :
Mais je suis bon, et veux que dans un an
Nous partagions sans noise et sans querelle.
Quel grain veux-tu répandre dans ces lieux ?
Le manant dit : Monseigneur, pour le mieux
Je crois qu'il faut les couvrir de touzelle ;
Car c'est un grain qui vient fort aisément.
Je ne connois ce grain là nullement,
Dit le lutin ; comment dis-tu ? Touzelle ?
Memoire n'ay d'aucun grain qui s'appelle
De cette sorte : or, emplis-en ce lieu ;
Touzelle soit, touzelle de par Dieu !
J'en suis content. Fais donc viste, et travaille ;
Manant travaille, et travaille vilain ;
Travailler est le fait de la canaille :
Ne t'attends pas que je t'ayde un seul brin,
Ny que par moy ton labeur se consomme :
Je t'ay ja dit que j'estois gentilhomme,
Né pour chommer, et pour ne rien sçavoir.
Voicy comment ira nostre partage :
Deux lots seront, dont l'un, c'est à sçavoir
Ce qui hors terre et dessus l'heritage
Aura poussé, demeurera pour toy ;
L'autre dans terre est reservé pour moy.
L'oust arrivé, la touzelle est siée,
Et tout d'un temps sa racine arrachée,
Pour satisfaire au lot du diableteau.
Il y croyoit la semence attachée,
Et que l'épi, non plus que le tuyau,
N'estoit qu'une herbe inutile et sechée.
Le Laboureur vous la serra trés-bien.

L'autre au marché porta son chaume vendre :
On le hüa; pas un n'en offrit rien;
Le pauvre diable estoit prest à se pendre.
Il s'en alla chez son copartageant :
Le drosle avoit la touzelle vendüe,
Pour le plus seur, en gerbe, et non batüe,
Ne manquant pas de bien cacher l'argent.
Bien le cacha; le diable en fut la dupe.
Coquin, dit-il, tu m'as joüé d'un tour;
C'est ton métier : je suis diable de cour
Qui, comme vous, à tromper ne m'occupe.
Quel grain veux-tu semer pour l'an prochain ?
Le manant dit : Je crois qu'au lieu de grain
Planter me faut ou navets ou carottes :
Vous en aurez, Monseigneur, pleines hottes,
Si mieux n'aymez raves dans la saison.
Raves, navets, carottes, tout est bon,
Dit le lutin; mon lot sera hors terre;
Le tien dedans. Je ne veux point de guerre
Avecque toy si tu ne m'y contraints.
Je vais tenter quelques jeunes Nonains.
L'auteur ne dit ce que firent les Nones.
Le temps venu de recueillir encor,
Le manan prend raves belles et bonnes;
Feuilles sans plus tombent pour tout tresor
Au diableteau, qui, l'épaule chargée,
Court au marché. Grande fut la risée;
Chacun luy dit son mot cette fois là.
Monsieur le diable, où croist cette denrée?
Où mettrez-vous ce qu'on en donnera?
Plein de courroux, et vuide de pecune,
Leger d'argent, et chargé de rancune,
Il va trouver le manant qui rioit
Avec sa femme, et se solacioit.
Ah par la mort, par la sang, par la teste,
Dit le demon, il le payra, par bieu.
Vous voicy donc, Phlipot, la bonne bête!
Çà, çà, galons-le en enfant de bon lieu.

Mais il vaut mieux remettre la partie :
J'ay sur les bras une dame jolie
A qui je dois faire franchir le pas.
Elle le veut, et puis ne le veut pas.
L'époux n'aura dedans la confrairie
Si-tost un pied, qu'à vous je reviendray,
Maistre Phlipot, et tant vous galeray,
Que ne joüerez ces tours de vostre vie.
A coups de grife il faut que nous voyons
Lequel aura de nous deux belle amie,
Et joüira du fruit de ces sillons.
Prendre pourrois d'autorité suprême
Touzelle et grain, champ et rave, enfin tout;
Mais je les veux avoir par le bon bout.
N'esperez plus user de stratageme.
Dans huit jours d'huy, je suis à vous, Phlipot,
Et touchez là, cecy sera mon arme.
Le villageois, étourdy du vacarme,
Au farfadet ne put répondre un mot.
Perrette en rit; c'estoit sa mesnagere;
Bonne galande en toutes les façons,
Et qui sceut plus que garder les moutons,
Tant qu'elle fut en âge de bergere.
Elle luy dit : Phlipot ne pleure point;
Je veux d'icy renvoyer de tout poinct
Ce diableteau : c'est un jeune novice
Qui n'a rien veu; je t'en tireray hors :
Mon petit doigt sçauroit plus de malice,
Si je voulois, que n'en sçait tout son corps.
Le jour venu Phlipot qui n'estoit brave,
Se va cacher, non point dans une cave,
Trop bien va-t-il se plonger tout entier
Dans un profond et large benistier.
Aucun démon n'eust sceu par où le prendre,
Tant fust subtil; car d'étoles, dit-on,
Il s'afubla le chef pour s'en défendre,
S'estant plongé dans l'eau jusqu'au menton.
Or le laissons, il n'en viendra pas faute.

Tout le Clergé chante autour, à voix haute,
Vade retro. Perrette cependant
Est au logis le lutin attendant.
Le lutin vient : Perrette échevelée
Sort, et se plaint de Phlipot en criant :
Ah! le bourreau! le traistre! le méchant!
Il m'a perdüe, il m'a toute affolée.
Au nom de Dieu, Monseigneur, sauvez-vous;
A coups de grife, il m'a dit en courroux
Qu'il se devoit contre votre excellence
Batre tantost, et batre à toute outrance.
Pour s'éprouver le perfide m'a fait
Cette balafre. A ces mots au folet
Elle fait voir... Et quoy? Chose terrible.
Le diable en eut une peur tant horrible,
Qu'il se signa, pensa presque tomber;
Onc n'avoit veu, ne leu, n'oüy conter
Que coups de grife eussent semblable forme.
Bref, aussi-tost qu'il apperceut l'énorme
Solution de continüité;
Il demeura si fort épouvanté,
Qu'il prit la fuite, et laissa là Perrette.
Tous les voisins chommerent la défaite
De ce démon : le Clergé ne fut pas
Des plus tardifs à prendre part au cas.

VI. — FÉRONDE, OU LE PURGATOIRE.

Vers le levant, le vieil de la montagne
Se rendit craint par un moyen nouveau.
Craint n'estoit-il pour l'immense cam-
        pagne
Qu'il possedast, ny pour aucun monceau
D'or ou d'argent; mais parce qu'au cerveau

De ses sujets il imprimoit des choses
Qui de maint fait courageux estoyent causes.
Il choisissoit entre eux les plus hardis ;
Et leur faisoit donner du paradis
Un avantgoust à leurs sens perceptible :
Du paradis de son legislateur ;
Rien n'en a dit ce prophete menteur
Qui ne devinst trés-croyable et sensible
A ces gens là : comment s'y prenoit-on ?
On les faisoit boire tous de façon
Qu'ils s'enyvroient, perdoient sens et raison.
En cet estat, privez de connoissance,
On les portoit en d'agreables lieux,
Ombrages frais, jardins delicieux.
Là se trouvoient tendrons en abondance,
Plus que maillez, et beaux par excellence :
Chaque réduit en avoit à couper.
Si se venoient joliment atrouper
Prés de ces gens, qui, leur boisson cuvée,
S'émerveilloient de voir cette couvée,
Et se croyoient habitans devenus
Des champs heureux qu'assine à ses élus
Le faux Mahom. Lors de faire accointance,
Turcs d'aprocher, tendrons d'entrer en danse,
Au gazouillis des ruisseaux de ces bois,
Au son de luts (¹) accompagnans les voix
Des rossignols : il n'est plaisir au monde
Qu'on ne goûtast dedans ce paradis :
Les gens trouvoient en son charmant pourpris
Les meilleurs vins de la machine ronde,
Dont ne manquoient encor de s'enyvrer,
Et de leurs sens perdre l'entier usage.
On les faisoit aussi-tost reporter
Au premier lieu. De tout ce tripotage
Qu'arrivoit-il ? Ils croyoient fermement

1. Edition de 1685 :
   Au son des luts...

Que quelque jour de semblables delices
Les attendoient, pourveu que hardiment,
Sans redouter la mort ny les supplices,
Ils fissent chose agreable à Mahom,
Servant leur prince en toute occasion.
Par ce moyen leur prince pouvoit dire
Qu'il avoit gens à sa devotion,
Determinez, et qu'il n'estoit Empire
Plus redouté que le sien icy bas.
Or ay-je esté prolixe sur ce cas
Pour confirmer l'histoire de Feronde.
Feronde estoit un sot de par le monde,
Riche manant, ayant soin du tracas,
Dixmes et cens, revenus et menage
D'un Abbé blanc. J'en sçais de ce plumage
Qui valent bien les noirs, à mon avis,
En fait que d'estre aux maris secourables,
Quand forte tasche ils ont en leur logis,
Si qu'il y faut Moines et gens capables.
Au lendemain celuy-cy ne songeoit,
Et tout son fait dés la veille mangeoit,
Sans rien garder, non plus qu'un droit Apostre,
N'ayant autre œuvre, autre employ, penser autre,
Que de chercher où gisoient les bons vins,
Les bons morceaus, et les bonnes commeres,
Sans oublier les gaillardes Nonains,
Dont il faisoit peu de part à ses freres.
Feronde avoit un joli chaperon
Dans son logis, femme sienne, et dit-on
Que Parantele estoit entre la Dame
Et nostre Abbé; car son prédecesseur,
Oncle et parrein, dont Dieu veuille avoir l'ame,
En estoit pere, et la donna pour femme
A ce manant, qui tint à grand honneur
De l'épouser. Chacun sçait que de race
Communément fille bastarde chasse :
Celle-cy donc ne fit mentir le mot.
Si n'estoit pas l'époux homme si sot

Qu'il n'en eust doute, et ne vist en l'affaire
Un peu plus clair qu'il n'estoit necessaire.
Sa femme alloit toûjours chez le Prélat,
Et prétextoit ses allées et venües
Des soins divers de cet œconomat.
Elle alleguoit mille affaires menuës.
C'estoit un compte, ou c'estoit un achapt;
C'estoit un rien; tant peu plaignoit sa peine.
Bref, il n'estoit nul jour en la sepmaine,
Nulle heure au jour, qu'on ne vist en ce lieu
La receveuse. Alors le pere en Dieu
Ne manquoit pas d'écarter tout son monde :
Mais le mari, qui se doutoit du tour,
Rompoit les chiens, ne manquant au retour
D'imposer mains sur Madame Feronde.
Onc il ne fut un moins commode époux.
Esprits ruraux volontiers sont jaloux,
Et sur ce poinct à chausser difficiles,
N'estant pas faits aux coûtumes des Villes.
Monsieur l'Abbé trouvoit cela bien dur,
Comme Prélat qu'il estoit, partant homme
Fuyant la peine, aymant le plaisir pur,
Ainsi que fait tout bon suppost de Rome.
Ce n'est mon goust; je ne veux de plein saut
Prendre la ville, aymant mieux l'escalade;
En amour dea, non en guerre; il ne faut
Prendre cecy pour guerriere bravade,
Ny m'enrôller là dessus malgré moy.
Que l'autre usage ayt la raison pour soy,
Je m'en rapporte, et reviens à l'histoire
Du receveur, qu'on mit en Purgatoire
Pour le guerir; et voicy comme quoy.
Par le moyen d'une poudre endormante,
L'abbé le plonge en un trés-long sommeil.
On le croit mort, on l'enterre, l'on chante;
Il est surpris de voir, à son réveil,
Autour de luy, gens d'estrange maniere;
Car il estoit au large dans sa biere,

Et se pouvoit lever de ce tombeau
Qui conduisoit en un profond caveau.
D'abord la peur se saisit de nostre homme.
Qu'est-ce cela ? songe-t-il ? est-il mort ?
Seroit-ce point quelque espèce de sort ?
Puis il demande aux gens comme on les nomme,
Ce qu'ils font là, d'où vient que dans ce lieu
L'on le retient, et qu'a-t-il fait à Dieu ?
L'un d'eux luy dit : Console-toy, Feronde ;
Tu te verras citoyen du haut monde
Dans mille ans d'huy, complets et bien contez ;
Auparavant il faut d'aucuns pechez
Te nettoyer en ce saint Purgatoire :
Ton ame un jour plus blanche que l'yvoire
En sortira. L'ange consolateur
Donne, à ces mots, au pauvre receveur
Huit ou dix coups de forte discipline,
En luy disant : C'est ton humeur mutine,
Et trop jalouse, et desplaisant (1) à Dieu,
Qui te retient pour mille ans en ce lieu.
Le receveur, s'estant frotté l'épaule,
Fait un soupir : Mille ans ! c'est bien du temps !
Vous noterez que l'Ange estoit un drosle,
Un frere Jean, novice de leans.
Ses compagnons joüoient chacun un rôle
Pareil au sien dessous un feint habit.
Le receveur requiert pardon, et dit :
Las ! si jamais je rentre dans la vie,
Jamais soupçon, ombrage, et jalousie,
Ne rentreront dans mon maudit esprit !
Pourrois-je point obtenir cette grace ?
On la luy fait esperer, non si-tost ;
Force est qu'un an dans ce sejour se passe ;
Là cependant il aura ce qu'il faut
Pour sustenter son corps, rien davantage ;

1. *Desplaisante*, dans l'édition de 1675 (sans lieu) et
dans celle de 1685.

Quelque grabat, du pain pour tout potage,
Vingt coups de foüet chaque jour, si l'Abbé,
Comme Prélat rempli de charité,
N'obtient du Ciel qu'au moins on luy remette,
Non le total des coups, mais quelque quart,
Voire moitié, voire la plus grand part.
Douter ne faut qu'il ne s'en entremette,
A ce sujet disant mainte oraison.
L'Ange en aprés luy fait un long sermon :
A tort, dit-il, tu conceus du soupçon ;
Les gens d'Eglise ont-ils de ces pensées ?
Un Abbé blanc ! c'est trop d'ombrage avoir ;
Il n'écherroit que dix coups pour un noir.
Défais-toy donc de tes erreurs passées.
Il s'y résout. Qu'eust-il fait ? Cependant
Sire Prélat et Madame Feronde
Ne laissent perdre un seul petit moment.
Le mari dit : Que fait ma femme au monde ?
Ce qu'elle y fait ? Tout bien ; nostre Prélat
L'a consolée, et ton œconomat
S'en va son train, toûjours à l'ordinaire.
Dans le Couvent toûjours a-t-elle affaire ?
Où donc ? Il faut qu'ayant seule à present
Le faix entier sur soy, la pauvre femme
Bon gré, malgré, leans aille souvent,
Et plus encor que pendant ton vivant.
Un tel discours ne plaisoit point à l'ame.
Ame j'ay cru le devoir appeller,
Ses pourvoyeurs ne le faisant manger
Ainsi qu'un corps. Un mois à cette épreuve
Se passe entier, luy jeusnant, et l'Abbé
Multipliant œuvres de charité ;
Et mettant peine à consoler la veuve.
Tenez pour seur qu'il y fit de son mieux.
Son soin ne fut long-temps infructueux :
Pas ne semoit en une terre ingrate.
Pater abbas avec juste sujet
Appréhenda d'estre pere en effet.

Comme il n'est bon que telle chose éclate,
Et que le fait ne puisse estre nié,
Tant et tant fut par sa paternité
Dit d'Oraisons, qu'on vid du Purgatoire
L'ame sortir, legere, et n'ayant pas
Once de chair. Un si merveilleux cas
Surprit les gens. Beaucoup ne vouloïent croire
Ce qu'ils voyoient. L'Abbé passa pour saint.
L'époux pour sien le fruit posthume tint,
Sans autrement de calcul oser faire.
Double miracle estoit en cette affaire,
Et la grossesse, et le retour du mort.
On en chanta Té-déums à renfort.
Sterilité régnoit en mariage
Pendant cet an, et mesme au voisinage
De l'Abbaye, encor bien que leans
On se voüast pour obtenir enfans.
A tant laissons l'œconome et sa femme;
Et ne soit dit que nous autres époux
Nous meritions ce qu'on fit à cette ame
Pour la guerir de ses soupçons jaloux.

VII. — LE PSAUTIER.

Nones, souffrez pour la derniere fois
Qu'en ce recueil, malgré moy, je vous place.
De vos bons tours les contes ne sont froids;
Leur avanture a ne sçais quelle grace
Qui n'est ailleurs; ils emportent les voix.
Encore un donc, et puis c'en seront trois.
Trois? je faux d'un; c'en seront au moins quatre.
Contons-les bien: Mazet le compagnon;
L'Abbesse ayant besoin d'un bon garçon

Pour la guerir d'un mal opiniâtre ;
Ce conte-cy, qui n'est le moins fripon ;
Quant à sœur Jeanne ayant fait un poupon,
Je ne tiens pas qu'il la faille rabatre.
Les voila tous : quatre ; c'est conte rond.
Vous me direz : C'est une étrange affaire
Que nous ayons tant de part en ceci !
Que voulez-vous ? je n'y sçaurois que faire ;
Ce n'est pas moy qui le souhaite ainsi.
Si vous teniez toûjours vostre breviaire,
Vous n'auriez rien à demesler icy ;
Mais ce n'est pas vostre plus grand souci.
Passons donc viste à la presente histoire.
Dans un couvent de Nones frequentoit
Un jouvenceau, friand, comme on peut croire,
De ces oiseaux. Telle pourtant prenoit
Goust à le voir, et des yeux le couvoit,
Luy sourioit, faisoit la complaisante,
Et se disoit sa trés-humble servante,
Qui pour cela d'un seul poinct n'avançoit.
Le conte dit que leans il n'estoit
Vieille ny jeune à qui le personnage
Ne fist songer quelque chose à part soy ;
Soupirs trotoient : bien voyoit le pourquoy,
Sans qu'il s'en mist en peine davantage.
Sœur Isabeau seule pour son usage
Eut le galand : elle le meritoit,
Douce d'humeur, gentille de corsage,
Et n'en estant qu'à son apprentissage,
Belle de plus. Ainsi l'on l'envioit
Pour deux raisons : son amant, et ses charmes.
Dans ses amours chacune l'épioit :
Nul bien sans mal, nul plaisir sans alarmes.
Tant et si bien l'épierent les sœurs,
Qu'une nuit sombre et propre à ces douceurs
Dont on confie aux ombres le mystere,
En sa cellule on oüit certains mots,
Certaine voix, enfin certains propos

Qui n'estoient pas sans doute en son bréviaire.
C'est le galand, ce dit-on, il est pris ;
Et de courir ; l'alarme est aux esprits ;
L'exaim fremit, sentinelle se pose.
On va conter en triomphe la chose
A mere Abbesse ; et heurtant à grands coups,
On luy cria : Madame, levez-vous ;
Sœur Isabelle a dans sa chambre un homme.
Vous noterez que Madame n'estoit
En oraison, ny ne prenoit son somme.
Trop bien alors dans son lit elle avoit
Messire Jean, curé du voisinage.
Pour ne donner aux sœurs aucun ombrage,
Elle se leve, en haste, étourdiment,
Cherche son voile ; et malheureusement,
Dessous sa main tombe du personnage
Le haut de chausse, assez bien ressemblant,
Pendant la nuit, quand on n'est éclairée,
A certain voile aux Nones familier,
Nommé pour lors entre-elles leur Psautier.
La voila donc de gregues affublée.
Ayant sur soy ce nouveau couvrechef,
Et s'estant fait raconter derechef
Tout le catus, elle dit, irritée :
Voyez un peu la petite effrontée,
Fille du diable, et qui nous gastera
Nostre couvent ! Si Dieu plaist, ne fera ;
S'il plaist à Dieu, bon ordre s'y mettra :
Vous la verrez tantost bien chapitrée.
Chapitre donc, puisque chapitre y a,
Fut assemblé. Mere Abbesse, entourée
De son Senat, fit venir Isabeau,
Qui s'arrosoit de pleurs tout le visage
Se souvenant qu'un maudit jouvenceau
Venoit d'en faire un different usage.
Quoy ! dit l'Abbesse, un homme dans ce lieu !
Un tel scandale en la maison de Dieu !
N'estes-vous point morte de honte encore ?

Qui nous a fait recevoir parmi nous
Cette voirie ? Isabeau, sçavez-vous
(Car desormais qu'icy l'on vous honore
Du nom de sœur, ne le pretendez pas),
Sçavez-vous, dis-je, à quoy, dans un tel cas,
Nostre institut condamne une meschante ?
Vous l'apprendrez devant qu'il soit demain.
Parlez, parlez. Lors la pauvre Nonain,
Qui jusque là, confuse et repentante,
N'osoit bransler, et la veüe abbaissoit,
Leve les yeux, par bon-heur apperçoit
Le haut de chausse, à quoy toute la bande,
Par un effet d'émotion trop grande,
N'avoit pris garde, ainsi qu'on void souvent.
Ce fut hazard qu'Isabelle à l'instant
S'en apperceut. Aussi-tost la pauvrette
Reprend courage, et dit tout doucement :
Vostre Psautier a ne sçais quoy qui pend ;
Raccommodez-le. Or, c'estoit l'éguillette :
Assez souvent pour bouton l'on s'en sert.
D'ailleurs ce voile avoit beaucoup de l'air
D'un haut de chausse, et la jeune Nonette,
Ayant l'idée encor fraische des deux,
Ne s'y méprit : non pas que le Messire
Eust chausse faite ainsi qu'un amoureux :
Mais à peu prés ; cela devoit suffire.
L'Abbesse dit : Elle ose encore rire !
Quelle insolence ! Un peché si honteux
Ne la rend pas plus humble et plus soumise !
Veut-elle point que l'on la Canonise ?
Laissez mon voile, esprit de Lucifer ;
Songez, songez, petit tison d'enfer,
Comme on pourra racommoder vostre ame.
Pas ne finit mere Abbesse sa game
Sans sermonner et tempester beaucoup.
Sœur Isabeau luy dit encore un coup :
Raccommodez vostre Psautier, Madame.
Tout le troupeau se met à regarder :

Jeunes de rire, et vieilles de gronder.
La voix manquant à nostre sermonneuse,
Qui, de son troc bien faschée et honteuse,
N'eut pas le mot à dire en ce moment,
L'exaim fit voir, par son bourdonnement,
Combien rouloient de diverses pensées
Dans les esprits. Enfin l'Abbesse dit :
Devant qu'on eust tant de voix ramassées,
Il seroit tard ; que chacune en son lit
S'aille remettre. A demain toute chose.
Le lendemain ne fut tenu, pour cause,
Aucun chapitre ; et le jour en suivant
Tout aussi peu. Les sages du Couvent
Furent d'avis que l'on se devoit taire ;
Car trop d'éclat eust pu nuire au troupeau.
On n'en vouloit à la pauvre Isabeau
Que par envie : ainsi, n'ayant pu faire
Qu'elle laschast aux autres le morceau,
Chaque Nonain, faute de jouvenceau,
Songe à pourvoir d'ailleurs à son affaire.
Les vieux amis reviennent de plus beau.
Par préciput à nostre belle on laisse
Le jeune fils, le Pasteur à l'Abesse,
Et l'union alla jusques au poinct
Qu'on en prestoit à qui n'en avoit point.

VIII. — LE ROY CANDAULE

ET LE MAÎTRE EN DROIT.

Force gens ont esté l'instrument de leur mal ;
    Candaule en est un témoignage.
Ce Roy fut en sotise un trés-grand person-
    Il fit pour Gygés son vassal   [nage ;
Une galanterie imprudente et peu sage.

Vous voyez, luy dit–il, le visage charmant
Et les traits délicats dont la Reyne est pourveüe;
Je vous jure ma foy que l'accompagnement
Est d'un tout autre prix, et passe infiniment;
    Ce n'est rien qui ne l'a veüe
       Toute nüe.
Je vous la veux monstrer sans qu'elle en sçache rien,
    Car j'en sçais un trés bon moyen;
Mais à condition... vous m'entendez fort bien
    Sans que j'en dise davantage;
    Gygés, il vous faut estre sage;
    Point de ridicule desir:
    Je ne prendrois pas de plaisir
Aux vœux impertinents qu'une amour sotte et vaine
    Vous feroit faire pour la Reyne,
Proposez-vous de voir tout ce corps si charmant
    Comme un beau marbre seulement.
Je veux que vous disiez que l'art, que la pensée,
Que mesme le souhait ne peut aller plus loin.
    Dedans le bain je l'ay laissée;
Vous estes connoisseur, venez estre témoin
    De ma felicité suprême.
Ils vont : Gygés admire. Admirer c'est trop peu :
    Son étonnement est extréme.
    Ce doux objet joüa son jeu.
Gygés en fut émeu, quelque effort qu'il pust faire.
      Il auroit voulu se taire,
Et ne point témoigner ce qu'il avoit senti;
Mais son silence eust fait soupçonner du mystere :
L'exageration fut le meilleur parti.
    Il s'en tint donc pour averti (1);
Et, sans faire le fin, le froid, ny le modeste,
Chaque poinct, chaque article, eut son fait, fut loüé.
Dieux, disoit-il au Roy, quelle felicité!
Le beau corps! le beau cuir! ô ciel! et tout le reste!

---

1. Edition de Gaspard Migeon, 1675 :
    Il s'en tient donc pour averti.

De ce gaillard entretien
La Reyne n'entendit rien ;
Elle l'eust pris pour outrage :
Car en ce siecle ignorant
Le beau sexe estoit sauvage.
Il ne l'est plus maintenant ;
Et des loüanges pareilles
De nos Dames d'apresent
N'écorchent point les oreilles.
Nostre examinateur soupiroit dans sa peau ;
L'émotion croissoit, tant tout luy sembloit beau.
Le Prince, s'en doutant, l'emmena ; mais son ame
Emporta cent traits de flame :
Chaque endroit lança le sien ;
Helas ! fuir n'y sert de rien ;
Tourmens d'amour font si bien
Qu'ils sont toûjours de la suite.
Prés du prince, Gygés eut assez de conduite ;
Mais de sa passion la Reyne s'apperceut.
Elle sceut
L'origine du mal ; le Roy, prétendant rire,
S'avisa de luy tout dire.
Ignorant ! sçavoit-il point
Qu'une Reyne sur ce poinct
N'ose entendre raillerie ?
Et supposé qu'en son cœur
Cela luy plaise, elle rie,
Il luy faut, pour son honneur,
Contrefaire la furie.
Celle-cy le fut vrayment,
Et reserva dans soy-mesme
De quelque vengeance extréme
Le desir trés-vehement.
Je voudrois pour un moment,
Lecteur, que tu fusses femme :
Tu ne sçaurois autrement
Concevoir jusqu'où la Dame
Porta son secret dépit.

Un mortel eust le crédit
De voir de si belles choses,
A tous mortels lettres clauses !
Tels dons estoient pour des Dieux,
Pour des Roys, voulois-je dire ;
L'un et l'autre y vient de cire,
Je ne sçais quel est le mieux.
Ces pensers incitoient la Reine à la vengeance.
Honte, despit, courroux, son cœur employa tout ;
Amour mesme, dit-on, fut de l'intelligence :
Dequoy ne vient-il point à bout ?
Gygés estoit bien fait ; on l'excusa sans peine :
Sur le monstreur d'appas tomba toute la hayne.
Il estoit mari, c'est son mal ;
Et les gens de ce caractere
Ne sçauroient en aucune affaire
Commettre de peché qui ne soit capital.
Qu'est-il besoin d'user d'un plus ample prologue ?
Voila le Roy haï, voila Gygés aymé,
Voila tout fait et tout formé
Un époux du grand catalogue ;
Dignité peu briguée, et qui fleurit pourtant.
La sotise du Prince estoit d'un tel mérite,
Qu'il fut fait in petto confrere de Vulcan ;
De là jusqu'au bonnet la distance est petite.
Cela n'estoit que bien, mais la parque maudite
Fut aussi de l'intrigue, et, sans perdre de temps,
Le pauvre Roy par nos amans
Fut deputé vers le Cocite ;
On le fit trop boire d'un coup :
Quelquefois, helas ! c'est beaucoup.
Bien tost un certain breuvage
Luy fit voir le noir rivage,
Tandis qu'aux yeux de Gygés
S'étaloient de blancs objets :
Car, fust-ce amour, fust-ce rage,
Bien-tost la Reyne le mit
Sur le thrône et dans son lit.

Mon dessein n'étoit pas d'étendre cette histoire :
On la sçavoit assez ; mais je me sçais bon gré,
  Car l'exemple a trés-bien quadré ;
Mon texte y va tout droit : mesme j'ay peine à croire
Que le Docteur en loix dont je vais discourir
Puisse mieux que Candaule à mon but concourir.
Rome, pour ce coup cy, me fournira la Scene ;
Rome, non celle-la que les mœurs du vieux temps
Rendoient triste, severe, incommode aux galants,
  Et de sottes femelles pleine ;
Mais Rome d'aujourd'huy, séjour charmant et beau,
  Où l'on suit un train plus nouveau.
  Le plaisir est la seule affaire
  Dont se piquent ses habitans :
  Qui n'auroit que vingt ou trente ans,
  Ce seroit un voyage à faire.
Rome donc eut naguere un maistre dans cét art
Qui du tien et du mien tire son origine ;
Homme qui hors de là faisoit le gouguenard ;
  Tout passoit par son étamine :
  Aux dépends du tiers et du quart
Il se divertissoit. Avint que le légiste,
Parmi ses écoliers, dont il avoit toûjours
   Longue liste,
Eut un François, moins propre à faire en droit un cours
   Qu'en Amours.
Le Docteur, un beau jour, le voyant sombre et triste,
Luy dit : Nôtre feal, vous voila de relais,
Car vous avez la mine, estant hors de l'école,
  De ne lire jamais
   Bartole.
Que ne vous poussez-vous ? Un François estre ainsi
  Sans intrigue et sans amourettes !
Vous avez des talens ; nous avons des coquettes,
  Non pas pour une, Dieu merci.
L'étudiant reprit : Je suis nouveau dans Rome ;
Et puis, hors les beautez qui font plaisir aux gens
   Pour la somme,

Je ne vois pas que les galans
Trouvent icy beaucoup à faire.
Toute maison est monastere :
Double porte, verroux, une matrone austere,
Un mary, des Argus. Qu'irais-je, à vostre avis,
   Chercher en de pareils logis ?
Prendre la lune aux dents seroit moins difficile.
Ha ! ha ! la lune aux dents ! repartit le Docteur ;
   Vous nous faites beaucoup d'honneur.
J'ay pitié des gens nœufs comme vous. Nostre Ville
Ne vous est pas connuë, en tant que je puis voir.
   Vous croyez donc qu'il faille avoir
Beaucoup de peine à Rome en fait que d'avantures ?
Sçachez que nous avons icy des creatures
   Qui feront leurs maris cocus
   Sur la moustache des Argus.
   La chose est chez nous trés commune.
Témoignez seulement que vous cherchez fortune ;
Placez-vous dans l'Eglise auprés du benistier ;
Presentez sur le doigt aux Dames l'eau sacrée ;
   C'est d'amourettes les prier.
Si l'air du suppliant à quelque Dame agrée,
   Celle-là, sçachant son métier,
   Vous envoyra faire un message.
Vous serez déterré, logeassiez-vous en lieu
   Qui ne fust connu que de Dieu :
Une vieille viendra, qui, faite au badinage,
Vous sçaura mesnager un secret entretien.
   Ne vous embarrassez de rien.
De rien ; c'est un peu trop, j'excepte quelque chose :
Il est bon de vous dire en passant, nostre ami,
Qu'à Rome il faut agir en galand et demi.
En France on peut conter des fleurettes, l'on cause ;
Icy tous les momens sont chers et précieux :
Romaines vont au but. L'autre reprit : Tant mieux.
   Sans estre gascon je puis dire
   Que je suis un merveilleux sire.
   Peut-estre ne l'estoit-il point :

Tout homme est gascon sur ce poinct.
Les avis du Docteur furent bons : le jeune homme
Se campe en une Eglise où venoit tous les jours
    La fleur et l'élite de Rome,
Des Graces, des Venus, avec un grand concours
      D'amours :
C'est à dire, en chrestien, beaucoup d'Anges femelles :
Sous leurs voiles brilloient des yeux pleins d'éteincelles.
Benistier, le lieu saint n'estoit pas sans cela :
Nostre homme en choisit un chanceux pour ce poinct là ;
A chaque objet qui passe adoucit ses prunelles ;
Reverences, le drosle en faisoit des plus belles,
    Des plus dévotes : cependant
Il offroit l'eau lustrale. Un Ange, entre les autres,
En prit de bonne grace. Alors l'étudiant
    Dit en son cœur : Elle est des nôtres.
Il retourne au logis : vieille vient ; rendez-vous :
D'en conter le détail, vous vous en doutez tous.
    Il s'y fit nombre de folies.
    La Dame estoit des plus jolies,
    Le passe temps fut des plus doux.
Il le conte au Docteur. Discretion françoise
Est chose outre nature et d'un trop grand effort.
    Dissimuler un tel transport,
    Cela sent son humeur bourgeoise.
Du fruit de ses conseils le Docteur s'applaudit,
Rit en Jurisconsulte, et des maris se raille.
    Pauvres gens qui n'ont pas l'esprit
    De garder du loup leur oüaille !
Un berger en a cent ; des hommes ne sçauront
    Garder la seule qu'ils auront !
Bien luy sembloit ce soin chose un peu malaisée,
Mais non pas impossible ; et, sans qu'il eust cent yeux,
    Il défioit, graces aux Cieux,
    Sa femme, encor que trés rusée.
    A ce discours, ami Lecteur,
Vous ne croiriez jamais, sans avoir quelque honte,
    Que l'heroïne de ce conte

Fust propre femme du Docteur :
Elle l'estoit pourtant. Le pis fut que mon homme,
En s'informant de tout, et des si, et des cas,
Et comme elle estoit faite, et quels secrets appas,
    Vid que c'estoit sa femme en somme.
Un seul poinct l'arrestoit ; c'estoit certain talent
Qu'avoit en sa moitié trouvé l'étudiant,
Et que pour le mari n'avoit pas la donzelle.
    A ce signe, ce n'est pas elle,
    Disoit en soy le pauvre Epoux ;
    Mais les autres poincts y sont tous ;
C'est elle. Mais ma femme au logis est resveuse,
    Et celle-cy paroist causeuse
    Et d'un agreable entetien ;
    Assurément c'en est une autre :
    Mais du reste il n'y manque rien ;
Taille, visage, traits, mesme poil ; c'est la nostre.
    Aprés avoir bien dit tout bas,
    Ce l'est, et puis, ce ne l'est pas,
Force fut qu'au premier en demeurast le sire.
    Je laisse à penser son courroux ;
    Sa fureur, afin de mieux dire.
Vous vous estes donnez un second rendez-vous ?
Poursuivit-il. Ouy, reprit nostre apôtre ;
Elle et moy n'avons eu garde de l'oublier,
    Nous trouvans trop bien du premier
    Pour n'en pas mesnager un autre,
Trés résolus tous deux de ne nous rien devoir.
La résolution, dit le Docteur, est belle.
Je sçaurois volontiers quelle est cette donzelle.
L'écolier repartit : Je ne l'ay pu sçavoir ;
Mais qu'importe ? Il suffit que je sois contant d'elle.
    Dés à présent je vous réponds
Que l'Epoux de la Dame a toutes ses façons :
Si quelqu'une manquoit, nous la luy donnerons
Demain, en tel endroit, à telle heure, sans faute.
    On doit m'attendre entre deux draps,
Champ de bataille propre à de pareils combats.

Le rendez-vous n'est point dans une chambre haute :
    Le logis est propre et paré.
On m'a fait à l'abord traverser un passage
    Où jamais le jour n'est entré ;
Mais aussi-tost aprés, la vieille du message
M'a conduit en des lieux où loge, en bonne foy,
    Tout ce qu'amour a de délices :
    On peut s'en rapporter à moy.
A ce discours jugez quels estoient les supplices
Qu'enduroit le Docteur. Il forme le dessein
    De s'en aller le lendemain
Au lieu de l'écolier, et, sous ce personnage,
Convaincre sa moitié, luy faire un vasselage
    Dont il fust à jamais parlé.
    N'en déplaise au nouveau confrere,
    Il n'estoit pas bien conseillé ;
    Mieux valoit pour le coup se taire,
    Sauf d'apporter en temps et lieu
    Remede au cas, moyennant Dieu.
Quand les épouses font un récipiendaire
    Au benoist estat de cocu,
S'il en peut sortir franc, c'est à luy beaucoup faire ;
    Mais, quand il est déja receu,
Une façon de plus ne fait rien à l'affaire.
Le Docteur raisonna d'autre sorte, et fit tant
Qu'il ne fit rien qui vaille. Il crut qu'en prévenant
    Son Parrein en cocüage,
    Il feroit tour d'homme sage :
    Son Parrein, cela s'entend,
    Pourveu que sous ce galant
    Il eust fait aprentissage ;
Chose dont, à bon droit, le Lecteur peut douter.
Quoy qu'il en soit, l'Epoux ne manque pas d'aller
    Au logis de l'Avanture,
    Croyant que l'allée obscure,
Son silence, et le soin de ce cacher le nez,
Sans qu'il fust reconnu, le feroient introduire
    En ces lieux si fortunez ;

Mais, par malheur, la vieille avoit pour se conduire
Une lanterne sourde; et, plus fine cent fois
　　Que le plus fin Docteur en loix,
Elle reconnut l'homme, et sans estre surprise,
　　Elle luy dit : Attendez là;
　　Je vais trouver Madame Élise.
Il la faut avertir : je n'ose sans cela
Vous mener dans sa chambre; et puis vous devez estre
　　En autre habit pour l'aller voir :
C'est à dire, en un mot, qu'il n'en faut point avoir.
Madame attend au lit. A ces mots nôtre Maistre,
Poussé dans quelque bouge, y voit d'abord parestre
Tout un deshabillé, des mules, un peignoir,
Bonnet, robe de chambre, avec chemise d'homme,
Parfums sur la toilette, et des meilleurs de Rome;
Le tout propre, arrangé, de mesme qu'on eust fait
Si l'on eust attendu le Cardinal préfet.
Le Docteur se dépoüille; et cette gouvernante
Revient, et par la main le conduit en des lieux
Où nostre homme, privé de l'usage des yeux,
　　Va d'une façon chancelante.
　　Aprés ces détours ténebreux,
La vieille ouvre une porte, et vous pousse le sire
　　En un fort mal plaisant endroit,
　　Quoy que ce fust son propre Empire :
　　C'estoit en l'Ecole de droit.
En l'Ecole de droit! Là mesme. Le pauvre homme
Honteux, surpris, confus, non sans quelque raison,
　　Pensa tomber en pamoison.
　　Le conte en courut par tout Rome.
Les écoliers alors attendoient leur regent :
Cela seul acheva sa mauvaise fortune.
Grand éclat de risée et grand chuchillement,
　　Universel étonnement.
Est-il fou? qu'est-ce là? vient-il de voir quelqu'une?
Ce ne fut pas le tout; sa femme se plaignit.
Procés. La parenté se joint en cause, et dit
Que du Docteur venoit tout le mauvais mesnage;

Que cét homme estoit fou, que sa femme estoit sage.
> On fit casser le mariage;
> Et puis la Dame se rendit
> Belle et bonne Religieuse
> A Saint-Croissant en Vavoureuse.
> Un Prélat luy donna l'habit.

IX. — LE DIABLE EN ENFER.

Qui craint d'aymer a tort, selon mon sens,
S'il ne fuit pas dés qu'il void une belle.
Je vous connois, objets doux et puissans;
Plus ne m'iray brûler à la chandelle.
Une vertu sort de vous, ne sçais quelle,
Qui dans le cœur s'introduit par les yeux (1) :
Ce qu'elle y fait, besoin n'est de le dire;
On meurt d'amour, on languit, on soûpire :
Pas ne tiendroit aux gens qu'on ne fist mieux.
A tels perils ne faut qu'on s'abandonne.
J'en vais donner pour preuve une personne
Dont la beauté fit trébucher Rustic.
Il en avint un fort plaisant trafic :
Plaisant fut-il, au peché prés, sans faute;
Car pour ce poinct, je l'excepte, et je l'oste,
Et ne suis pas du goust de celle la
Qui, buvant frais (ce fut, je pense, à Rome),
Disoit : Que n'est-ce un peché que cela !

1. La Fontaine se rappelle ici ce passage de Régnier :

> L'amour est une affection
> Qui par les yeux dans le cœur entre.

(*Epigrammes*, page 335 de l'édition de la *Bibliothèque elzevirienne.*)

Mais heureusement il s'arrête à temps.

Je la condamne, et veux prouver en somme
Qu'il fait bon craindre, encor que l'on soit saint.
Rien n'est plus vray : si Rustic avoit craint,
Il n'auroit pas retenu cette fille,
Qui, jeune et simple, et pourtant trés-gentille,
Jusques au vif vous l'eut bien-tost atteint.
Alibech fut son nom, si j'ay memoire ;
Fille un peu neuve, à ce que dit l'histoire.
Lisant un jour comme quoy certains saints,
Pour mieux vaquer à leurs pieux desseins,
Se sequestroient, vivoient comme des Anges,
Qui çà, qui là, portans toûjours leurs pas
En lieux cachez, choses qui, bien qu'étranges,
Pour Alibech avoient quelques appas :
Mon Dieu ! dit-elle, il me prend une envie
D'aller mener une semblable vie.
Alibech donc s'en va sans dire adieu ;
Mere, ny sœur, nourrice, ny compagne
N'est avertie. Alibech en campagne
Marche toûjours, n'arreste en pas un lieu.
Tant court en fin qu'elle entre en un bois sombre ;
Et dans ce bois elle trouve un vieillard,
Homme possible autrefois plus gaillard,
Mais n'estant lors qu'un squelette et qu'une ombre.
Pere, dit-elle, un mouvement m'a pris,
C'est d'estre sainte, et meriter pour prix
Qu'on me révere, et qu'on chomme ma feste.
O quel plaisir j'aurois, si tous les ans,
La palme en main, les rayons sur la teste,
Je recevois des fleurs et des presens !
Vôtre métier est-il si difficile ?
Je sçais dé-ja jeûner plus d'à demi.
Abandonnez ce penser inutile,
Dit le vieillard ; je vous parle en ami.
La sainteté n'est chose si commune
Que le jeûner suffise pour l'avoir.
Dieu gard de mal fille et femme qui jeûne
Sans pour cela guere mieux en valoir !

Il faut encor pratiquer d'autres choses,
D'autres vertus, qui me sont lettres closes,
Et qu'un Hermite habitant de ces bois
Vous apprendra mieux que moy mille fois.
Allez-le voir, ne tardez davantage :
Je ne retiens tels oiseaux dans ma cage.
Disant ces mots, le vieillard la quita,
Ferma sa porte, et se barricada.
Trés sage fut d'agir ainsi, sans doute,
Ne se fiant à vieillesse, ny goute,
Jeûne, ny haire, enfin à rien qui soit:
Non loin de là nôtre sainte apperçoit
Celuy de qui ce bon vieillard parloit,
Homme ayant l'ame en Dieu toute occupée,
Et se faisant tout blanc de son épée.
C'étoit Rustic, jeune saint trés fervent :
Ces jeunes là s'y trompent bien souvent.
En peu de mots, l'appetit d'estre sainte
Luy fut d'abord par la belle expliqué;
Appetit tel qu'Alibech avoit crainte
Que quelque jour son fruit n'en fust marqué.
Rustic sourit d'une telle innocence :
Je n'ay, dit-il, que peu de connoissance
En ce mestier; mais ce peu là que j'ay
Bien volontiers vous sera partagé;
Nous vous rendrons la chose familiere.
Maître Rustic eust dû donner congé
Tout dés l'abord à semblable écoliere.
Il ne le fit; en voici les effets.
Comme il vouloit estre des plus parfaits,
Il dit en soy : Rustic, que sçais-tu faire ?
Veiller, prier, jeûner, porter la haire.
Qu'est-ce cela ? moins que rien, tous le font.
Mais d'estre seul auprés de quelque belle
Sans la toucher, il n'est victoire telle;
Triomphes grands chez les Anges en sont:
Meritons les; retenons cette fille:

Si je résiste à chose si gentille,
J'atteinds le comble, et me tire du pair.
Il la retint, et fut si téméraire,
Qu'outre Satan il défia la chair,
Deux ennemis toûjours prests à mal faire.
Or sont nos saints logés sous même toict.
Rustic apreste, en un petit endroit,
Un petit lit de jonc pour la Novice ;
Car, de coucher sur la dure d'abord,
Quelle apparence ? elle n'estoit encor
Accoûtumée à si rude exercice.
Quant au souper, elle eut pour tout service
Un peu de fruit, du pain non pas trop beau.
Faites estat que la magnificence
De ce repas ne consista qu'en l'eau,
Claire, d'argent, belle par excellence.
Rustic jeûna ; la fille eut appetit.
Couchez à part, Alibech s'endormit ;
L'hermite non. Une certaine beste,
Diable nommée, un vray serpent maudit,
N'eut point de paix qu'il ne fût de la féte.
On l'y reçoit. Rustic roule en sa teste,
Tantost les traits de la jeune beauté,
Tantost sa grace et sa naïveté,
Et ses façons, et sa maniere douce,
L'âge, la taille, et surtout l'enbonpoint,
Et certain sein ne se reposant point,
Allant, venant ; sein qui pousse et repousse
Certain corset en dépit d'Alibech
Qui tasche en vain de luy clorre le bec :
Car toûjours parle ; il va, vient, et respire :
C'est son patois ; Dieu sçait ce qu'il veut dire.
Le pauvre Hermite, émeu de passion,
Fit de ce poinct sa méditation.
Adieu la haire, adieu la discipline ;
Et puis voila de ma devotion !
Voila mes saints ! celuy-cy s'achemine

Vers Alibech, et l'éveille en sursaut :
Ce n'est bien fait que de dormir si tost,
Dit le frater ; il faut au préallable
Qu'on fasse une œuvre à Dieu fort agreable,
Emprisonnant en enfer le malin ;
Créé ne fut pour aucune autre fin :
Procédons-y. Tout à l'heure il se glisse
Dedans le lit. Alibech sans malice,
N'entendoit rien à ce mystere là ;
Et, ne sçachant ny cecy ny cela,
Moitié forcée, et moitié consentante,
Moitié voulant combatre ce désir,
Moitié n'osant, moitié peine et plaisir,
Elle creut faire acte de repentante ;
Bien humblement rendit grace au frater ;
Sceut ce que c'est que le diable en enfer.
Desormais faut qu'Alibech se contante
D'estre martire, en cas que sainte soit :
Frere Rustic peu de vierges faisoit.
Cette leçon ne fut la plus aisée,
Dont Alibech, non encor déniaisée,
Dit : Il faut bien que le Diable en effet
Soit une chose étrange et bien mauvaise :
Il brise tout ; voyez le mal qu'il fait
A sa prison : non pas qu'il m'en déplaise ;
Mais il merite, en bonne verité,
D'y retourner. Soit fait, ce dit le frere.
Tant s'appliqua Rustic à ce mystere,
Tant prit de soin, tant eut de charité,
Qu'enfin l'Enfer s'accoustumant au Diable
Eust eu toûjours sa presence agreable,
Si l'autre eust pu toûjours en faire essay.
Surquoy la belle : On dit encor bien vray,
Qu'il n'est prison si douce, que son hôte
En peu de temps ne s'y lasse sans faute.
Bien tost nos gens ont noise sur ce poinct.
En vain l'Enfer son prisonnier rappelle ;

Le Diable est sourd, le Diable n'entend point.
L'enfer s'ennuye, autant en fait la belle;
Ce grand desir d'estre sainte s'en va.
Rustic voudroit estre depestré d'elle;
Elle pourveoit d'elle mesme à cela.
Furtivement elle quite le sire,
Par le plus court s'en retourne chez soy.
Je suis en soin de ce qu'elle put dire
A ses parens; c'est ce qu'en bonne foy
Jusqu'à present je n'ay bien sceu comprendre.
Apparemment elle leur fit entendre
Que son cœur, meu d'un appetit d'enfant,
L'avoit portée à tascher d'estre sainte:
Ou l'on la crut, ou l'on en fit semblant.
Sa parenté prit pour argent contant
Un tel motif: non que de quelque atteinte
A son enfer on n'eust quelque soupçon:
Mais cette chartre est faite de façon
Qu'on n'y void goute, et maint geolier s'y trompe.
Alibech fut festinée en grand pompe.
L'histoire dit que par simplicité
Elle conta la chose à ses compagnes.
Besoin n'estoit que vôtre sainteté,
Ce luy dit-on, traversast ces campagnes;
On vous auroit, sans bouger du logis,
Mesme leçon, mesme secret appris.
Je vous aurois, dit l'une, offert mon frere:
Vous auriez eu, dit l'autre, mon cousin;
Et Nèherbal, nôtre prochain voisin,
N'est pas non plus Novice en ce mystere.
Il vous recherche; acceptez ce parti,
Devant qu'on soit d'un tel cas averti.
Elle le fit. Nèherbal n'estoit homme
A cela prés. On donna telle somme,
Qu'avec les traits de la jeune Alibech
Il prit pour bon un enfer trés-suspect,
Usant des biens que l'Hymen nous envoye.

A tous Epoux Dieu doint pareille joye!
Ne plus ne moins qu'employoit au desert
Rustic son diable, Alibech son enfer(1).

X. — LA JUMENT DU COMPERE PIERRE.

Messire Jean (c'estoit certain Curé
Qui preschoit peu, sinon sur la Vendange)
Sur ce sujet, sans estre préparé,
Il triomphoit; vous eussiez dit un Ange.
Encore un poinct estoit touché de luy,
Non si souvent qu'eust voulu le Messire;
Et ce poinct là les enfans d'aujourd'huy
Sçavent que c'est, besoin n'ay de le dire.
Messire Jean, tel que je le descris,
Faisoit si bien que femmes et maris
Le recherchoient, estimoient sa science;
Au demeurant, il n'estoit conscience
Un peu jolie, et bonne à diriger,
Qu'il ne voulust luy mesme interroger,
Ne s'en fiant aux soins de son Vicaire.
Messire Jean auroit voulu tout faire,
S'entremettoit en zelé directeur,
Alloit par tout, disant qu'un bon Pasteur
Ne peut trop bien ses oüailles connoistre,
Dont par luy mesme instruit en vouloit estre.
Parmi les gens de luy les mieux venus,
Il frequentoit chez le compere Pierre,
Bon villageois, à qui pour toute terre,
Pour tout domaine, et pour tous revenus,
Dieu ne donna que ses deux bras tout nus,

1. Ces deux derniers vers ont été supprimés à partir de
l'édition de 1685.

Et son louchet, dont, pour toute ustensille,
Pierre faisoit subsister sa famille.
Il avoit femme et belle et jeune encor,
Ferme sur tout; le hasle avoit fait tort
A son visage, et non à sa personne.
Nous autres gens peut-estre aurions voulu
Du délicat; ce rustiq ne m'eust plu:
Pour des Curez la paste en estoit bonne,
Et convenoit à semblables amours.
Messire Jean la regardoit toûjours
Du coin de l'œil; toûjours tournoit la teste
De son costé, comme un chien qui fait feste
Aux os qu'il void n'estre par trop chétifs;
Que s'il en void un de belle apparence,
Non décharné, plein encor de substance,
Il tient dessus ses regards attentifs:
Il s'inquiete, il trepigne, il remüe
Oreille et queüe; il a toujours la veüe
Dessus cet os, et le ronge des yeux
Vingt fois devant que son palais s'en sente.
Messire Jean tout ainsi se tourmente
A cet objet pour luy delicieux.
La Villageoise estoit fort innocente,
Et n'entendoit aux façons du Pasteur
Mystere aucun; ny son regard flateur,
Ny ses presens ne touchoient Magdeleine:
Bouquets de thin et pots de Marjolaine
Tomboient à terre: avoir cent menus soins,
C'estoit parler bas-breton tout au moins.
Il s'avisa d'un plaisant stratagême.
Pierre estoit lourd, sans esprit: je crois bien
Qu'il ne se fust précipité luy mesme,
Mais par delà de luy demander rien
C'estoit abus et trés grande sottise.
L'autre luy dit: Compere mon ami,
Te voila pauvre, et n'ayant à demi
Ce qu'il te faut; si je t'apprends la guise
Et le moyen d'estre un jour plus contant

Qu'un petit Roy, sans te tourmenter tant,
Que me veux tu donner pour mes estreines?
Pierre répond : Parbleu! messire Jean,
Je suis à vous; disposez de mes peines,
Car vous sçavez que c'est tout mon vaillant.
Nôtre cochon ne nous faudra pourtant;
Il a mangé plus de son, par mon ame!
Qu'il n'en tiendroit trois fois dans ce tonneau,
Et d'abondant, la vache à nôtre femme
Nous a promis qu'elle feroit un veau :
Prenez le tout. Je ne veux nul salaire,
Dit le Pasteur; obliger mon compere.
Ce m'est assez. Je te diray comment :
Mon dessein est de rendre Magdeleine
Jument le jour, par art d'enchantement,
Luy redonnant sur le soir forme humaine.
Trés-grand profit pourra certainement
T'en revenir; car ton Asne est si lent,
Que du marché l'heure est presque passée
Quand il arrive; ainsi tu ne vends pas
Comme tu veux, tes herbes, ta denrée,
Tes choux, tes aulx, enfin tout ton tracas.
Ta femme, estant jument forte et menbrüe,
Ira plus viste; et si tost que chez toy
Elle sera du marché (¹) revenuë,
Sans pain ny soupe, un peu d'herbe menuë
Luy suffira. Pierre dit : Sur ma foy!
Messire Jean, vous estes un sage homme.
Voyez que c'est d'avoir étudié!
Vend-on cela? Si j'avois grosse somme,
Je vous l'aurois parbleu bien tost payé.
Jean poursuivit : Or çà, je t'aprendray

1. On lit ici *logis* au lieu de *marché* dans toutes les éditions publiées du vivant de l'auteur. C'est seulement en 1710 que ce dernier mot paroît. La correction qui a été faite semble indispensable, mais les éditeurs modernes auroient dû, tout en l'adoptant, faire connoître l'état du texte.

Les mots, la guise, et toute la maniere
Par où jument, bien faite et pouliniere,
Auras de jour, belle femme de nuit.
Corps, teste, jambe, et tout ce qui s'ensuit
Luy reviendra; tu n'as qu'à me veoir faire.
Tay-toy sur tout; car un mot seulement
Nous gasteroit tout nôtre enchantement;
Nous ne pourrions revenir au mystere,
De nostre vie : encore un coup, motus,
Bouche cousüe; ouvre les yeux sans plus :
Toy mesme aprés pratiqueras la chose.
Pierre promet de se taire, et Jean dit :
Sus, Magdeleine; il se faut, et pour cause,
Despouiller nüe et quiter cet habit.
Dégrafez-moy cet atour des Dimanches.
Fort bien. Ostez ce corset et ces manches :
Encore mieux. Défaites ce jupon :
Trés-bien cela. Quant vint à la chemise,
La pauvre Epouse eut en quelque façon
De la pudeur. Estre nüe ainsi mise
Aux yeux des gens! Magdeleine aymoit mieux
Demeurer femme, et juroit ses grands Dieux
De ne souffrir une telle vergogne.
Pierre luy dit : Voila grande besogne!
Et bien, tous deux nous sçaurons comme quoy
Vous estes faite; est-ce, par vostre foy,
Dequoy tant craindre? Et là, là, Magdeleine,
Vous n'avez pas toûjours eu tant de peine
A tout oster. Comment donc faites-vous
Quand vous cherchez vos puces? dites-nous.
Messire Jean est-ce quelqu'un d'étrange?
Que craignez-vous? Hé quoy? qu'il ne vous mange?
Ça dépeschons : c'est par trop marchandé
Depuis le temps, Monsieur nostre Curé
Auroit des-ja parfait son entreprise.
Disant ces mots, il oste la chemise,
Regarde faire, et ses lunettes prend.
Messire Jean par le nombril commence,

Pose dessus une main en disant :
Que cecy soit beau poitrail de Jument.
Puis cette main dans le pays s'avance.
L'autre s'en va transformer ces deux monts
Qu'en nos climats les gens nomment tetons ;
Car, quant à ceux qui sur l'autre hemisphere
Sont étendus, plus vastes en leur tour,
Par reverence on ne les nomme guere.
Messire Jean leur fait aussi sa cour,
Disant toûjours, pour la ceremonie,
Que cecy soit telle ou telle partie,
Ou belle croupe, ou beaux flancs, tout enfin.
Tant de façons mettoient Pierre en chagrin ;
Et, ne voyant nul progrés à la chose,
Il prioit Dieu pour la Métamorphose.
C'estoit en vain ; car de l'enchantement
Toute la force et l'accomplissement
Gisoit à mettre une queuë à la beste.
Tel ornement est chose fort honneste :
Jean, ne voulant un tel poinct oublier,
L'attache donc. Lors Pierre de crier
Si haut qu'on l'eust entendu d'une lieuë :
Messire Jean, je n'y veux point de queuë !
Vous l'attachez trop bas, Messire Jean !
Pierre à crier ne fut si diligent,
Que bonne part de la ceremonie
Ne fust des-ja par le Prestre accomplie.
A bonne fin le reste auroit esté,
Si, non contant d'avoir des-ja parlé,
Pierre encor n'eust tiré par la Soutane
Le Curé Jean, qui luy dit : Foin de toy !
T'avois-je pas recommandé, gros asne,
De ne rien dire, et de demeurer coy ?
Tout est gasté ; ne t'en pren qu'à toy-mesme.
Pendant ces mots, l'Epoux gronde à part soy.
Magdeleine est en un courroux extreme,
Querelle Pierre, et luy dit : Malheureux !
Tu ne seras qu'un miserable gueux

La Fontaine. — II.   19

Toute ta vie ! Et puis vien–t’en me braire ,
Vien me conter ta faim et ta douleur !
Voyez un peu, Monsieur nostre Pasteur
Veut de sa grace à ce traisne–malheur
Monstrer dequoy finir nostre misere :
Merite-t-il le bien qu’on luy veut faire?
Messire Jean , laissons là cet oyson :
Tous les matins , tandis que ce veau lie
Ses choux, ses aulx, ses herbes, son oignon,
Sans l’avertir venez à la maison ;
Vous me rendrez une Jument polie.
Pierre reprit : Plus de Jument, mamie ;
Je suis contant de n’avoir qu’un grison.

XI. — PASTÉ D’ANGUILLE.

Mesme beauté, tant soit exquise,
Rassasie et soûle à la fin.
Il me faut d’un et d’autre pain :
Diversité, c’est ma devise.
Cette maîtresse un tantet bize
Rit à mes yeux ; pourquoy cela?
C’est qu’elle est neuve ; et celle-la
Qui depuis longtemps m’est acquise,
Blanche qu’elle est, en nulle guise
Ne me cause d’émotion.
Son cœur dit ouy ; le mien dit non.
D’où vient? en voicy la raison :
Diversité, c’est ma devise.
Je l’ay ja dit d’autre façon (1) ;
Car il est bon que l’on desguise ;

1. Dans les *Trocqueurs*, p. 244 :
     Le Changement de Mets réjouit l’homme.

Suivant la Loy de ce dicton,
Diversité, c'est ma devise.
Ce fut celle aussi d'un mary
De qui la femme estoit fort belle.
Il se trouva bien tost guery
De l'amour qu'il avoit pour elle :
L'Hymen et la possession
Eteignirent sa passion.
Un sien Valet avoit pour femme
Un petit bec assez mignon :
Le maistre, estant bon compagnon,
Eut bien tost empaumé la Dame.
Cela ne plûst pas au Valet,
Qui, les ayant pris sur le fait,
Vendiqua son bien de couchete,
A sa moitié chanta goguette,
L'appella tout net et tout franc....
Bien sot de faire un bruit si grand
Pour une chose si commune ;
Dieu nous gard de plus grand fortune !
Il fit à son Maistre un sermon.
Monsieur, dit-il, chacun la sienne,
Ce n'est pas trop ; Dieu et raison
Vous recommandent cétte Antienne.
Direz-vous : Je suis sans Chrestienne ?
Vous en avez à la maison
Une qui vaut cent fois la mienne.
Ne prenez donc plus tant de peine :
C'est pour ma femme trop d'honneur ;
Il ne lui faut si gros Monsieur.
Tenons-nous chacun à la nostre ;
N'allez point à l'eau chez un autre,
Ayant plein puits de ces douceurs :
Je m'en raporte aux connoisseurs.
Si Dieu m'avoit fait tant de grace
Qu'ainsi que vous je disposasse
De Madame, je m'y tiendrois,
Et d'une Reine ne voudrois.

Mais puis qu'on ne sçauroit défaire
Ce qui s'est fait, je voudrois bien
(Ceci soit dit sans vous deplaire),
Que, contant de vostre ordinaire,
Vous ne goûtassiez plus du mien.
Le Patron ne voulut luy dire
Ni oüy ny non sur ce discours,
Et commanda que tous les jours
On mist aux repas, prés du sire,
Un pasté d'Anguille : ce mets
Lui chatoüilloit fort le palais.
Avec un appetit extreme
Une et deux fois il en mangea :
Mais, quand ce vint à la troisiesme,
La seule odeur le dégoûta.
Il voulut sur une autre viande
Mettre la main ; on l'empêcha.
Monsieur, dit-on, nous le commande :
Tenez-vous en à ce mets-là :
Vous l'aimez, qu'avez-vous à dire ?
M'en voilà soû reprit le Sire.
Et quoy ! toûjours pastez au bec !
Pas une Anguille de rostie !
Pastez tous les jours de ma vie !
J'aymerois mieux du pain tout sec.
Laissez-moy prendre un peu du vôtre,
Pain de par Dieu, ou de par l'autre ;
Au Diable ces pastez maudits !
Ils me suivront en Paradis,
Et par delà, Dieu me pardonne !
Le Maistre accourt soudain au bruit ;
Et, prenant sa part du deduit :
Mon Amy, dit-il, je m'étonne
Que d'un mets si plein de bonté
Vous soyez si tôt dégoûté.
Ne vous ay-je pas ouy dire
Que c'estoit vôtre grand ragoût ?
Il faut qu'en peu de temps, beau Sire,

Vous ayez bien changé de goût.
Qu'ay-je fait qui fust plus étrange ?
Vous me blâmez lors que je change
Un mets que vous croyez friand,
Et vous en faites tout autant !
Mon doux Amy, je vous aprend
Que ce n'est pas une sottise,
En fait de certains apetits,
De changer son pain blanc en bis :
Diversité, c'est ma Devise.
Quand le Maistre eut ainsi parlé,
Le Valet fut tout consolé.
Non que ce dernier n'eust à dire
Quelque chose encor là dessus :
Car, aprés tout, doit-il suffire
D'alléguer son plaisir sans plus ?
J'ayme le change. A la bonne heure !
On vous l'accorde ; mais gagnez,
S'il se peut, les interessez ;
Cette voye est bien la meilleure :
Suivez-la donc. A dire vray,
Je crois que l'Amateur du change
De ce Conseil tenta l'essay.
On dit qu'il parloit comme un Ange,
De mots dorez usant toûjours.
Mots dorez font tout en Amours,
C'est une maxime constante.
Chacun sçait quelle est mon entente :
J'ai rebattu cent et cent fois
Cecy dans cent et cent endroits (1) :

1.   Nous sommes beaux ; nous avons de l'esprit ;
      Avec cela bonnes lettres de change ;
       Il faudroit estre bien estrange
       Pour resister à tant d'appas.

           (Ci-dessus, page 17.)

  Pour tout carquois, d'une large escarcelle

Mais la chose est si necessaire
Que je ne puis jamais m'en taire,
Et rediray jusques au bout :
Mots dorez en Amours font tout.
Ils persuadent la Donzelle,
Son petit chien, sa Demoiselle,
Son Epoux quelque fois aussi.
C'est le seul qu'il falloit icy
Persuader : il n'avoit l'ame
Sourde à cette eloquence; et, Dame!
Les Orateurs du temps jadis
N'en ont de telle en leurs écrits.
Nôtre jaloux devint commode :
Même on dit qu'il suivit la mode
De son Maistre, et toûjours depuis
Changea d'objets en ses deduits.
Il n'estoit bruit que d'avantures

En ce pays le Dieu d'amour se sert.
(Page 26.)

Pour de l'argent, et non par tromperie,
(Comme le monde est à present bâty)
L'on vous croiroit venuë en ce lieu-cy.
(Page 29.)

Gratis est mort; plus d'Amour sans payer:
En beaux Louys se content les fleuretes.
(Page 107.)

Celuy-là parle une langue Barbare
Qui l'or en main n'explique ses desirs.
(Page 108.)

... Quelle affaire ne fait point
Ce bien-heureux métail, l'argent, maistre du monde?
(Page 188.)

A pleines mains il vous jettoit l'argent:
Sçachant trés-bien qu'en amour comme en guerre
On ne doit plaindre un métail qui fait tout.
(Page 193.)

La clef du coffre fort et des cœurs, c'est la mesme.
(Page 220.)

Du Chrétien et de Creatures.
Les plus nouvelles sans manquer
Estoient pour luy les plus gentilles :
Par où le drôle en pût croquer
Il en croqua; femmes et filles,
Nimphes, Grisettes, ce qu'il put.
Toutes estoient de bonne prise;
Et sur ce poinct, tant qu'il vescut,
Diversité fut sa Devise.

XII. — LES LUNETTES.

'avois juré de laisser là les Nones :
Car, que toûjours on voye en mes écrits
Mesme sujet et semblables personnes,
Cela pourroit fatiguer les esprits.
Ma muse met Guimpe sur le tapis;
Et puis quoy ? Guimpe, et puis Guimpe sans cesse;
Bref, toûjours Guimpe, et Guimpe sous la presse.
C'est un peu trop. Je veux que les Nonains
Fassent les tours en amour les plus fins;
Si ne faut-il pour cela qu'on épuise
Tout le sujet. Le moyen ? c'est un fait
Par trop fréquent; je n'aurois jamais fait :
Il n'est Greffier dont la plume y suffise.
Si j'y tâchois, on pourroit soupçonner
Que quelque cas m'y feroit retourner,
Tant sur ce poinct mes Vers font de rechutes;
Toûjours souvient à Robin de ses flûtes.
Or apportons à cela quelque fin;
Je le prétends, cette tâche icy faite.
Jadis s'estoit introduit un blondin
Chez des Nonains, à titre de fillette.
Il n'avoit pas quinze ans que tout ne fust;

Dont le galant passa pour sœur Colette,
Auparavant que la barbe luy crust.
Cet entre temps ne fust sans fruit : le Sire
L'employa bien : Agnés en profita.
Las ! quel profit ! j'eusse mieux fait de dire
Qu'à sœur Agnés malheur en arriva.
Il luy falut élargir sa ceinture,
Puis mettre au jour petite creature
Qui ressembloit comme deux goutes d'eau,
Ce dit l'histoire, à la sœur Jouvenceau.
Voila scandale et bruit dans l'Abbaye ;
D'où cet enfant est-il plu ? comme a-t-on,
Disoient les sœurs en riant, je vous prie,
Trouvé ceans ce petit champignon ?
Si ne s'est-il aprés tout fait luy mesme.
La Prieure est en un courroux extreme :
Avoir ainsi soüillé cette maison !
Bien tost on mit l'accouchée en prison ;
Puis il falut faire enqueste du pere.
Comment est-il entré, comment sorti ?
Les murs sont hauts, antique la touriere,
Double la grille, et le tour trés petit.
Seroit-ce point quelque garçon en fille ?
Dit la Prieure, et parmi nos brebis
N'aurions-nous point, sous de trompeurs habits,
Un jeune loup ? Sus, qu'on se des-habille ;
Je veux sçavoir la verité du cas.
Qui fut bien pris ? ce fut la feinte oüaille :
Plus son esprit à songer se travaille,
Moins il espere échaper d'un tel pas.
Necessité, mere de stratagême ;
Luy fit.... eh bien ? luy fit en ce moment
Lier.... eh quoy ? Foin ! je suis court moy mesme :
Où prendre un mot qui dise honnestement
Ce que lia le pere de l'enfant ?
Comment trouver un détour suffisant
Pour cet endroit ? Vous avez oüi dire
Qu'au temps jadis le genre humain avoit

Fenestre au corps, de sorte qu'on pouvoit
Dans le dedans tout à son aise lire :
Chose commode aux Medecins d'alors.
Mais si d'avoir une fenestre au corps
Estoit utile, une au cœur au contraire
Ne l'estoit pas, dans les femmes sur tout :
Car le moyen qu'on pust venir à bout
De rien cacher ? Nostre commune mere,
Dame Nature, y pourveut sagement
Par deux lacets de pareille mesure.
L'homme et la femme eurent également
Dequoy fermer une telle ouverture.
La femme fut lacée un peu trop dru :
Ce fut sa faute; elle mesme en fut cause,
N'estant jamais à son gré trop bien close.
L'homme au rebours; et le bout du tissu
Rendit en luy la nature perplexe.
Bref, le lacet à l'un et l'autre sexe
Ne put quadrer, et se trouva, dit-on,
Aux femmes court, aux hommes un peu long.
Il est facile à présent qu'on devine
Ce que lia nostre jeune imprudent;
C'est ce surplus, ce reste de machine,
Bout de lacet aux hommes excedant.
D'un brin de fil il l'attacha de sorte
Que tout sembloit aussi plat qu'aux Nonains :
Mais, fil ou soye, il n'est bride assez forte
Pour contenir ce que bien tost je crains
Qui ne s'échape. Amenez-moy des saints;
Amenez-moy, si vous voulez, des Anges;
Je les tiendray creatures estranges,
Si vingt Nonains, telles qu'on les vid lors,
Ne font trouver à leur esprit un corps.
J'entends Nonains ayant tous les tresors
De ces trois sœurs dont la fille de l'onde
Se fait servir; chiches et fiers appas
Que le soleil ne void qu'au nouveau monde,
Car celuy-cy ne les luy monstre pas.

La Prieure a sur son nez des lunettes,
Pour ne juger du cas legerement.
Tout à l'entour sont debout vingt Nonettes,
En un habit que vray-semblablement
N'avoient pas fait les tailleurs du Couvent.
Figurez-vous la question qu'au Sire
On donna lors : besoin n'est de le dire.
Touffes de lis, proportion du corps,
Secrets appas, enbonpoinct, et peau fine,
Fermes tetons, et semblables ressorts,
Eurent bien tost fait joüer la machine :
Elle eschapa, rompit le fil d'un coup,
Comme un coursier qui romproit son licou,
Et sauta droit au nez de la Prieure,
Faisant voler lunettes tout à l'heure
Jusqu'au plancher. Il s'en falut bien peu
Que l'on ne vist tomber la lunetiere.
Elle ne prit cet accident en jeu.
L'on tint Chapitre, et sur cette matiere
Fut raisonné long-temps dans le logis.
Le jeune loup fut aux vieilles brebis
Livré d'abord. Elle vous l'empoignerent,
A certain arbre en leur cour l'attacherent,
Ayant le nez devers l'arbre tourné,
Le dos à l'air avec toute la suite,
Et cependant que la troupe maudite
Songe comment il sera guerdonné,
Que l'une va prendre dans les Cuisines
Tous les balays, et que l'autre s'en court
A l'Arsenal où sont les disciplines;
Qu'une troisiesme enferme à double tour
Les Sœurs qui sont jeunes et pitoyables;
Bref, que le sort, ami du marjeolet,
Ecarte ainsi toutes les détestables;
Vient un Meusnier monté sur son mulet,
Garçon quarré, garçon couru des filles,
Bon Compagnon, et beau joüeur de quilles.
Oh! oh! dit-il, qu'est-ce là que je voy?

Le plaisant saint ! Jeune homme, je te prie,
Qui t'a mis là ? sont-ce ces sœurs, dis-moy :
Avec quelqu'une as-tu fait la folie ?
Te plaisoit-elle ? estoit-elle jolie ?
Car, à te voir, tu me portes, ma foy
(Plus je regarde et mire ta personne),
Tout le minois d'un vray croqueur de None.
L'autre répond : Helas ! c'est le rebours ;
Ces Nones m'ont en vain prié d'amours :
Voila mon mal. Dieu me doint patience !
Car de commettre une si grande offence,
J'en fais scrupule, et fust-ce pour le Roy,
Me donnast-on aussi gros d'or que moy.
Le Meusnier rit, et sans autre mystere
Vous le délie, et luy dit : Idiot,
Scrupule, toy qui n'es qu'un pauvre haire !
C'est bien à nous qu'il appartient d'en faire !
Nostre Curé ne seroit pas si sot.
Viste fuy-t'en, m'ayant mis en ta place ;
Car aussi bien tu n'es pas, comme moy,
Franc du collier, et bon pour cet employ :
Je n'y veux point de quartier ny de grace.
Viennent ces sœurs ; toutes, je te répon,
Verront beau jeu, si la corde ne rompt.
L'autre deux fois ne se le fait redire ;
Il vous l'attache, et puis luy dit adieu.
Large d'épaule, on auroit veu le Sire
Attendre nud les Nonains en ce lieu.
L'escadron vient, porte en guise de Cierges
Gaules et foüets : procession de verges
Qui fit la ronde à l'entour du Meusnier,
Sans luy donner le temps de se montrer,
Sans l'avertir. Tout beau ! dit-il, mes Dames,
Vous vous trompez ; considerez-moy bien :
Je ne suys pas cet ennemi des femmes,
Ce scrupuleux qui ne vaut rien à rien.
Emploiez-moy : vous verrez des merveilles :
Si je dis faux, coupez-moy les oreilles.

D'un certain jeu je viendray bien à bout :
Mais quant au foüet je n'y vaux rien du tout.
Qu'entend ce Rustre, et que nous veut-il dire?
S'écria lors une de nos sans-dents :
Quoy! tu n'es pas nostre faiseur d'enfans?
Tant pis pour toy, tu payras pour le sire ;
Nous n'avons pas telles armes en main
Pour demeurer en un si beau chemin.
Tien, tien, voila l'ébat que l'on desire.
A ce discours, foüets de rentrer en jeu,
Verges d'aller, et non pas pour un peu ;
Meusnier de dire en langue intelligible,
Crainte de n'estre assez bien entendu :
Mes Dames, je... feray tout mon possible
Pour m'acquiter de ce qui vous est dû.
Plus il leur tient des discours de la sorte,
Plus la fureur de l'antique cohorte
Se fait sentir. Long-temps il s'en souvint.
Pendant qu'on donne au Maistre l'anguillade,
Le mulet fait sur l'herbette gambade.
Ce qu'à la fin l'un et l'autre devint,
Je ne le sçais, ni ne m'en mets en peine :
Suffit d'avoir sauvé le jouvenceau.
Pendant un temps les lecteurs, pour douzaine
De ces Nonains au corps gent et si beau,
N'auroient voulu, je gage, être en sa peau.

XIII. — LE CUVIER.

Soiez Amant, vous serez inventif;
Tour ny détour, ruse ny stratageme
Ne vous faudront : le plus jeune aprentif
Est vieux routier dès le moment qu'il aime :
On ne vit onc que cette passion

Demeurast court faute d'invention;
Amour fait tant qu'enfin il a son conte.
Certain Cuvier, dont on fait certain conte,
En fera foy. Voicy ce que j'en sçais,
Et qu'un quidam me dit ces jours passés.
Dedans un bourg ou ville de Province
(N'importe pas du titre ny du nom),
Un Tonnelier et sa femme Nanon
Entretenoient un mesnage assez mince.
De l'aller voir amour n'eut à mépris,
Y conduisant un de ses bons amis,
C'est cocüage; il fut de la partie :
Dieux familiers et sans ceremonie,
Se trouvans bien dans toute hostellerie :
Tout est pour eux bon giste et bon logis,
Sans regarder si c'est louvre ou cabane.
Un drosle donc caressoit Madame Anne:
Ils en estoient sur un poinct, sur un poinct...
C'est dire assez de ne le dire point;
Lors que l'Espoux revient tout hors d'haleine
Du Cabaret; justement, justement...
C'est dire encor ceci bien clairement.
On le maudit; nos gens sont fort en peine.
Tout ce qu'on put fut de cacher l'Amant :
On vous le serre en haste et promptement
Sous un cuvier, dans une cour prochaine.
Tout en entrant l'Espoux dit : J'ay vendu
Nostre Cuvier. Combien? dit Madame Anne.
Quinze beaux francs. Va, tu n'es qu'un gros Asne,
Repartit-elle, et je t'ay d'un escu
Fait aujourd'huy profit par mon adresse,
L'ayant vendu six écus avant toy.
Le Marchand voit s'il est de bon alloy,
Et par dedans le taste piece à piece,
Examinant si tout est comme il faut,
Si quelque endroit n'a point quelque defaut.
Que ferois-tu, malheureux, sans ta femme ?
Monsieur s'en va chopiner, cependant

Qu'on se tourmente icy le corps et l'ame :
Il faut agir sans cesse en l'attendant.
Je n'ay gousté jusqu'icy nulle joye :
J'en gousteray desormais, atten-t'y.
Voyez un peu : le galand a bon foye ;
Je suis d'avis qu'on laisse à tel mary
Telle moitié ! Doucement, nostre Espouse,
Dit le bonhomme. Or sus, Monsieur, sortés :
Çà, que je racle un peu de tous costés
Vostre Cuvier, et puis que je l'arrouse ;
Par ce moyen vous verrez s'il tient eau :
Je vous réponds qu'il n'est moins bon que beau.
Le galant sort ; l'époux entre en sa place,
Racle par tout, la chandelle à la main,
Deçà, delà, sans qu'il se doute brin
De ce qu'amour en dehors vous luy brasse :
Rien n'en put voir ; et pendant qu'il repasse
Sur chaque endroit, affublé du cuveau,
Les Dieux susdits luy viennent de nouveau
Rendre visite, imposant un ouvrage
A nos Amans bien different du sïen.
Il regrata, grata, frota si bien,
Que nôtre couple, ayant repris courage,
Reprit aussi le fil de l'entretien
Qu'avoit troublé le galant personnage.
Dire comment le tout se put passer,
Amy Lecteur, tu dois m'en dispenser :
Suffit que j'ay tresbien prouvé ma these.
Ce tour fripon du couple augmentoit l'aise ;
Nul d'eux n'estoit à tels jeux aprentif.
Soyez Amant, vous serez inventif.

XIV. — LA CHOSE IMPOSSIBLE.

Un demon, plus noir que malin,
 Fit un charme si souverain
 Pour l'Amant de certaine belle,
 Qu'à la fin celuy-cy posseda sa cruelle.
Le pact de nostre Amant et de l'esprit folet,
Ce fut que le premier joüiroit à souhait
 De sa charmante inexorable.
Je te la rends dans peu, dit Satan, favorable :
Mais par tel si, qu'au lieu qu'on obeit au Diable
 Quand il a fait ce plaisir là,
A tes commandemens le Diable obeira
 Sur l'heure mesme, et puis, sur la mesme heure,
Ton serviteur Lutin, sans plus longue demeure,
Ira te demander autre commandement
 Que tu luy feras promptement ;
 Toûjours ainsi, sans nul retardement :
 Sinon ny ton corps ny ton ame
 N'appartiendront plus à ta Dame ;
Ils seront à Satan, et Satan en fera
 Tout ce que bon lui semblera.
 Le Galand s'accorde à cela.
 Commander estoit-ce un mystere ?
 Obeïr est bien autre affaire.
 Sur ce penser là nostre Amant
S'en va trouver sa belle, en a contentement ;
Gouste des voluptez qui n'ont point de pareilles ;
Se trouve trés heureux, hormis qu'incessamment
 Le Diable estoit à ses oreilles.
 Alors l'Amant lui commandoit
 Tout se qui lui venoit en teste ;
De bâtir des Palais, d'exciter la tempeste :
En moins d'un tour de main cela s'accomplissoit.

Mainte pistolle se glissoit
Dans l'escarcelle de nostre homme.
Il envoïoit le Diable à Rome;
Le Diable revenoit tout chargé de pardons.
Aucuns voyages n'estoient longs,
Aucune chose malaisée.
L'Amant, à force de rêver
Sur les ordres nouveaux qu'il lui faloit trouver,
Vid bien-tost sa cervelle usée.
Il s'en plaignit à sa divinité,
Lui dit de bout en bout toute la verité.
Quoy! ce n'est que cela? lui repartit la Dame :
Je vous auray bien-tost tiré
Une telle épine de l'ame.
Quand le Diable viendra, vous lui presenterez
Ce que je tiens, et lui direz :
Défrize-moi cecy, fais tant par tes journées
Qu'il devienne tout plat. Lors elle lui donna
Je ne sçais quoy qu'elle tira
Du verger de Cypris, labirinte des fées,
Ce qu'un Duc autrefois jugea si precieux,
Qu'il voulut l'honorer d'une Chevalerie (1);
Illustre et noble confrairie,
Moins pleine d'hommes que de Dieux.
D'Amant dit au Demon : C'est ligne circulaire
Et courbe que ceci; je t'ordonne d'en faire

---

1. L'ordre de la Toison-d'Or, institué en 1430 par Philippe-le-Bon, duc de Bourgogne. — « Ledict duc Philippes, gouvernant avec beaucoup de privauté une Dame de Bruges, doüée d'une exquise beauté, et entrant du matin en sa Chambre, trouva sur sa toilette de la Toison de son Païs d'Embas, dont ceste Dame mal soigneuse donna suject de rire aux Gentils-hommes suivants dudict Duc, qui, pour couvrir ce mystere, fit serment que tel s'estoit moqué de telle Toison, qui n'auroit pas l'honneur de porter un Collier d'un Ordre de la Toison qu'il designoit d'establir pour l'Amour de sa Dame.» (Le Théâtre d'honneur et de chevalerie, par André Favyn. Paris, R. Foüet, 1620, 2 vol. in-4.)

Ligne droite et sans nuls retours :
Va t'en y travailler et cours.
L'esprit s'en va, n'a point de cesse
Qu'il n'ait mis le fil sous la presse,
Tâché (¹) de l'aplatir à grands coups de marteau,
Fait sejourner au fonds de l'eau,
Sans que la ligne fust d'un seul poinct étenduë;
De quelque tour qu'il se servist,
Quelque secret qu'il eust, quelque charme qu'il fist,
C'estoit temps et peine perduë:
Il ne pût mettre à la raison
                    La toison.
Elle se revoltoit contre le vent, la pluie,
La neige, le broüillard (²) : plus Satan y touchoit,
Moins l'annelure se laschoit.
Qu'est ceci ? disoit-il ; je ne vis de ma vie
Chose de telle étoffe : il n'est point de lutin
Qui n'y perdist tout son latin.
Messire Diable un beau matin
S'en va trouver son homme, et lui dit : Je te laisse.
Aprens-moy seulement ce que c'est que cela :
Je te le rens : tien, le voila.
Je suis victus, je le confesse.
Nôtre ami Monsieur le luiton,
Dit l'homme, vous perdez un peu trop tost courage;
Celuy-cy n'est pas seul, et plus d'un compagnon
Vous auroit taillé de l'ouvrage.

XV. — LE MAGNIFIQUE.

Un peu d'esprit, beaucoup de bonne mine,
Et plus encor de liberalité,
C'est en amour une triple machine
Par qui maint fort est bien tost emporté,
Rocher fust-il; rocners aussi se prennent.

1. *Tâche*, dans les deux éditions de 1675.
2. *Les broüillards*, dans l'édition de 1685.

Qu'on soit bien fait, qu'on ayt quelque talent,
Que les cordons de la bourse ne tiennent,
Je vous le dis, la place est au galant.
On la prend bien quelquefois sans ces choses.
Bon fait avoir neanmoins quelques doses
D'entendement, et n'estre pas un sot.
Quant à l'avare, on le hait; le magot
A grand besoin de bonne retorique :
La meilleure est celle du liberal.
Un Florentin, nommé le Magnifique,
La possedoit en propre original.
Le Magnifique estoit un nom de guerre
Qu'on luy donna; bien l'avoit merité :
Son train de vivre, et son honnesteté,
Ses dons sur tout, l'avoient par toute terre
Déclaré tel; propre, bien fait, bien mis,
L'esprit galant, et l'air des plus polis.
Il se piqua pour certaine fémelle
De haut estat. La conqueste estoit belle :
Elle excitoit doublement le désir;
Rien n'y manquoit, la gloire et le plaisir.
Aldobrandin estoit de cette Dame
Bail et mary : pourquoy bail? ce mot là
Ne me plaist point; c'est mal dit que cela ;
Car un mary ne baille point sa femme.
Aldobrandin la sienne ne bailloit,
Trop bien cét homme à la garder veilloit (1)
De tous ses yeux; s'il en eust eu dix mille,
Il les eust tous à ce soin occupez :
Amour le rend, quand il veut, inutile;
Ces Argus là sont fort souvent trompez.
Aldobrandin ne croioit pas possible
Qu'il le fust onc; il défioit les gens.

1. A partir de l'édition de 1685, ces cinq derniers vers sont
remplacés par les trois suivants :

> Mari jaloux; non comme d'une femme,
> Mais comme qui depuis peu jouïroit
> D'une Filis. Cet homme la veilloit....

Au demeurant il estoit fort sensible
A l'interest, aymoit fort les presens.
Son concurrent n'avoit encor sceu dire
Le moindre mot à l'objet de ses vœux :
On ignoroit, ce luy sembloit, ses feux,
Et le surplus de l'Amoureux martyre
(Car c'est toûjours une mesme chanson).
Si l'on l'eust sceu, qu'eust-on fait ? Que fait-on ?
Jà n'est besoin qu'au lecteur je le die.
Pour revenir à nostre pauvre Amant,
Il n'avoit sceu dire un mot seulement
Au Medecin touchant sa maladie.
Or le voila qui tourmente sa vie,
Qui va, qui vient, qui court, qui perd ses pas :
Point de fenestre et point de jalousie
Ne luy permet d'entrevoir les appas
Ny d'entrouïr la voix de sa Maîtresse.
Il ne fut onc semblable forteresse.
Si faudra-t-il qu'elle y vienne pourtant.
Voicy comment s'y prit nostre assiegeant.
Je pense avoir des-ja dit, ce me semble,
Qu'Aldobrandin homme à presens étoit;
Non qu'il en fist, mais il en recevoit.
Le Magnifique avoit un Cheval d'amble,
Beau, bien taillé, dont il faisoit grand cas :
Il l'appelloit, à cause de son pas,
La haquenée. Aldobrandin le loüe :
Ce fut assez; nôtre Amant proposa
De le troquer. L'Epoux s'en excusa :
Non pas, dit-il, que je ne vous avoüe
Qu'il me plaît fort; mais à de tels marchés
Je perds toûjours. Alors le Magnifique,
Qui void le but de cette politique,
Reprit : Eh bien! faisons mieux : ne troquez;
Mais, pour le prix du Cheval, permettez
Que, vous présent, j'entretienne Madame :
C'est un désir curieux qui m'a pris.

Encor faut-il que vos meilleurs amis
Sçachent un peu ce qu'elle a dedans l'ame.
Je vous demande un quart d'heure sans plus.
Aldobrandin l'arrestant là-dessus :
J'en suis d'avis ! je livreray ma femme !
Ma foy, mon cher, gardez vôtre Cheval !
Quoy ! vous présent ?... Moy présent. Et quel mal
Encor un coup peut-il, en la présence
D'un mary fin comme vous, arriver ?
Aldobrandin commence d'y resver ;
Et raisonnant en soy : Quelle apparence
Qu'il en mêvienne, en effet, moy présent ?
C'est marché seur, il est fol ; à son dam.
Que prétend-il ? pour plus grande assurance,
Sans qu'il le sçache, il faut faire défense
A ma moitié de répondre au galant.
Sus, dit l'Epoux, j'y consens. La distance
De vous à nous, poursuivit nostre Amant,
Sera reiglée, afin qu'aucunement
Vous n'entendiez. Il y consent encore ;
Puis va querir sa femme en ce moment.
Quand l'autre void celle là qu'il adore,
Il se croit estre en un enchantement.
Les saluts faits, en un coin de la sale
Ils se vont seoir. Nôtre galant n'étale
Un long narré, mais vient d'abord au fait.
Je n'ay le lieu ny le temps à souhait,
Commença-t-il ; puis je tiens inutile
De tant tourner ; il n'est que d'aller droit.
Partant, Madame, en un mot comme en mille,
Vostre beauté jusqu'au vif m'a touché.
Penseriez vous que ce fust un peché
Que d'y répondre ? Ah ! je vous crois, Madame,
De trop bon sens. Si j'avois le loisir,
Je ferois voir par les formes ma flame,
Et vous dirois de cet ardant désir
Tout le menu ; mais que je brusle, meure,

Et m'en tourmente, et me dise aux abois,
Tout ce chemin que l'on fait en six mois,
Il me convient le faire en un quart d'heure :
Et plus encor; car ce n'est pas là tout :
Froid est l'Amant qui ne va jusqu'au bout,
Et par sotise en si beau train demeure.
Vous vous taisez ? pas un mot ! Qu'est-ce là ?
Renvoyrez-vous de la sorte un pauvre homme ?
Le Ciel vous fit, il est vray, ce qu'on nomme
Divinité; mais faut-il pour cela
Ne point répondre alors que l'on vous prie ?
Je vois, je vois; c'est une tricherie
De vôtre Epoux : il m'a joüé ce trait,
Et ne prétend qu'aucune repartie
Soit du marché; mais j'y sçais un secret;
Rien n'y fera, pour le seur, sa défence.
Je sçauray bien me répondre pour vous :
Puis ce coin d'œil, par son langage doux,
Rompt à mon sens quelque peu le silence :
J'y lis cecy : Ne croyez pas, Monsieur,
Que la Nature ait composé mon cœur
De marbre dur. Vos fréquentes passades,
Jouxtes, tournois, devises, serenades,
M'ont avant vous declaré vôtre amour.
Bien loin qu'il m'ait en nul poinct offensée,
Je vous diray que dés le premier jour
J'y répondis, et me sentis blessée
Du mesme trait. Mais que nous sert cecy ?...
Ce qu'il nous sert ? je m'en vais vous le dire :
Estant d'accord, il faut cette nuit cy
Goûter le fruit de ce commun martyre,
De vôtre Epoux nous vanger et nous rire,
Bref, le payer du soin qu'il prend icy :
De ces fruits là le dernier n'est le pire.
Vôtre jardin viendra comme de cire :
Descendez-y; ne doutez du succés.
Vôtre mary ne se tiendra jamais
Qu'à sa maison des champs, je vous l'assure,

Tantost il n'aille éprouver sa monture.
Vos doüagnas en leur premier sommeil,
Vous descendrez, sans nul autre appareil
Que de jetter une robe fourrée
Sur vostre dos, et viendrez au jardin.
De mon costé, l'échelle est préparée ;
Je monteray par la cour du voisin :
Je l'ay gagné ; la ruë est trop publique.
Ne craignez rien... Ah ! mon cher Magnifique,
Que je vous ayme, et que je vous sçais gré
De ce dessein ! Venez, je descendray...
C'est vous qui parle ; et plust au Ciel, Madame,
Qu'on vous osast embrasser les genoux !...
Mon Magnifique, à tantost ; vôtre flame
Ne craindra point les regards d'un jaloux.
L'Amant la quite, et feint d'estre en couroux ;
Puis, tout grondant : Vous me la donnez bonne,
Aldobrandin ! je n'entendois cela.
Autant vaudroit n'estre avecque personne
Que d'estre avec Madame que voila.
Si vous trouvez Chevaux à ce prix là,
Vous les devez prendre, sur ma parole.
Le mien hannit du moins ; mais cette idole
Est proprement un fort joly poisson.
Or sus, j'en tiens ; ce m'est une leçon.
Quiconque veut le reste du quart d'heure
N'a qu'à parler ; j'en feray juste prix.
Aldobrandin rit si fort, qu'il en pleure.
Ces jeunes gens, dit-il, en leurs esprits
Mettent toûjours quelque haute entreprise.
Nostre féal, vous laschez trop tost prise ;
Avec le temps on en viendroit à bout.
J'y tiendray l'œil ; car ce n'est pas là tout :
Nous y sçavons encor quelque rubrique ;
Et cependant, Monsieur le Magnifique,
La haquenée est nettement à nous ;
Plus ne fera de dépense chez vous.
Des-aujourd'huy, qu'il ne vous en déplaise,

Vous me verrez dessus fort à mon aise
Dans le chemin de ma maison des champs.
Il n'y manqua, sur le soir; et nos gens
Au rendez-vous tout aussi peu manquerent.
Dire comment les choses s'y passerent,
C'est un détail trop long; lecteur prudent,
Je m'en remets à ton bon jugement :
La Dame estoit jeune, fringante et belle,
L'Amant bien fait, et tous deux fort épris.
Trois rendez-vous coup sur coup furent pris;
Moins n'en valoit si gentille femelle.
Aucun peril, nul mauvais accident,
Bons dormitifs en or comme en argent
Aux douagnas, et bonne sentinelle.
Un pavillon vers le bout du jardin
Vint à propos : Messire Aldobrandin
Ne l'avoit fait bâtir pour cet usage.
Conclusion, qu'il prit en cocüage
Tous ses degrez; un seul ne luy manqua,
Tant sceut joüer son jeu la haquenée!
Contant ne fut d'une seule journée
Pour l'éprouver; aux champs il demeura
Trois jours entiers, sans doute ny scrupule.
J'en connois bien qui ne sont si chanceux;
Car ils ont femme, et n'ont Cheval ny Mule,
Sçachant de plus tout ce qu'on fait chez eux.

XVI. — LE TABLEAU.

n m'engage à conter d'une maniere honneste
    Le sujet d'un de ces tableaux
    Sur lesquels on met des rideaux;
    Il me faut tirer de ma teste
Nombre de traits nouveaux, piquans et delicats,
    Qui disent et ne disent pas,

Et qui soient entendus sans notes
Des Agnés mesme les plus sottes.
Ce n'est pas coucher gros ; ces extremes Agnés
Sont oiseaux qu'on ne vit jamais.

Toute Matrône sage, a ce que dit Catule,
Regarde volontiers le gigantesque don
Fait au fruit de Vénus par la main de Junon(1) ;
A ce plaisant objet si quelqu'une recule,
Cette quelqu'une dissimule.
Ce principe posé, pourquoy plus de scrupule,
Pourquoy moins de licence aux oreilles qu'aux yeux ?
Puisqu'on le veut ainsi, je feray de mon mieux :
Nuls traits à découvert n'auront icy de place ;
Tout y sera voilé, mais de gaze, et si bien,
Que je crois qu'on n'en perdra rien.
Qui pense finement et s'exprime avec grace
Fait tout passer, car tout passe ;
Je l'ay cent fois éprouvé :
Quand le mot est bien trouvé,
Le sexe, en sa faveur, à la chose pardonne :
Ce n'est plus elle alors, c'est elle encor pourtant ;
Vous ne faites rougir personne,
Et tout le monde vous entend.
J'ay besoin aujourd'huy de cet art important.
Pourquoy ? me dira-t-on, puisque sur ces merveilles
Le sexe porte l'œil sans toutes ces façons.
Je réponds à cela : Chastes sont ses oreilles,
Encor que les yeux soient fripons.
Je veux, quoy qu'il en soit, expliquer à des belles
Cette chaise rompuë, et ce rustre tombé.
Muses, venez m'ayder ; mais vous estes pucelles,

---

1. Allusion aux deux vers suivants qui sont dans l'épi-
gramme VIII des *Priapées* ; ils ne sont pas de Catulle, comme le dit La Fontaine, mais d'un anonyme.

Nimirum sapiunt, videntque magnam
Matronæ quoque mentulam libenter.
(Note de M, Boissonade.)

Au joly jeu d'amour ne sçachant A ny B :
Muses, ne bougez donc; seulement par bonté
Dites au Dieu des vers que dans mon entreprise
 Il est bon qu'il me favorise,
 Et de mes mots fasse le choix,
 Ou je diray quelque sotise
Qui me fera donner du busque sur les doigts.
C'est assez raisonner; venons à la peinture :
 Elle contient une avanture
 Arrivée au pays d'Amours.
 Jadis la ville de Citere
 Avoit en l'un de ses faux-bourgs
  Un Monastere;
 Venus en fit un Séminaire.
Il estoit de Nonains, et je puis dire ainsi
 Qu'il estoit de galans aussi.
 En ce lieu hantoient d'ordinaire
Gens de Cour, Gens de Ville, et Sacrificateurs,
  Et Docteurs,
Et Bacheliers sur tout. Un de ce dernier ordre
Passoit dans la maison pour estre des Amis.
Propre, toûjours razé, bien-disant, et beau-fils,
Sur son chapeau luisant, sur son rabat bien mis,
 La médisance n'eust sceu mordre.
 Ce qu'il avoit de plus charmant,
C'est que deux des Nonains alternativement
 En tiroient maint et maint service.
L'une n'avoit quité les atours de Novice
Que depuis quelques mois; l'autre encor les portoit.
 La moins jeune à peine contoit
 Un an entier par dessus seize :
 Aage propre à soutenir these,
 These d'amour : le Bachelier
 Leur avoit rendu familier
 Chaque poinct de cette science,
 Et le tout par experience.

Une assignation pleine d'impatience

Fut un jour par les sœurs donnée à cet Amant;
Et, pour rendre complet le divertissement,
Bacchus avec Cérés, de qui la compagnie
    Met Venus en train bien souvent,
Devoient estre ce coup de la cérémonie.
Propreté toucha seule aux apprets du régal;
Elle sceut s'en tirer avec beaucoup de grace :
Tout passa par ses mains, et le vin et la glace,
    Et les caraffes de cristal;
On s'y seroit miré. Flore à l'haleine d'ambre
    Sema de fleurs toute la chambre;
Elle en fit un jardin. Sur le linge, ces fleurs
Formoient des las d'amour, et le chifre des sœurs.
    Leurs Cloistrieres excellences
    Aimoient fort ces magnificences :
C'est un plaisir de None. Au reste, leur beauté
Aiguisoit l'appetit aussi de son costé.
    Mille secrettes circonstances
    De leurs corps polis et charmans
    Augmentoient l'ardeur des Amans.
    Leur taille estoit presque semblable;
Blancheur, delicatesse, embonpoint raisonnable,
Fermeté; tout charmoit, tout estoit fait au tour.
    En mille endroits nichoit l'amour :
Sous une guimpe, un voile, et sous un scapulaire,
Sous ceci, sous cela que void peu l'œil du jour,
Si celuy du galant ne l'appelle au mistere.
    A ces sœurs l'enfant de Cytere
    Mille fois le jour s'en venoit
    Les bras ouverts, et les prenoit
    L'une aprés l'autre pour sa mère.

Tel ce couple attendoit le Bachelier trop lent;
    Et de luy, tout en l'attendant,
Elles disoient du mal, puis du bien; puis les belles
    Imputoient son retardement
    A quelques amitiez nouvelles.
Qui peut le retenir? disoit l'une; est-ce amour?

Est-ce affaire? est-ce maladie?
Qu'il y revienne de sa vie,
Disoit l'autre; il aura son tour.
Tandis qu'elles cherchoient là dessous du mystere,
Passe un Mazet portant à la dépositaire
    Certain fardeau peu necessaire :
Ce n'estoit qu'un prétexte; et, selon qu'on m'a dit,
Cette dépositaire, ayant grand appetit,
Faisoit sa portion des talens de ce Rustre,
Tenu, dans tels repas, pour un traiteur illustre.
Le coquin, lourd d'ailleurs, et de trés court esprit,
    A la cellule se méprit;
    Il alla chez les attendantes
    Fraper avec ses mains pesantes.
On ouvre, on est surpris, on le maudit d'abord,
    Puis on void que c'est un tresor.
    Les Nonains s'éclatent de rire.
    Toutes deux commencent à dire,
Comme si toutes deux s'étoient donné le mot :
    Servons nous de ce maistre sot;
    Il vaut bien l'autre; que t'en semble?
La Professe ajoûta : C'est trés bien avisé.
Qu'atendions-nous ici? Qu'il nous fût debité
De beaux discours? Non, non, ny rien qui leur ressem-
Ce pitaut doit valoir, pour le poinct souhaité, [ble.
    Bachelier et Docteur ensemble.
Elle en jugeoit trés-bien : la taille du garçon,
    Sa simplicité, sa façon,
Et le peu d'interest qu'en tout il sembloit prendre,
    Faisoient de luy beaucoup attendre.
C'estoit l'homme d'Esope; il ne songeoit à rien;
    Mais il buvoit et mangeoit bien;
    Et, si Xantus l'eust laissé faire,
    Il auroit poussé loin l'affaire.
    Ainsi, bientost apprivoisé,
    Il se trouva tout disposé
    Pour executer sans remise
Les ordres des Nonains, les servant à leur guise

Dans son office de Mazet,
Dont il luy fut donné par les sœurs un brévet.

Icy la peinture commence :
Nous voilà parvenus au poinct.
Dieu des vers, ne me quite point ;
J'ay recours à ton assistance.
Dy moy pourquoy ce Rustre assis,
Sans peine de sa part, et trés-fort à son aise,
Laisse le soin de tout aux amoureux soucis
De sœur Claude et de sœur Terese.
N'auroit-il pas mieux fait de leur donner la chaise ?
Il me semble des-ja que je vois Apollon
Qui me dit : Tout beau ! ces matieres
A fonds ne s'examinent gueres.
J'entends ; et l'amour est un étrange garçon ;
J'ay tort d'ériger un fripon
En Maistre de ceremonies.
Dés qu'il entre en une maison,
Regles et loix en sont bannies ;
Sa fantaisie est sa raison.
Le voila qui rompt tout : c'est assez sa coûtume :
Ses jeux sont violens. A terre on vid bien tost
Le galand Catedral. Ou soit par le défaut
De la chaise un peu foible, ou soit que du pitaud
Le corps ne fust pas fait de plume,
Ou soit que sœur Terese eust chargé d'action
Son discours véhément et plein d'émotion,
On entendit craquer l'amoureuse tribune :
Le Rustre tombe à terre en cette occasion.
Ce premier poinct eut par fortune
Malheureuse conclusion.

Censeurs, n'aprochez point d'icy vostre œil prophane,
Vous, gens de bien, voyez comme sœur Claude mit
Un tel incident à profit.
Terese en ce malheur perdit la tramontane :
Claude la débusqua, s'emparant du timon.
Terese, pire qu'un demon,

Tasche à la retirer, et se remettre au trosne ;
 Mais celle-cy n'est pas personne
 A ceder un poste si doux.
 Sœur Claude, prenez garde à vous ;
 Terese en veut venir aux coups :
Elle a le poing levé. Qu'elle ayt. C'est bien répondre :
Quiconque est occupé comme vous ne sent rien.
Je ne m'étonne pas que vous sçachiez confondre
 Un petit mal dans un grand bien.
 Malgré la colere marquée
 Sur le front de la débusquée,
Claude suit son chemin ; le Rustre aussi le sien
 Terese est mal contante, et gronde.
Les plaisirs de Venus sont sources de debats ;
 Leur fureur n'a point de seconde :
 J'en prens à tesmoin les combats
 Qu'on vid sur la terre et sur l'onde,
 Lorsque Paris à Menelas
 Osta la merveille du monde.
Qu'un Pitaut faisant naistre un aussi grand procés
Tinst icy lieu d'Helene, une foy sans excés
Le peut croire, et fort bien ; troublez None en sa joye
 Vous verrez la guerre de Troye (1).
 Quoy que Bellone ayt part icy,
 J'y vois peu de corps de cuirasse ;
 Dame Venus se couvre ainsi
Quand elle entre en champ clos avec le Dieu de Trace.
 Cette armure a beaucoup de grace.
Belles, vous m'entendez ; je n'en diray pas plus :
 L'habit de guerre de Venus
 Est plein de choses admirables !
 Les Ciclopes aux membres nus
Forgent peu de harnois qui lui soient comparables ;
Celuy du preux Achille auroit esté plus beau,
Si Vulcan eust dessus gravé nostre tableau.

---

1. Ces quatre derniers vers ont été supprimés à partir de
l'édition de 1685.

Or ay-je des Nonains mis en vers l'avanture,
Mais non avec des traits dignes de l'action;
Et comme celle-cy déchet dans la peinture,
La peinture déchet dans ma description.
Les mots et les couleurs ne sont choses pareilles;
    Ny les yeux ne sont les oreilles.

    J'ay laissé long-temps au filet
    Sœur Terese la détrônée:
    Elle eut son tour; nostre mazet
    Partagea si bien sa journée
Que chacun fut content. L'histoire finit là;
Du festin pas un mot. Je veux croire, et pour cause,
    Que l'on but et que l'on mangea;
    Ce fut l'intermede et la pose.
Enfin tout alla bien, horsmis qu'en bonne foy
L'heure du rendez-vous m'enbarasse. Et pourquoy?
Si l'Amant ne vint pas, sœur Claude et sœur Terese
Eurent à tout le moins dequoy se consoler;
S'il vint, on sceut cacher le lourdaut et la chaise;
L'Amant trouva bien tost encor à qui parler.

CINQUIESME PARTIE[1]

I. — LA CLOCHETTE.

CONTE.

Ô combien l'homme est inconstant, divers,
Foible, leger, tenant mal sa parole !
J'avois juré hautement en mes vers (2),
De renoncer à tout conte frivole :
Et quand juré ? c'est ce qui me confond ;

1. La Fontaine n'a jamais formé de recueil des pièces réunies ici. *La Clochette, le Fleuve Scamandre, la Confidente sans le sçavoir, le Remède* et *les Aveus indiscrets* occupent les pages 137-189 du tome 1 des *Ouvrages de prose et de poësie des Srs de Maucroix et de La Fontaine. A Paris, chez Claude Barbin*, 1685, 2 vol. in-12. *La Matrone d'Ephése* et *Belphegor* suivent immédiatement le *Poëme du quinquina*, publié à Paris, chez Denis Thierry et Claude Barbin, en 1682 ; quant au conte des *Quiproquo*, il a été publié pour la première fois dans les *Œuvres postumes de Monsieur de La Fontaine*, 1696, in-12, p. 151.

2. Edition de Henry Desbordes, 1685 :

    J'avois juré, même en assez beaux Vers...

Depuis deux jours j'ay fait cette promesse.
Puis fiez-vous à Rimeur qui répond
D'un seul moment. Dieu ne fit la sagesse
Pour les cerveaux qui hantent les neuf Sœurs :
Trop bien ont-ils quelque art qui vous peut plaire,
Quelque jargon plein d'assez de douceurs;
Mais d'être sûrs ce n'est là leur affaire.
Si me faut-il trouver, n'en fût-il point,
Temperament pour accorder ce poinct;
Et, supposé que quant à la matiere
J'eusse failly, du moins pourrois-je pas
Le reparer, par la forme, en tout cas?
Voyons cecy. Vous sçaurez que naguere
Dans la Touraine un jeune Bachelier....
(Interpretez ce mot à vôtre guise :
L'usage en fut autrefois familier
Pour dire ceux qui n'ont la barbe grise;
Ores ce sont supposts de sainte Eglise.)
Le nôtre soit sans plus un jouvenceau
Qui dans les prez, sur le bord d'un ruisseau,
Vous cajoloit la jeune bachelette
Aux blanches dents, aux pieds nus, aux corps gent,
Pendant qu'Io, portant une clochette,
Aux environs alloit l'herbe mangeant.
Nôtre galand vous lorgne une fillette,
De celles-là que je viens d'exprimer.
Le malheur fut qu'elle étoit trop jeunette,
Et d'âge encore incapable d'aimer.
Non qu'à treize ans on y soit inhabile;
Même les loix ont avancé ce temps (1) :
Les loix songeoient aux personnes de ville,
Bien que l'amour semble né pour les champs.
Le Bachelier déploya sa science.

_____

1. Il y a dans mon exemplaire de Maucroix une note manuscrite du temps, ainsi conçue : « Permettant le mariage
des filles à douze ans. » (Note de M. Walckenaer.)

Ce fut en vain ; le peu d'experience,
L'humeur farouche, ou bien l'aversion, ,
Ou tous les trois firent que la bergere,
Pour qui l'amour étoit langue étrangere,
Répondit mal à tant de passion.
Que fit l'amant ? Croyant tout artifice
Libre en amours, sur le rez de la nuit (1)
Le compagnon détourne une genisse
De ce bétail par la fille conduit.
Le demeurant, non conté par la belle
(Jeunesse n'a les soins qui sont requis),
Prit aussi-tôt le chemin du logis.
Sa mere, étant moins oublieuse qu'elle,
Vid qu'il manquoit une piéce au Troupeau.
Dieu sçait la vie ! elle tance Isabeau,
Vous la renvoye ; et la jeune pucelle
S'en va pleurant, et demande aux échos
Si pas un d'eux ne sçait nulle nouvelle
De celle-là, dont le drôle à propos
Avoit d'abord étoupé la clochette :
Puis il la prit, et, la faisant sonner (2),
Il se fit suivre ; et tant que la fillette
Au fonds d'un bois se laissa détourner.
Jugez, Lecteur, quelle fut sa surprise
Quand elle oüit la voix de son amant.
Belle, dit-il, toute chose est permise
Pour se tirer de l'amoureux tourment.
A ce discours, la fille toute en transe
Remplit de cris ces lieux peu frequentez
Nul n'accourut. O belles ! évitez
Le fonds des bois, et leur vaste silence.

1. Edition de Henry Desbordes, 1685 :

    ... Sur le coy de la nuit.

2. Edition de Henry Desbordes, 1685 :

    Puis il la prit, puis la faisant sonner.

La Fontaine. — II.

II. — LE FLEUVE SCAMANDRE.

CONTE.

Me voila prest à conter de plus belle ;
Amour le veut, et rit de mon serment :
Hommes et Dieux, tout est sous sa tutelle,
Tout obeït, tout cede à cet enfant.
J'ay desormais besoin, en le chantant,
De traits moins forts et déguisans la chose ;
Car, aprés tout, je ne veux être cause
D'aucun abus ; que plûtôt mes écrits
Manquent de sel, et ne soient d'aucun prix !
Si dans ces vers j'introduis et je chante
Certain trompeur et certaine innocente,
C'est dans la veuë et dans l'intention
Qu'on se meffie en telle occasion.
J'ouvre l'esprit, et rends le sexe habile
A se garder de ces pieges divers.
Sotte ignorance en fait trebucher mille,
Contre une seule à qui nuiroient mes vers.

J'ai lû qu'un Orateur estimé dans la Grece,
Des beaux Arts autrefois souveraine Maîtresse,
Banni de son pays, voulut voir le séjour
Où subsistoient encor les ruïnes de Troye ;
Cimon, son camarade, eut sa part de la joye.
Du débris d'Ilion s'étoit construit un bourg
Noble par ses malheurs : là Priam et sa Cour
N'étoient plus que des noms dont le Temps fait sa proye.
Ilion, ton nom seul a des charmes pour moy ;
Lieu fécond en sujets propres à nôtre employ,
Ne verray-je jamais rien de toy, ny la place
De ces murs élevez et détruits par des Dieux,
Ny ces champs où couroient la fureur et l'audace,

Ny des temps fabuleux enfin la moindre trace
Qui pût me presenter l'image de ces lieux ?
Pour revenir au fait, et ne point trop m'étendre,
    Cimon, le Heros de ces vers,
    Se promenoit prés du Scamandre.
Une jeune ingenuë en ce lieu se vient rendre,
Et goûter la fraîcheur sur ces bords toûjours verts.
Son voile au gré des vens va flotant dans les airs;
Sa parure est sans art; elle a l'air de bergere,
Une beauté naïve, une taille legere.
Cimon en est surpris, et croit que sur ces bords
Venus vient étaler ses plus rares trésors.
Un antre étoit auprés : l'innocente pucelle
Sans soupçon y descend, aussi simple que belle.
Le chaud, la solitude, et quelque Dieu malin,
L'inviterent d'abord à prendre un demi bain.
Nôtre banni se cache; il contemple, il admire;
    Il ne sçait quels charmes élire;
Il devore des yeux et du cœur cent beautez.
Comme on étoit remply de ces Divinitez
    Que la Fable a dans son Empire,
Il songe à profiter de l'erreur de ces temps,
Prend l'air d'un Dieu des eaux, moüille ses vétemens,
Se couronne de joncs et d'herbe degoutante,
Puis invoque Mercure et le Dieu des Amans.
Contre tant de trompeurs qu'eût fait une innocente ?
La belle enfin découvre un pied dont la blancheur
    Auroit fait honte à Galatée,
    Puis le plonge en l'onde argentée,
Et regarde ses lys, non sans quelque pudeur.
Pendant qu'à cet objet sa veuë est arrêtée,
Cimon aproche d'elle; elle court se cacher
    Dans le plus profond du rocher.
Je suis, dit-il, le Dieu qui commande à cette onde;
Soyez-en la Déesse, et regnez avec moy :
Peu de Fleuves pourroient dans leur grotte profonde
Partager avec vous un aussi digne employ.
Mon cristal est trés-pur; mon cœur l'est davantàge :

Je couvriray pour vous de fleurs tout ce rivage :
Trop heureux si vos pas le daignent honorer,
Et qu'au fonds de mes eaux vous daigniez vous mirer !
    Je rendray toutes vos Compagnes
    Nymphes aussi, soit aux montagnes,
Soit aux eaux, soit aux bois ; car j'étends mon pouvoir
Sur tout ce que vôtre œil à la ronde peut voir.
L'éloquence du Dieu, la peur de luy déplaire,
Malgré quelque pudeur qui gâtoit le mystere,
    Conclurent tout en peu de temps.
La superstition cause mille accidents.
On dit même qu'Amour intervint à l'affaire.
Tout fier de ce succés, le Banni dit adieu.
    Revenez, dit-il, en ce lieu :
    Vous garderez que l'on ne sçache
    Un hymen qu'il faut que je cache :
Nous le declarerons quand j'en auray parlé
Au conseil qui sera dans l'Olimpe assemblé.
La nouvelle Déesse à ces mots se retire ;
Contente ? Amour le sçait. Un mois se passe et deux,
Sans que pas un du bourg s'apperceût de leurs jeux.
O mortels ! est-il dit qu'à force d'être heureux
Vous ne le soyez plus ! Le Banni, sans rien dire,
Ne va plus visiter cet antre si souvent.
    Une nopce enfin arrivant,
Tous, pour la voir passer, sous l'orme se vont rendre.
La Belle apperçoit l'homme, et crie en ce moment :
    Ah ! voila le fleuve Scamandre !
On s'étonne, on la presse ; elle dit bonnement
Que son hymen se va conclure au Firmament.
On en rit ; car que faire ? Aucuns à coups de pierre
Poursuivirent le Dieu, qui s'enfuit à grand' erre ;
D'autres rirent sans plus. Je croy qu'en ce temps-cy
L'on feroit au Scamandre un trés-méchant party.
    En ce temps-là semblables crimes
S'excusoient aisément : tous temps, toutes maximes.
L'épouse du Scamandre en fut quitte à la fin
    Pour quelques traits de raillerie :

Même un de ses amans l'en trouva plus jolie.
C'est un goust : il s'offrit à luy donner la main.
Les Dieux ne gâtent rien : puis, quand ils seroient
Qu'une fille en valût un peu moins, dotez-la, [cause
 Vous trouverez qui la prendra :
 L'argent repare toute chose.

III. — LA CONFIDENTE SANS LE SÇAVOIR,

OU LE STRATAGÊME.

Conte.

Je ne connois Rhéteur ny Maître és Arts
Tel que l'Amour ; il excelle en bien dire ;
Ses argumens ; ce sont de doux regards,
De tendres pleurs, un gracieux sourire.
La guerre aussi s'exerce en son Empire :
Tantôt il met aux champs ses étendars ;
Tantôt, couvrant sa marche et ses finesses,
Il prend des cœurs entourez de ramparts, .
Je le soûtiens : posez deux forteresses ;
Qu'il en batte une, une autre le Dieu Mars :
Que celuy-cy fasse agir tout un monde,
Qu'il soit armé, qu'il ne luy manque rien ;
Devant son fort je veux qu'il se morfonde :
Amour tout nud fera rendre le sien.
C'est l'inventeur des tours et stratagêmes.
J'en vais dire un de mes plus favoris :
J'en ay bien lû, j'en vois pratiquer mêmes,
Et d'assez bons, qui ne sont rien au prix.

 La jeune Aminte, à Geronte donnée,
Meritoit mieux qu'un si triste hymenée ;
Elle avoit pris en cet homme un époux
Malgracieux, incommode, et jaloux.

Il étoit vieux ; elle, à peine en cet âge
Où, quand un cœur n'a point encore aymé,
D'un doux objet il est bien-tôt charmé.
Celuy d'Aminte ayant sur son passage
Trouvé Cleon, beau, bien fait, jeune, et sage,
Il s'acquita de ce premier tribut,
Trop bien peut-être, et mieux qu'il ne falut :
Non toutefois que la belle n'oppose
Devoir et tout à ce doux sentiment ;
Mais lors qu'Amour prend le fatal moment,
Devoir et tout, et rien c'est même chose.
Le but d'Aminte en cette passion
Estoit, sans plus, la consolation
D'un entretien sans crime, où la pauvrette
Versât ses soins en une ame discrette.
Je croirois bien qu'ainsi l'on le prétend ;
Mais l'appetit vient toûjours en mangeant :
Le plus seur est ne se point mettre à table.
Aminte croit rendre Cleon traitable :
Pauvre ignorante ! elle songe au moyen
De l'engager à ce simple entretien,
De luy laisser entrevoir quelque estime,
Quelque amitié, quelque chose de plus,
Sans y méler rien que de legitime :
Plûtôt la mort empêchât tel abus !
Le poinct étoit d'entamer cette afaire.
Les lettres sont un étrange mystere ;
Il en provient maint et maint accident ;
Le meilleur est quelque seur confident.
Où le trouver ? Geronte est homme à craindre.
J'ay dit tantôt qu'Amour sçavoit atteindre
A ses desseins d'une ou d'autre façon ;
Cecy me sert de preuve et de leçon.
Cleon avoit une vieille parente,
Severe et prude, et qui s'attribuoit
Autorité sur luy de gouvernante.
Madame Alis (ainsi l'on l'appelloit)
Par un beau jour eut de la jeune Aminte

Ce compliment, ou plûtôt cette plainte :
Je ne sçais pas pourquoy vôtre parent,
Qui m'est et fut toûjours indifferent,
Et le sera tout le temps de ma vie,
A de m'aymer conceu la fantaisie.
Sous ma fenêtre il passe incessamment ;
Je ne sçaurois faire un pas seulement
Que je ne l'aye aussi-tôt à mes trousses ;
Lettres, billets pleins de paroles douces,
Me sont donnez par une dont le nom
Vous est connu : je le tais, pour raison.
Faites cesser, pour Dieu ! cette poursuite ;
Elle n'aura qu'une mauvaise suite :
Mon mari peut prendre feu là-dessus.
Quant à Cleon, ses pas sont superflus :
Dites le luy de ma part, je vous prie.
Madame Alis la loüe, et luy promet
De voir Cleon, de luy parler si net
Que de l'aymer il n'aura plus d'envie.
Cleon va voir Alis le lendemain :
Elle luy parle, et le pauvre homme nie
Avec sermens qu'il eût un tel dessein.
Madame Alis l'appelle enfant du diable.
Tout vilain cas, dit-elle, est reniable ;
Ces sermens vains et peu dignes de foy
Meriteroient qu'on vous fist vôtre sausse.
Laissons cela : la chose est vraye ou fausse ;
Mais, fausse ou vraye, il faut, et croyez-moy,
Vous mettre bien dans la tête qu'Aminte
Est femme sage, honnête, et hors d'atteinte :
Renoncez-y. Je le puis aisément,
Reprit Cleon. Puis, au même moment,
Il va chez luy songer à cette afaire :
Rien ne luy peut débroüiller le mystere.
Trois jours n'étoient passez entierement
Que revoicy chez Alis nôtre Belle.
Vous n'avez pas, Madame, luy dit-elle,
Encore veu, je pense, nôtre Amant ;

De plus en plus sa poursuite s'augmente.
Madame Alis s'emporte, se tourmente :
Quel malheureux ! Puis, l'autre la quittant,
Elle le mande. Il vient tout à l'instant.
Dire en quels mots Alis fit sa harangue,
Il me faudroit une langue de fer ;
Et, quand de fer j'aurois même la langue,
Je n'y pourrois parvenir : tout l'enfer
Fut employé dans cette reprimande.
Allez, satan ; allez, vray lucifer,
Maudit de Dieu. La fureur fut si grande,
Que le pauvre homme, étourdi dés l'abord,
Ne sceut que dire ; avoüer qu'il eût tort,
C'étoit trahir par trop sa conscience.
Il s'en retourne, il rumine, il repense,
Il rêve tant, qu'enfin il dit en soy :
Si c'étoit là quelque ruse d'Aminte !
Je trouve, helas ! mon devoir dans sa plainte.
Elle me dit : O Cleon ! aime-moy,
Ayme-moy donc, en disant que je l'ayme.
Je l'ayme aussi, tant pour son stratagême
Que pour ses traits. J'avoüe en bonne foy
Que mon esprit d'abord n'y voyoit goute ;
Mais à present je ne fais aucun doute ;
Aminte veut mon cœur assurément.
Ah ! si j'osois, dés ce même moment
Je l'irois voir ; et, plein de confiance,
Je luy dirois quelle est la violence,
Quel est le feu dont je me sens épris.
Pourquoy n'oser ? offense pour offense,
L'amour vaut mieux encor que le mépris.
Mais si l'époux m'attrapoit au logis !...
Laissons-la faire, et laissons-nous conduire.
Trois autres jours n'étoient passez encor,
Qu'Aminte va chez Alis, pour instruire
Son cher Cleon du bon-heur de son sort.
Il faut, dit-elle, enfin que je deserte ;
Vôtre parent a résolu ma perte ;

Il me prétend avoir par des presens :
Moy, des presens ! c'est bien choisir sa femme.
Tenez, voila rubis et diamans ;
Voila bien pis ; c'est mon portrait, Madame :
Assurément de memoire on l'a fait,
Car mon Epoux a tout seul mon portrait.
A mon lever, cette personne honnête
Que vous sçavez, et dont je tais le nom,
S'en est venuë, et m'a laissé ce don.
Vôtre parent merite qu'à la tête
On le luy jette, et s'il étoit icy...
Je ne me sens presque pas de colere.
Oyez le reste : il m'a fait dire aussi
Qu'il sçait fort bien qu'aujourd'huy pour affaire
Mon mari couche à sa maison des champs ;
Qu'incontinent qu'il croira que mes gens
Seront couchez et dans leur premier somme,
Il se rendra devers mon cabinet.
Qu'espere-t-il ? pour qui me prend cet homme ?
Un rendez-vous ! est-il fol en effet ?
Sans que je crains de commettre Geronte,
Je poserois tantôt un si bon guet,
Qu'il seroit pris ainsi qu'au trebuchet,
Ou s'enfuiroit avec sa courte honte.
Ces mots finis, Madame Aminte sort.
Une heure aprés Cleon vint ; et d'abord
On luy jetta les joyaux et la boëte :
On l'auroit pris à la gorge au besoin.
Eh bien ! cela vous semble-t-il honnête ?
Mais ce n'est rien, vous allez bien plus loin.
Alis dit lors mot pour mot ce qu'Aminte
Venoit de dire en sa derniere plainte.
Cleon se tint pour dûment averti.
J'aymois dit-il, il est vray, cette belle ;
Mais, puisqu'il faut ne rien esperer d'elle,
Je me retire et prendray ce parti.
Vous ferez bien ; c'est celuy qu'il faut prendre,
Luy dit Alis. Il ne le prit pourtant.

Trop bien, minuit à grand'peine sonnant,
Le compagnon sans faute se va rendre
Devers l'endroit qu'Aminte avoit marqué.
Le rendez-vous étoit bien expliqué ;
Ne doutez pas qu'il n'y fût sans escorte.
La jeune Aminte attendoit à la porte :
Un profond somme occupoit tous les yeux ;
Même ceux-là qui brillent dans les Cieux
Estoient voilez par une épaisse nuë.
Comme on avoit toute chose préveuë,
Il entre vîte et sans autres discours
Ils vont... ils vont au cabinet d'amours.
Là le Galant dés l'abord se récrie,
Comme la Dame étoit jeune et jolie,
Sur sa beauté ; la bonté vint aprés ;
Et celle-cy suivit l'autre de prés.
Mais, dites-moy de grace, je vous prie,
Qui vous a fait aviser de ce tour ?
Car jamais tel ne se fit en amour :
Sur les plus fins je prétens qu'il excelle,
Et vous devez vous-même l'avoüer.
Elle rougit, et n'en fut que plus belle ;
Sur son esprit, sur ses traits, sur son zele,
Il la loüa. Ne fit-il que loüer ?

IV. — LE REMEDE.

CONTE.

Si l'on se plaît à l'image du Vray,   [me ?
Combien doit-on rechercher le Vray mê-
J'en fais souvent dans mes contes l'essay,
Et vois toûjours que sa force est extrême,
Et qu'il attire à soy tous les esprits.
Non qu'il ne faille en de pareils écrits

Feindre les noms; le reste de l'affaire
Se peut conter sans en rien déguiser :
Mais, quant aux noms, il faut au moins les taire,
Et c'est ainsi que je vais en user.

Prés du Mans donc, pays de Sapience,
Gens pesans l'air, fine fleur de Normand,
Une pucelle eut n'aguere un amant
Frais, delicat, et beau par excellence;
Jeune sur tout, à peine son menton
S'étoit vêtu de son premier coton.
La fille étoit un parti d'importance;
Charmes et dot, aucun poinct n'y manquoit;
Tant et si bien, que chacun s'appliquoit
A la gagner; tout le Mans y couroit.
Ce fut en vain; car le cœur de la fille
Inclinoit trop pour nôtre Jouvenceau :
Les seuls parens, par un esprit Manceau,
La destinoient pour une autre famille.
Elle fit tant autour d'eux que l'amant,
Bon gré, malgré, je ne sçay pas comment,
Eut à la fin accés chez sa maîtresse.
Leur indulgence, ou plûtôt son adresse,
Peut être aussi son sang et sa noblesse,
Les fit changer : que sçay-je quoy ? tout duit
Aux gens heureux, car aux autres tout nuit.
L'Amant le fut : les parens de la Belle
Sceurent priser son merite et son zele.
C'étoit là tout. Eh! que faut-il encor ?
Force contant; les biens du siecle d'or
Ne sont plus biens, ce n'est qu'une ombre vaine.
O temps heureux! je prévois qu'avec peine
Tu reviendras dans le pays du Maine!
Ton innocence eût secondé l'ardeur
De nôtre Amant, et hâté cette affaire;
Mais des parens l'ordinaire lenteur
Fit que la Belle, ayant fait dans son cœur
Cet hymenée, acheva le mystere.

Selon les Us de l'isle de Cythere.
Nos vieux Romans, en leur style plaisant,
Nomment cela *paroles de present.*
Nous y voyons pratiquer cet usage,
Demi-amour et demi-mariage,
Table d'attente, avant-goût de l'hymen.
Amour n'y fit un trop long examen :
Prêtre et parent tout ensemble, et Notaire,
En peu de jours il consomma l'affaire :
L'esprit Manceau n'eut point part à ce fait.
Voilà nôtre homme heureux et satisfait,
Passant les nuits avec son épousée ;
Dire comment, ce seroit chose aisée ;
Les doubles clefs, les bréches à l'enclos,
Les menus dons qu'on fit à la Soubrette,
Rendoient l'époux joüissant en repos
D'une faveur douce autant que secrette.
Avint pourtant que nôtre Belle un soir,
En se plaignant, dit à sa gouvernante,
Qui du secret n'étoit participante :
Je me sens mal ; n'y sçauroit-on pourvoir ?
L'autre reprit : Il vous faut un Remede ;
Demain matin nous en dirons deux mots.
Minuit venu, l'époux mal à propos,
Tout plein encor du feu qui le possede,
Vient de sa part chercher soulagement,
Car chacun sent icy-bas son tourment.
On ne l'avoit averti de la chose.
Il n'étoit pas sur les bords du sommeil
Qui suit souvent l'amoureux appareil,
Qu'incontinent l'Aurore aux doigts de rose
Ayant oüvert les portes d'Orient,
La gouvernante ouvrit tout en riant,
Remede en main, les portes de la chambre :
Par grand bon-heur il s'en rencontra deux ;
Car la saison aprochoit de Septembre,
Mois où le chaud et le froid sont douteux.
La fille alors ne fut pas assez fine ;

Elle n'avoit qu'à tenir bonne mine,
Et faire entrer l'amant au fonds des draps,
Chose facile autant que naturelle.
L'émotion luy tourna la cervelle ;
Elle se cache elle-même, et tous bas
Dit en deux mots quel est son embarras.
L'Amant fut sage ; il presenta pour elle
Ce que Brunel à Marphise montra (1).
La Gouvernante, ayant mis ses lunettes,
Sur le galant son adresse éprouva ;
Du bain interne elle le regala,
Puis dit adieu, puis aprés s'en alla,
Dieu la conduise, et toutes celles-là
Qui vont nuisant aux amitiez secrettes !
Si tout cecy passoit pour des sornettes
(Comme il se peut, je n'en voudrois jurer)
On chercheroit dequoy me censurer.
Les Critiqueurs sont un peuple severe ;
Ils me diront : Vôtre Belle en sortit
En fille sotte et n'ayant point d'esprit :
Vous luy donnez un autre caractere ;
Cela nous rend suspecte cette affaire :
Nous avons lieu d'en douter ; auquel cas
Vôtre prologue icy ne convient pas.
Je répondray... Mais que sert de répondre ?
C'est un procés qui n'auroit point de fin :
Par cent raisons j'aurois beau les confondre ;
Ciceron même y perdroit son latin.
Il me suffit de n'avoir en l'ouvrage
Rien avancé qu'aprés des gens de foy :
J'ai mes garends : que veut-on davantage ?
Chacun ne peut en dire autant que moy.

1. Brunel poursuivi par Marfise dont il avoit dérobé l'épée :

Tal volta i panni in capo si levava,
E squadernava (intendetemi bene)
Con riverenzia il fondo de le rene.

(*Orlando innamorato*, lib. II, canto XI.)

V. — LES AVEUS INDISCRETS.

CONTE.

P aris sans pair n'avoit en son enceinte
Rien dont les yeux semblassent si ravis
Que la belle, aimable et jeune Aminte,
Fille à pourvoir, et des meilleurs partis.
Sa mere encor la tenoit sous son aîle;
Son pere avoit du contant et du bien;
Faites état qu'il ne luy manquoit rien.
Le beau Damon s'étant piqué pour elle,
Elle receut les offres de son cœur:
Il fit si bien l'esclave de la belle,
Qu'il en devint le maître et le vainqueur,
Bien entendu sous le nom d'hymenée;
Pas ne voudrois qu'on le crût autrement.
L'an révolu, ce couple si charmant,
Toûjours d'accord, de plus en plus s'aimant
(Vous eussiez dit la premiere journée)
Se promettoit la vigne de l'Abbé,
Lors que Damon, sur ce propos tombé,
Dit à sa femme : Un poinct trouble mon ame ;
Je suis épris d'une si douce flâme,
Que je voudrois n'avoir aimé que vous,
Que mon cœur n'eût ressenty que vos coups,
Qu'il n'eût logé que vôtre seule image,
Digne, il est vray, de son premier hommage.
J'ay cependant éprouvé d'autres feux :
J'en dis ma coulpe, et j'en suis tout honteux.
Il m'en souvient, la Nymphe étoit gentille,
Au fonds d'un bois, l'Amour seul avec nous ;
Il fit si bien, si mal, me direz-vous,
Que de ce fait il me reste une fille.

Voila mon sort, dit Aminte à Damon :
J'étois un jour seulette à la maison ;
Il me vint voir certain fils de famille,
Bien-fait et beau, d'agreable façon :
J'en eus pitié ; mon naturel est bon,
Et, pour conter tout de fil en aiguille,
Il m'est resté de ce fait un garçon.
Elle eut à peine achevé la parolle,
Que du mari l'ame jalouse et folle
Au desespoir s'abandonne aussi-tôt ;
Il sort plein d'ire, il descend tout d'un saut,
Rencontre un bast, se le met, et puis crie :
Je suis basté. Chacun au bruit accourt,
Les pere et mere, et toute la mégnie,
Jusqu'aux voisins. Il dit, pour faire court,
Le beau sujet d'une telle folie.
Il ne faut pas que le Lecteur oublie
Que les parens d'Aminte, bons Bourgeois,
Et qui n'avoient que cette fille unique,
La nourrissoient, et tout son domestique,
Et son époux, sans que, hors cette fois,
Rien eût troublé la paix de leur famille.
La mere donc s'en va trouver sa fille ;
Le pere suit, laisse sa femme entrer,
Dans le dessein seulement d'écouter.
La porte étoit entr'ouverte ; il s'approche
Bref, il entend la noise et le reproche
Que fit sa femme à leur fille, en ces mots :
Vous avez tort : j'ay veu beaucoup de sots,
Et plus encor de sottes, en ma vie ;
Mais qu'on pût voir telle indiscrétion,
Qui l'auroit crû ? Car enfin, je vous prie,
Qui vous forçoit ? Quelle obligation
De reveler une chose semblable ?
Plus d'une fille a forligné ; le diable
Est bien subtil ; bien malins sont les gens :
Non pour cela que l'on soit excusable ;
Il nous faudroit toutes dans des Couvents

Claquemurer jusques à l'hymenée.
Moy qui vous parle ay même destinée;
J'en garde au cœur un sensible regret :
J'eus trois enfans avant mon mariage.
A vôtre pere ay-je dit ce secret ?
En avons-nous fait plus mauvais ménage ?
Ce discours fut à peine proferé,
Que l'écoutant s'en court, et, tout outré,
Trouve du bast la sangle, et se l'attache,
Puis va criant partout : *Je suis sanglé !*
Chacun en rit, encor que chacun sçache
Qu'il a dequoy faire rire à son tour.
Les deux maris vont dans maint carrefour
Criant, courant, chacun à sa maniere,
Basté le gendre, et *Sanglé* le beau-pere.
On doutera de ce dernier poinct-cy ;
Mais il ne faut telles choses mécroire.
Et, par exemple, écoutez bien cecy :
Quand Roland sceut les plaisirs et la gloire
Que dans la grotte avoit eus son Rival,
D'un coup de poing il tua son cheval.
Pouvoit-il pas; traînant la pauvre bête,
Mettre de plus la selle sur son dos ?
Puis s'en aller, tout du haut de sa tête,
Faire crier et redire aux Echos :
Je suis basté, sanglé ! car il n'importe,
Tous deux sont bons. Vous voyez de la sorte
Que cecy peut contenir verité.
Ce n'est assez, cela ne doit suffire ;
Il faut aussi montrer l'utilité
De ce recit ; je m'en vais vous la dire.
L'heureux Damon me semble un pauvre sire :
Sa confiance eut bien-tôt tout gâté.
Pour la sotise et la simplicité
De sa moitié, quant à moy, je l'admire.
Se confesser à son propre mary !
Quelle folie ! Imprudence est un terme
Foible à mon sens pour exprimer cecy.

Mon discours donc en deux points se renferme.
Le nœu d'hymen doit être respecté,
Veut de la foy, veut de l'honnêteté :
Si, par mal-heur, quelque atteinte un peu forte,
Le fait clocher d'un ou d'autre côté,
Comportez-vous de maniere et de sorte
Que ce secret ne soit point éventé :
Gardez de faire aux égards banqueroute ;
Mentir alors est digne de pardon.
Je donne icy de beaux conseils, sans doute :
Les ay-je pris pour moy-même ? helas ! non.

VI. — LA MATRONE D'EPHESE (1).

S'il est un conte usé, commun, et rebatu,
  C'est celuy qu'en ces vers j'accommode à
  Et pourquoy donc le choisis-tu ? [ma guise.
  Qui t'engage à cette entreprise ?
N'a-t-elle point déja produit assez d'écrits ?
    Quelle grace aura ta Matrone
    Au prix de celle de Pétrone ?
Comment la rendras-tu nouvelle à nos esprits ?
Sans répondre aux censeurs, car c'est chose infinie,
Voyons si dans mes Vers je l'auray rajeunie.

    Dans Ephese il fut autrefois
Une Dame en sagesse et vertus sans égale,
    Et, selon la commune voix,
Ayant sceu rafiner sur l'amour conjugale.
Il n'étoit bruit que d'elle et de sa chasteté ;
    On l'alloit voir par rareté ;
C'étoit l'honneur du sexe : heureuse sa patrie !

---

1. Ce conte, publié d'abord en 1682, forme la *fable XXVI*
du recueil de *Fables choisies* de 1694.
   La Fontaine. — II.   22

Chaque mere à sa bru l'alleguoit pour Patron;
Chaque époux la prônoit à sa femme chérie :
D'elle descendent ceux de la Prudoterie,
 Antique et celebre maison.
 Son mari l'aimoit d'amour folle.
 Il mourut. De dire comment,
 Ce seroit un détail frivole;
 Il mourut, et son testament
N'étoit plein que de legs qui l'auroient consolée,
Si les biens réparoient la perte d'un mari
 Amoureux autant que cheri.
Mainte veuve pourtant fait la déchevelée,
Qui n'abandonne pas le soin du demeurant,
Et du bien qu'elle aura fait le compte en pleurant.
Celle-cy, par ses cris, mettoit tout en allarme;
 Celle-cy faisoit un vacarme,
Un bruit, et des regrets à percer tous les cœurs;
 Bien qu'on sçache qu'en ces malheurs,
De quelque desespoir qu'une ame soit atteinte,
La douleur est toûjours moins forte que la plainte;
Toûjours un peu de faste entre parmi les pleurs.
Chacun fit son devoir de dire à l'affligée
Que tout a sa mesure, et que de tels regrets
 Pourroient pécher par leur excés :
Chacun rendit par là sa douleur rengregée.
Enfin, ne voulant plus joüir de la clarté
 Que son époux avoit perduë,
Elle entre dans sa tombe, en ferme volonté
D'accompagner cette ombre aux enfers descenduë.
Et voyez ce que peut l'excessive amitié!
(Ce mouvement aussi va jusqu'à la folie)
Une esclave en ce lieu la suivit par pitié,
 Prête à mourir de compagnie;
Prête, je m'entends bien; c'est à dire, en un mot,
N'ayant examiné qu'à demi ce complot,
Et, jusques à l'effet, courageuse et hardie.
L'esclave avec la Dame avoit été nourrie;
Toutes deux s'entraimoient, et cette passion

Etoit cruë avec l'âge au cœur des deux femelles :
Le monde entier à peine eût fourni deux modeles
    D'une telle inclination.

Comme l'esclave avoit plus de sens que la Dame,
Elle laissa passer les premiers mouvemens ;
Puis tâcha, mais en vain, de remettre cette amé
Dans l'ordinaire train des communs sentimens.
Aux consolations la veuve inaccessible
S'appliquoit seulement à tout moyen possible
De suivre le defunt aux noirs et tristes lieux.
Le fer auroit été le plus court et le mieux,
Mais la Dame vouloit paître encore ses yeux
    Du tresor qu'enfermoit la biere,
    Froide dépoüille et pourtant chere ;
    C'étoit là le seul aliment
    Qu'elle prist en ce monument.
    La faim donc fut celle des portes
    Qu'entre d'autres de tant de sortes
Nôtre veuve choisit pour sortir d'icy bas.
Un jour se passe, et deux, sans autre nourriture
Que ses profonds soûpirs, que ses frequens helas,
    Qu'un inutile et long murmure
Contre les Dieux, le sort, et toute la nature.
    Enfin sa douleur n'obmit rien,
    Si la douleur doit s'exprimer si bien.

Encore un autre mort faisoit sa residence
Non loin de ce tombeau, mais bien differemment,
    Car il n'avoit pour monument
    Que le dessous d'une potence :
Pour exemple aux voleurs on l'avoit là laissé.
    Un Soldat bien recompensé
    Le gardoit avec vigilance.
    Il étoit dit par Ordonnance
Que si d'autres voleurs, un parent, un ami,
L'enlevoient, le Soldat, nonchalant, endormi,
    Rempliroit aussi-tôt sa place.

C'étoit trop de severité;
Mais la publique utilité
Deffendoit que l'on fist au garde aucune grace.
Pendant la nuit il vid aux fentes du tombeau
Briller quelque clarté, spectacle assez nouveau.
Curieux, il y court, entend de loin la Dame
    Remplissant l'air de ses clameurs.
Il entre, est étonné, demande à cette femme
    Pourquoy ces cris, pourquoy ces pleurs,
    Pourquoy cette triste musique,
Pourquoy cette maison noire et melancolique.
Occupée à ses pleurs, à peine elle entendit
    Toutes ces demandes frivoles,
    Le mort pour elle y répondit;
    Cet objet, sans autres parolles,
    Disoit assez par quel malheur
La Dame s'enterroit ainsi toute vivante.
Nous avons fait serment, ajoûta la suivante,
De nous laisser mourir de faim et de douleur.
Encor que le soldat fust mauvais orateur,
Il leur fit concevoir ce que c'est que la vie.
La Dame cette fois eut de l'attention;
    Et déja l'autre passion
    Se trouvoit un peu ralentie :
Le tems avoit agi. Si la foy du serment,
Poursuivit le soldat, vous deffend l'aliment,
    Voyez-moy manger seulement,
Vous n'en mourrez pas moins. Un tel temperament
    Ne déplut pas aux deux femelles,
    Conclusion qu'il obtint d'elles
Une permission d'apporter son soupé :
Ce qu'il fit; et l'esclave eut le cœur fort tenté
De renoncer dés-lors à la cruelle envie
    De tenir au mort compagnie.
Madame, ce dit-elle, un penser m'est venu :
Qu'importe à vôtre époux que vous cessiez de vivre?
Croyez-vous que luy-même il fût homme à vous suivre
Si par vôtre trépas vous l'aviez prevenu?

Non, Madame, il voudroit achever sa carriere.
La nôtre sera longue encor si nous voulons.
Se faut-il, à vingt ans, enfermer dans la biere?
Nous aurons tout loisir d'habiter ces maisons.
On ne meurt que trop tôt; qui nous presse? attendons.
Quant à moy, je voudrois ne mourir que ridée.
Voulez-vous emporter vos appas chez les morts?
Que vous servira-t-il d'en être regardée?
  Tantôt, en voyant les tresors
Dont le Ciel prit plaisir d'orner vôtre visage,
  Je disois : Helas! c'est dommage!
Nous-mêmes nous allons enterrer tout cela.
A ce discours flatteur la Dame s'éveilla.
Le Dieu qui fait aimer prit son tems; il tira
Deux traits de son carquois : de l'un il entama
Le soldat jusqu'au vif; l'autre effleura la Dame.
Jeune et belle, elle avoit sous ses pleurs de l'éclat;
  Et des gens de goût délicat
Auroient bien pû l'aimer, et même étant leur femme.
Le garde en fut épris : les pleurs et la pitié,
  Sorte d'amours ayant ses charmes,
Tout y fit : une belle, alors qu'elle est en larmes,
  En est plus belle de moitié.
Voilà donc nôtre veuve écoutant la loüange,
Poison qui de l'amour est le premier degré;
  La voilà qui trouve à son gré
Celuy qui le luy donne. Il fait tant qu'elle mange;
Il fait tant que de plaire, et se rend en effet
Plus digne d'être aimé que le mort le mieux fait;
  Il fait tant enfin qu'elle change;
Et toûjours par degrez, comme l'on peut penser,
De l'un à l'autre il fait cette femme passer.
  Je ne le trouve pas étrange.
Elle écoute un amant, elle en fait un mari,
Le tout au nez du mort qu'elle avoit tant cheri.

Pendant cet hymenée, un voleur se hazarde
D'enlever le dépost commis au soin du garde :

Il en entend le bruit, il y court à grands pas,
　　Mais en vain, la chose étoit faite.
Il revient au tombeau conter son embarras,
　　Ne sçachant où trouver retraite.
L'esclave alors luy dit, le voyant éperdu :
　　L'on vous a pris vôtre pendu ?
Les Loix ne vous feront, dites-vous, nulle grace ?
Si Madame y consent, j'y remedieray bien.
　　Mettons nôtre mort en la place,
　　Les passans n'y connoîtront rien.
La Dame y consentit. O volages femelles !
La femme est toûjours femme (¹). Il en est qui sont
　　Il en est qui ne le sont pas :　　　[belles ;
　　S'il en étoit d'assez fideles,
　　Elles auroient assez d'appas.

Prudes, vous vous devez défier de vos forces :
Ne vous vantez de rien. Si vôtre intention
　　Est de resister aux amorces,
La nôtre est bonne aussi ; mais l'execution
Nous trompe également ; témoin cette Matrone.
　　Et n'en déplaise au bon Petrone,
Ce n'étoit pas un fait tellement merveilleux
Qu'il en dût proposer l'exemple à nos neveux.
Cette veuve n'eut tort qu'au bruit qu'on luy vid faire,
Qu'au dessein de mourir, mal conceu, mal formé :
　　Car de mettre au patibulaire
　　Le corps d'un mary tant aimé,
Ce n'étoit pas peut-être une si grande affaire ;
Cela luy sauvoit l'autre : et, tout consideré,
Mieux vaut goujat debout qu'Empereur enterré.

---

1. Cet hémistiche proverbial est tiré du *Dépit amoureux*
(acte IV, sc. II) :

> Et comme un animal est tousjours animal,
> Et ne sera jamais qu'animal, quand sa vie
> Dureroit cent mil ans ; aussi, sans repartie,
> La femme est tousjours femme.....

VII.— BELPHEGOR.

NOUVELLE TIRÉE DE MACHIAVEL.

A Mademoiselle de Chammelay.

De vôtre nom j'orne le frontispice
Des derniers vers que ma Muse a polis.
Puisse le tout, ô charmante Philis !
Aller si loin que nôtre los franchisse
La nuit des tems ! nous la sçaurons dompter,
Moy par écrire, et vous par reciter.
Nos noms unis perceront l'ombre noire ;
Vous regnerez long-tems dans la memoire
Aprés avoir regné jusques icy
Dans les esprits, dans les cœurs même aussi.
Qui ne connoit l'inimitable Actrice
Representant ou Phedre ou Berenice,
Chimene en pleurs, ou Camille en fureur ?
Est-il quelqu'un que vôtre voix n'enchante ?
S'en trouve-t-il une autre aussi touchante,
Une autre enfin allant si droit au cœur ?
N'attendez pas que je fasse l'eloge
De ce qu'en vous on trouve de parfait ;
Comme il n'est point de grace qui n'y loge,
Ce seroit trop, je n'aurois jamais fait.
De mes Philis vous seriez la premiere,
Vous auriez eu mon ame toute entiere,
Si de mes vœux j'eusse plus presumé ;
Mais, en aimant, qui ne veut être aimé ?
Par des transports n'esperant pas vous plaire,
Je me suis dit seulement vôtre ami,
De ceux qui sont Amans plus d'à demi :
Et plût au sort que j'eusse pû mieux faire !

Cecy soit dit : venons à nôtre affaire (¹).

Un jour Satan, Monarque des enfers,
Faisoit passer ses sujets en reveuë.
Là confondus, tous les états divers,
Princes et Rois, et la tourbe menuë,
Jettoient maint pleur, poussoient maint et maint cri,
Tant que Satan en étoit étourdi.
Il demandoit en passant à chaque ame :
Qui t'a jettée en l'eternelle flâme ?
L'une disoit : Helas ! c'est mon mari ;
L'autre aussi-tôt répondoit : C'est ma femme.
Tant et tant fut ce discours repeté,
Qu'enfin Satan dit en plein Consistoire :
Si ces gens cy disent la verité,
Il est aisé d'augmenter nôtre gloire.
Nous n'avons donc qu'à le vérifier.
Pour cet effet, il nous faut envoyer
Quelque demon plein d'art et de prudence,
Qui, non content d'observer avec soin
Tous les hymens dont il sera témoin,
Y joigne aussi sa propre experience.
Le Prince ayant proposé sa sentence,
Le noir Senat suivit tout d'une voix.
De Belphegor aussi-tôt on fit choix.
Ce Diable étoit tout yeux et tout oreilles,
Grand éplucheur, clair-voyant à merveilles,
Capable enfin de penetrer dans tout,
Et de pousser l'examen jusqu'au bout.
Pour subvenir aux fraix de l'entreprise,
On luy donna mainte et mainte remise,
Toutes à veuë, et qu'en lieux differens
Il pût toucher par des correspondans.
Quant au surplus, les fortunes humaines,
Les biens, les maux, les plaisirs et les peines,
Bref, ce qui suit nôtre condition,

1. Cette nouvelle forme la *fable XXVII* du recueil de 1694 ;
seulement, le prologue qui précède a été supprimé.

Fut une annexe à sa legation.
Il se pouvoit tirer d'affliction
Par ses bons tours et par son industrie,
Mais non mourir, ny revoir sa patrie,
Qu'il n'eût icy consumé certain tems :
Sa mission devoit durer dix ans.
Le voilà donc qui traverse et qui passe
Ce que le Ciel voulut mettre d'espace
Entre ce monde et l'éternelle nuit ;
Il n'en mit guere, un moment y conduit.
Nôtre Demon s'établit à Florence,
Ville pour lors de luxe et de dépense :
Même il la crut propre pour le trafic.
Là, sous le nom du seigneur Roderic,
Il se logea, meubla, comme un riche homme ;
Grosse maison, grand train, nombre de gens ;
Anticipant tous les jours sur la somme
Qu'il ne devoit consumer qu'en dix ans.
On s'étonnoit d'une telle bombance :
Il tenoit table, avoit de tous côtez
Gens à ses frais, soit pour ses voluptez,
Soit pour le faste et la magnificence.
L'un des plaisirs où plus il dépensa
Fut la loüange : Apollon l'encensa ;
Car il est maître en l'art de flaterie.
Diable n'eut onc tant d'honneurs en sa vie.
Son cœur devint le but de tous les traits
Qu'Amour lançoit : il n'étoit point de belle
Qui n'employât ce qu'elle avoit d'attraits
Pour le gagner, tant sauvage fût-elle ;
Car de trouver une seule rebelle,
Ce n'est la mode à gens de qui la main
Par les presens s'aplanit tout chemin :
C'est un ressort en tous desseins utile.
Je l'ay jà dit, et le redis encor,
Je ne connois d'autre premier mobile
Dans l'Univers que l'argent et que l'or.
Nôtre envoyé cependant tenoit compte

De chaque hymen en journaux differens :
L'un, des époux satisfaits et contens,
Si peu remply que le Diable en eut honte :
L'autre journal incontinent fut plein.
A Belphegor il ne restoit enfin .
Que d'éprouver la chose par luy-même.
Certaine fille à Florence étoit lors,
Belle, et bien faite, et peu d'autres tresors ;
Noble d'ailleurs, mais d'un orgueil extrême ;
Et d'autant plus que de quelque vertu
Un tel orgueil paroissoit revétu.
Pour Roderic on en fit la demande.
Le Pere dit que Madame Honnesta,
C'étoit son nom, avoit eu jusques-là
Force partis ; mais que parmy la bande
Il pourroit bien Roderic preferer,
Et demandoit tems pour délibérer.
On en convient. Le poursuivant s'applique
A gagner celle où ses vœux s'adressoient.
Fêtes et bals, serenades, Musique,
Cadeaux, festins, fort bien appetissoient,
Alteroient fort le fonds de l'ambassade.
Il n'y plaint rien, en use en grand Seigneur,
S'épuise en dons. L'autre se persuade
Qu'elle luy fait encor beaucoup d'honneur.
Conclusion, qu'aprés force prieres,
Et des façons de toutes les manieres,
Il eut un oüi de Madame Honnesta.
Auparavant le Notaire y passa,
Dont Belphegor se mocquant en son ame :
Hé quoy ! dit-il, on acquiert une femme
Comme un Château ! ces gens ont tout gâté.
Il eut raison : ôtez d'entre les hommes
La simple foy, le meilleur est ôté.
Nous nous jettons, pauvres gens que nous sommes,
Dans les procés, en prenant le revers ;
Les si, les cas, les Contrats, sont la porte
Par où la noise entra dans l'Univers ;

N'esperons pas que jamais elle en sorte.
Solemnitez et loix n'empéchent pas
Qu'avec l'hymen amour n'ait des débats.
C'est le cœur seul qui peut rendre tranquille :
Le cœur fait tout, le reste est inutile.
Qu'ainsi ne soit, voyons d'autres états :
Chez les amis, tout s'excuse, tout passe ;
Chez les Amans, tout plaît, tout est parfait :
Chez les Epoux, tout ennuye et tout lasse.
Le devoir nuit, chacun est ainsi fait.
Mais, dira-t-on, n'est-il en nulles guises
D'heureux ménage? Aprés meur examen,
J'appelle un bon, voir un parfait hymen,
Quand les conjoints se souffrent leurs sottises.
   Sur ce point-là c'est assez raisonné.
Dés que chez luy le Diable eut amené
Son épousée, il jugea par luy-même
Ce qu'est l'hymen avec un tel demon ;
Toûjours débats, toûjours quelque sermon
Plein de sottise en un degré suprême :
Le bruit fut tel que Madame Honnesta
Plus d'une fois les voisins éveilla ;
Plus d'une fois on courut à la noise.
Il luy falloit quelque simple bourgeoise,
Ce disoit-elle : un petit trafiquant
Traiter ainsi les filles de mon rang !
Meritoit-il femme si vertueuse ?
Sur mon devoir je suis trop scrupuleuse :
J'en ay regret ; et si je faisois bien...
Il n'est pas seur qu'Honnesta ne fist rien :
Ces prudes là nous en font bien accroire.
Nos deux Epoux, à ce que dit l'histoire,
Sans disputer n'étoient pas un moment.
Souvent leur guerre avoit pour fondement
Le jeu, la juppe, ou quelque ameublement
D'Eté, d'Hyver, d'entre-tems, bref un monde
D'inventions propres à tout gâter.
Le pauvre Diable eut lieu de regreter

De l'autre enfer la demeure profonde.
Pour comble enfin, Roderic épousa
La parenté de Madame Honnesta,
Ayant sans cesse et le pere et la mere,
Et la grand' sœur avec le petit frere ;
De ses deniers mariant la grand' sœur,
Et du petit payant le Precepteur.
Je n'ay pas dit la principale cause
De sa ruine, infaillible accident ;
Et j'oubliois qu'il eut un Intendant.
Un Intendant? qu'est-ce que cette chose?
Je definis cet être, un animal
Qui, comme on dit, sçait pécher en eau trouble,
Et plus le bien de son maître va mal,
Plus le sien croist, plus son profit redouble,
Tant qu'aisément luy même acheteroit
Ce qui de net au Seigneur resteroit :
Donc par raison, bien et dûment déduite,
On pourroit voir chaque chose reduite
En son état, s'il arrivoit qu'un jour
L'autre devinst l'Intendant à son tour,
Car regagnant ce qu'il eut étant maître,
Ils reprendroient tous deux leur premier être.
Le seul recours du pauvre Roderic,
Son seul espoir, étoit certain trafic
Qu'il pretendoit devoir remplir sa bourse,
Espoir douteux, incertaine ressource.
Il étoit dit que tout seroit fatal
A nôtre époux ; ainsi tout alla mal :
Ses agents, tels que la plûpart des nôtres,
En abusoient : il perdit un vaisseau,
Et vid aller le commerce a vau-l'eau,
Trompé des uns, mal servy par les autres.
Il emprunta. Quand ce vint à payer,
Et qu'à sa porte il vit le creancier,
Force luy fut d'esquiver par la fuite,
Gagnant les champs où de l'âpre poursuite
Il se sauva chez un certain fermier,

En certain coin remparé de fumier.
A Matheo, c'étoit le nom du Sire,
Sans tant tourner, il dit ce qu'il étoit;
Qu'un double mal chez luy le tourmentoit,
Ses creanciers, et sa femme encor pire;
Qu'il n'y sçavoit remede que d'entrer
Au corps des gens et de s'y remparer,
D'y tenir bon; iroit-on là le prendre?
Dame Honnesta viendroit-elle y prôner
Qu'elle a regret de se bien gouverner?
Chose ennuyeuse, et qu'il est las d'entendre :
Que de ces corps trois fois il sortiroit,
Si-tôt que luy Matheo l'en prieroit;
Trois fois sans plus, et ce, pour recompense
De l'avoir mis à couvert des Sergens.
Tout aussi-tôt l'Ambassadeur commence
Avec grand bruit d'entrer au corps des gens.
Ce que le sien, ouvrage fantastique,
Devint alors, l'histoire n'en dit rien.
Son coup d'essay fut une fille unique
Où le Galand se trouvoit assez bien :
Mais Matheo, moyennant grosse somme,
L'en fit sortir au premier mot qu'il dit.
C'étoit à Naple. Il se transporte à Rome;
Saisit un corps : Matheo l'en bannit,
Le chasse encore : autre somme nouvelle.
Trois fois enfin, toûjours d'un corps femelle,
Remarquez bien, nôtre Diable sortit.
Le Roy de Naple avoit lors une fille,
Honneur du sexe, espoir de sa famille :
Maint jeune Prince étoit son poursuivant.
Là d'Honnesta Belphegor se sauvant,
On ne le pût tirer de cet asile.
Il n'étoit bruit, aux champs comme à la ville,
Que d'un manant qui chassoit les esprits.
Cent mille écus d'abord luy sont promis.
Bien affligé de manquer cette somme
(Car les trois fois l'empêchoient d'esperer

Que Belphegor se laissast conjurer)
Il la refuse ; il se dit un pauvre homme,
Pauvre pecheur, qui sans sçavoir comment,
Sans dons du Ciel, par hazard seulement,
De quelques corps a chassé quelque Diable,
Apparemment chetif et miserable,
Et ne connoist celuy-cy nullement.
Il a beau dire, on le force, on l'ameine,
On le menace, on luy dit que, sous peine
D'être pendu, d'être mis haut et court
En un gibet, il faut que sa puissance
Se manifeste avant la fin du jour.
Dés l'heure même on vous met en presence
Nôtre Demon et son Conjurateur,
D'un tel combat le Prince est spectateur ;
Chacun y court ; n'est fils de bonne mere
Qui pour le voir ne quitte toute affaire.
D'un côté sont le gibet et la hart ;
Cent mille écus bien comptez d'autre part.
Matheo tremble et lorgne la finance.
L'esprit malin, voyant sa contenance,
Rioit sous cape, alleguoit les trois fois,
Dont Matheo suoit dans son harnois,
Pressoit, prioit, conjuroit avec larmes,
Le tout en vain. Plus il est en alarmes,
Plus l'autre rit. Enfin le manant dit
Que sur ce Diable il n'avoit nul credit.
On vous le hape, et meine à la potence.
Comme il alloit haranguer l'assistance,
Necessité luy suggera ce tour :
Il-dit tout bas qu'on batist le tambour ;
Ce qui fut fait, dequoy l'esprit immonde
Un peu surpris au manant demanda :
Pourquoy ce bruit ? coquin, qu'entends-je là ?
L'autre répond : C'est Madame Honnesta
Qui vous reclame, et va par tout le monde
Cherchant l'Epoux que le Ciel luy donna.
Incontinent le Diable décampa,

S'enfuit au fonds des enfers, et conta
Tout le succés qu'avoit eû son voyage.
Sire, dit-il, le nœud du mariage
Damne aussi dru qu'aucuns autres états.
Vôtre grandeur void tomber icy bas,
Non par flocons, mais menu comme pluye,
Ceux que l'hymen fait de sa confrairie;
J'ay par moy–même examiné le cas.
Non que de soy la chose ne soit bonne:
Elle eut jadis un plus heureux destin;
Mais, comme tout se corrompt à la fin,
Plus beau fleuron n'est en vôtre Couronne.
Satan le crut, il fut recompensé,
Encor qu'il eût son retour avancé.
Car qu'eût-il fait? Ce n'étoit pas merveilles
Qu'ayant sans cesse un Diable à ses oreilles,
Toûjours le même, et toûjours sur un ton,
Il fût contraint d'enfiler la venelle;
Dans les enfers encore en change-t-on.
L'autre peine est, à mon sens, plus cruelle.
Je voudrois voir quelque Saint y durer (1);
Elle eût à Job fait tourner la cervelle.
De tout cecy que pretends-je inferer?
Premierement, je ne sçay pire chose
Que de changer son logis en prison:
En second lieu, si par quelque raison
Vôtre ascendant à l'hymen vous expose,
N'épousez point d'Honnesta s'il se peut:
N'a pas pourtant une Honnesta qui veut.

1. *Fables choisies*, 1694:

    Je voudrois voir quelques gens y durer.

VIII. — LES QUIPROQUO(1).

Dame fortune aime souvent à rire,
Et, nous joüant un tour de son métier,
Au lieu des biens où nôtre cœur aspire,
D'un *quiproquo* se plaist à nous payer.
Ce sont ses jeux. J'en parle à juste cause :
Il m'en souvient ainsi qu'au premier jour.
Cloris et moy nous nous aimions d'amour ;
Au bout d'un an la Belle se dispose
A me donner quelque soulagement,
Foible et leger, à parler franchement :
C'étoit son but ; mais, quoy qu'on se propose,
L'occasion et le discret Amant
Sont à la fin les maistres de la chose.
Je vais un soir chez cet objet charmant :
L'Epoux estoit aux champs heureusement,
Mais il revint la nuit à peine close.
Point de Cloris. Le dédommagement
Fut que le sort en sa place suppose
Une Soubrette à mon commandement :
Elle paya cette fois pour la Dame.
Disons un troc où, reciproquement,
Pour la Soubrette on employa la Femme.
De pareils traits tous les livres sont pleins.
Bien est-il vray qu'il faut d'habiles mains
Pour amener chose ainsi surprenante ;
Il est besoin d'en bien fonder le cas,

---

1. Nous suivons le texte des *Œuvres postumes* ; M. Walckenaer, pensant qu'il a été publié sur une copie qui ne contenoit pas les dernières corrections de l'auteur, donne celui d'un manuscrit dont l'origine n'est pas indiquée. Nous reproduisons en note les variantes qu'on y trouve.

Sans rien forcer et sans qu'on violente
Un incident qui ne s'attendoit pas.
L'aveugle Enfant, joueur de passe-passe,
Et qui voit clair à tendre maint panneau,
Fait de ces tours; celui-là du berceau
Leve la paille à l'égard du Bocace (1);
Car, quant à moy, ma main pleine d'audace
En mille endroits a peut-être gâté
Ce que la sienne a bien exécuté.
Or il est temps de finir ma preface,
Et de prouver par quelque nouveau tour
Les *quiproquo* de Fortune et d'Amour.
On ne peut mieux établir cette chose
Que par un fait à Marseille arrivé;
Tout en est vray, rien n'en est controuvé.
Là Clidamant, que par respect je n'ose
Sous son nom propre introduire en ces vers,
Vivoit heureux, se pouvoit dire en femme
Mieux que pas un qui fust en l'Univers.
L'honnesteté, la vertu de la Dame,
Sa gentillesse, et même sa beauté,
Devoient tenir Clidamant arresté.
Il ne le fut. Le diable est bien habile,
Si c'est adresse et tour d'habileté
Que de nous tendre un piége aussi facile
Qu'est le desir d'un peu de nouveauté.
Prés de la Dame estoit une personne,
Une Suivante, ainsi qu'elle mignonne,
De même taille et de pareil maintien,
Gente de corps; il ne lui manquoit rien
De ce qui plaist aux chercheurs d'avantures.
La Dame avoit un peu plus d'agrément,
Mais sous le masque on n'eust sceu bonnement
Laquelle élire entre ces creatures.
Le Marseillois, Provençal un peu chaud,
Ne manque pas d'attaquer au plustost

1. Voyez ci-dessus, page 66.

Madame Alix : c'estoit cette Soubrette :
Madame Alix, encor qu'un peu coquette,
Renvoya l'homme(1). Enfin il lui promet
Cent beaux écus bien comptez clair et net.
Payer ainsi des marques de tendresse
(En la Suivante) estoit, veu le pays(2),
Selon mon sens, un fort honneste prix.
Sur ce pied-là, qu'eust cousté la Maistresse ?
Peut-être moins, car le hazard y fait.
Mais je me trompe, et la Dame estoit telle,
Que tout Amant, et tant fust-il parfait,
Auroit perdu son latin auprés d'elle :
Ni dons, ni soins, rien n'auroit réussi.
Devrois-je y faire entrer les dons aussi ?
Las ! ce n'est plus le siecle de nos peres :
Amour vend tout, et Nimphes, et Bergeres ;
Il met le taux à maint objet divin
C'estoit un Dieu(3), ce n'est qu'un Eschevin.
O temps, ô mœurs ! ô coûtume perverse !
Alix d'abord rejette un tel commerce,
Fait l'irritée, et puis s'appaise enfin,
Change de ton ; dit que le lendemain,
Comme Madame avoit dessein de prendre
Certain remede, ils pourroient le matin
Tout à loisir dans la cave se rendre.
Ainsi fut dit, ainsi fût arresté ;
Et la Soubrette ayant le tout conté
A sa Maistresse, aussitost les femelles
D'un quiproquo font le projet entre elles.

1. *Renvoyoit*, dans le manuscrit suivi par M. Walckenaër.
2. Manuscrit suivi par M. Walckenaër :

    D'une suivante...

3. Manuscrit suivi par M. Walckenaër :

    Il met le taux à maint objet charmant ;
    C'estoit un Dieu, ce n'est plus qu'un marchand.

Le pauvre époux n'y reconnoistroit rien,
Tant la Suivante avoit l'air de la Dame ;
Puis, supposé qu'il reconnust la Femme,
Qu'en pouvoit-il arriver que tout bien ?
Elle auroit lieu de lui chanter sa gâme.
Le lendemain, par hazard, Clidamant,
Qui ne pouvoit se contenir de joye,
Trouve un Amy, lui dit éteurdiment
Le bien qu'Amour à ses desirs envoye.
Quelle faveur ! Non qu'il n'eust bien voulu
Que le marché pour moins se fût conclu ;
Les cent écus lui faisoient quelque peine.
L'Amy lui dit : Hé bien ! soyons chacun
Et du plaisir et des frais en commun.
L'Epoux n'ayant alors sa bourse pleine,
Cinquante écus à sauver étoient bons ;
D'autre costé, communiquer la belle,
Quelle apparence ! y consentiroit-elle ?
S'aller ainsi livrer à deux Gascons !
Se tairoient-ils d'une telle fortune ?
Et devoit-on la leur rendre commune ?
L'Amy leva cette difficulté,
Representant que dans l'obscurité
Alix seroit fort aisement trompée :
Une plus fine y seroit attrapée.
Il suffiroit que tous deux tour à tour,
Sans dire mot, ils entrassent en lice,
Se remettant du surplus à l'amour,
Qui volontiers aideroit l'artifice.
Un tel silence en rien ne leur nuiroit ;
Madame Alix, sans manquer, le prendroit
Pour un effet de crainte et de prudence ;
Les murs ayant des oreilles (dit-on).
Le mieux estoit de se taire ; à quoy bon
D'un tel secret leur faire confidence ?
Les deux galans ayant de la façon
Reglé la chose, et disposez à prendre
Tout le plaisir qu'Amour leur promettoit,

Chez le mary d'abord ils se vont rendre.
Là dans le lit l'Epouse encore estoit.
L'Epoux trouva prés d'elle la Soubrette,
Sans nuls atours qu'une simple cornette,
Bref, en état de ne lui point manquer (1).
L'heure arriva, les Amis contesterent
Touchant le pas, et long-temps disputerent.
L'Epoux ne fit l'honneur de la maison,
Tel compliment n'estant là de saison.
A trois beaux dez, pour le mieux, ils reglerent
Le precurseur, ainsi que de raison.
Ce fut l'amy. L'un et l'autre s'enferme
Dans cette cave, attendant de pied ferme
Madame Alix, qui ne vient nullement :
Trop bien la Dame, en son lieu, s'en vint faire
Tout doucement le signal necessaire.
On ouvre, on entre, et sans retardement,
Sans lui donner le temps de reconnoistre
Cecy, cela, l'erreur, le changement,
La difference enfin qui pouvoit estre
Entre l'Epoux et son Associé,
Avant qu'il pût aucun change paroistre,
Au Dieu d'Amour il fut sacrifié.
L'heureux Amy n'eut pas toute la joye
Qu'il auroit euë en connoissant sa proye.
La Dame avoit un peu plus de beauté,
Outre qu'il faut compter la qualité.
A peine fut cette scene achevée,
Que l'autre Acteur, par la prompte arrivée,
Jetta la Dame en quelque étonnement ;
Car, comme Epoux, comme Clidamant même,

1. Dans le texte des *Œuvres postumes* il n'y a point de vers pour rimer avec celui-ci, mais cette irrégularité n'existe pas dans le manuscrit suivi par M. Walckenaër ; on y trouve comme variante :

> Même un clin d'œil qu'il pût bien remarquer
> L'en assura ; les amis disputerent
> Touchant le pas et long-temps contesterent.

Il ne montroit toûjours si frequemment
De cette ardeur l'emportement extrême.
On imputa cet excez de fureur
A la Soubrette, et la Dame en son cœur
Se proposa d'en dire sa pensée.
La fête estant de la sorte passée,
Du noir séjour ils n'eurent qu'à sortir.
L'Associé des frais et du plaisir
S'en court en haut en certain vestibule :
Mais quand l'Epoux vit sa Femme monter
Et qu'elle eut vu l'Amy se presenter,
On peut juger quel soupçon, quel scrupule,
Quelle surprise, eurent les pauvres gens ;
Ni l'un ni l'autre ils n'avoient eu le temps
De composer leur mine et leur visage.
L'Epoux vit bien qu'il falloit estre sage,
Mais sa Moitié pensa tout découvrir.
J'en suis surpris ; femmes sçavent mentir.
La moins habile en connoit la science (1).
Aucuns ont dit qu'Alix fit conscience
De n'avoir pas mieux gagné son argent,
Plaignant l'Epoux, et le dédommageant,
Et voulant bien mettre tout sur son compte ;
Tout cela n'est que pour rendre le conte
Un peu meilleur. J'ay veu les gens mouvoir
Deux questions : l'une, c'est à sçavoir
Si l'Epoux fut du nombre des confreres,
A mon avis n'a point de fondement,
Puisque la Dame et l'Amy nullement
Ne pretendoient vacquer à ces misteres.
L'autre point est touchant le talion ;
Et l'on demande en cette occasion
Si, pour user d'une juste vangeance,
Pretendre erreur et cause d'ignorance

1. Manuscrit suivi par M. Walckenaër :

    J'en suis surpris ; la plus sotte, à mentir
    Est trés-habile, et sçait cette science.

A cette Dame auroit esté permis.
Bien que ce soit assez là mon avis,
La Dame fut toûjours inconsolable;
Dieu gard' de mal celles qu'en cas semblable
Il ne faudroit nullement consoler !
J'en connois bien qui n'en feroient que rire :
De celles-là je n'ose plus parler,
Et je ne vois rien des autres à dire.

ADONIS

POËME.

A MONSEIGNEUR

FOUCQUET

Ministre d'Estat, Sur-Intendant des Finances, et Procureur general au Parlement de Paris (1)

ONSEIGNEUR,

Je n'ay pas assez de vanité pour esperer que ces fruits de ma solitude vous puissent plaire : les plus

1. Cette dédicace ne se trouve point dans les éditions originales d'*Adonis*. Elle est placée en tête d'un magnifique manuscrit sur vélin, à la fin duquel on lit : *Jarry, Paris. scribebat*, 1658. La reliure, en maroquin rouge, ornée de compartiments à petits fers, est d'une exécution parfaite et d'une conservation admirable. Le premier feuillet est occupé par un titre, en lettres d'or, entouré d'une guirlande de fleurs et de feuillage où se jouent des écureuils rappelant les armes de Fouquet. Sur le feuillet suivant se trouve un grand chiffre formé de deux L et de deux N et surmonté d'une couronne de baron ; la dédicace, en trois feuillets, vient ensuite ; puis un dessin à l'encre de Chine, de Chauveau, représentant la

*beaux vergers du Parnasse en produisent peu qui me-
ritent de vous estre offerts. Vostre esprit est doué de
tant de lumieres, et fait voir un goust si exquis et si
delicat pour tous nos ouvrages, particulierement pour
le bel art de celebrer les hommes qui vous ressemblent,
avec le langage des dieux, que peu de personnes seroient capables de vous satisfaire. Je ne suis pas de
ce petit nombre, et je me serois contenté, Monseigneur,
de vous reverer au fond de mon ame, si le zele que
j'ay pour vous eût pû souffrir des bornes si étroites,
et garder un silence respectueux. Certes, vostre merite nous reduit tous à la necessité d'un choix bien
difficile; il est malaisé de s'en taire, et l'on ne sçauroit en parler assez dignement. Car, quand je diray
que l'estat ne se peut passer de vos soins, et que les
ministres de plus d'un regne n'ont point acquis une
experience si consommée que la vostre; quand je diray que vous estimez nos veilles, et que c'est une marque à laquelle on a toûjours reconnu les grands hom-*

mort d'Adonis; enfin arrive le poëme, qui se compose de
trente-huit pages numérotées. Le tout est terminé par un dernier feuillet portant un chiffre formé de deux C, de deux L et
d'une M, et surmonté d'une couronne de roses. M. le comte
Henri de La Bédoyère, qui possède aujourd'hui ce manuscrit, nous l'a communiqué avec le plus aimable empresse-
ment. Nous avons pu nous assurer de l'exactitude de l'édition de ce texte primitif de l'Adonis, publiée en 1825, par
M. Walckenaër, et tirée à cinquante exemplaires seulement.
Nous n'avons eu à y corriger qu'un petit nombre de fautes,
provenant du fait de l'imprimeur, et que nous indiquons
dans nos notes. Cependant le savant éditeur n'avoit pas
suivi pour cette publication le manuscrit que nous venons de
décrire, mais une copie fort correcte achetée par lui en 1823
à la vente de Chardin, et faite « par le célèbre Palissot », si
l'on en croit le catalogue.

mes ; quand je parleray de vostre generosité sans
exemple, de la grandeur de tous vos sentimens, de
cette modestie qui nous charme; enfin, quand j'avouë-
ray que vostre esprit est infiniment élevé, et qu'avec
cela j'avoüeray encore que vostre ame l'est davantage
que vostre esprit, ce seront quelques traits de vous à
la verité, mais ce ne sera point ce grand nombre de
rares qualitez qui vous fait admirer de tout ce qu'il
y a d'honnestes gens dans la France. Et non seulement, Monseigneur, vous attirez leur admiration,
vous les contraignez mesme par une douce violence
de vous aymer. On ne l'a que trop remarqué pendant
cet extrême peril, dont vous ne faites que de sortir.
Vous sçavez bien qu'ils vous regardent comme le heros destiné pour vaincre la dureté de nostre siecle, et
le mépris de tous les beaux arts. Les Muses qui com-
mençoient à se consoler de la mort d'Armand, par
l'estime que vous faites d'elles, en vous voyant malade, se voyoient sur le point de perdre encore une
fois leurs amours; elles se condamnoient dés-ja à une
solitude perpetuelle, et la gloire, avec tous ses charmes, alloit devenir une chose indifferente à ceux d'entre nous qui en ont toûjours esté les plus amoureux.
Le Ciel nous a guarentis du malheur qui nous me-
naçoit : agréez, Monseigneur, que je vous en témoigne
ma joye, en vous offrant mon dernier ouvrage. Ce
sont les amours de Venus et d'Adonis, c'est la fin
malheureuse de ce beau chasseur, sur le tombeau duquel on a veu toutes les dames grecques pleurer, et
que la divine mere d'amour a regretté pendant tout le
temps du paganisme, elle qui n'avoit pas accoustumé
de jetter des larmes pour la perte de ses amans. Si la
matiere vous en semble assez belle, et que je sois assez

heureux pour obtenir quelques momens de vostre loi-
sir, ne jugez pas de moy par le merite de mon ouvrage,
mais par le respect avec lequel je suis,

MONSEIGNEUR,

Vostre trés humble et trés obeissant serviteur,

DE LA FONTAINE.

AVERTISSEMENT (¹).

Il y a long-temps que cet Ouvrage est composé ; et peut-estre n'en est-il pas moins digne de voir la lumiere. Quand j'en conceus le dessein, j'avois plus d'imagination que je n'en ay aujourd'huy. Je m'estois toute ma vie exercé en ce genre de Poësie que nous nommons Heroïque : c'est assurément le plus beau de tous, le plus fleuri, le plus susceptible d'ornemens, et de ces figures nobles et hardies qui font une langue à part, une langue assez charmante pour meriter qu'on l'appelle la langue des Dieux. Le fonds que j'en avois fait, soit par la lecture des Anciens, soit par celle de quelques-uns de nos modernes, s'est presque entierement consumé dans l'embellissement de ce Poëme, bien que l'Ouvrage soit court, et qu'à proprement parler il ne merite que le nom d'Idile (²). Je l'avois fait marcher à la suite

1. Cet avertissement est celui qui précède le poëme dans le recueil intitulé : *Fables nouvelles et autres Poësies de M. de La Fontaine* ; à Paris, chez Denis Thierry, 1671, in-12.

2. L'avertissement de la première édition, publiée en 1669, à la suite de *Psiché*, dans le recueil intitulé : *Les Amours de Psiché et de Cupidon*, se termine ainsi : « En quelque rang qu'on le mette, il m'a semblé à propos de ne le point sepa-

de Psiché, croyant qu'il estoit à propos de joindre aux Amours du Fils celles de la Mere. Beaucoup de personnes m'ont dit que je faisois tort à l'Adonis. Les raisons qu'ils en apportent sont bonnes ; mais je m'imagine que le public se soucie trés-peu d'en estre informé ; ainsi je les laisse à part. On est tellement rebuté des Poëmes à present, que j'ay toûjours craint que celuy-cy ne receust un mauvais accueil et ne fust enveloppé dans la commune disgrace : il est vray que la matiere n'y est pas sujette : si d'un costé le goust du temps m'est contraire, de l'autre il m'est favorable. Combien y a-t-il de gens aujourd'huy qui ferment l'entrée de leur cabinet aux divinitez que j'ay coûtume de celebrer ? Il n'est pas besoin que je les nomme, on sçait assez que c'est l'Amour et Venus ; ces puissances ont moins d'ennemis qu'elles n'en ont jamais eu. Nous sommes en un siécle où on écoute assez favorablement tout ce qui regarde cette famille ; pour moy qui luy dois les plus doux momens que j'aye passez jusqu'icy, j'ay cru ne pouvoir moins faire que de raconter ses avantures de la façon la plus agreable qu'il m'est possible.

rer de Psiché. Je joins aux amours du fils celles de la mere, et j'ose esperer que mon present sera bien receu. Nous sommes en un siecle où on écoute assez favorablement tout ce qui regarde cette famille... »

ADONIS

Je n'ay pas entrepris de chanter dans ces vers (1)   [vers,
Rome ny ses enfans vainqueurs de l'Uni-
Ny les fameuses tours qu'Hector ne pût
    defendre,
Ny les combats des Dieux aux rives du Scamandre (2):
Ces sujets sont trop hauts, et je manque de voix;
Je n'ay jamais chanté que l'ombrage des bois,
Flore, Echo, les Zephirs, et leurs molles haleines,
Le verd tapis des prez et l'argent des fontaines.
C'est parmy les forests qu'a vescu mon Heros;
C'est dans les bois qu'Amour a troublé son repos.
Ma Muse en sa faveur de Myrte s'est parée;
J'ay voulu celebrer l'amant de Cytherée,
Adonis, dont la vie eut des termes si courts (3),

1. Manuscrit de 1658:

    Que l'on n'attende pas que je chante en ces vers...

2. Manuscrit de 1658:

    Ny ses membres épars sur les bords du Scamandre.

3. Dans le manuscrit de 1658, au lieu de ces cinq derniers vers, on lit ceux qui suivent:

    Ce pendant aujourd'huy ma voix veut s'elever:
    Dans un plus noble champ je me vais éprouver;
    D'ornemens précieux ma muse s'est parée,
    J'entreprens de chanter l'Amant de Cytherée:
    Adonis, dont la vie eut des charmes si courts.

Qui fut pleuré des Ris, qui fut plaint des Amours.
Amynte; c'est à vous que j'offre cet ouvrage;
Mes chansons et mes vœux, tout vous doit rendre hom-
Trop heureux si j'osois conter à l'Univers   [mage
Les tourmens infinis que pour vous j'ay souferts !
Quand vous me permettrez de chanter vostre gloire,
Quand vos yeux, renommez par plus d'une victoire,
Me laisseront vanter le pouvoir de leurs traits,
Et l'empire d'Amour accreu par vos attraits,
Je vous peindray si belle et si pleine de charmes,
Que chacun benira le sujet de mes larmes.
Voilà l'unique but où tendent mes souhaits.
Cependant recevez le don que je vous fais,
Ne le dédaignez pas, lisez cette avanture,
Dont, pour vous divertir, j'ay tracé la peinture (¹).

Aux monts Idaliens un bois delicieux
De ses arbres chenus semble toucher les Cieux,
Sous ses ombrages verts loge la Solitude (²).
Là le jeune Adonis, exempt d'inquietude,
Loin du bruit des citez, s'exerçoit à chasser,

---

1. Dans le manuscrit de 1658 on lit, au lieu de ces quatorze vers, ceux qui suivent :

> Foucquet, l'unique but des faveurs d'Uranie,
> Digne objet de nos chants, vaste et noble genie,
> Qui seul peux embrasser tant de soins à-la-fois,
> Honneur du nom public, defenseur de nos loix,
> Toy dont l'ame s'eleve au-dessus du vulgaire,
> Qui connois les beaux arts, qui sçais ce qui doit plaire,
> Et de qui le pouvoir, quoy que peu limité,
> Par le rare merite est encor surmonté:
> Voy de bon œil cet œuvre, et consens pour ma gloire
> Qu'avec toy l'on le place au temple de memoire.
> Par toy je me promets un eternel renom :
> Mes vers ne mourront point, assistez de ton nom.
> Ne les dédaigne pas, et ly cette avanture,
> Dont pour te divertir j'ay tracé la peinture.

2. Manuscrit de 1658 :

> Sous leurs ombrages verts...

Ne croyant pas qu'Amour pûst jamais l'y blesser (1).
A peine son menton d'un mol duvet s'ombrage,
Qu'aux plus fiers animaux il monstre(2) son courage.
Ce n'est pas le seul don qu'il ait receu des Cieux;
Il semble estre formé pour le plaisir des yeux.
Qu'on ne nous vante point le ravisseur d'Helene,
Ny celuy qui jadis aymoit une ombre vaine,
Ny tant d'autres Heros fameux par leurs appas;
Tous ont cedé le prix au fils de Cyniras.
Déja la Renommée, en naissant inconnuë,
Nymphe qui cache enfin sa teste dans la nüe (3),
Par un charmant recit amusant l'Univers,
Va parler d'Adonis à cent peuples divers,
A ceux qui sont sous l'Ourse, aux voisins de l'Aurore,
Aux filles du Sarmate, aux pucelles du More;
Paphos sur ses autels le void presque eslever,
Et le cœur de Venus ne sçait où se sauver.
L'image du Heros, qu'elle a toûjours presente,
Verse au fond de son ame une ardeur violente :
Elle invoque son fils, elle implore ses traits,
Et tasche d'assembler tout ce qu'elle a d'attraits (4).
Jamais on ne luy vid un tel dessein de plaire;
Rien ne luy semble bien, les Graces ont beau faire.
Enfin, s'accompagnant des plus discrets Amours,

1. Manuscrit de 1658 :

Ne croyant pas qu'Amour l'y pust venir blesser.

2. Dans le manuscrit de 1658 : *il fait voir.*

3. Dans le manuscrit de 1658, on lit, au lieu de ces sept derniers vers, ceux qui suivent :

Et, bien qu'enfant du crime, il plaist à tous les yeux;
Cupidon prend chez luy ses plus certaines armes.
Ce que Narcisse aymoit n'eut jamais tant de charmes.
Aussi sçait-il ranger mille cœurs sous ses loix.
Le bruit de sa beauté sort bien-tost de ces bois;
Dés-ja la Renommée, à courir toujours preste,
Monstre qui jusqu'au ciel enfin porte sa teste..

4. Ces quatre derniers vers ne se trouvent point dans le manuscrit de 1658.

Aux monts Idaliens elle dresse son cours,
Son char, qui trace en l'air de longs traits de lumiere,
A bien-tost achevé l'amoureuse carriere.
Elle trouve Adonis prés des bords d'un ruisseau.
Couché sur des gazons, il resve au bruit de l'eau (1);
Il ne void presque pas l'onde qu'il considere;
Mais l'éclat des beaux yeux qu'on adore en Cythere
L'a bien-tost retiré d'un penser si profond.
Cet objet le surprend, l'estonne et le confond;
Il admire les traits de la fille de l'onde.
Un long tissu de fleurs, ornant sa tresse blonde,
Avoit abandonné ses cheveux aux Zephirs;
Son écharpe, qui vole au gré de leurs soûpirs,
Laisse voir les tresors de sa gorge d'albastre.
Jadis en cet estat Mars en fut idolastre,
Quand aux champs de l'Olympe on celebra des jeux
Pour les Titans défaits par son bras valeureux.
Rien ne manque à Venus; ny les lys, ny les roses,
Ny le meslange exquis des plus aymables choses,
Ny ce charme secret dont l'œil est enchanté,
Ny la grace plus belle encor que la beauté.
Telle on vous void, Amynte : une glace fidelle
Vous peut de tous ces traits presenter un modelle;
Et, s'il faloit juger de l'objet le plus doux,
Le sort seroit douteux entre Venus et vous.
Tandis que le Heros admire Citherée,
Elle rend par ces mots son ame rassurée(2) :
Trop aymable mortel, ne crain point mon aspect;
Que de la part d'Amour rien ne te soit suspect :
En ces lieux écartez c'est luy seul qui m'ameine.

Le Ciel est ma patrie, et Paphos mon domaine.
Je les quitte pour toy; voy si tu veux m'aymer.
Le transport d'Adonis ne se peut exprimer.
O Dieux! s'écria-t-il, n'est-ce point quelque songe?
Puis-je embrasser l'erreur où ce discours me plonge?
Charmante Deïté, vous dois-je ajoûter foy?
Quoy! vous quittez les Cieux, et les quittez pour moy?
Il me seroit permis d'aymer une Immortelle!
Amour rend ses sujets tous égaux, luy dit-elle;
La beauté, dont les traits mesme aux Dieux sont si doux,
Est quelque chose encor de plus divin que nous.
Nous aymons, nous aymons, ainsi que toute chose:
Le pouvoir de mon fils de moy-mesme dispose:
Tout est né pour aymer. Ainsi parle Venus;
Et ses yeux eloquens en disent beaucoup plus;
Ils persuadent mieux que ce qu'a dit sa bouche.
Ses regards, truchemens de l'ardeur qui la touche,
Sa beauté souveraine, et les traits de son fils,
Ont contraint Mars d'aymer; que peut faire Adonis?
Il ayme, il sent couler un brasier dans ses veines;
Les plaisirs qu'il attend sont accrus par ses peines:
Il desire, il espere, il craint, il sent un mal
A qui les plus grands biens n'ont rien qui soit égal.
Venus s'en apperçoit, et feint qu'elle l'ignore:
Tous deux de leur amour semblent douter encore,
Et, pour s'en asseurer, chacun de ces Amans
Mille fois en un jour fait les mesmes sermens (1).

1. Au lieu des vingt-huit vers qui précèdent, on lit dans
le manuscrit de 1658 les vingt-quatre vers suivants :

Dans ces sombres forêts c'est luy seul qui m'ameine;
Encor qu'il soit mon fils, c'est l'autheur de ma peine:
Il m'oblige à quiter les cieux, où je ne voy
Rien de si grand que luy, ny de si beau que moy.
Pour toy je viens chercher un sejour solitaire,
Et renonce aux autels à moins que de te plaire.
Je pourrois employer mon fils, et tous ses traits;
Mais je ne veux devoir ton cœur qu'à mes attraits:
Tu ne le peux du moins refuser à ma flame.
Déesse, repond-il, que j'adore en mon ame,

Quelles sont les douceurs qu'en ces bois ils gousterent!
O vous de qui les voix jusqu'aux astres monterent
Lors que par vos chansons tout l'Univers charmé
Vous ouït celebrer ce couple bien aimé,
Grands et nobles esprits, Chantres incomparables,
Meslez parmy ces sons vos accords admirables (1).
Echo, qui ne taist rien, vous conta ces amours;
Vous les vistes gravez au fond des antres sourds;
Faites que j'en retrouve au temple de Memoire
Les monumens sacrez, sources (2) de vostre gloire,
Et que, m'estant formé sur vos sçavantes mains,
Ces vers puissent passer aux derniers des humains (3)!
Tout ce qui naist de doux en l'amoureux empire,
Quand d'une égale ardeur l'un pour l'autre on soûpire,
Et que, de la contrainte ayant banni les loix,
On se peut asseurer au silence des bois,
Jours devenus momens, momens filez de soye,

Regardez quels honneurs vostre divinité
Peut exiger de moy dans un bois ecarté.
Je sçais vostre puissance à Paphos souveraine:
Celle de vostre fils sans vous eust esté vaine:
Et si je n'eusse veu vos celestes attraits,
J'eusse empesché mon cœur d'estre en butte à ses traits.
Mais nous est-il permis d'aymer une immortelle?
Tous les sujets d'Amour sont égaux, luy dit-elle,
Et mesme la beauté, dont les traits sont si doux,
Est quelque chose encor de plus divin que nous.
Cependant que Venus par ces mots l'encourage,
Il admire son port, sa taille et son visage:
Leurs yeux, qui pour témoins n'ont que les yeux du jour,
Ne se rencontrent point sans se parler d'amour.

1. Au lieu de ces quatre derniers vers on lit ceux qui suivent dans le manuscrit de 1658 :

Quand par vous-mesme instruits de tels ravissemens,
Vous chantez les plaisirs goustez par nos amans,
Si jamais j'eus besoin des faveurs du Parnasse,
Faites que je réponde à vos chants pleins de grâce.

2. *Autheurs*, dans le manuscrir de 1658.
3. Manuscrit de 1658 :

Cecy puisse passer...

Agreables soûpirs, pleurs enfans de la joye,
Vœux, sermens et regards, transports, ravissemens,
Meslange dont se fait le bon-heur des Amans;
Tout par ce couple heureux fut lors mis en usage.
Tantost ils choisissoient l'épaisseur d'un ombrage;
Là, sous des chesnes vieux, où leurs chiffres gravez
Se sont avec les troncs accreus et conservez,
Mollement estendus, ils consumoient les heures,
Sans avoir pour témoins, en ces sombres demeures,
Que les chantres des bois, pour confidens qu'Amour,
Qui seul guidoit leurs pas en cet heureux sejour.
Tantost sur des tapis d'herbe tendre et sacrée(1)
Adonis s'endormoit auprés de Cytherée,
Dont les yeux, enyvrez par des charmes puissans,
Attachoient au Heros leurs regards languissans(2).
Bien souvent ils chantoient les douceurs de leurs peines;
Et quelquefois, assis sur le bord des fontaines,
Tandis que cent cailloux, luitans à chaque bond,
Suivoient les longs replis du cristal vagabond,
Voiez, disoit Venüs, ces ruisseaux et leur course;
Ainsi jamais le temps ne remonte à sa source:
Vainement pour les Dieux il fuit d'un pas leger(3);
Mais vous autres mortels le devez ménager,

1. Dans le manuscrit de 1658, au lieu de ces derniers
vers on lit les suivants:

> Mollement etendus ils consommoient les heures;
> Tandis que Philomele, en ces sombres demeures,
> Se plaignoit aux echos, et d'une triste voix
> Accusoit de son sort le silence des bois,
> Tantost sur des gazons d'herbe tendre et sacrée...

2. Dans le manuscrit de 1658, au lieu de ces deux derniers vers, on lit les suivants:

> Qui repaissoit ses yeux des beautez du heros,
> Pendant qu'il jouissoit d'un paisible repos.

3. Manuscrit de 1658:

> En vain à nostre egard il fuit d'un pas leger.

Consacrant à l'Amour la saison la plus belle (1).
Souvent, pour divertir leur ardeur mutuelle,
Ils dansoient aux chansons, de Nymphes entourez.
Combien de fois la Lune a leurs pas éclairez,
Et, couvrant de ses rais l'émail d'une prairie (2),
Les a veus à l'envy fouler l'herbe fleurie !
Combien de fois le jour a veu les antres creux,
Complices des larcins de ce couple amoureux (3) !
Mais n'entreprenons pas d'oster le voile sombre
De ces plaisirs amis du silence et de l'ombre.
Il est temps de passer au funeste moment
Où la triste Venus doit quitter son amant.
Du bruit de ses amours Paphos est alarmée ;
On dit qu'au fond d'un bois la Déesse charmée,
Inutile aux mortels, et sans soin de leurs vœux,
Renonce au culte vain de ses temples fameux.
Pour dissiper ce bruit, la Reyne de Cythere
Veut quitter pour un temps ce sejour solitaire.
Que ce cruel dessein luy donne de douleurs (4) !
Un jour que son Amant la voyoit toute en pleurs,
Déesse, luy dit-il, qui causez mes alarmes (5),
Quel ennuy si profond vous oblige à ces larmes ?

1. Manuscrit de 1658 :

    Et pendant vos beaux jours employer vostre zele.

2. Manuscrit de 1658 :

    Et sur le tendre email d'une verte prairie.

3. Dans le manuscrit de 1658 on lit, au lieu de ces deux derniers vers, ceux qui suivent :

    Combien de fois le jour a veu les antres sourds
    Complices des larcins qu'ont produit leurs amours !

4. On lit dans l'édition de 1669 :

    Que ce cruel dessein luy causa de douleurs !

5. Dans le manuscrit de 1658, au lieu de ces trois derniers vers, on trouve ceux qui suivent :

    Et faire qu'Adonis souhaite ses faveurs.
    Un jour que le heros, la voyant toute en pleurs,
    Luy dit : Objet divin dont j'adore les charmes...

Vous aurois-je offensée, ou ne m'aymez-vous plus?
Ah! dit-elle, quittez ces soupçons superflus;
Adonis tascheroit en vain de me déplaire (1):
Ces pleurs naissent d'amour, et non pas de colere.
D'un déplaisir secret mon cœur se sent atteint :
Il faut que je vous quitte, et le sort m'y contraint;
Il le faut. Vous pleurez! Du moins, en mon absence,
Conservez-moy toûjours un cœur plein de constance (2);
Ne pensez qu'à moy seule, et qu'un indigne choix
Ne vous attache point aux Nymphes de ces bois :
Leurs fers aprés les miens ont pour vous de la honte (3).
Sur tout de vostre sang il me faut rendre compte.
Ne chassez point aux Ours, aux Sangliers, aux Lions;
Gardez-vous d'irriter tous ces Monstres felons!
Laissez (4) les animaux qui, fiers et pleins de rage,
Ne cherchent leur salut qu'en montrant leur courage;
Les Daims et les Chevreüils, en fuyant devant vous,
Donneront à vos sens des plaisirs bien plus doux (5).
Je vous ayme, et ma crainte a d'assez justes causes;
Il sied bien en amour de craindre toutes choses.
Que deviendrois-je, helas! si le sort rigoureux
Me privoit pour jamais de l'objet de mes vœux (6)?

1. Manuscrit de 1658 :
   Vous vous efforceriez en vain de me deplaire.

2. Manuscrit de 1658 :
   Il le faut : vous pleurez! est-ce de mon absence?
   Au moins soyez fidelle, ayez de la constance.

3. Manuscrit de 1658 :
   Ne vous soûmette point aux nymphes de ces bois.
   Leurs fers, aprés les miens, sont pour vous pleins de honte.

4. *Fuyez*, dans le manuscrit de 1658.

5. Manuscrit de 1658 :
   Et coupables qu'ils sont de cent cruels repas,
   Ne veulent point mourir qu'en vengeant leur trepas.

6. Manuscrit de 1658 :
   Si quelque coup fatal vous forçoit à perir,
   Que deviendroit Venus en ne pouvant mourir?

Là, se fondant en pleurs, on void croistre ses charmes.
Adonis luy répond seulement par des larmes.
Elle ne peut partir de ces aymables lieux,
Cent humides baisers achevent ses adieux.
O vous, tristes plaisirs où leur ame se noye,
Vains et derniers efforts d'une imparfaite joye,
Momens pour qui le sort rend leurs vœux superflus,
Delicieux momens, vous ne reviendrez plus !
Adonis void un char descendre de la nuë :
Cytherée, y montant, disparoist à sa veuë.
C'est en vain que des yeux il la suit dans les airs ;
Rien ne s'offre à ses sens que l'horreur des deserts (1).
Les vents, sourds à ses cris, renforcent leur haleine :
Tout ce qu'il vient de voir luy semble une ombre vaine.
Il appelle Venus, fait retentir les bois,
Et n'entend qu'un Echo qui répond à sa voix.
C'est lors que, repassant dans (2) sa triste memoire
Ce que n'aguere il eut de plaisirs et de gloire,
Il tasche à rappeller ce bon-heur sans pareil :
Semblable à ces Amans trompez par le sommeil,
Qui rappellent en vain pendant la nuit obscure
Le souvenir confus d'une douce imposture :
Tel Adonis repense à l'heur qu'il a perdu ;
Il le conte aux forests, et n'est point entendu :
Tout ce qui l'environne est privé (3) de tendresse ;
Et, soit que des douleurs la nuit enchanteresse
Plonge les malheureux au suc de ses pavots,
Soit que l'astre du jour rameine leurs travaux,
Adonis sans relasche aux plaintes s'abandonne,
De sanglots redoublés sa demeure resonne ;

---

1. Dans le manuscrit de 1658 on lit, au lieu de ces trois derniers vers :

> Venus, en y montant, disparoist à sa veuë ;
> En vain d'un regard fixe il la suit dans les airs,
> Rien ne s'offre à ses yeux que l'horreur des deserts.

2. *En*, dans le manuscrit de 1658.

3. *Exempt*, dans le manuscrit de 1658.

Cet Amant toûjours pleure, et toûjours les Zephirs (1)
En volant vers Paphos sont chargez de soûpirs.
La molle oisiveté, la triste solitude,
Poisons dont il nourrit sa noire inquietude,
Le livrent tout entier au vain ressouvenir (2,
Qui le vient malgré luy sans cesse entretenir.
Enfin, pour divertir l'ennuy qui le possede,
On luy dit que la chasse est un puissant remede (3).
Dans ces lieux pleins de paix, seul avecque l'Amour,
Ce plaisir occupoit les Heros d'alentour.
Adonis les assemble, et se plaint de l'outrage
Que ces champs ont receu d'un Sanglier plein de rage.
Ce Tyran des forests porte par tout l'effroy;
Il ne peut rien souffrir de seur autour de soy :
L'avare laboureur se plaint à sa famille (4)
Que sa dent a détruit l'espoir de la faucille;
L'un craint pour ses vergers, l'autre pour ses guerets;
Il foule aux pieds les dons de Flore et de Cerés :
Monstre enorme et cruel, qui soüille les fontaines,
Qui fait bruire les monts, qui désole (5) les plaines,
Et, sans craindre l'effort des voisins alarmez,
S'appreste à recüeillir les grains qu'ils ont semez.

1. On lit dans le manuscrft de 1658, au lieu de ces cinq
derniers vers, ceux qui suivent :

  Sous les profonds replis d'un voile tenebreux
  Cache aux yeux des mortels le sort des malheureux,
  Soit que l'astre brillant qui le jour nous envoye
  De ceux qui sont heureux ressuscite la joye,
  Le heros toûjours pleure...

2. Manuscrit de 1658 :

  Le livrent tout entier au cruel souvenir.

3. Manuscrit de 1658 :

  La chasse luy semble estre un souverain remede.

4. Manuscrit de 1658 :

  Maint et maint laboureur...

5. *Ravage,* dans le manuscrit de 1658.

Tascher de le surprendre est tenter l'impossible ;
Il habite en un fort épais, inaccessible.
Tel on void qu'un brigand fameux et redouté
Se cache aprés ses vols en un antre écarté,
Fait des champs d'alentour de vastes cimetieres,
Ravage impunément des Provinces entières,
Laisse gronder les loix, se rit de leur courroux,
Et ne craint point la mort, qu'il porte au sein de tous ;
L'épaisseur des forests le dérobe aux supplices ;
C'est ainsi que le Monstre a ces bois pour complices.
Mais le moment fatal est enfin arrivé,
Où, malgré sa fureur, en son sang abreuvé,
Des degasts qu'il a faits il va payer l'usure.
Helas ! qu'il vendra cher sa mortelle blessure (1) !
Un matin que l'Aurore au teint frais et riant
A peine avoit ouvert les portes d'Orient,
La jeunesse voisine autour du bois s'assemble :
Jamais tant de Heros ne s'estoient veus ensemble.
Antenor le premier sort des bras du sommeil,
Et vient au rendez-vous attendre le Soleil ;
La Déesse des bois n'est point si matinale :
Cent fois il a surpris l'amante de Cephale ;
Et sa plaintive épouse a maudit mille fois
Les veneurs et les chiens, le gibier et les bois.
Il est bien tost suivi du Satrape (2) Alcamene,
Dont le long attirail couvre toute la plaine.
C'est en vain que ses gens se sont chargez de rets ;
Leur nombre est assez grand pour ceindre les forests.
On y void arriver Bronte au cœur indomptable,
Et le Vieillard Capis, chasseur infatigable,
Qui, depuis son jeune âge ayant aymé (3) les bois,
Rend et chiens et veneurs attentifs à sa voix.
Si le jeune Adonis l'eust aussi voulu croire,

1. Manuscrit de 1658 :
    Helas ! que cherement il vendra sa blessure !
2. *Pompeux*, dans le manuscrit de 1658.
3. *Suivy*, dans le manuscrit de 1658.

Il n'auroit pas si-tost traversé l'onde noire :
Comment l'auroit-il creu, puis qu'en vain ses amours
L'avoient sollicité d'avoir soin de ses jours ?
Par le beau Callion la troupe est augmentée.
Gilippe vient aprés, fils du riche Acantée.
Le premier, pour tous biens, n'a que les dons du corps ;
L'autre, pour tous appas, possede des tresors.
Tous deux ayment Cloris, et Cloris n'ayme qu'elle :
Ils sont pourtant parez des faveurs de la Belle.
Phlegre accourt, et Mimas, Palmire aux blonds che-
Le robuste Crantor aux bras durs et nerveux, [veux,
Le Licien Telame, Agenor de Carie,
Le vaillant Triptoleme, honneur de la Syrie,
Paphe expert à luiter, Mopse à lancer le dard,
Lycaste, Palemon, Glauque, Hilus, Amilcar ;
Cent autres que je tais, troupe épaisse et confuse ;
Mais peut-on oublier la charmante Aretuse,
Aretuse au teint vif, aux yeux doux et perçans,
Qui pour le blond Palmire a des feux innocens ?
On ne l'instruisit point à manier la laine ;
Courir dans les forests, suivre un cerf dans la plaine,
Ce sont tous ses plaisirs : heureuse si son cœur
Eust pû se garentir d'amour comme de peur (1) !
On la void arriver sur un cheval superbe
Dont à peine les pas sont imprimez sur l'herbe ;
D'une charge si belle il semble glorieux :
Et, comme elle, Adonis attire tous les yeux :
D'une fatale ardeur déja son front s'allume ;
Il marche avec un air plus fier que de coûtume.
Tel Apollon marchoit quand l'enorme Piton
L'obligea de quitter l'ombre de l'Helicon (2).
Par l'ordre de Capis la troupe se partage.

1. Manuscrit de 1658 :
   Ce furent ses plaisirs, heureuse si son cœur
   Eust pû se rendre exempt d'amour comme de peur !

2. Manuscrit de 1658 :
   Tel autrefois marchoit de son double vallon
   Contre un vaste serpent le divin Apollon.

De tant de gens épars le nombreux équipage,
Leurs cris, l'aboy des chiens, les cors meslez de voix,
Annoncent l'épouvante aux hostes de ces bois.
Le Ciel en retentit, les Echos se confondent,
De leurs Palais voutez tous ensemble ils répondent.
Les Cerfs, au moindre bruit à se sauver si prompts,
Les timides troupeaux des Daims aux larges fronts,
Sont contraints de quitter leurs demeures secretes :
Le bois n'a plus pour eux d'assez sombres retraites.
On court dans les sentiers, on traverse les forts ;
Chacun, pour les percer, redouble ses efforts.
Au fond du bois croupit une eau dormante et sale :
Là le monstre se plaist aux vapeurs qu'elle exhale (1) ;
Il s'y veautre sans cesse, et cherit un sejour
Jusqu'alors ignoré des mortels et du jour.
On ne l'en peut chasser ; du soûci de sa vie
Bien plus à sa valeur qu'à sa fuite il se fie.
Les cors ont beau sonner, l'air a beau retentir,
Rien ne sçauroit encor l'obliger à partir.
Cependant les destins hastent sa derniere heure.
Driope là premiere évente sa demeure (2) :
Les autres chiens, par elle aussi-tost avertis,
Répondent à sa voix, frapent l'air de leurs cris,
Entraisnent les chasseurs, abandonnent leur queste ;
Toute la meute accourt, et vient lancer la beste,
S'anime en la voyant, redouble son ardeur :
Mais le fier (3) animal n'a point encor de peur.
Le coursier d'Adonis, né sur les bords du Xante,
Ne peut plus retenir son ardeur violente :

1. Manuscrit de 1658 :

   Là le monstre se paist des vapeurs qu'elle exhale.

2. Manuscrit de 1658 :

   Driope au sage nez evente sa demeure.

Il y a *Driape* dans l'édition de 1825, mais c'est une faute d'impression.

3. *Fin*, dans l'édition de 1825, mais *fier* dans le manuscrit de 1658 et dans les éditions de 1669 et de 1671.

Une jument d'Ida l'engendra d'un des vents;
Les forests l'ont nourri pendant ses premiers ans.
Il ne craint point des monts les puissantes barrieres,
Ny l'aspect étonnant des profondes rivieres,
Ny le panchant affreux des rocs et des vallons;
D'haleine en le suivant manquent les Aquilons.
Adonis le retient pour mieux suivre la chasse.
Enfin le monstre est joint par deux chiens dont la race
Vient du viste Lelaps, qui fut l'unique prix
Des larmes dont Cephale appaisa sa Procris :
Ces deux chiens sont Melampe et l'ardente Sylvage.
Leur sort fut different, mais non pas leur courage :
Par l'homicide dent Melampe est mis à mort;
Sylvage au poil de tigre attendoit mesme sort,
Lors que l'un des chasseurs se presente à la beste.
Sur luy tourne aussi-tost l'effort de la tempeste :
Il connoist, mais trop tard, qu'il s'est trop avancé;
Son visage paslit, son sang devient glacé;
L'image du trépas en ses yeux est emprainte :
Sur le teint des mourans la mort n'est pas mieux peinte.
Sa peur est pourtant vaine, et, sans estre blessé,
Du Monstre qui le heurte il se sent (1) terrassé.
Nisus, ayant cherché son salut sur un arbre, [bre (2);
Rit de voir ce chasseur plus froid que n'est un mar-
Mais luy-mesme a sujet de trembler à son tour :
Le Sanglier coupe l'arbre, et les lieux d'alentour
Résonnent du fracas dont sa cheute est suivie;
Nisus encor en l'air fait des vœux pour sa vie.
Conteray-je en détail tant de puissans efforts,
Des chiens et des chasseurs les differentes morts,
Leurs exploits avec eux cachez sous l'ombre noire?
Seules vous les sçavez, ô filles de Memoire :
Venez donc m'inspirer; et, conduisant ma voix,
Faites-moy dignement celebrer ces exploits.

1. *Il se voit*, dans le manuscrit de 1658.
2. Manuscrit de 1658 :

Contemple ce chasseur etendu comme un marbre.

Deux lices d'Antenor, Lycoris et Niphale,
Veulent qu'aux yeux de tous leur ardeur se signale.
Le vieux Capis luy-mesme eut soin de les dresser :
Au sanglier l'une et l'autre est preste à se lancer.
Un mastin les devance, et se jette en leur place;
C'est Phlegon, qui souvent aux loups donne la chasse.
Armé d'un fort collier qu'on a semé (1) de clous,
A l'oreille du Monstre il s'attache en courroux :
Mais il sent aussi-tost le redoutable yvoire;
Ses flancs sont décousus, et, pour comble de gloire,
Il combat en mourant, et ne veut point lascher
L'endroit où sur le Monstre il vient de s'attacher.
Cependant le Sanglier (2) passe à d'autres trophées :
Combien void-on sous luy de trames étouffées!
Combien en coupe-t-il! Que d'hommes terrassez!
Que de chiens abattus, mourans, morts, et blessez!
Chevaux, arbres, chasseurs, tout éprouve sa rage.
Tel passe un tourbillon, messager de l'orage;
Telle descend la foudre, et d'un soudain fracas
Brise, brûle, détruit, met les rochers à bas.
Crantor d'un bras nerveux lance un dard à la beste :
Elle en fremit de rage, écume, et tourne teste,
Et son poil herissé semble de toutes parts
Presenter au chasseur une forest de dards.
Il n'en a point pourtant le cœur touché de crainte.
Par deux fois du Sanglier il évite l'atteinte;
Deux fois le Monstre passe, et ne brise en passant
Que l'épieu dont Crantor se couvre en cet instant.
Il revient au chasseur, la fuitte est inutile;
Crantor aux environs n'apperçoit point d'asile (3) :

1. *Garny*, dans le manuscrit de 1658.
2. *L'animal*, dans le manuscrit de 1658.
3. Dans le manuscrit de 1658, on lit, au lieu de ces **trois**
derniers vers :

> Que l'epieu dont Crantor arme son bras puissant;
> La fuite en cet instant luy devient inutile;
> Dans les lieux d'alentour il ne voit point d'azile.

En vain du coup fatal il veut se détourner;
Ne pouvant que mourir, il meurt sans s'estonner.
Pour punir son vainqueur (1) toute la troupe approche;
L'un luy presente un dard, l'autre un trait luy decoche :
Le fer, ou se rebouche, ou ne fait qu'entamer
Sa peau que d'un poil dur le Ciel voulut armer.
Il se lance aux épieux, il previent leur atteinte;
Plus le peril est grand, moins il montre de crainte.
C'est ainsi qu'un guerrier pressé de toutes parts
Ne songe qu'à perir au milieu des hazards :
De soldats entassez son bras jonche la terre;
Il semble qu'en luy seul se termine la guerre :
Certain de succomber, il fait pourtant effort,
Non pour ne point mourir, mais pour vanger sa mort.
Tel, et plus valeureux, le Monstre se presente (2).
Plus le nombre s'accroist, plus sa fureur s'augmente :
L'un a les flancs ouverts, l'autre les reins rompus;
Il masche et foule aux pieds ceux qui sont abattus.
La troupe des chasseurs en devient moins hardie;
L'ardeur qu'ils témoignoient est bien-tôt refroidie.
Palmire toutefois s'avance malgré tous;
Ce n'est pas du Sanglier que son cœur craint les coups :
Aretuse luy fut jadis plus redoutable;
Jadis sourde à ses vœux, mais alors favorable,
Elle void son Amant poussé d'un beau desir,
Et le void avec crainte autant qu'avec plaisir.
Quoy! mes bras, luy dit-il, sont conduits par les vostres (3)
Et vous me verriez fuïr aussi bien que les autres!
Non, non; pour redouter le Monstre et son effort,
Vos yeux m'ont trop appris à mépriser la mort.
Il dit, et ce fut tout : l'effet suit la parole;

1. *L'animal*, dans le manuscrit de 1658.
2. Manuscrit de 1658 :

Tel et plus fier encor, l'animal se presente.

3. Manuscrit de 1658 :

Quoy! mes bras, luy dit-il, sont animez des vostres.

Il ne va pas au Monstre, il y court, il y vole ;
Tourne de tous costez, esquive en l'approchant,
Hausse le bras vengeur, et d'un glaive tranchant
S'efforce de punir le Monstre de ses crimes.
Sa dent alloit d'un coup s'immoler deux victimes :
L'une eust senti le mal que l'autre en eust receu,
Si son cruel espoir n'eust point esté deceu.
Entre Palmire et luy l'Amazone se lance :
Palmire craint pour elle, et court à sa deffense (¹).
Le sanglier ne sçait plus sur qui d'eux se vanger ;
Toutefois à Palmire il porte un coup leger,
Leger pour le Heros, profond pour son amante.
On l'emporte ; elle suit, inquiete et tremblante :
Le coup est sans danger ; cependant les esprits (²),
En foule avec le sang de leurs prisons sortis,
Laissent faire à Palmire un effort inutile (³).
Il devient aussi-tost pasle, froid, immobile ;
Sa raison n'agit plus, son œil se sent voiler,
Heureux s'il pouvoit voir les pleurs qu'il fait couler !
La moitié des chasseurs, à le plaindre employée,
Suit la triste Aretuse en ses larmes noyée.
Non loin de cet endroit un ruisseau fait son cours ;
Adonis s'y repose aprés mille détours.
Les Nymphes, de qui l'œil void les choses futures,
L'avoient fait égarer en des routes obscures.
Le son des cors se perd par un charme inconnu ;
C'est en vain que leur bruit à ses sens est venu.
Ne sçachant où porter sa course vagabonde,
Il s'arreste en passant au cristal de cette onde.

1. Manuscrit de 1658 :

 Palmire en est surpris, et court à sa defense.

2. Manuscrit de 1658 :

 On l'emporte ; elle suit, toute pâle et tremblante.
 Le coup rompt un artere, et dés-ja les esprits...

3. Manuscrit de 1658 :

 Laissent faire à ses sens un effort inutile.

Mais les Nymphes ont beau s'opposer aux destins :
Contre un ordre fatal tous leurs charmes sont vains.
Adonis en ce lieu void apporter Palmire ;
Ce spectacle l'emeut, et redouble son ire (1).
A tarder plus long-temps on ne peut l'obliger :
Il regarde la gloire, et non pas le danger.
Il part, se fait guider, rencontre le carnage.
Cependant le Sanglier s'estoit fait un passage ;
Et, courant vers son fort, il se lançoit par fois
Aux chiens, qui dans le Ciel poussoient de vains abois.
On ne l'ose approcher ; tous les traits qu'on luy lance,
Estant poussez de loin, perdent leur violence.
Le Heros seul s'avance, et craint peu son courroux :
Mais Capis l'arrestant s'écrie : Où courez-vous ?
Quelle boüillante ardeur au peril vous engage ?
Il est besoin de ruse, et non pas de courage.
N'avancez pas, fuyez ; il vient à vous, ô Dieux !
Adonis, sans répondre, au Ciel leve les yeux.
Déesse, ce dit-il, qu'adore ma pensée,
Si je cours au peril, n'en sois point offensée ;
Guide plûtost mon bras, redouble son effort ;
Fais que ce trait lancé donne au Monstre la mort.
A ces mots dans les airs le trait se fait entendre :
A l'endroit où le Monstre a la peau la plus tendre
Il en reçoit le coup, se sent ouvrir les flancs,
De rage et de douleur fremit, grince les dents,
Rappelle sa fureur, et court à la vengeance.
Plein d'ardeur et leger, Adonis le devance.
On craint pour le Heros ; mais il sçait éviter
Les coups qu'à cet abord la dent luy veut porter.
Tout ce que peut l'adresse estant jointe au courage,
Ce que pour se venger tente l'aveugle rage,

1. Manuscrit de 1658 :

Adonis en ce lieu voit Palmire qu'on porte ;
Sa colere en devient plus ardante et plus forte.

Se fit lors remarquer par les chasseurs épars (1);
Tous ensemble au Sanglier voudroient lancer leurs dards;
Mais peut-estre Adonis en recevroit l'atteinte.
Du cruel animal ayant chassé la crainte,
En foule ils courent tous droit aux fiers assaillans.
Courez, courez, Chasseurs un peu trop tard vaillans;
Destournez de vos noms un éternel reproche :
Vos efforts sont trop lents, déja le coup approche.
Que n'en ay-je oublié les funestes momens !
Pourquoy n'ont pas peri ces tristes monumens !
Faut-il qu'à nos neveux j'en raconte l'histoire !
Enfin de ces forests l'ornement et la gloire,
Le plus beau des mortels, l'amour de tous les yeux,
Par le vouloir du sort ensanglante ces lieux.
Le cruel animal s'enferre dans ses armes,
Et d'un coup aussi-tost il détruit mille charmes.
Ses derniers attentats ne sont pas impunis;
Il sent son cœur percé de l'épieu d'Adonis,
Et, luy poussant au flanc sa defense cruelle,
Meurt, et porte en mourant une atteinte mortelle.
D'un sang impur et noir il purge l'Univers :
Ses yeux d'un somme dur sont pressez et couverts,
Il demeure plongé dans la nuit la plus noire,
Et le vainqueur à peine a connu sa victoire,
Joüi de la vengeance et goûté ses transports,
Qu'il sent un froid demon s'emparer de son corps.
De ses yeux si brillans la lumiere est esteinte,
On ne void plus l'éclat dont sa bouche estoit peinte,
On n'en void que les traits, et l'aveugle trespas
Parcourt tous les endroits où regnoient tant d'appas.
Ainsi l'honneur des prez, les fleurs, present de Flore,
Filles du blond Soleil et des pleurs de l'Aurore,
Si la faux les atteint, perdent en un moment
De leurs vives couleurs le plus rare ornement.

1. Manuscrit de 1658 :

Se fit lors aux chasseurs remarquer des deux parts.

La troupe des Chasseurs, au Heros accouruë,
Par des cris redoublez luy fait ouvrir la veuë :
Il cherche encore un coup la lumiere des Cieux,
Il pousse un long soûpir, il referme les yeux,
Et le dernier moment qui retient sa belle ame (1)
S'employe au souvenir de l'objet qui l'enflâme.
On fait pour l'arrester des efforts superflus ;
Elle s'envole aux airs, le corps ne la sent plus.
Prestez-moy des soûpirs, ô vents, qui sur vos aisles
Portastes à Venus de si tristes nouvelles.
Elle accourt aussi-tost, et, voyant son Amant,
Remplit les environs d'un vain gemissement.
Telle sur un ormeau se plaint la tourterelle
Quand l'adroit giboyeur a, d'une main cruelle,
Fait mourir à ses yeux l'objet de ses amours ;
Elle passe à gemir et les nuits et les jours,
De moment en moment renouvellant sa plainte,
Sans que d'aucun remords la Parque soit atteinte.
Tout ce bruit, quoy que juste, au vent est répandu ;
L'enfer ne luy rend point le bien qu'elle a perdu :
On ne le peut fléchir ; les cris dont il est cause
Ne font point qu'à nos vœux il rende quelque chose.
Venus l'implore en vain par de tristes accens ;
Son desespoir éclate en regrets impuissans ;
Ses cheveux sont épars, ses yeux noyez de larmes ;
Sous d'humides torrens ils resserrent leurs charmes,
Comme on void au Printemps les beautez du Soleil
Cacher sous des vapeurs leur éclat sans pareil.
Aprés mille sanglots enfin elle s'écrie :
Mon amour n'a donc pû te faire aymer la vie !
Tu me quittes, cruel ! au moins ouvre les yeux,
Montre-toy plus sensible à mes tristes adieux ;
Voy de quelles douleurs ton amante est atteinte !
Helas ! j'ay beau crier, il est sourd à ma plainte :

1. Manuscrit de 1658 :

   Et le dernier moment que tarde sa belle âme.

Une éternelle nuit l'oblige à me quitter (1);
Mes pleurs ny mes soûpirs ne peuvent l'arrester.
Encor si je pouvois le suivre en ces lieux sombres!
Que ne m'est-il permis d'errer parmi les ombres!
Destins, si vous vouliez le voir si-tost perir (2),
Faloit-il m'obliger à ne jamais mourir?
Malheureuse Venus! que te servent ces larmes?
Vante-toy maintenant du pouvoir de tes charmes:
Ils n'ont pû du trépas exempter tes amours;
Tu vois qu'ils n'ont pu mesme en prolonger les jours.
Je ne demandois pas que la Parque cruelle
Prist à filer leur trame une peine eternelle;
Bien loin que mon pouvoir l'empêchast de finir,
Je demande un moment et ne puis l'obtenir.
Noires divinitez du tenebreux Empire,
Dont le pouvoir s'étend sur tout ce qui respire,
Roys (3) des peuples legers, souffrez que mon Amant
De son triste départ me console un moment.
Vous ne le perdrez point; le tresor que je pleure
Ornera tost ou tard vostre sombre demeure (4).
Quoy! vous me refusez un present si leger!
Cruels, souvenez-vous qu'Amour m'en peut vanger.

1. Manuscrit de 1658 :

> Le cruel ne veut pas seulement m'écouter.

2. Dans le manuscrit de 1658, on lit, au lieu de ce vers
les cinq qui suivent :

> Mais l'enfer à mes yeux se cache vainement,
> Je le trouve par-tout où n'est point mon amant;
> Destins qui me l'ostez, que vos loix sont barbares!
> Avez-vous pû toucher à des tresors si rares!
> Et puisque vous vouliez le voir si tost perir...

3. Roy, dans le manuscrit de 1658.

4. On lit ici, dans le manuscrit de 1658, les quatre vers
suivants, supprimés depuis :

> Je sçais que l'Acheron, de nos plaisirs jaloux,
> Ne fait que nous prester les biens qui sont à nous;
> Ses eaux assez long-temps verront cette belle ombre.
> Que peut faire un moment sur des siecles sans nombre?

Et vous, Antres cachez, favorables retraites,
Où nos cœurs ont goûté des douceurs si secretes ;
Grottes, qui tant de fois avez vû mon Amant
Me raconter des yeux son fidelle tourment ;
Lieux amis du repos, demeures solitaires,
Qui d'un thresor si rare estiez depositaires,
Deserts, rendez-le-moy (1) : deviez-vous avec luy
Nourrir chez vous le Monstre auteur de mon ennuy ?
Vous ne répondez point. Adieu donc, ô belle ame !
Emporte chez les morts ce baiser tout de flâme :
Je ne te verray plus ; adieu, cher Adonis !
Ainsi Venus cessa. Les rochers, à ses cris
Quittant leur dureté, répandirent des larmes :
Zephyre en soûpira ; le jour voila ses charmes.
D'un pas precipité sous les eaux il s'enfuit,
Et laissa dans ces lieux une profonde nuit.

1. Manuscrit de 1658 :

Representez-le-moy...

POËME

DE LA

CAPTIVITÉ DE S^T MALC

A SON ALTESSE MONSEIGNEUR

LE CARDINAL DE BOUILLON,

Grand Aumosnier de France.

ONSEIGNEUR,

Vostre Altesse Eminentissime ne refusera pas sa protection au Poëme que je luy dédie : tout ce qui porte le caractere de pieté est auprés de vous d'une recommandation trop puissante. C'est pour moy un juste sujet d'esperer dans l'occasion qui s'offre au- jourd'huy : mais, si j'ose dire la verité, mes souhaits ne se bornent point à cet avantage. Je voudrois que cet Idile, outre la sainteté du sujet, ne vous parût pas entierement dénüé des beautez de la Poësie. Vous ne les dédaignez pas ces beautez divines, et les graces de cette Langue que parloit le peuple Pro-

phete. La lecture des Livres Saints vous en a appris
les principaux traits. C'est là que la Sagesse divine
rend ses oracles avec plus d'élevation, plus de majesté et plus de force que n'en ont les Virgiles et les
Homeres. Je ne veux pas dire que ces derniers vous
soient inconnus ; ignorez-vous rien de ce qui merite
d'estre sceu par une personne de vostre rang ? Le Parnasse n'a point d'endroits où vous soyez capable de
vous égarer. Certes, MONSEIGNEUR, il est glorieux
pour vous de pouvoir ainsi démesler les diverses routes
d'une contrée où vous vous estes arresté si peu. Que
si vostre goust peut donner le prix aux beautez de
la Poësie, il le peut bien mieux donner à celles de
l'éloquence. Je vous ay entendu juger nos Orateurs
avec un discernement qu'on ne peut assez admirer ;
tout cela sans autre secours que celuy d'une bien-
heureuse naissance, et par des talens que vous ne
tenez ny des Precepteurs ny des Livres. C'est aux lumieres nées avec vous que vous estes redevable de
ces progrez dont tout le monde s'est estonné. Ce qui
consume la vie de plusieurs Vieillards enchaisnez
aux Livres dés leur enfance, la jeunesse d'un Prince
l'a fait ; et nous l'avons vû, et la renommée l'a publié. Elle a joint au bruit de vostre sçavoir celuy
de ces mœurs si pures, et d'une sagesse qui est la
fille du temps chez les autres, et qui le devance chez
vous. Un merite si singulier a esté universellement
reconnu. Celuy qui dispense les tresors du Ciel, et
le Monarque qui, par ses armes victorieuses, s'est
rendu l'Arbitre de l'Europe, ont concouru et de faveur et d'estime pour vous élever. Aprés des témoignages d'un si grand poids, mes loüanges seroient inutiles à vostre gloire. Je ne dois ajoûter

icy qu'une protestation respectueuse d'estre toute ma vie,

MONSEIGNEUR,

De Vostre Altesse Serenissime (¹),

Le trés-humble et trés-obëissant serviteur,

De la Fontaine.

---

1. Dans une note de l'*Histoire de la vie et des ouvrages de La Fontaine*, par Mathieu Marais, Chardon de La Rochette assure que La Fontaine fut obligé de supprimer la première édition de son poëme de Saint Malc, parce que, dans la souscription de son épître dédicatoire, il avoit indûment donné au cardinal de Bouillon le titre d'*altesse sérénissime*. M. Walckenaër attache peu d'importance à cette assertion; ce qui paroîtroit cependant la confirmer, c'est que, dans l'exemplaire de la Bibliothèque impériale, *sérénissime* a été effacé, puis remplacé par le mot *éminentissime*, qui semble écrit de la main même de La Fontaine.

POËME

DE LA

CAPTIVITÉ DE St MALC [1]

Reyne des esprits purs, Protectrice puissante,
Qui des dons de ton Fils rends l'ame joüissan-
Et de qui la faveur se fait à tous sentir,   [te,
Procurant l'innocence, ou bien le repentir ;
Mere des Bien-heureux, Vierge enfin, je t'implore.
Fais que dans mes chansons aujourd'huy je t'honore :
Bannis-en ces vains traits, criminelles douceurs
Que j'allois mendier jadis chez les neuf Sœurs.
Dans ce nouveau travail mon but est de te plaire [2].
Je chante d'un Heros la vertu solitaire,
Ces deserts, ces forests, ces antres écartez,
Des favoris du Ciel autrefois habitez.
Les Lions et les Saints ont eu mesme demeure.
Là Malc prioit, jeusnoit, soûpiroit à toute heure ;
Pleuroit, non ses pechez, mais ceux qu'en nostre cœur

1. Ce poëme, tiré d'une lettre de saint Jérôme (voy. *Epistolæ D. Hieronymi*, *De vita Malchi captivi monachi*), a paru chez Claude Barbin en 1673.
2. La Fontaine avoit déjà consenti à laisser paroître sous son nom le recueil de *Poésies chrétiennes et diverses* de M. de Brienne, qui s'étoit retiré à l'Oratoire après avoir été secrétaire d'état.

A versez le serpent dont Christ est le vainqueur.
Malc avoit dans ces lieux confiné sa jeunesse,
Vivoit sous les conseils d'un Saint plein de sagesse,
Conservoit avec soin le trésor précieux
Que nous tenons d'une eau dont la source est aux Cieux.
Les auteurs de ses jours descendus sous la tombe,
Aux tresors temporels le jeune Saint succombe;
Croit qu'on peut en joüir sans estre criminel;
Que souvent on tient d'eux l'heritage eternel;
Qu'on n'a qu'à faire entrer, par un pieux usage,
Les membres du Seigneur et leur chef en partage.
Funeste appas de l'or, moteur de nos desseins,
Que ne peux-tu sur nous, si tu plais mesme aux Saints !
Malc annonce au vieillard censeur de sa jeunesse
Qu'il va de ses ayeux recüeillir la richesse;
Qu'il tasche d'empescher que des biens assez grands
Ne soient mal dispensez par d'avares parens;
Qu'il veut fonder un cloistre, et destine le reste
A vivre sans éclat, tousjours simple et modeste,
Donnant un saint exemple, et par ses soins pieux
Peut-estre plus utile au siecle qu'en ces lieux.
Mon fils, dit le vieillard, il faut qu'avec franchise
Je vous ouvre mon cœur touchant vostre entreprise.
Où vous exposez-vous ? et qu'allez-vous tenter?
En de nouveaux perils pourquoy vous rejetter?
De triompher toûjours seriez-vous bien capable?
Ah! si vous le croyez, l'orgueil vous rend coupable;
Sinon, vostre imprudence a desja merité
Les reproches d'un Dieu justement irrité.
Fuyez, fuyez, mon Fils, le monde et ses amorces :
Il est plein de dangers qui surpassent vos forces.
Fuyez l'or; mais fuyez encor d'autres appas :
On ne sort, qu'en fuyant, vainqueur de ces combats.
La paix que nous goûtons a-t-elle moins de charmes ?
Quoy! vous hasarderiez le fruit de tant de larmes,
Et celuy de ce sang qu'un Dieu versa pour vous !
A ces mots le vieillard se jette à ses genoux.
Malc le quite en pleurant; triste et funeste absence!
Il abandonne au sort sa fragile innocence;

S'engage en des chemins pleins de perils et longs.
D'Édesse à Beroë sont de vastes sablons :
L'Astre dont les clartez sont esclaves du monde
Parcourt avec ennuy cette plaine inféconde :
S'il y void quelque objet, c'est un objet d'horreur.
Maint Arabe voisin y portoit la terreur.
Du Passant égorgé le corps sans sepulture
D'un ventre carnassier devenoit la pâture.
On voyoit succéder, en ces cruels séjours,
Aux brigands les Lions, aux Lions les Vautours.
Marcher seul en ces lieux eust eu de l'imprudence.
La Fortune joint Malc à des gens sans défense :
Peu de jeunesse entre-eux, force vieillards craintifs,
Femmes, famille, enfans aux cœurs desja captifs.
Ils traversoient la plaine aux zephyrs inconnuë :
Un gros de Sarrazins vient s'offrir à leur veuë,
Milice du Démon, gens hideux et hagards,
Engeance qui portoit la mort dans ses regards.
La cohorte du Saint d'abord est dispersée :
Equipage, tresors, jeune épouse est laissée.
Telle fuït la colombe, oubliant ses amours,
A l'aspect du Milan qui menace ses jours.
Telle l'ombre d'un Loup dans les verds pâturages
Écarte les troupeaux attentifs aux herbages.
Les compagnons de Malc, épandus par ces champs,
Tomboient sans resister sous le fer des brigands.
De toutes parts l'horreur regnoit en ce spectacle ;
La proye apportoit seule au meurtre de l'obstacle.
Ceux que l'amour du gain tira de leur foyer
Perdoient d'un an de peine en un jour le loyer.
Les peres chargez d'ans, laissans leurs tendres gages,
Fuyoient leur propre mort en ces funestes plages,
Et pour deux jours de vie abandonnoient un bien
Prés de qui vivre un siecle aux vrais peres n'est rien.
L'amant et la compagne à ses vœux destinée
Quitoient le doux espoir d'un prochain hymenée :
Mal-heureux ! l'un fuyoit ; on eust veu ses amours
Luy tendre en vain les bras implorans son secours.

Une Dame encor jeune, et sage en sa conduite,
Aux yeux de son époux dans les fers fut réduite.
Le mary se sauva regretant sa moitié ;
La femme alla servir un maistre sans pitié ;
Au Chef de ces brigands elle écheut en partage.
Cét homme possedoit un fertile heritage,
Et de plusieurs troupeaux dans l'ardente saison
Vendoit à ses voisins le croist et la toison.
Nostre Heros suivit la Dame en servitude.
Ce fut lors, mais trop tard, que pour sa solitude,
Pour son cher Directeur et ses sages avis,
Il reprit des transports de pleurs en vain suivis.
Forests, s'écrioit-il, retraites du silence,
Lieux dont j'ay combatu la douce violence,
Angeliques citez d'où je me suis banni,
Je vous ay méprisez, deserts, j'en suis puni.
Ne vous verray-je plus ? Quoy ! songe, tu t'envoles !
O Malc ! tu vois le fruit de tes desseins frivoles !
Verse des pleurs amers, puisque tu t'es privé
De ces pleurs bien-heureux où ton cœur s'est lavé.
Ainsi Malc regrettoit sa fortune passée.
Cependant des brigands la proye est entassée.
On l'emporte à grand bruit : ils s'en vont triomphans.
Leur Chef voulut que Malc adorast ses enfans,
Honneur dont on ne doit s'attribuer les marques
Qu'en voyant sous ses pieds les testes des Monarques.
Un Arabe exigea ce superbe tribut.
Si Malc s'en défendit, s'il l'osa, s'il le put,
S'il en subit la Loy sans peine et sans scrupule,
C'est ce qu'en ce récit l'Histoire dissimule (2).
Bien qu'à peine la Dame achevast son printemps,
Que son teint eust des jours aussi frais qu'éclatans,
L'Arabe n'en fit voir qu'une estime legere :

---

1. Le récit de saint Malc, tel que saint Jérôme le rapporte, ne dissimule rien : *Pervenimus ad interiorem solitudinem, ubi, dominam liberosque ex more gentis adorare jussi, cervices flectimus.*

Il luy donna l'employ d'une simple bergere,
Avec Malc l'envoya pour garder ses troupeaux.
Bien-tost entre leurs mains ils devinrent plus beaux.
Le saint couple cherchoit les lieux les plus sauvages,
S'approchoit des rochers, s'éloignoit des rivages;
Luy-mesme il se fuyoit; et jamais dans ces bois
Les Echos n'ont formé des concerts de leurs voix.
Aux jours où l'on faisoit des vœux pour l'abondance,
Ils ne paroissoient point aux jeux ny dans la danse :
On ne les voyoit point à l'entour des hameaux
Mollement étendus dormir sous les ormeaux.
Les entretiens oisifs et feconds en malices,
Du mercenaire esclave ordinaires delices,
Estoient fuis avec soin de nos nouveaux Bergers;
Ils n'envioient point l'heur des troupeaux étrangers.
Jamais l'ombre chez eux ne mit fin aux prieres,
Ny la main du sommeil n'abbaissa leurs paupieres.
La nuit se passoit toute en vœux, en oraison.
Dés que l'aube empourproit les bords de l'orison,
Ils menoient leurs troupeaux loin de toutes approches.
Malc aimoit un ruisseau coulant entre des roches.
Des cedres le couvroient d'ombrages toûjours verts :
Ils défendoient ce lieu du chaud et des hyvers.
De degrez en degrez l'eau tombant sur des marbres,
Mesloit son bruit aux vents engoufrez dans les arbres.
Jamais desert ne fut moins connu des humains ;
A peine le Soleil en sçavoit les chemins.
La bergere cherchoit les plus vastes campagnes ;
Là ses seules brebis luy servoient de compagnes :
Les vents en sa faveur leur offroient un air doux.
Le Ciel les preservoit de la fureur des Loups,
Et gardant leurs toisons exemptes de rapines,
Ne leur laissoit payer nul tribut aux épines.
Dans les Dédales verts que formoient les hailliers,
L'herbe tendre, le thim, les humbles violiers,
Présentoient aux troupeaux une pasture exquise.
En des lieux découverts nostre bergere assise
Aux injures du hasle exposoit ses attraits,

La Fontaine. — II.   26

Et des pensers d'autruy se vangeoit sur ses traits.
Sa beauté luy donnoit d'eternelles alarmes.
Ses mains avec plaisir auroient détruit ses charmes :
Mais, n'osant attenter contre l'œuvre des Cieux,
Le Soleil se chargeoit de ce crime pieux.
O vous, dont la blancheur est souvent empruntée,
Que d'un soin different vostre ame est agitée !
Si vous ne vous voulez priver d'un bien si doux,
De ses dons naturels au moins contentez-vous.
Tandis que la bergere en extase ravie
Prioit le Saint des Saints de veiller sur sa vie,
Les Ministres divins veilloient sur son troupeau.
Quelquefois la quenoüille et l'artiste fuseau
Luy délassoient l'esprit, et pour reprendre haleine
De ses propres Moutons elle filoit la laine.
Pendant qu'elle goustoit ce plaisir innocent,
Tournant par fois les yeux sur son troupeau paissant,
Que vous estes heureux, peuple doux ! disoit-elle :
Vous passez sans peché cette course mortelle.
On loüe en vous voyant celuy qui vous a faits :
Et nous, de qui les cœurs sont enclins aux forfaits,
Laissons languir sa gloire, et d'un foible suffrage
Ne daignons relever son nom ný son ouvrage.
Cheres brebis, paissez; cueillez l'herbe et les fleurs :
Pour vous l'aube nourrit la terre de ses pleurs.
Vivez de leurs présens : inspirez-nous l'envie
D'éviter les repas qui vous coustent la vie.
Miserables humains, semence de tyrans,
En quoy differez-vous des monstres dévorans ?
Tels estoient les pensers de la sainte Heroïne.
Pour Malc, il meditoit sur la triple origine
De l'homme florissant, décheu, puis rétabli.
Du premier des Mortels la faute est en oubli :
Le Ciel pour Lucifer garde toûjours sa haine.
Dieu tout bon, disoit Malc, si ton Fils par sa peine
M'a sauvé de l'enfer, m'a remis dans mes droits,
Garde-moy de les perdre une seconde fois.
Fais qu'un jour mes travaux par leur fin se couronnent.

Je suis dans les perils, mille maux m'environnent,
L'esclavage, la crainte, un maistre menaçant;
Et ce n'est pas encor le mal le plus pressant.
Tu m'as donné pour aide au fort de la tourmente
Une compagne sainte, il est vray, mais charmante;
Son exemple est puissant; ses yeux le sont aussi :
De conduire les miens, Seigneur, pren le souci.
Le Ciel combloit de dons cette humble modestie.
L'ame de nos Bergers, du peché garentie,
Ne se contentoit pas de l'avoir évité.
Qu'avons-nous, disoient-ils, jusque-là merité?
Nous te sommes, Seigneur, serviteurs inutiles.
Aide-nous, rends nos cœurs en vertus plus fertiles.
Fais-nous suivre la main qui nous a secourus.
Tu combatis pour nous, tu souffris, tu mourus;
Nous vivons, nous passons nos jours dans l'esperance :
Nos delices seront le prix de ta soufrance:
Ne nous feras-tu point imiter ces travaux?
Quand auras-tu, Seigneur, tes enfans pour rivaux?
Si cette ambition te semble condamnable,
C'est l'amour qui la cause; il rend tout pardonnable.
Ouy, Seigneur, nous t'aimons, nous l'osons protester :
Mais si l'effet ne suit, que sert de s'en vanter?
Il faut porter ta Croix, gouster de ton Calice,
Couvrir son front de cendre, et son corps d'un cilice.
Tandis qu'ils se matoient par ces saintes rigueurs,
Leurs troupeaux prosperoient aussi-bien que leurs
L'Arabe en profitoit sans en sçavoir la cause. [cœurs.
Ce brigand, pour le gain employant toute chose,
Voulut les engager par de plus forts liens.
Il crut que de s'enfuir ayans mille moyens,
Ils se pourroient enfin soustraire à l'esclavage;
Qu'il faloit joindre aux fers les nœuds du mariage;
Leur amour luy seroit un gage suffisant,
Les doux fruits dont l'hymen leur feroit un présent
Augmenteroient ses biens, l'auroient encor pour mais-
Humains, cruels humains, faut-il procurer l'estre [tre.
Afin que ce bien-fait enchaisne un innocent?

Et ne se sçauroit-il affranchir en naissant ?
L'Arabe, ayant ainsi double profit en veuë,
Donne aux chastes bergers une alarme impréveuë ;
Leur propose à tous deux un lien plein d'horreur.
Ne nous fais point, dit Malc, tomber dans cette erreur
Celle que tu me veux joindre par l'hyménée
D'un legitime époux suivoit la destinée.
Tu la luy vins ravir ; tu le pus par ta Loy.
Nous ne nous plaignons point de nos fers ny de toy.
Redouble la rigueur d'un joug involontaire :
Mais puisque nostre Dieu nous défend l'adultere,
Laisse-nous resister à ton vouloir impur.
Nostre innocence t'est un gage bien plus seur.
Quel service attends-tu de nous, quand nôtre zele
N'aura pour fondement qu'une ardeur criminelle ?
Si tu crains qu'estans bons nous ne quittions tes champs,
Te fieras-tu sur nous quand nous serons méchans ?
L'Arabe à ce discours se sent transporter d'ire.
Vil esclave, dit-il, tu m'oses contredire !
Meurs ou cede ; obeïs, et garde desormais
De m'alleguer ton Dieu, que je ne crus jamais.
Aussi tost de son glaive il dépoüille la lame :
Et Malc épouvanté s'approche de la Dame.
Le soir on les enferme en un lieu sans clartez :
Leur mariage n'eut que ces formalitez.
On n'y vid point d'Hymen ny de Junon parêtre.
Frivoles Deïtez qui nous devez vostre estre,
Vous n'accourustes pas : comment l'auriez-vous pu ?
Vous n'estes que des noms dont le charme est rompu.
Nostre couple estant seul eut recours aux prieres.
Tous deux avoient besoin de graces singulieres.
Ils ne s'estoient point veus encor dans ces dangers ;
Non que, portant leurs pas loin des autres bergers,
L'Enfer n'eust quelquefois leur perte conspirée :
Mais des yeux du Seigneur leur conduite éclairée
Ne s'écartoit jamais de la divine Loy.
Le Berger cette nuit se défia de soy.
Sa crainte, incontinent de desespoir suivie,

Pour sauver sa pudeur mit en danger sa vie :
Et le mesme coûteau qui dans mille besoins
L'aidoit à s'aquitter de ses champestres soins,
Ce coûteau, dis-je, alloit du Saint couper la trame :
L'imprudent Malc, voulant mettre à couvert son ame,
S'en alloit de sa main la livrer au Demon,
Fureur qui n'estoit pas indigne de pardon.
La lueur de l'acier avertit la bergere.
Que vois-je, cria-t-elle. O ciel! qu'allez-vous faire?
Je vais, répondit Malc, prévenir les combats
D'un œil toûjours présent, et toûjours plein d'appas.
Nous ne nous fuïrons plus : nostre ame est condamnée
Aux dangers qu'à sa suite entraisne l'hymenée.
Malgré nous desormais nous vivrons en commun :
Deux parcs nous hébergeoient, nous n'en aurons plus
Helas! qui l'auroit cru que cette inquietude [qu'un.
Nous chercheroit au fonds d'une âpre solitude!
J'apprehende à la fin que le Ciel irrité
N'abandonne nos cœurs à leur fragilité.
Cette faute entre époux nous semblera legere.
Il faut esperer mieux, dit la chaste bergere;
Dieu ne quitera pas ses enfans au besoin.
Si mon sexe est fragile, il en prendra le soin.
Vous ay-je donné lieu d'en estre en défiance?
Qu'ay-je fait pour causer cette injuste croyance?
Votre soupçon m'outrage, et vous avez deu voir
Que je sçais sur mes sens garder quelque pouvoir.
Quand mon cœur auroit peine à s'en rendre le maistre,
Estes-vous mon époux? et le pouvez-vous estre?
Nous a-t-on pu lier sans sçavoir si la mort
M'a ravy ce mari qui m'attache à son sort?
Vous vous alarmez trop pour un vain hymenée.
Je vous rends cette main que vous m'avez donnée.
Dissimulez pourtant, feignez, comportez-vous
Comme frere en secret, en public comme époux.
Ainsi vescut toûjours mon mary veritable;
Et si la qualité de Vierge est souhaitable,
Je la suis : j'en fis vœu toute petite encor.

Mal-gré les loix d'hymen j'ay gardé ce tresor.
Aprés l'avoir sauvé d'un amour legitime,
Voudrois-je maintenant le perdre par un crime?
Non, Malc; je ne crois pas que le Ciel le souffrist.
Il m'en empescheroit, quelque appast qui s'offrist.
Ne craignez plus; vivez; l'Éternel vous l'ordonne.
Estimez-vous si peu cét estre qu'il vous donne?
Vostre corps est à luy; ses mains l'ont façonné :
Le droit d'en disposer ne vous est point donné.
Quelle imprudence à vous de finir vostre course
Par le seul des péchez qui n'a point de ressource!
Toute faute s'expie; on peut pleurer encor :
Mais on ne peut plus rien, s'estant donné la mort.
Vivez donc, et taschons de tromper ces barbares.
Le Saint ne put trouver de termes assez rares
Pour rendre grace au Ciel, et loüer cette sœur
Dont la sagesse estoit égale à la douceur.
Cette nuit s'acheva comme les precedentes :
Dieu leur fit employer en prieres ardentes
Des momens que l'on croit innocemment perdus,
Quand le somme a sur nous ses charmes répandus.
Le lendemain l'Arabe en ses champs les renvoye.
Là montrant aux Bergers une apparente joye,
Les larmes, les soupirs, et les austeritez,
Quand ils se trouvoient seuls, faisoient leurs voluptez.
En eux-mesmes souvent ils cherchoient des retraites.
On ne s'apperceut point de ces peines secretes;
Chacun crut qu'ils s'aymoient d'un amour conjugal :
Aucun plaisir au leur ne sembloit estre égal.
On se le proposoit tous les jours pour exemple;
Et lors que deux époux estoient conduits au temple,
Que le Ciel, disoit-on, afin de vous combler,
Fasse à l'hymen de Malc le vostre ressembler!
Le saint couple à la fin se lasse du mensonge;
En de nouveaux ennuis l'un et l'autre se plonge.
Toute feinte est sujet de scrupule à des Saints :
Et, quel que soit le but où tendent leurs desseins,
Si la candeur n'y regne ainsi que l'innocence,

Ce qu'ils font pour un bien leur semble estre une offense.
Malc à ces sentimens donnoit un jour des pleurs;
Les larmes qu'il versoit faisoient courber les fleurs.
Il vid auprés d'un tronc des legions nombreuses
De fourmis qui sortoient de leurs cavernes creuses.
L'une poussoit un faix; l'autre prestoit son dos :
L'amour du bien public empeschoit le repos.
Les chefs encourageoient chacun par leur exemple.
Un du peuple estant mort, nostre Saint le contemple
En forme de convoy soigneusement porté
Hors les toits fourmillans de l'avare Cité.
Vous m'enseignez, dit-il, le chemin qu'il faut suivre.
Ce n'est pas pour soy seul qu'icy bas on doit vivre ;
Vos greniers sont témoins que chacune de vous
Tasche à contribuër au commun bien de tous.
Dans mon premier desert j'en pouvois autant faire ;
Et sans contrevenir aux vœux d'un solitaire,
L'exemple, le conseil, et le travail des mains,
Me pouvoient rendre utile à des troupes de Saints :
Aujourd'huy je languis dans un lasche esclavage;
Je sers pour conserver des jours de peu d'usage.
Le monde a bien besoin que Malc respire encor !
Vil esclave, tu ments pour éviter la mort !
Que ne resistois-tu, quand on força ton ame
A se voir exposée aux beautez d'une femme ?
Lors qu'il ne fut plus temps tu courus au trespas.
Quitte quitte des lieux où Christ n'habite pas.
Avec ses ennemis veux-tu passer ta vie ?
Il declare à la Sainte aussi-tost son envie,
Va s'asseoir auprés d'elle, et luy parle en ces mots :
Ma sœur, je me souviens que vos sages propos
Desja plus d'une fois m'ont retiré de peine.
N'aguere, en conduisant mon troupeau dans la plaine,
Je songeois à l'estat où le sort nous réduit.
Quelle est de nos travaux l'esperance et le fruit ?
Rien que de prolonger le cours de nos miseres,
Et vieillir, s'il se peut, sous des ordres severes.
Voila dedans ces lieux le but de nostre employ.

Nous y vivons pour vivre; est-ce assez? dites-moy.
Faut-il pas consacrer à l'auteur de son estre
Tous ses soins, tout son temps, enfin tout ce qu'un maistre
Et qu'un pere à la fois uniquement cheri
Exige de devoirs d'un couple favori?
Dieu nous comble tous deux de ses faveurs celestes :
Il nous a dégagez de cent pieges funestes.
Sa grace est nostre guide ainsi que nostre appuy :
Nous ne perseverons dans le bien que par luy.
Allons nous acquiter de ce bien-fait immense.
Ici le jour finit, et puis il recommence
Sans que nous benissions le saint nom qu'à demi,
Ne vivans pas pour Dieu, mais pour son ennemi.
Ma sœur, si nous cherchions de plus douces demeures?
Je vous ay fait recit quelquefois de ces heures
Qu'en des lieux separez de tout profane abord
Je passois à loüer l'arbitre de mon sort :
Alors j'avois pitié des heureux de ce monde.
Maintenant j'ay perdu cette paix si profonde :
Mon cœur est agité malgré tous vos avis.
Je ne me repens pas de les avoir suivis,
Mais enfin jettez l'œil sur l'estat où nous sommes.
Vous estes exposée aux malices des hommes.
Je n'ay plus de mes bois les saintes voluptez.
Ne reviendront-ils point ces biens que j'ay quittez?
Ah! si vous joüissiez de leur douceur exquise!
La fuite, direz-vous, ne nous est pas permise :
De nostre liberté l'Arabe est possesseur.
Et quel droit a sur nous un cruel ravisseur?
Brisons ses fers; fuyons sans avoir de scrupule :
Le mal est bien plus grand lors que l'on dissimule.
Quelque pretexte qu'ayt un mensonge pieux,
Il est toûjours mensonge, et toûjours odieux.
Allons vivre sans feinte en ces forests obscures
Où j'ay trouvé jadis des retraites si sures.
Ne tentons plus le Ciel : ayons une humble peur.
Je vous promets des jours tout remplis de douceur.
Il se teut. Aussi-tost la prudente Bergere

Approuve les conseils que le Saint luy suggere.
Il fait choix de deux boucs les plus grands du troupeau,
Les tuë, oste les chairs, change en outre leur peau.
Nostre couple s'en sert à traverser des ondes
Dont il falloit franchir les barrieres profondes.
Le courant les poussa bien loin sur l'autre bord.
Tous deux marchent en haste où les guide leur sort.
Ils avoient achevé quatre stades à peine,
Quand, trahis par leurs pas imprimez sur l'arene,
Ils entendent de loin des chameaux et du bruit,
Tournent teste; et, voyans que leur maistre les suit,
Se pressent, mais en vain; tout ce qu'ils purent faire
Fut de gagner un antre affreux et solitaire,
Triste sejour de l'ombre : en ses détours obscurs
Regnoit une Lionne hostesse de ses murs.
Elle y conceut un Fan, unique et tendre gage
Des bruslantes ardeurs du Roy de cette plage.
Mere nouvellement, on l'eust veuë allaiter
Celuy qu'elle venoit en ces lieux d'enfanter.
Mais comment l'eust-on veuë? à peine la lumiere
Osoit franchir du seuil la démarche premiere.
Par cent cruels repas cét antre diffamé
Se trouvoit en tout temps de carnage semé.
Le saint couple fremit, et s'arreste à l'entrée :
Ils n'osent penetrer cette horrible contrée;
Ils cherchent quelque coin en tastant et craintifs
L'Arabe croit desja tenir ses fugitifs.
Il n'avoit avec luy pour escorte et pour guide
Qu'un esclave fidele, adroit, et peu timide.
Va me querir, dit-il, ce couple qui s'enfuit.
Le cimeterre au poing l'esclave entre avec bruit.
La Lionne l'entend, rugit, et pleine d'ire
Accourt, se lance à luy, l'abbat, et le déchire.
De son sejour si long le maistre est estonné;
Et d'un courroux aveugle aussi-tost entraisné,
Est-ce crainte ou pitié, dit-il, qui te retarde?
Quoy! je n'ay pas encor cette troupe fuyarde?
Enfans de l'infortune, esprits nez pour les fers

Je vous iray chercher tous trois jusqu'aux enfers.
Dans le goufre à ces mots l'ardeur le précipite.
Sa colere a bien-tost le sort qu'elle mérite.
A peine il est entré que les cruelles dents
Et les ongles félons s'impriment dans ses flancs.
Les Saints, loin d'en avoir une secrete joye,
Du party le plus fort craignent d'estre la proye,
Font des vœux pour l'Arabe, et tous deux soûpirans
Souhaitent un remords du moins à leurs tyrans :
Mais des suposts de Bel l'ame aux feux consacrée,
Victime nécessaire à l'Enfer est livrée.
Le Maistre et son Esclave, attendant le trépas,
Gisent ensanglantez, la mort leur tend les bras.
La cruelle moitié du monstre de Lybie
Traisne en ses magazins leurs deux corps, où la vie
Cherche encore un refuge, et quite en gémissant
Les Hostes que du Ciel elle obtint en naissant.
Le Lionceau se baigne en leur sang avec joye.
Il ne sçait pas rugir, et s'instruit à la proye.
Digne de ces leçons il commence à goûter
Les meurtres qu'il ne peut encore executer.
Aprés qu'il a joüi du crime de sa mere,
Et qu'ils ont assouvy leur faim et leur colere,
La Lionne repense à ces actes sanglans,
Emporte en d'autres lieux son fan avec les dents,
Quitte l'obscur séjour, et se sentant coupable,
Encor que faite au meurtre et de crainte incapable,
Elle fuit, et confie aux plus aspres rochers
Du cruel nourrisson les jours qui luy sont chers.
Malc cherche aussi-bien qu'elle un plus certain azyle :
L'abord de ce séjour luy semble trop facile.
L'odeur des animaux, la piste de leurs pas,
La vengeance et le bruit de ces cruels trépas,
Tout luy fait redouter qu'une troupe infidele
N'évente les secrets que cét antre recelle,
Ne trouve l'innocent, en cherchant les Auteurs
De l'attentat commis sur ses persecuteurs.
La faim mesme, qui rend les Saints ses tributaires,

Fait sortir nos Heros de ces lieux solitaires.
Loin du Peuple profane ils vont finir leurs jours.
Un bourg de peu de nom fait enfin leurs amours.
Là le couple pieux aussi-tost se sépare.
De leur mensonge saint l'offense se répare.
Cét hymen se dissoud. La Dame entre en un lieu
Où cent vierges ont pris pour époux le vray Dieu.
Dans un Cloistre éloigné Malc s'occupe au silence ;
Et s'il n'alloit parfois regler la violence
Dont la chaste récluse embrasse l'oraison,
Sa retraite pourroit s'appeler sa prison.
Il y vit dans les pleurs, nectar de pénitence :
C'est le seul dont ses vœux demandent l'abondance.
Plus Ange que mortel, il se prive des biens
Qui sont de nostre corps agreables soûtiens.
Ce jeusne rigoureux n'accourcit point sa vie.
Des deux flambeaux du Ciel la course entre-suivie
A long-temps ramené la peine et le repos,
Le repos aux humains, la peine au saint Heros,
Sans qu'il semble approcher du terme de sa course.
De son zele fervent l'inépuisable source
Fomente la chaleur qui retarde sa mort :
Pres d'un siecle d'hyvers n'a pu l'éteindre encor.
Jerosme en est témoin, ce grand Saint dont la plume
Des faits du Dieu vivant expliqua le volume(1).
Il vid Malc, il apprit ces merveilles de luy ;
Et mes legers accords les chantent aujourd'huy.
Qui voudra les sçavoir d'une bouche plus digne,
Lise chez Dandilli cette avanture insigne(2).
Jerosme l'écrivoit lors que le Peuple franc
Du bon-heur des Romains arrestoit le torrent.
Je la chante en un temps où sur tous les Monarques

1. Saint Jérôme a traduit la Bible de l'hébreu en latin. C'est cette version qui est connue sous le nom de *Vulgate*.
2. Arnauld d'Andilly a donné une traduction de la lettre de saint Jérôme dans les *Vies des saints Pères des déserts et de quelques saintes*... (Voy. les *Œuvres diverses de M. Arnauld d'Andilly*, 1675, in-fol., t. 2, p. 188-195.)

LOÜIS de sa valeur donne d'illustres marques(1),
Cependant qu'à l'envy sa rare pieté
Fait au sein de l'erreur regner la verité.
Prince, qui par son choix remis le culte aux Temples,
Qui t'acquis cét honneur par tes pieux exemples,
Et que le haut sçavoir, le sang, et la vertu,
Ont dés les jeunes ans de pourpre revestu,
Je t'offre ce récit, foible fruit de mes veilles :
Mais s'il faut que nos dons égalent tes merveilles,
Quel Homere osera placer devant ses vers
Ton nom, digne de vivre autant que l'univers?

1. Louis XIV avoit fait, l'année précédente, la conquête
de la Hollande.

POËME

DU

QUINQUINA

POËME

DU

QUINQUINA[1]

A MADAME LA DUCHESSE DE BOUILLON.

CHANT PREMIER.

Je ne voulois chanter que les Heros d'Esope :
Pour eux seuls en mes Vers j'invoquois Cal-
   liope
Mesme j'allois cesser, et regardois le port.
La raison me disoit que mes mains estoient lasses ;
Mais un ordre est venu plus puissant et plus fort
Que la raison : cet ordre accompagné de graces,
Ne laissant rien de libre au cœur ny dans l'esprit,

---

1. Publié en 1682, en tête d'un volume intitulé : *Poëme du quinquina et autres ouvrages en vers de M. de La Fontaine.* A Paris, chez Denis Thierry et Claude Barbin, in-12. La Fontaine s'est surtout servi, pour écrire ce poëme, du traité : *De la guérison des fièvres par le quinquina,* composé par Monginot, son ami.

M'a fait passer le but que je m'estois prescrit.
Vous vous reconnoissez à ces traits, Uranie :
C'est pour vous obeïr, et non point par mon choix,
Qu'à des sujets profonds j'occupe mon genie,
Disciple de Lucrece une seconde fois (1).
Favorisez cet œuvre; empeschez qu'on ne die
Que mes Vers sous le poids languiront abbatus;
Protegez les enfans d'une Muse hardie;
Inspirez-moy : je veux qu'icy l'on étudie
D'un présent d'Apollon la force et les vertus.

Aprés que les humains, œuvre de Prométhée,
Furent participans du feu qu'au sein des Dieux
Il déroba pour nous d'une audace effrontée,
Jupiter assembla les Habitans des Cieux :
Cette engeance, dit-il, est donc nostre rivale !
Punissons des humains l'infidele artisan ;
Taschons par tout moyen d'alterer son présent.
Sa main du feu divin leur fut trop liberale ;
Desormais nos égaux, et tout fiers de nos biens,
Ils ne fréquenteront vos temples ny les miens.
Envoyons-leur de maux une troupe fatale,
Une source de vœux, un fonds pour nos autels.
Tout l'Olimpe applaudit : aussi-tost les mortels
Virent courir sur eux avecque violence
Pestes, fievres, poisons répandus dans les airs.
Pandore ouvrit sa boëte, et mille maux divers
S'en vinrent au secours de nostre intemperance.
Un des Dieux fut touché du malheur des humains :
C'est celuy qui pour nous sans cesse ouvre les mains ;
C'est Phœbus Apollon. De luy vient la lumiere,
La chaleur qui descend au sein de nostre mere,
Les simples, leur employ, la musique, les vers,
Et l'or, si c'est un bien que l'or pour l'Univers.
Ce Dieu, dis-je, touché de l'humaine misere,

1. Allusion au « Discours à madame de La Sablière » sur
l'âme des bêtes. (Liv. X, fable I.)

Produisit un remede au plus grand de nos maux :
C'est l'ecorce du Kin, seconde Panacée.
Loin des peuples connus Appollon l'a placée ;
Entre elle et nous s'étend tout l'empire des flots.
Peut-estre il a voulu la vendre à nos travaux ;
Peut-estre il la devoit donner pour récompense
Aux hostes d'un climat où regne l'innocence.
O toy qui produisis ce trésor sans pareil,
Cet arbre ainsi que l'or digne Fils du Soleil,
Prince du double mont, commande aux neuf pucelles
Que leur chœur pour m'ayder députe deux d'entre elles ;
J'ay besoin aujourd'huy de deux talents divers :
L'un est l'Art de ton Fils(2) ; et l'autre, les beaux vers.

Le mal le plus commun, et quelqu'un mesme assure
Que seul on le peut dire un mal à bien parler,
C'est la fievre, autrefois esperance trop sure
A Cloton, quand ses mains se lassoient de filer.
Nous en avions en vain l'origine cherchée.
On prédisoit son cours, on sçavoit son progrez,
        On déterminoit ses effets,
        Mais la cause en étoit cachée.
La fievre, disoit-on, a son siege aux humeurs.
Il se fait un foyer qui pousse ses vapeurs
        Jusqu'au cœur, qui les distribuë
Dans le sang, dont la masse en est bien-tôt imbuë.
Ces amas enflamez, pernicieux tresors,
Sur l'aisle des esprits aux familles errantes,
        S'en vont infecter tout le corps,
        Source de fievres differentes.
Si l'humeur bilieuse a causé ces transports,
        Le sang, vehicule fluide
        Des esprits ainsi corrompus,
Par des accés de tierce à peine interrompus,
Va d'artere en artere attaquer le solide.
Toutes nos actions souffrent un changement.

1. Esculape.

La Fontaine. — II.

Le test et le cerveau, piquez violemment,
Joignent à la douleur les songes, les chimeres,
L'appetit de parler, effets trop ordinaires.
    Que si le venin dominant
    Se puise en la melancolie,
J'ay deux jours de repos, puis le mal survenant
    Jette un long ennuy sur ma vie.

Ainsi parle l'Ecole et tous ses Sectateurs.
Leurs malades debout aprés force lenteurs
    Donnoient cours à cette doctrine :
    La Nature, ou la Medecine,
Ou l'union des deux, sur le mal agissoit.
    Qu'importe qui ? l'on güerissoit.
On n'exterminoit pas la fievre, on la lassoit.
Le bon tempérament, le sené, la saignée :
Celle cy, disoient-ils, ôtant le sang impur,
Et non comme aujourd'huy des mortéls dedaignée ;
Celuy-là, purgatif innocent et trés-seur
(Ils l'ont toûjours cru tel) ; et le plus necessaire,
    J'entends le bon tempérament,
Rendu meilleur encor par le bon aliment,
Remettoient le malade en son train ordinaire.
On se rétablissoit, mais toûjours lentement.
Une cure plus prompte étoit une merveille.
Cependant la longueur minoit nos facultez
    S'il restoit des impuretez,
Les remedes alors de nouveau repetez.
Casse, rhubarbe, enfin mainte chose pareille,
Et sur tout la diete, achevoient le surplus,
    Chassoient ces restes superflus,
Relâchoient, resserroient, faisoient un nouvel homme :
    Un nouvel homme ! un homme usé.
Lors qu'avec tant d'apprests cet œuvre se consomme,
Le tresor de la vie est bientôt épuisé.

Je ne veux pour témoins de ces experiences
Que les peuples sans loix, sans arts, et sans sciences :

Les remedes frequens n'abregent point leurs jours,
Rien n'en hâte le long et le paisible cours.
Telle est des Iroquois la gent presque immortelle :
La vie aprés cent ans chez eux est encor belle.
Ils lavent leurs enfans aux ruisseaux les plus froids.
La Mere au tronc d'un arbre, avecque son carquois,
Attache la nouvelle et tendre creature ;
Va sans art aprèter un mets non acheté.
Ils ne trafiquent point des dons de la nature :
Nous vendons cher les biens qui nous ont peu couté ;
L'âge où nous sommes vieux est leur adolescence.
Enfin il faut mourir ; car sans ce commun sort
Peut-être ils se mettroient à l'abri de la mort
          Par le secours de l'ignorance.

Pour nous, fils du sçavoir, ou, pour en parler mieux,
Esclaves de ce don que nous ont fait les Dieux,
Nous nous sommes prescrit une étude infinie.
L'art est long, et trop courts les termes de la vie ;
Un seul poinct négligé fait errer aisément.
Je prendray de plus haut tout cet enchaînement,
Matiere non encor par les Muses traitée,
Route qu'aucun mortel en ses Vers n'a tentée :
Le dessein en est grand, le succés malaisé ;
Si je m'y perds, au moins j'auray beaucoup osé.

Deux portes sont au cœur ; chacune a sa valvule.
Le sang, source de vie, est par l'une introduit ;
L'autre huissiere permet qu'il sorte et qu'il circule,
Des veines sans cesser aux arteres conduit.
Quand le cœur l'a reçu, la chaleur naturelle
En forme ces esprits qu'animaux on appelle.
Ainsi qu'en un creuset il est rarefié.
Le plus pur, le plus vif, le mieux qualifié,
En atomes extrait quitte la masse entiere,
S'exhale, et sort enfin par le reste attiré.
Ce reste r'entre encore, est encore épuré ;
Le Chile y joint toûjours matiere sur matiere.

Ces atomes font tout : par les uns nous croissons ;
Les autres, des objets toûchez en cent façons,
Vont porter au cerveau les traits dont ils s'empreignent,
     Produisent la sensation ,
     Nulles prisons ne les contraignent ;
     Ils sont toûjours en action.
Du cerveau dans les nerfs ils entrent, les remuënt ;
C'est l'état de la veille ; et reciproquement ,
Si-tôt que moins nombreux en force ils diminuent,
Les fils des nerfs lâchez font l'assoupissement.

Le sang s'acquitte encor chez nous d'un autre office.
En passant par le cœur il cause un battement ;
C'est ce qu'on nomme pouls, seur et fidele indice
     Des degrez du fievreux tourment.
     Autant de coups qu'il reïtere,
Autant et de pareils vont d'artere en artere
Jusqu'aux extremitez porter ce sentiment.
Nôtre santé n'a point de plus certaine marque
     Qu'un pouls égal et moderé ;
Le contraire fait voir que l'être est alteré ;
Le foible et l'étouffé confine avec la Parque,
     Et tout est alors déploré.

     Que l'on ait perdu la parole,
Ce trucheman pour nous dit assez nôtre mal,
Assez il fait trembler pour le moment fatal :
     Æsculape en fait sa boussole.
Si toûjours le Pilote a l'œil sur son aymant,
Toûjours le Medecin s'attache au battement,
C'est sa guide ; ce poinct l'assure et le console
     En cette mer d'obscuritez
Que son art dans nos corps trouve de tous côtez.

Ayant parlé du pouls, le frisson se presente.
Un froid avancoureur s'en vient nous annoncer
Que le chaud de la fievre aux membres va passer.
Le cœur le fomentoit, c'est au cœur qu'il s'augmente.
Et qu'enfin parvenant jusqu'à certain excés
Il acquiert un degré qui forme les accés.

Si j'excellois en l'art où je m'applique,
Et que l'on pût tout reduire à nos sons,
J'expliquerois par raison méchanique
Le mouvement convulsif des frissons ;
Mais le talent des doctes nourrissons
Sur ce sujet veut une autre maniere.
Il semble alors que la machine entiere
Soit le joüet d'un demon furieux.
Muse, aide-moy ; vien sur cette matiere
Philosopher en langage des dieux.

Des portions d'humeur grossiere,
Quelquefois compagnes du sang,
Le suivent dans le cœur sans pouvoir, en passant,
Se subtiliser de maniere
Qu'il naisse des esprits en même quantité
Que dans le cours de la santé.
Un sang plus pur s'échauffe avec plus de vitesse :
L'autre reçoit plus tard la chaleur pour hôtesse ;
Le temps l'y sçait aussi beaucoup mieux imprimer.
Le bois verd, plein d'humeurs, est long à s'alumer :
Quand il brûle, l'ardeur en est plus vehemente.
Ainsi ce sang chargé repassant par le cœur
S'embrase d'autant plus que c'est avec lenteur,
Et regagne au degré ce qu'il perd par l'attente.

Ce degré c'est la fievre. A l'égard des retours
A certaine heure, en certains jours,
C'est un poinct incrustable, à moins qu'on ne le fonde
Sur les momens prescripts à cuire ou consumer
L'aliment ou l'humeur qui s'en est pû former.
Il n'est merveille qui confonde
Nôtre raison aveugle en mille autres effets,
Comme ces temps marquez où nos maux sont sujets.
Vous qui cherchez dans tout une cause sensible,
Dites-nous comme il est possible
Qu'un corps dans le desordre ameine reglément
L'accés, ou le redoublement.

Pour moy, je n'oserois entrer dans ce Dedale;
Ainsi de ces retours je laisse l'intervalle:
Je reviens au frisson, qui du defaut d'esprits
    Tient sans doute son origine.
Les muscles moins tendus, comme étant moins remplis,
    Ne peuvent lors dans la machine
Tirer leurs opposez de même qu'autrefois,
Ny ceux cy succeder à de pareils emplois.
Tout le peuple mutin, leger et temeraire,
Des vaisseaux mal fermez en tumulte sortant,
    Cause chez nous dans cet instant
    Un mouvement involontaire.
Le peu qui s'en produit sort du lieu non gonflé,
Comme on voit l'air sortir d'un balon mal enflé.
La valvule en la veine, au balon la languette,
Geoliere peu soigneuse à fermer la prison,
Laisse enfin échaper la matiere inquiete;
Aussi tôt les esprits agitent sans raison,
Deçà, delà, par tout où le hazard les pousse,
Nôtre corps qui fremit à leur moindre secousse.
Le malade ressemble alors à ces vaisseaux
Que des vents opposez et de contraires eaux
Ont pour but du débris que leurs fureurs méditent:
Les Ministres d'Æole et le flot les agitent;
Maint coup, maint tourbillon les pousse à tous momens,
Fresle et triste joüet de la vague et des vents.
En tel et pire état le frisson vient réduire
Ceux qu'un chaud vehement menace de détruire.
Il n'est muscle ny membre en l'assemblage entier
Qui ne semble être prés du naufrage dernier.
De divers ennemis à l'envi nous traversent,
Malheureuse carriere où ces Demons s'exercent.

Si le mal continuë, et que d'aucun repos
La fievre n'ait borné ses funestes complots,
Dans les Fébricitans il n'est rien qui ne peche:
Le palais se noircit, et la langue se seche,
On respire avec peine, et d'un frequent effort:

Tout s'altere; et bien-tôt la raison prend l'essort.
Le Medecin confus redouble ses allarmes.
  Une famille tout en larmes
Consulte ses regards : il a beau déguiser,
Aucun des assistans ne s'y laisse abuser.
Le malade luy-même a l'œil sur leur visage.
Tout ce qui l'environne est d'un triste présage;
Sa moitié, des enfans, l'un l'appuy de ses jours,
Un autre entre les bras de ses chastes amours,
Une fille pleurante, et déja destinée
Aux prochaines douceurs d'un heureux hymenée.
Alors, alors, il faut oublier ces plaisirs.
L'ame en soy se rameine, encor que nos desirs
Renoncent à regret à des restes de vie.
Douce lumiere, helas ! me seras-tu ravie?
Ame, où t'envoles-tu sans espoir de retour?
Le malade, arrivé prés de son dernier jour,
Rappelle ces momens où personne ne songe
Aux remords trop tardifs où cet instant nous plonge.
Sur ce qu'il a commis il tasche à repasser :
En vain; car le transport à ce foible penser
Fait bien-tôt succeder les folles réveries,
Le délire, et souvent le poison des furies.
On tente l'emetique alors infructueux,
Puis l'art nous abandonne au remede des vœux.

Pandore, que ta boëte en maux étoit feconde !
Que tu sceus temperer les douceurs de ce monde !
A peine en sommes-nous devenus habitans,
Qu'entourez d'ennemis dés les premiers instans,
Il nous faut par des pleurs ouvrir nôtre carriere.
On n'a pas le loisir de goûter la lumiere.
Miserables humains, combien possedez-vous
  Un present si cher et si doux?
Retranchez-en le tems dont Morphée est le maître;
  Retranchez ces jours superflus
  Où nôtre ame ignorant son être
Ne se sent pas encore, ou bien ne se sent plus :

Ostez le tems des soins, celuy des maladies,
Intermede fatal qui partage nos vies.
La fievre quelquefois fait que dans nos maisons
Nous passons sans soleil trois retours de saisons.
  Ce mal a le pouvoir d'étendre
Autant et plus encor son long et triste cours;
  Un de ces trois cercles de jours
Se passe à le souffrir, deux autres à l'attendre.

Mais c'est trop s'arrêter à des sujets de pleurs:
Allons quelques momens dormir sur le Parnasse;
Nous en celebrerons avecque plus de grace
Le present qu'Apollon oppose à ces malheurs.

POËME

DU

QUINQUINA

SECOND CHANT.

Enfin, grace au demon qui conduit mes ou-
 vrages,   [ges,
Je vais offrir aux yeux de moins tristes ima-
Par luy j'ay peint le mal et j'ay lieu d'esperer
Qu'en parlant du remede il viendra m'inspirer.
On ne craint plus cette hydre aux têtes renaissantes,
La fievre exerce en vain ses fureurs impuissantes :
D'autres tems sont venus, Loüis regne; et les Dieux
Reservoient à son siecle un bien si precieux;
A son siecle ils gardoient l'heureuse découverte
D'un bois qui tous les jours cause au Styx quelque perte.
Nous n'avons pas toûjours triomphé de nos maux :
Le Ciel nous a souvent envoyé des travaux.
D'autres tems sont venus : Loüis regne; et la Parque
Sera lente à trancher nos jours sous ce Monarque.
Son merite a gagné les arbitres du sort;
Les destins avec luy semblent être d'accord.
Durez, bienheureux tems; et que sous ses auspices
Nous portions chez les morts plus tard nos sacrifices.

J'en conjure le Dieu qui m'inspire ces vers;
Je t'en conjure aussi, Pere de l'Univers,
Et vous, Divinitez aux hommes bienfaisantes,
Qui temperez les airs, qui regnez sur les plantes,
Concourez pour luy plaire, empéchez les humains
D'avancer leur tribut au Roy des peuples vains.
J'enseigne là dessus une nouvelle route:
C'est le bien des mortels; que tout mortel m'écoute.

J'ay fait voir ce que croit l'école et ses supposts:
On a laissé long-tems leur erreur en repos.
Le Quina l'a détruite, on suit des loix nouvelles.
Arriere les humeurs; qu'elles péchent ou non,
La fievre est un levain qui subsiste sans elles:
    Ce mal si craint n'a pour raison
Qu'un sang qui se dilate, et bout dans sa prison.

On s'est formé jadis une semblable idée
Des eaus dont tous les ans Memphis est inondée.
    Plus d'un Naturaliste a cru
Que les esprits nitreux d'un ferment prétendu
Faisoient croître le Nil, quand toute eau se renferme
    Et n'ose outrepasser le terme
Que d'invisibles mains sur ses bords ont écrit;
Celle-cy seule échappe, et dédaigne son lit!
Les Nymphes de ce fleuve errent dans les campagnes
Sous les signes brûlans, et pendant plusieurs jours.
D'où vient, dit un Auteur, qu'il enfle alors son cours?
Le climat est sans pluye; on n'entend aux montagnes
    Bruire en ces lieux aucuns torrens:
    En ces lieux nuls ruisseaus courans
N'augmentent le tribut dont s'arrosent les plaines.
Si l'on croit cet Auteur, certain boüillonnement
Par le nitre causé fait ce débordement.
C'est ainsi que le sang fermente dans nos veines,
Qu'il y bout, qu'il s'y meut, dilaté par le cœur.
    Les esprits, alors en fureur,
Tâchent par tous moyens d'ébranler la machine.

On frissonne, on a chaud. J'ay déduit ces effets
    Selon leur ordre et leur progrés.
Dés qu'un certain acide en nôtre corps domine,
Tout fermente, tout bout, les esprits, les liqueurs;
Et la fievre de là tire son origine
    Sans autre vice des humeurs.
Que faisoient nos ayeux pour rendre plus tranquille
Ce sang ainsi boüillant? ils saignoient, mais en vain :
    L'eau qui reste en l'Æolipile
Ne se refroidit pas quand il devient moins plein.
L'airain souflant fait voir que la liqueur enclose
Augmente de chaleur, décheuë en quantité :
Le soufle alors redouble, et cet air irrité
Ne trouve du repos qu'en consumant sa cause.
Du sentiment fievreux on trenche ainsi le cours;
Il cesse avec le sang, le sang avec nos jours.

Tout mal a son remede au sein de la nature.
Nous n'avons qu'à chercher : de là nous sont venus
    L'antimoine avec le Mercure,
    Tresors autrefois inconnus.
Le Quin regne aujourd'huy : nos habiles s'en servent.
    Quelques-uns encore conservent,
    Comme un poinct de religion,
L'interest de l'école et leur opinion.
Ceux-là méme y viendront, et desormais ma veine
Ne plaindra plus des maux dont l'art fait son domaine.
Peu de gens, je l'avoüe, ont part à ce discours :
Ce peu c'est encor trop. Je reviens à l'usage
D'une écorce fameuse, et qui va tous les jours
Rappeller des mortels jusqu'au sombre rivage.
Un arbre en est couvert, plein d'esprits odorans,
Gros de tige, étendu, Protecteur de l'ombrage :
Apollon a doüé de cent dons differens
    Son bois, son fruit, et son feüillage.
    Le premier sert à maint ouvrage;
Il est ondé d'aurore; on en pourroit orner
Les maisons où le luxe a droit de dominer.

Le fruit a pour pepins une graine onctueuse,
    D'ample volume et précieuse :
Elle a l'effet du baume, et fournit aux humains,
Sans le secours du tems, sans l'adresse des mains,
    Un remede à mainte blessure.
    Sa feüille est semblable en figure
Aux tresors toûjours verts que mettent sur leur front
Les Heros de la Thrace et ceux du double mont (1).

Cet arbre ainsi formé se couvre d'une écorce
Qu'au Cinamone on peut comparer en couleur.
Quant à ses qualitez principes de sa force,
C'est l'âpre, c'est l'amer, c'est aussi la chaleur.
Celle-cy cuit les sucs de qualité loüable,
Dissipe ce qui nuit ou n'est point favorable ;
    Mais la principale vertu
Par qui soit ce ferment dans nos corps combattu,
C'est cet amer, cet âpre, ennemis de l'acide,
Double frein qui, domptant sa fureur homicide,
Appaise les esprits de colere agitez ;
    Non qu'enfin toutes âpretez
Causent le même effet, ny toutes amertumes :
La nature, toûjours diverse en ses coûtumes,
Ne fait point dans l'absynthe un miracle pareil ;
Il n'est deu qu'à ce bois, digne Fils du Soleil.
    De luy dépend tout l'effet du remede :
    Seul il commande aux fermens ennemis,
    Bien que souvent on luy donne pour aide
    La Centaurée, en qui le Ciel a mis
    Quelque âpreté, quelque force astringente,
    Non d'un tel prix, ny de l'autre approchante,
    Mais quelquefois fébrifuge certain.
    C'est une fleur digne aussi qu'on la chante ;
    J'ay dit sa force, et voicy son destin.
    Fille jadis, maintenant elle est plante.

1. C'est-à-dire aux feuilles de laurier dont se couronnent les guerriers et les poëtes.

Aide-moy, Muse, à rappeler
Ces fastes qu'aux humains tu daignas reveler.
On dit, et je le crois, qu'une Nymphe sçavante
L'eut du sage Chiron, et qu'ils luy firent part
    Des plus beaux secrets de leur art.
Si quelque fievre ardente attaquoit ses compagnes,
    Si courans parmi les campagnes
Un levain trop boüillant en vouloit à leurs jours,
La belle à ses secrets avoit alors recours.
Il ne s'en trouva point qui pût guerir son ame
Du ferment obstiné de l'amoureuse flame.
Elle aimoit un Berger qui causa son trépas.
Il la vid expirer, et ne la plaignit pas.
Les Dieux pour le punir en marbre le changerent.
L'ingrat devint statuë; elle fleur, et son sort
Fut d'être bienfaisante encore aprés sa mort;
Son talent et son nom toûjours luy demeurerent.
Heureuse si quelque herbe eût sceu calmer ses feux!
Car de forcer un cœur il est bien moins possible :
Helas! aucun secret ne peut rendre sensible,
Nul simple n'adoucit un objet rigoureux;
    Il n'est bois, ny fleur, ny racine,
    Qui dans les tourmens amoureux
    Puisse servir de medecine.

La base du remede étant ce divin bois,
Outre la Centaurée on y joint le genievre;
    Foible secours, et secours toutefois.
De prescrire à chacun le mélange et le poids,
Un plus sçavant l'a fait : examinez la fievre,
    Regardez le tempérament;
Doublez, s'il est besoin, l'usage de l'écorce :
Selon que le malade a plus ou moins de force,
Il demande un Quina plus ou moins vehement.
Laissez un peu de tems agir la maladie;
Cela fait, tranchez court : quelquefois un moment
    Est maître de toute une vie.
Ce détail est écrit; il en court un traité.

Je loüerois l'Auteur et l'ouvrage :
L'amitié le défend, et retient mon suffrage;
C'est assez à l'Auteur de l'avoir merité.
Je luy dois seulement rendre cette justice
Qu'en nous découvrant l'art, il laisse l'artifice,
  Le mystere, et tous ces chemins
Que suivent aujourd'huy la plûpart des humains.

Nulle liqueur au Quina n'est contraire :
L'onde insipide et la cervoise amere,
Tout s'en imbibe; il nous permet d'user
D'une boisson en ptisanne aprêtée.
Diverses gens l'ayant sceu déguiser,
Leur interest en a fait un Protée.
Même on pourroit ne le pas infuser :
L'extrait suffit; préferez l'autre voye :
C'est la plus seure; et Bacchus vous envoye
De pleins vaisseaus d'un jus délicieux,
Autre antidote, autre bien-fait des Cieux.
Le moût sur tout, lorsque le bon Silene,
Boüillant encor le puise à tasse pleine,
Sçait au remede ajoûter quelque prix :
Soit qu'étant plein de chaleur et d'esprits
Il le sublime, et donne à sa nature
D'autres degrez qu'une simple teinture;
Soit que le vin par ce chaud vehement
S'impreigne alors beaucoup plus aisément,
Ou que boüillant il rejette avec force
Tout l'inutile et l'impur de l'écorce :
Ce jus enfin, pour plus d'une raison,
Partagera les honneurs d'Apollon.
Nez l'un pour l'autre, ils joindront leur puissance :
Entre Bacchus et le sacré Vallon
Toûjours on vid une étroite alliance.
Mais, comme il faut au Quina quelque choix,
Le vin en veut aussi-bien que ce bois :
Le plus leger convient mieux au remede;
Il porte au sang un baume precieux :

C'est le nectar que verse Ganimede
Dans les festins du Monarque des Dieux.
Ne nous engageons point dans un détail immense :
Les longs travaux pour moy ne sont plus de saison;
Il me suffit icy de joindre à la raison
      Les succés de l'experience.
Je ne m'arrête point à chercher dans ces vers
Qui des deux amena les arts dans l'Univers;
Nos besoins proprement en font leur apanage :
Les arts sont les enfans de la necessité;
Elle aiguise le soin, qui, par elle excité,
      Met aussi-tôt tout en usage.
      Et qui sçait si dans maint ouvrage
L'instinct des animaux, Precepteur des humains,
N'a point d'abord guidé nôtre esprit et nos mains?
Rendons grace au hazard. Cent machines sur l'onde
Promenoient l'avarice en tous les coins du monde :
L'or entouré d'écueils avoit des poursuivans;
Nos mains l'alloient chercher au sein de sa patrie :
Le Quina vint s'offrir à nous en même tems,
Plus digne mille fois de nôtre idolatrie.
Cependant prés d'un siecle (1) on l'a vû sans honneurs.
Depuis quelques étez qu'on brigue ses faveurs;
Quel bruit n'a-t-il point fait! dequoy fument nos Tem-
Que de l'encens promis au succés de ses dons?   [ples
Sans me charger icy d'une foule d'exemples,
Je me veux seulement attacher aux grands noms.
Combien a-t-il sauvé de precieuses têtes!
Nous luy devons Condé, Prince dont les travaux,
L'esprit, le profond sens, la valeur, les conquêtes,
Serviroient de matiere à former cent Heros.
Le Quin fera longtems durer ses destinées.
Son fils, digne heritier d'un nom si glorieux,

---

1. Il y a ici un peu d'exagération poétique. Les indigènes
d'Amérique ne révélèrent aux Espagnols le secret de ce remède qu'en 1638, et il ne fut apporté en Europe par les
jésuites qu'en 1649.

Eût aussi sans ce bois languy maintes journées :
    J'ay pour garands deux demi-Dieux.
Arbitres de nos jours, prolongez les années
De ce couple vaillant et né pour les hazards,
De ces chers nourrissons de Minerve et de Mars.
    Puisse mon ouvrage leur plaire !
Je toucheray du front les bords du firmament (1).
Et toy que le Quina guerit si promptement,
    Colbert, je ne dois point te taire ;
Je laisse tes travaux, ta prudence et le choix
D'un Prince que le Ciel prendra pour exemplaire
Quand il voudra former de grands et sages Rois ;
D'autres que moy diront ton zele et ta conduite,
Monument eternel aux Ministres suivans :
Ce sujet est trop vaste, et ma Muse est reduite
A dire les faveurs que tu fais aux sçavans.
Un jour j'entreprendray cette digne matiere,
Car pour fournir encore une telle carriere
Il faut reprendre haleine ; aussi bien aujourd'huy
Dans nos chants les plus courts on trouve un long ennuy.
J'ajoûterai sans plus que le Quina dispense
De ce regime exact dont on suivoit la loy ;
Sa chaleur contre nous agit faute d'employ :
Non qu'il faille trop loin porter cette indulgence.
Si le Quina servoit à nourrir nos defaux,
Je tiendrois un tel bien pour le plus grand des maux.
Les Muses m'ont appris que l'enfance du monde,
Simple, sans passions, en desirs infeconde,
Vivant de peu, sans luxe, évitoit les douleurs ;
Nous n'avions pas en nous la source des malheurs
    Qui nous font aujourd'huy la guerre :
Le Ciel n'exigeoit lors nuls tributs de la terre ;
L'homme ignoroit les Dieux, qu'il n'apprend qu'au be-
De nous les enseigner Pandore prit le soin ;   [soin :
Sa boëte se trouva de poisons trop remplie.
Pour dispenser les biens et les maux de la vie,

---

1. Sublimi feriam sidera vertice. (Horat., *Od.*, liv. 1, od. 1.)

En deux tonneaux à part l'un et l'autre fut mis.
Ceux de nous que Jupin regarde comme amis
Puisent à leur naissance en ces tonnes fatales
Un mélange des deux, par portions égales ;
Le reste des humains abonde dans les maux.
Au seuil de son palais Jupin mit ces tonneaux.
Ce ne fut icy bas que plainte et que murmure ;
On accusa des maux l'excessive mesure.
Fatigué de nos cris, le Monarque des Dieux
Vint luy-même éclaircir la chose en ces bas lieux,
La renommée en fit aussi-tôt le message.
Pour luy representer nos maux et nos langueurs,
        On députa deux harangueurs,
De tout le genre humain le couple le moins sage,
        Avec un discours ampoulé
        Exagerans nos maladies ;
        Jupiter en fut ébranlé.
Ils firent un portrait si hideux de nos vies,
Qu'il inclina d'abord à reformer le tout.
Momus alors present reprit de bout en bout
De nos deux envoyez les harangues frivoles :
N'écoutez point, dit-il, ces diseurs de paroles ;
Qu'ils imputent leurs maux à leur déreglement,
Et non point aux Auteurs de leur tempérament ;
Cette race pourroit, avec quelque sagesse,
Se faire de nos biens à soy-même largesse.
Jupiter crût Momus ; il fronça les sourcis :
Tout l'Olimpe en trembla sur ses pôles assis.
Il dit aux Orateurs : Va, malheureuse engeance ;
C'est toy seule qui rends ce partage inégal :
En abusant du bien, tu fais qu'il devient mal,
Et ce mal est accrû par ton impatience.
Jupiter eut raison ; nous nous plaignons à tort :
La faute vient de nous aussi bien que du sort.
Les Dieux nous ont jadis deux vertus députées,
La constance aux douleurs, et la sobrieté :
C'étoit rectifier cette inégalité ;
        Comment les avons-nous traitées ?

    Loin de loger en nos maisons
Ces deux filles du Ciel, ces sages Conseilleres,
Nous fuyons leur commerce, elles n'habitent gueres
    Qu'en des lieux que nous méprisons.
L'homme se porte en tout avecque violence,
    A l'exemple des animaux,
Aveugle jusqu'au point de mettre entre les maux
    Les conseils de la temperance.

Corrigez-vous, humains; que le fruit de mes vers
Soit l'usage reglé des dons de la nature.
Que si l'excés vous jette en ces fermens divers,
Ne vous figurez pas que quelque humeur impure
Se doive avec le sang épuiser dans nos corps :
Le Quina s'offre à vous, usez de ses tresors.
Eternisez mon nom; qu'un jour on puisse dire :
Le chantre de ce bois sceut choisir ses sujets;
    Phœbus, ami des grands projets,
Luy prêta son sçavoir aussi-bien que sa lire.
J'accepte cet augure à mes vers glorieux.
Tout concourt à flater là-dessus mon genie :
Je les ay mis au jour sous Loüis, et les Dieux
N'oseroient s'opposer au vouloir d'Uranie.

PHILEMON ET BAUCIS

SUJET TIRÉ DES METAMORPHOSES D'OVIDE.

PHILEMON ET BAUCIS

SUJET TIRÉ DES METAMORPHOSES D'OVIDE (¹).

Poëme dedié

A Mgr LE DUC DE VENDOME (²).

Ny l'or ny la grandeur ne nous rendent heureux.
Ces deux Divinitez n'accordent à nos vœux
Que des biens peu certains, qu'un plaisir peu
  tranquile :
Des soucis devorans c'est l'éternel asile ;
Veritables vautours, que le fils de Japet
Represente, enchaîné sur son triste sommet.
L'humble toict est exempt d'un tribut si funeste.
Le Sage y vit en paix et méprise le reste :
Content de ces douceurs, errant parmi les bois,
Il regarde à ses pieds les favoris des Rois,
Il lit au front de ceux qu'un vain luxe environne

1. Lib. VIII.
2. Ce poëme, publié sous ce titre en 1685 dans les *Ou-vrages de prose et de poësie des sieurs de Maucroix et de La Fontaine*, t. 1, p. 78, forme la fable XXV du recueil de *Fables choisies* de 1694.

Que la Fortune vend ce qu'on croit qu'elle donne.
Aproche-t-il du but, quitte-t-il ce séjour,
Rien ne trouble sa fin : c'est le soir d'un beau jour.
Philémon et Baucis nous en offrent l'exemple :
Tous deux virent changer leur Cabane en un Temple.
Hymenée et l'Amour, par des desirs constans,
Avoient uni leurs cœurs dés leur plus doux printemps :
Ny le temps ny l'hymen n'éteignirent leur flâme;
Cloton prenoit plaisir à filer cette trame.
Ils sceurent cultiver, sans se voir assistez,
Leur enclos et leur champ par deux fois vingt Estez.
Eux seuls ils composoient toute leur Republique,
Heureux de ne devoir à pas-un domestique
Le plaisir ou le gré des soins qu'ils se rendoient.
Tout vieillit : sur leurs fronts les rides s'étendoient;
L'amitié modera leurs feux sans les détruire,
Et par des traits d'amour sçût encor se produire.
Ils habitoient un Bourg plein de gens dont le cœur
Joignoit aux duretez un sentiment moqueur.
Jupiter resolut d'abolir cette engeance.
Il part avec son fils, le Dieu de l'Eloquence;
Tous deux en Pelerins vont visiter ces lieux.
Mille logis y sont, un seul ne s'ouvre aux Dieux.
Prests enfin à quitter un séjour si prophane,
Ils virent à l'écart une étroite cabane,
Demeure hospitaliere, humble et chaste maison.
Mercure frappe : on ouvre; aussi-tôt Philémon
Vient au-devant des Dieux et leur tient ce langage :
Vous me semblez tous deux fatiguez du voyage,
Reposez-vous. Usez du peu que nous avons;
L'aide des Dieux a fait que nous le conservons :
Usez-en. Salüez ces Penates d'argile :
Jamais le Ciel ne fut aux humains si facile,
Que quand Jupiter même étoit de simple bois;
Depuis qu'on l'a fait d'or, il est sourd à nos voix.
Baucis, ne tardez point; faites tiédir cette onde :
Encor que le pouvoir au desir ne réponde,
Nos Hôtes agréront les soins qui leur sont dûs.

Quelques restes de feu sous la cendre épandus
D'un souffle haletant par Baucis s'allumerent :
Des branches de bois sec aussi-tôt s'enflammerent.
L'onde tiéde, on lava les pieds des Voyageurs.
Philémon les pria d'excuser ces longueurs :
Et pour tromper l'ennuy d'une attente importune,
Il entretint les Dieux, non point sur la fortune,
Sur ses jeux, sur la pompe et la grandeur des Rois,
Mais sur ce que les champs, les vergers et les bois
Ont de plus innocent, de plus doux, de plus rare.
Cependant par Baucis le festin se prepare.
La table où l'on servit le champêtre repas
Fut d'aix non façonnez à l'aide du compas :
Encore assure-t-on, si l'histoire en est crüe,
Qu'en un de ses supports le temps l'avoit rompuë.
Baucis en égala les appuis chancelans
Du débris d'un vieux vase, autre injure des ans.
Un tapis tout usé couvrit deux escabelles :
Il ne servoit pourtant qu'aux fêtes solemnelles.
Le linge orné de fleurs fut couvert, pour tout mets,
D'un peu de lait, de fruits, et des dons de Céres.
Les divins Voyageurs, alterez de leur course,
Méloient au vin grossier le cristal d'une source.
Plus le vase versoit, moins il s'alloit vuidant.
Philémon reconnut ce miracle évident ;
Baucis n'en fit pas moins : tous deux s'agenoüillerent ;
A ce signe d'abord leurs yeux se désillerent.
Jupiter leur parut avec ces noirs sourcis
Qui font trembler les Cieux sur leurs Pôles assis.
Grand Dieu ! dit Philémon, excusez nôtre faute :
Quels humains auroient crû recevoir un tel Hôte ?
Ces mets, nous l'avoüons, sont peu delicieux ;
Mais, quand nous serions Rois, que donner à des Dieux ?
C'est le cœur qui fait tout : que la terre et que l'onde
Aprêtent un repas pour les Maîtres du monde,
Ils luy prefereront les seuls presens du cœur.
Baucis sort à ces mots pour reparer l'erreur.
Dans le verger couroit une perdrix privée,

Et par de tendres soins dés l'enfance élevée;
Elle en veut faire un mets, et la poursuit en vain :
La volatille échape à sa tremblante main;
Entre les pieds des Dieux elle cherche un asile.
Ce recours à l'oyseau ne fut pas inutile;
Jupiter intercede. Et déja les valons
Voyoient l'ombre en croissant tomber du haut des monts.
Les Dieux sortent enfin, et font sortir leurs hôtes.
De ce Bourg, dit Jupin, je veux punir les fautes;
Suivez-nous. Toy, Mercure, apelle les vapeurs.
O gens durs! vous n'ouvrez vos logis ny vos cœurs!
Il dit : et les Autans troublent déja la plaine.
Nos deux Epoux suivoient ne marchans qu'avec peine;
Un appuy de roseau soulageoit leurs vieux ans :
Moitié secours des Dieux, moitié peur, se hâtans,
Sur un mont assez proche enfin ils arriverent;
A leurs pieds aussi-tôt cent nuages creverent.
Des ministres du Dieu les escadrons flottans
Entraînerent, sans choix, animaux, habitans,
Arbres, maisons, vergers, toute cette demeure;
Sans vestige de (1) Bourg, tout disparut sur l'heure.
Les vieillards déploroient ces severes destins.
Les animaux perir! car encor les humains,
Tous avoient dû tomber sous les celestes armes;
Baucis en répandit en secret quelques larmes.
Cependant l'humble Toict devient Temple, et ses murs
Changent leur fresle enduit aux marbres les plus durs,
De pilastres massifs les cloisons revétuës
En moins de deux instans s'élevent jusqu'aux nuës;
Le chaume devient or, tout brille en ce pourpris.
Tous ces évenemens sont peints sur le lambris.
Loin, bien loin les tableaux de Zeuxis et d'Apelle!
Ceux-cy furent tracez d'une main immortelle.
Nos deux Epoux, surpris, étonnez, confondus,
Se crurent, par miracle, en l'Olimpe rendus.
Vous comblez, dirent-ils, vos moindres creatures :

1. *Du*, dans les *Fables choisies* de 1694.

Aurions-nous bien le cœur et les mains assez pures
Pour presider icy sur les honneurs divins,
Et Prêtres vous offrir les vœux des Pelerins?
Jupiter exauça leur priere innocente.
Helas! dit Philémon, si vôtre main puissante
Vouloit favoriser jusqu'au bout deux mortels,
Ensemble nous mourrions en servant vos autels.
Cloton feroit d'un coup ce double sacrifice;
D'autres mains nous rendroient un vain et triste office;
Je ne pleurerois point celle-cy, ny ses yeux
Ne troubleroient non plus de leurs larmes ces lieux.
Jupiter à ce vœu fut encor favorable :
Mais oseray-je dire un fait presque incroyable?
Un jour qu'assis tous deux dans le sacré parvis
Ils contoient cette histoire aux Pelerins ravis,
La troupe à l'entour d'eux debout prétoit l'oreille;
Philémon leur disoit : Ce lieu plein de merveille
N'a pas toûjours servi de temple aux Immortels :
Un Bourg étoit autour, ennemy des autels,
Gens barbares, gens durs, habitacle d'impies;
Du celeste couroux tous furent les hosties.
Il ne resta que nous d'un si triste débris :
Vous en verrez tantost la suite en nos lambris;
Jupiter l'y peignit. En contant ces annales,
Philémon regardoit Baucis par intervales;
Elle devenoit arbre, et luy tendoit les bras :
Il veut luy tendre aussi les siens, et ne peut pas.
Il veut parler, l'écorce a sa langue pressée.
L'un et l'autre se dit adieu de la pensée :
Le corps n'est tantôt plus que feüillage et que bois.
D'étonnement la Troupe, ainsi qu'eux, perd la voix.
Même instant, même sort à leur fin les entraîne;
Baucis devient Tilleul, Philémon devient Chêne.
On les va voir encore, afin de meriter
Les douceurs qu'en hymen Amour leur fit goûter.
Ils courbent sous le poids des offrandes sans nombre.
Pour peu que des époux sejournent sous leur ombre,
Ils s'aiment jusqu'au bout, malgré l'effort des ans.

Ah! si... Mais autre-part j'ay porté mes presens.
Celebrons seulement cette metamorphose.
De fideles témoins m'ayant conté la chose,
Clio me conseilla de l'étendre en ces vers,
Qui pourront quelque jour l'apprendre à l'Univers.
Quelque jour on verra chez les Races futures,
Sous l'appuy d'un grand nom passer ces avantures.
Vendôme, consentez au los que j'en attens;
Faites-moy triompher de l'Envie et du Temps:
Enchaînez ces démons, que sur nous ils n'attentent,
Ennemis des Heros et de ceux qui les chantent.
Je voudrois pouvoir dire en un stile assez haut
Qu'ayant mille vertus vous n'avez nul défaut.
Toutes les celebrer seroit œuvre infinie;
L'entreprise demande un plus vaste génie:
Car quel mérite enfin ne vous fait estimer?
Sans parler de celuy qui force à vous aimer.
Vous joignez à ces dons l'amour des beaux ouvrages,
Vous y joignez un goût plus seur que nos suffrages;
Don du Ciel, qui peut seul tenir lieu des presens
Que nous font à regret le travail et les ans.
Peu de gens élevez, peu d'autres encor même,
Font voir par ces faveurs que Jupiter les aime.
Si quelque enfant des Dieux les possede, c'est vous;
Je l'ose dans ces vers soutenir devant tous.
Clio, sur son giron, à l'exemple d'Homere,
Vient de les retoucher, attentive à vous plaire:
On dit qu'elle et ses Sœurs, par l'ordre d'Apollon,
Transportent dans Anet tout le sacré Vallon;
Je le crois. Puissions-nous chanter sous les ombrages
Des arbres dont ce lieu va border ses rivages!
Pussent-ils tout d'un coup élever leurs sourcis,
Comme on vid autrefois Philémon et Baucis!

———

LES FILLES DE MINÉE

SUJET TIRÉ DES METAMORPHOSES D'OVIDE.

LES FILLES DE MINÉE

SUJET TIRÉ DES METAMORPHOSES D'OVIDE (¹).

———

Je chante dans ces vers les filles de Minée,
Troupe aux arts de Pallas dés l'enfance adon-
Et de qui le travail fit entrer en courroux [née,
Bacchus, à juste droit de ses honneurs jaloux.
Tout Dieu veut aux humains se faire reconnaître : [tre,
On ne voit point les champs répondre aux soins du maî-

1. Lib. IV. — La Fontaine n'a suivi Ovide que dans le premier récit, celui des amours de Pyrame et de Thisbé. Il a tiré l'histoire de. Céphale et de Procris du VIIe livre des *Métamorphoses*; celle de Télamon et Chloris, d'une inscription qu'il a crue vraie, mais qui est supposée. (Voy. *Boissardi Antiquitatum romanarum IVa pars*, t. 2; p. 49; Gruter, *Inscrip.*, t. 2, p. 15, nº 8, *Spuria ac supposítia*.) Quant à l'histoire de Zoon, elle est imitée de Boccace (*Decameron*, giornata V, novella I); c'est celle :

 ... De Chimon, jeune homme tout sauvage,
 Bien fait de corps, mais ours quant à l'esprit,

déjà esquissée une fois par La Fontaine. Voy. ci-dessus, p. 201.
 Ce poëme, publié en 1685 dans les *Ouvrages de prose et de poësie des sieurs de Maucroix et de La Fontaine*, t. 1, p. 190, forme la fable XXVIII du recueil de *Fables choisies* de 1694.

Si dans les jours sacrez, autour de ses guerets,
Il ne marche en triomphe à l'honneur de Céres.
La Grece étoit en jeux pour le fils de Sémele.
Seules on vid trois sœurs condamner ce saint zele :
Alcithoé, l'aînée, ayant pris ses fuseaux,
Dit aux autres : Quoy donc ! toûjours des Dieux nou-
L'Olympe ne peut plus contenir tant de têtes, [veaux !
Ny l'an fournir de jours assez pour tant de Fêtes.
Je ne dis rien des vœux dûs aux travaux divers
De ce Dieu qui purgea de monstres l'Univers ;
Mais à quoy sert Bacchus, qu'à causer des querelles,
Affoiblir les plus sains, enlaidir les plus belles,
Souvent mener au Stix par de tristes chemins ?
Et nous irions chommer la peste des humains !
Pour moy, j'ay resolu de poursuivre ma tâche.
Se donne qui voudra ce jour-cy du relâche ;
Ces mains n'en prendront point. Je suis encor d'avis
Que nous rendions le temps moins long par des recits :
Toutes trois, tour à tour, racontons quelque histoire.
Je pourrois retrouver sans peine en ma memoire
Du Monarque des Dieux les divers changemens ;
Mais, comme chacun sçait tous ces évenemens,
Disons ce que l'Amour inspire à nos pareilles :
Non toutefois qu'il faille, en contant ses merveilles,
Acoûtumer nos cœurs à goûter son poison ;
Car, ainsi que Bacchus, il trouble la raison.
Récitons-nous les maux que ses biens nous attirent.
Alcithoé se tut, et ses sœurs applaudirent.
Aprés quelques momens, haussant un peu la voix :
Dans Thebes, reprit-elle, on conte qu'autrefois
Deux jeunes cœurs s'aymoient d'une égale tendresse :
Pyrame, c'est l'amant, eut Thisbé pour maîtresse.
Jamais couple ne fut si bien assorti qu'eux :
L'un bien-fait, l'autre belle, agreables tous deux,
Tous deux dignes de plaire, ils s'aymerent sans peine
D'autant plustôt épris, qu'une invincible haine
Divisant leurs parens ces deux amans unit,

Et concourut aux traits dont l'amour se servit.
Le hazard, non le choix, avoit rendu voisines
Leurs maisons où regnoient ces guerres intestines :
Ce fut un avantage à leurs desirs naissans.
Le cours en commença par des jeux innocens :
La premiere étincelle eut embrasé leur ame,
Qu'ils ignoroient encor ce que c'étoit que flâme.
Chacun favorisoit leurs transports mutuels,
Mais c'étoit à l'insceu de leurs parens cruels.
La défence est un charme : on dit qu'elle assaisonne
Les plaisirs, et sur tout ceux que l'amour nous donne.
D'un des logis à l'autre, elle instruisit du moins
Nos Amans à se dire avec signes leurs soins.
Ce leger reconfort ne les put satisfaire ;
Il falut recourir à quelque autre mystere.
Un vieux mur entr'ouvert separoit leurs maisons ;
Le temps avoit miné ses antiques cloisons :
Là souvent de leurs maux ils déploroient la cause ;
Les paroles passoient, mais c'étoit peu de chose.
Se plaignant d'un tel sort, Pirame dit un jour :
Chere Thisbé, le Ciel veut qu'on s'aide en amour.
Nous avons à nous voir une peine infinie ;
Fuyons de nos parens l'injuste tyrannie :
J'en ay d'autres en Grece, ils se tiendront heureux
Que vous daigniez chercher un azyle chez eux ;
Leur amitié, leurs biens, leur pouvoir, tout m'invite
A prendre le parti dont je vous sollicite.
C'est vôtre seul repos qui me le fait choisir ;
Car je n'ose parler, helas ! de mon desir.
Faut-il à votre gloire en faire un sacrifice ?
De crainte des vains bruits faut-il que je languisse ?
Ordonnez ; j'y consens, tout me semblera doux ;
Je vous ayme, Thisbé, moins pour moy que pour vous.
J'en pourrois dire autant, luy repartit l'amante :
Vôtre amour étant pure, encor que vehemente
Je vous suivray par tout ; nôtre commun repos
Me doit mettre au dessus de tous les vains propos :
Tant que de ma vertu je seray satisfaite,

Je riray des discours d'une langue indiscrete,
Et m'abandonneray sans crainte à vôtre ardeur,
Contente que je suis des soins de ma pudeur.
Jugez ce que sentit Pirame à ces paroles.
Je n'en fais point icy de peintures frivoles :
Suppléez au peu d'art que le Ciel mit en moy ;
Vous-mêmes peignez-vous cet Amant hors de soy.
Demain, dit-il, il faut sortir avant l'Aurore ;
N'attendez point les traits que son char fait éclore.
Tenez-vous aux degrez du terme de Cerés ;
Là, nous nous attendrons : le rivage est tout prés,
Un barque est au bord ; les Rameurs, le vent même,
Tout pour nôtre départ montre une hâte extrême ;
L'augure en est heureux, nôtre sort va changer ;
Et les Dieux sont pour nous, si je sçais bien juger.
Thisbé consent à tout : elle en donne pour gage
Deux baisers, par le mur arétez au passage.
Heureux mur ! tu devois servir mieux leur desir ;
Ils n'obtinrent de toy qu'une ombre de plaisir.
Le lendemain Thisbé sort, et prévient Pirame ;
L'impatience, helas ! maîtresse de son ame,
La fait arriver seule et sans guide aux degrez.
L'ombre et le jour lutoient dans les champs azurez.
Une lionne vient, monstre imprimant la crainte ;
D'un carnage recent sa gueulle est toute teinte.
Thisbé fuit, et son voile emporté par les airs,
Source d'un sort cruel, tombe dans ces déserts :
La lionne le void, le soüille, le déchire,
Et, l'ayant teint de sang, aux forests se retire.
Thisbé s'étoit cachée en un buisson épais.
Pirame arrive, et void ces vestiges tout frais.
O Dieux ! que devient-il ? Un froid court dans ses veines.
Il apperçoit le voile étendu dans ces plaines,
Il le leve ; et le sang, joint aux traces des pas,
L'empêche de douter d'un funeste trépas.
Thisbé, s'écria-t-il, Thisbé, je t'ay perduë !
Te voila, par ma faute, aux Enfers descenduë !
Je l'ay voulu ; c'est moy qui suis le monstre affreux

Par qui tu t'en vas voir le séjour tenebreux :
Attens-moy, je te vais rejoindre aux rives sombres.
Mais m'oseray-je à toy presenter chez les Ombres ?
Joüis au moins du sang que je te vais offrir,
Malheureux de n'avoir qu'une mort à souffrir.
Il dit, et d'un poignard coupe aussitôt sa trame.
Thisbé vient ; Thisbé void tomber son cher Pirame.
Que devint-elle aussi ? Tout luy manque à la fois,
Les sens et les esprits, aussi bien que la voix.
Elle revient enfin ; Cloton, pour l'amour d'elle,
Laisse à Pirame ouvrir sa mourante prunelle.
Il ne regarde point la lumiere des Cieux ;
Sur Thisbé seulement il tourne encor les yeux.
Il voudroit luy parler ; sa langue est retenuë :
Il témoigne mourir content de l'avoir veuë.
Thisbé prend le poignard, et découvrant son sein :
Je n'accuseray point, dit-elle, ton dessein ;
Bien moins encor l'erreur de ton ame alarmée :
Ce seroit t'accuser de m'avoir trop aimée.
Je ne t'aime pas moins : tu vas voir que mon cœur
N'a, non plus que le tien, merité son malheur.
Cher amant ! reçois donc ce triste sacrifice.
Sa main et le poignard font alors leur office ;
Elle tombe, et, tombant, range ses vétemens :
Dernier trait de pudeur même aux derniers momens.
Les Nymphes d'alentour luy donnerent des larmes,
Et du sang des amans teignirent par des charmes
Le fruit d'un meurier proche, et blanc jusqu'à ce jour
Éternel monument d'un si parfait amour.
Cette histoire attendrit les Filles de Minée :
L'une accusoit l'amant, l'autre la destinée,
Et toutes, d'une voix, conclurent que nos cœurs
De cette passion devroient être vainqueurs.
Elle meurt quelquefois avant qu'être contente :
L'est-elle, elle devient aussi-tôt languissante :
Sans l'hymen on n'en doit recüeillir aucun fruit,
Et cependant l'hymen est ce qui la détruit.
Il y joint, dit Climene, une âpre jalousie,

La Fontaine. — II.   29

Poison le plus cruel dont l'ame soit saisie :
Je n'en veux pour témoin que l'erreur de Procris.
Alcithoé, ma sœur, attachant vos esprits,
Des tragiques amours vous a conté l'élite ;
Celles que je vais dire ont aussi leur merite.
J'acourciray le temps, ainsi qu'elle, à mon tour.
Peu s'en faut que Phœbus ne partage le jour,
A ses rayons perçans opposons quelques voiles :
Voyons combien nos mains ont avancé nos toiles.
Je veux que sur la mienne, avant que d'être au soir,
Un progrez tout nouveau se fasse appercevoir.
Cependant donnez-moy quelque heure de silence,
Ne vous rebutez point de mon peu d'éloquence ;
Soufrez-en les défauts, et songez seulement
Au fruit qu'on peut tirer de cet évenement.

Cephale aymoit Procris ; il étoit aymé d'elle :
Chacun se proposoit leur hymen pour modelle.
Ce qu'Amour fait sentir de piquant et de doux
Combloit abondamment les vœux de ces Epoux.
Ils ne s'aymoient que trop ! leurs soins et leur tendresse
Aprochoient des transports d'amant et de maîtresse.
Le Ciel même envia cette felicité :
Cephale eut à combattre une Divinité.
Il étoit jeune et beau : l'Aurore en fut charmée,
N'étant pas à ces biens, chez elle, accoûtumée.
Nos belles cacheroient un pareil sentiment :
Chez les Divinitez on en use autrement.
Celle-cy declara ses pensers (1) à Cephale.
Il eut beau luy parler de la foy conjugale :
Les jeunes Deïtez qui n'ont qu'un vieil époux
Ne se soûmettent point à ces loix comme nous :
La Déesse enleva ce Heros si fidele.
De moderer ses feux il pria l'Immortelle :
Elle le fit ; l'amour devint simple amitié.
Retournez, dit l'Aurore, avec vôtre moitié ;

1. *Son amour*, dans les *Fables choisies* de 1694.

Je ne troubleray plus vôtre ardeur ny la sienne :
Recevez seulement ces marques de la mienne.
(C'étoit un javelot toûjours seur de ses coups.)
Un jour cette Procris qui ne vit que pour vous
Fera le desespoir de vôtre ame charmée,
Et vous aurez regret de l'avoir tant aymée.
Tout Oracle est douteux, et porte un double sens :
Celuy-cy mit d'abord nôtre époux en suspens.
J'auray regret aux vœux que j'ay formez pour elle !
Eh comment ? n'est-ce point qu'elle m'est infidelle ?
Ah ! finissent mes jours plûtôt que de le voir !
Eprouvons toutefois ce que peut son devoir.
Des Mages aussi-tôt consultant la science,
D'un feint adolescent il prend la ressemblance,
S'en va trouver Procris, éleve jusqu'aux cieux
Ses beautez, qu'il soûtient être dignes des Dieux ;
Joint les pleurs aux soûpirs, comme un amant sçait faire,
Et ne peut s'éclaircir par cet art ordinaire.
Il falut recourir à ce qui porte coup,
Aux presens : il offrit, donna, promit beaucoup,
Promit tant, que Procris luy parut incertaine.
Toute chose a son prix. Voila Cephale en peine :
Il renonce aux citez, s'en va dans les forests ;
Conte aux vents, conte aux bois, ses déplaisirs secrets ;
S'imagine en chassant dissiper son martire.
C'étoit pendant ces mois où le chaud qu'on respire
Oblige d'implorer l'haleine des Zephirs.
Doux Vens, s'écrioit-il, prêtez-moy des soupirs !
Vénez, legers démons par qui nos champs fleurissent ;
Aure (¹), fais-les venir, je sçai qu'ils t'obeïssent :
Ton employ dans ces lieux est de tout r'animer.
On l'entendit : on crut qu'il venoit de nommer
Quelque objet de ses vœux, autre que son épouse.
Elle en est avertie, et la voila jalouse.
Maint voisin charitable entretient ses ennuis.
Je ne le puis plus voir, dit-elle, que les nuits !

1. Traduction du latin *aura*, souffle, vent léger.

Il ayme donc cette Aure, et me quitte pour elle?
Nous vous plaignons : il l'ayme, et sans cesse il l'appelle;
Les échos de ces lieux n'ont plus d'autres emplois
Que celuy d'enseigner le nom d'Aure à nos bois;
Dans tous les environs le nom d'Aure résonne.
Profitez d'un avis qu'en passant on vous donne;
L'interest qu'on y prend est de vous obliger.
Elle en profite, helas! et ne fait qu'y songer.
Les amans sont toujours de legere croyance :
S'ils pouvoient conserver un rayon de prudence,
(Je demande un grand poinct, la prudence en amours)
Ils seroient aux rapports insensibles et sourds.
Nôtre épouse ne fut l'une ny l'autre chose.
Elle se leve un jour, et lors que tout repose,
Que de l'aube, au teint frais, la charmante douceur
Force tout au sommeil, horsmis quelque Chasseur,
Elle cherche Cephale; un bois l'offre à sa veuë.
Il invoquoit déja cette Aure prétenduë :
Vien me voir, disoit-il, chere Déesse, accours;
Je n'en puis plus, je meurs; fay que par ton secours
La peine que je sens se trouve soulagée.
L'Epouse se prétend par ces mots outragée :
Elle croit y trouver, non le sens qu'ils cachoient,
Mais celuy seulement que ses soupçons cherchoient.
O triste jalousie! ô passion amere,
Fille d'un fol amour, que l'erreur a pour mere!
Ce qu'on voit par tes yeux cause assez d'embaras,
Sans voir encor par eux ce que l'on ne void pas!
Procris s'étoit cachée en la même retraite
Qu'un fan de biche avoit pour demeure secrete.
Il en sort, et le bruit trompe aussi-tôt l'Epoux.
Cephale prend le dard toûjours seur de ses coups,
Le lance en cet endroit, et perce sa jalouse :
Malheureux assassin d'une si chere épouse!
Un cri luy fait d'abord soupçonner quelque erreur :
Il accourt, void sa faute; et, tout plein de fureur,
Du même javelot il veut s'ôter la vie.
L'Aurore et les Destins arrêtent cette envie.

Cet office luy fut plus cruel qu'indulgent :
L'infortuné mari, sans cesse s'affligeant,
Eût accrû par ses pleurs le nombre des fontaines,
Si la Déesse enfin, pour terminer ses peines,
N'eût obtenu du Sort que l'on tranchât ses jours :
Triste fin d'un hymen bien divers en son cours !
Fuyons ce nœu, mes sœurs, je ne puis trop le dire :
Jugez par le meilleur quel peut être le pire.
S'il ne nous est permis d'aymer que sous ses loix,
N'aimons point. Ce dessein fut pris par toutes trois.
Toutes trois, pour chasser de si tristes pensées,
A revoir leur travail se montrent empressées.
Clymene, en un tissu riche, penible et grand,
Avoit presque achevé le fameux différent
D'entre le Dieu des eaux et Pallas la sçavante.
On voyoit en lointain une ville naissante ;
L'honneur de la nommer, entr'eux deux contesté,
Dépendoit du present de chaque Deïté.
Neptune fit le sien d'un symbole de guerre ;
Un coup de son trident fit sortir de la terre
Un animal fougueux, un coursier plein d'ardeur.
Chacun de ce present admiroit la grandeur.
Minerve l'effaça, donnant à la contrée
L'Olivier, qui de paix est la marque assurée.
Elle emporta le prix, et nomma la cité :
Athene offrit ses vœux à cette Deïté.
Pour les luy presenter on choisit cent pucelles,
Toutes sçachant broder, aussi sages que belles.
Les premieres portoient force presens divers ;
Tout le reste entouroit la Déesse aux yeux pers.
Avec un doux souris elle acceptoit l'hommage.
Clymene ayant enfin reployé son ouvrage,
La jeune Iris commence en ces mots son recit :

Rarement pour les pleurs mon talent réüssit ;
Je suivray toutefois la matiere imposée.
Telamon pour Cloris avoit l'ame embrasée :
Cloris pour Telamon brûloit de son côté,

La naissance, l'esprit, les graces, la beauté,
Tout se trouvoit en eux, hormis ce que les hommes
Font marcher avant tout dans ce siecle où nous sommes :
Ce sont les biens, c'est l'or, merite universel.
Ces amans, quoy qu'épris d'un desir mutuel,
N'osoient au blond Hymen sacrifier encore,
Faute de ce métail que tout le monde adore.
Amour s'en passeroit ; l'autre état ne le peut.
Soit raison, soit abus, le Sort ainsi le veut.
Cette loy, qui corrompt les douceurs de la vie,
Fut par le jeune amant d'une autre erreur suivie :
Le Démon des combats vint troubler l'Univers :
Un pays contesté par des peuples divers
Engagea Telamon dans un dur exercice ;
Il quita pour un temps l'amoureuse milice.
Cloris y consentit, mais non pas sans douleur ;
Il voulut meriter son estime et son cœur.
Pendant que ses exploits terminent la querelle,
Un parent de Cloris meurt, et laisse à la Belle
D'amples possessions et d'immenses tresors.
Il habitoit les lieux où Mars regnoit alors.
La Belle s'y transporte ; et par tout reverée,
Par tout des deux partis Cloris considerée
Void de ses propres yeux les champs où Telamon
Venoit de consacrer un trophée à son nom.
Luy de sa part accourt, et, tout couvert de gloire,
Il offre à ses amours les fruits de sa victoire.
Leur rencontre se fit non loin de l'élement
Qui doit être évité de tout heureux amant.
Dés ce jour l'âge d'or les eût joints sans mystere ;
L'âge de fer en tout a coutume d'en faire.
Cloris ne voulut donc couronner tous ces biens
Qu'au sein de sa patrie, et de l'aveu des siens.
Tout chemin, hors la mer, alongeant leur souffrance,
Ils commettent aux flots cette douce esperance.
Zephyre les suivoit, quand, presque en arrivant,
Un Pirate survient, prend le dessus du vent,
Les attaque, les bat. En vain, par sa vaillance,

Telamon, jusqu'au bout, porte la résistance :
Aprés un long combat, son parti fut défait;
Luy pris; et ses efforts n'eurent pour tout effet
Qu'un esclavage indigne. O dieux ! qui l'eût pû croire ?
Le sort, sans respecter ny son sang, ny sa gloire,
Ny son bon-heur prochain, ny les vœux de Cloris,
Le fit être forçat aussi-tôt qu'il fut pris.
Le destin ne fut pas à Cloris si contraire.
Un celebre Marchand l'achete du Corsaire :
Il l'emmeine; et bien-tôt la Belle, malgré soy,
Au milieu de ses fers, range tout sous sa loy.
L'épouse du Marchand la void avec tendresse :
Ils en font leur compagne, et leur fils sa maîtresse.
Chacun veut cet hymen : Cloris à leurs desirs
Répondoit seulement par de profonds soupirs.
Damon, c'étoit ce fils, luy tient ce doux langage :
Vous soûpirez toûjours; toûjours vôtre visage
Baigné de pleurs nous marque un déplaisir secret.
Qu'avez-vous? vos beaux yeux verroient-ils à regret
Ce que peuvent leurs traits et l'excez de ma flâme ?
Rien ne vous force icy : découvrez-nous vôtre ame :
Cloris, c'est moy qui suis l'esclave, et non pas vous.
Ces lieux, à vôtre gré, n'ont-ils rien d'assez doux ?
Parlez; nous sommes prêts à changer de demeure :
Mes parens m'ont promis de partir tout à l'heure.
Regretez-vous les biens que vous avez perdus?
Tout le nôtre est à vous, ne le dédaignez plus.
J'en sçay qui l'agreroient; j'ay sceu plaire à plus d'une :
Pour vous, vous meritez toute une autre fortune.
Quelle que soit la nôtre, usez-en : vous voyez
Ce que nous possedons et nous même à vos pieds.
Ainsi parle Damon, et Cloris toute en larmes
Luy répond en ces mots accompagnez de charmes :
Vos moindres qualitez et cet heureux sejour
Même aux Filles des Dieux donneroient de l'amour;
Jugez donc si Cloris, esclave et malheureuse,
Void l'offre de ces biens d'une ame dédaigneuse.
Je sçay quel est leur prix; mais de les accepter,

Je ne puis, et voudrois vous pouvoir écouter.
Ce qui me le défend, ce n'est point l'esclavage :
Si toujours la naissance éleva mon courage,
Je me vois, grace aux Dieux, en des mains où je puis
Garder ces sentimens, malgré tous mes ennuis;
Je puis même avoüer (helas! faut-il le dire?)
Qu'un autre a sur mon cœur conservé son empire.
Je cheris un amant, ou mort, ou dans les fers;
Je prétens le cherir encore dans les enfers.
Pourriez-vous estimer le cœur d'une inconstante?
Je ne suis déja plus aimable ny charmante;
Cloris n'a plus ces traits que l'on trouvoit si doux,
Et, doublement esclave, est indigne de vous.
Touché de ce discours, Damon prend congé d'elle.
Fuyons, dit-il en soy; j'oublieray cette Belle :
Tout passe, et même un jour ses larmes passeront;
Voyons ce que l'absence et le temps produiront.
A ces mots il s'embarque, et, quittant le rivage,
Il court de mer en mer; aborde un (¹) lieu sauvage,
Trouve des malheureux de leurs fers échapez,
Et sur le bord d'un bois à chasser occupez.
Telamon, de ce nombre, avoit brisé sa chaîne :
Aux regards de Damon il se presente à peine,
Que son air, sa fierté, son esprit, tout enfin
Fait qu'à l'abord Damon admire son destin,
Puis le plaint, puis l'emmeine, et puis luy dit sa flame.
D'une esclave, dit-il, je n'ay pû toucher l'ame :
Elle cherit un mort! Un mort, ce qui n'est plus,
L'emporte dans son cœur! mes vœux sont superflus.
Là-dessus, de Cloris il luy fait la peinture.
Telamon dans son ame admire l'avanture,
Dissimule, et se laisse emmener au sejour
Où Cloris luy conserve un si parfait amour.
Comme il vouloit cacher avec soin sa fortune,
Nulle peine pour luy n'étoit vile et commune.
On apprend leur retour et leur débarquement;

_____

1. *En,* dans les *Fables choisies* de 1694.

Cloris, se presentant à l'un et l'autre amant,
Reconnoît Telamon sous un faix qui l'accable.
Ses chagrins le rendoient pourtant méconnoissable ;
Un œil indifferent à le voir eût erré,
Tant la peine et l'amour l'avoient défiguré.
Le fardeau qu'il portoit ne fut qu'un vain obstacle ;
Cloris le reconnoît, et tombe à ce spectacle :
Elle perd tous ses sens et de honte et d'amour.
Telamon, d'autre part, tombe presque à son tour.
On demande à Cloris la cause de sa peine :
Elle la dit ; ce fut sans s'attirer de haine.
Son recit ingenu redoubla la pitié
Dans des cœurs prevenus d'une juste amitié.
Damon dit que son zele avoit changé de face :
On le crut. Cependant, quoy qu'on dise et qu'on fasse,
D'un triomphe si doux l'honneur et le plaisir
Ne se perd qu'en laissant des restes de desir.
On crut pourtant Damon ; il restraignit son zele
A sceller de l'hymen une union si belle,
Et par un sentiment à qui rien n'est égal,
Il pria ses parens de doter son Rival.
Il l'obtint, renonçant dés lors à l'hymenée.
Le soir étant venu de l'heureuse journée,
Les nopces se faisoient à l'ombre d'un ormeau :
L'enfant d'un voisin vid s'y percher un corbeau ;
Il fait partir de l'arc une fleche maudite,
Perce les deux Epoux d'une atteinte subite.
Cloris mourut du coup, non sans que son amant
Attirât ses regards en ce dernier moment.
Il s'écrie, en voyant finir ses destinées :
Quoy ! la Parque a tranché le cours de ses années !
Dieux, qui l'avez voulu, ne suffisoit-il pas
Que la haine du Sort avançât mon trépas ?
En achevant ces mots, il acheva de vivre :
Son amour, non le coup, l'obligea de la suivre ;
Blessé legerement, il passa chez les morts :
Le Styx vid nos époux accourir sur ses bords.
Même accident finit leurs precieuses trames ;

Même tombe eut leurs corps, même sejour leurs ames.
Quelques-uns ont écrit (mais ce fait est peu seur)
Que chacun d'eux devint statuë et marbre dur.
Le couple infortuné face à face repose.
Je ne garantis point cette métamorphose :
On en doute. On la croit plus que vous ne pensez,
Dit Clymene ; et, cherchant dans les siecles passez
Quelque exemple d'amour et de vertu parfaite,
Tout cecy me fut dit par un (1) sage interprete.
J'admiray, je plaignis ces amans malheureux :
On les alloit unir, tout concouroit pour eux ;
Ils touchoient au moment, l'attente en étoit sûre :
Helas ! il n'en est point de telle en la nature ;
Sur le poinct de joüir, tout s'enfuit de nos mains :
Les Dieux se font un jeu de l'espoir des humains.
Laissons, reprit Iris, cette triste pensée.
La Fête est vers sa fin, grace au Ciel, avancée ;
Et nous avons passé tout ce temps en recits
Capables d'affliger les moins sombres esprits !
Effaçons, s'il se peut, leur image funeste.
Je prétends de ce jour mieux employer le reste,
Et dire un changement, non de corps, mais de cœur.
Le miracle en est grand ; Amour en fut l'auteur :
Il en fait tous les jours de diverse maniere.
Je changeray de stile en changeant de matiere.

Zoon plaisoit aux yeux, mais ce n'est pas assez :
   Son peu d'esprit, son humeur sombre,
   Rendoient ces talens mal-placez.
Il fuyoit les citez, il ne cherchoit que l'ombre,
Vivoit parmy les bois, concitoyen des ours,
Et passoit, sans aymer, les plus beaux de ses jours.
Nous avons condamné l'amour, m'allez-vous dire.
J'en blâme en nous l'excés, mais je n'aprouve pas
   Qu'insensible aux plus doux appas
   Jamais un homme ne soûpire.

1. *Le,* dans les *Fables choisies* de 1694.

Hé quoy ! ce long repos est-il d'un si grand prix ?
Les morts sont donc heureux ? Ce n'est pas mon avis :
Je veux des passions ; et si l'état le pire
    Est le neant, je ne sçay point
De neant plus complet qu'un cœur froid à ce poinct.
Zoon n'aymant donc rien, ne s'aymant pas luy-même,
Vid Iole endormie, et le voila frapé :
    Voila son cœur dévelopé.
    Amour, par son sçavoir suprême,
Ne l'eut pas fait amant qu'il en fit un heros.
Zoon rend grace au Dieu qui troubloit son repos :
Il regarde en tremblant cette jeune merveille.
    A la fin Iole s'éveille :
    Surprise et dans l'étonnement,
    Elle veut fuïr, mais son amant
    L'arréte, et luy tient ce langage :
Rare et charmant objet, pourquoy me fuyez-vous ?
Je ne suis plus celuy qu'on trouvoit si sauvage :
C'est l'effet de vos traits, aussi puissans que doux !
Ils m'ont l'ame et l'esprit et la raison donnée.
    Souffrez que, vivant sous vos loix,
J'employe à vous servir des biens que je vous dois.
Iole, à ce discours encor plus étonnée,
Rougit, et sans répondre elle court au hameau,
Et raconte à chacun ce miracle nouveau.
Ses compagnes d'abord s'assemblent autour d'elle :
Zoon suit en triomphe, et chacun applaudit.
Je ne vous diray point, mes sœurs, tout ce qu'il fit,
    Ny ses soins pour plaire à la belle.
Leur hymen se conclut. Un Satrape voisin,
    Le propre jour de cette fête,
    Enleve à Zoon sa conquête ;
On ne soupçonnoit point qu'il eût un tel dessein.
Zoon accourt au bruit, recouvre ce cher gage ;
Poursuit le ravisseur, et le joint, et l'engage
    En un combat de main à main.
Iole en est le prix aussi bien que le juge.
Le Satrape vaincu trouve encor du refuge
    En la bonté de son rival.

Helas ! cette bonté luy devint inutile ;
Il mourut du regret de cet hymen fatal :
Aux plus infortunez la tombe sert d'azile.
Il prit pour heritiere, en finissant ses jours,
Iolé, qui moüilla de pleurs son Mausolée.
Que sert-il d'être plaint quand l'ame est envolée ?
Ce Satrape eût mieux fait d'oublier ses amours.

La jeune Iris à peine achevoit cette histoire,
Et ses sœurs avoüoient qu'un chemin à la gloire,
C'est l'amour ; on fait tout pour se voir estimé :
Est-il quelque chemin plus court pour être aymé ?
Quel charme de s'oüir loüer par une bouche
Qui, même sans s'ouvrir, nous enchante et nous touche !
Ainsi disoient ces Sœurs. Un orage soudain
Jette un secret remors dans leur profane sein.
Bacchus entre, et sa cour, confus et long cortege :
Où sont, dit-il, ces sœurs à la main sacrilege ?
Que Pallas les défende, et vienne en leur faveur
Opposer son Ægide à ma juste fureur :
Rien ne m'empêchera de punir leur offence.
Voyez : et qu'on se rie aprés de ma puissance !
Il n'eut pas dit, qu'on vid trois monstres au plancher,
Aislez, noirs et velus, en un coin s'attacher.
On cherche les trois sœurs ; on n'en void nulle trace.
Leurs métiers sont brisez ; on éleve en leur place
Une Chapelle au Dieu, pere du vray nectar.
Pallas a beau se plaindre, elle a beau prendre part
Au destin de ces sœurs par elle protegées ;
Quand quelque Dieu, voyant ses bontez negligées,
Nous fait sentir son ire, un autre n'y peut rien :
L'Olimpe s'entretient en paix par ce moyen.
Profitons, s'il se peut, d'un si fameux exemple, [ple
Chommons : c'est faire assez qu'aller de Temple en Tem-
Rendre à chaque Immortel les vœux qui luy sont dus :
Les jours donnez aux Dieux ne sont jamais perdus.

TABLE DES MATIÈRES

DU TOME II.

CONTES ET NOUVELLES EN VERS.

PREMIÈRE PARTIE.

DEUXIESME PARTIE.